范土铸金
建筑高职教育研究与实践

杜国城 著

清华大学出版社
北京

内 容 简 介

杜国城教授长期致力于建筑高等职业教育的研究与实践，积累了丰硕的研究成果和实践经验。他将自己的学术研究报告、改革探索论文、经验交流资料、讲座讲话文稿、国外考察心得等编著成文集出版。文集内容紧紧把握建筑高等职业教育的时代脉搏，记录了作者作为中国高等职业教育探路者的心路历程。著述经世致用，文风朴质精练。文集不仅可以作从事高等职业教育研究和实践者的益友，也可作为高等职业院校推进治理现代化和相关主管部门实施高等职业教育改革创新的参考文献。

本书封面贴有清华大学出版社防伪标签，无标签者不得销售。
版权所有，侵权必究。举报：010-62782989，beiqinquan@tup.tsinghua.edu.cn。

图书在版编目（CIP）数据

范土铸金：建筑高职教育研究与实践 / 杜国城著 . — 北京：清华大学出版社，2021.7
ISBN 978-7-302-58537-4

Ⅰ .①范… Ⅱ .①杜… Ⅲ .①建筑业–高等职业教育–教学研究 Ⅳ .① G718.5

中国版本图书馆 CIP 数据核字（2021）第 123400 号

责任编辑：杜 晓
封面设计：常雪影
责任校对：赵琳爽
责任印制：杨 艳

出版发行：清华大学出版社
网　　址：http://www.tup.com.cn，http://www.wqbook.com
地　　址：北京清华大学学研大厦A座　　　　　　　邮　编：100084
社 总 机：010-62770175　　　　　　　　　　　　　邮　购：010-62786544
投稿与读者服务：010-62776969，c-service@tup.tsinghua.edu.cn
质量反馈：010-62772015，zhiliang@tup.tsinghua.edu.cn
印 刷 者：大厂回族自治县彩虹印刷有限公司
装 订 者：三河市启晨纸制品加工有限公司
经　　销：全国新华书店
开　　本：185mm×260mm　　　印　张：23　　　字　数：434千字
版　　次：2021年7月第1版　　　　　　　　　　　　印　次：2021年7月第1次印刷
定　　价：99.00元

产品编号：090801-01

序言

改革开放以来,我国职业教育由小变大,由弱到强,取得了十分显著的成绩,为我国经济社会发展提供了有力的人才和智力支撑,职业教育的重要地位和作用越来越凸显。建筑高等职业教育作为我国职业教育体系的一个重要组成部分,乘着改革开放的东风也取得长足的进步。据统计,2019 年我国设置高职建筑类专业的院校 1154 所,在校生规模达 96.47 余万人,毕业生 27.69 余万人。建筑高等职业教育已成为我国建筑业发展、促进产业转型升级和服务国家发展战略的有力人才保障。这些成绩的取得,是与一大批建筑高等职业教育工作者坚持教育改革、不懈开拓求索分不开的。他们长期致力于建筑高等职业教育理论研究和实践探索,为我国建筑高等职业教育的改革与发展积累了丰富的理论研究和科学实践成果。杜国城教授是其中有相当贡献的一位,他对建筑高等职业教育的认知深刻,为相关决策提供了颇具参考价值的意见和建议。

我和杜国城教授相识于他担任中国建设教育协会高等职业教育专业委员会主任以后。由于工作上的联系较多,我知道他多年来一直从事建筑高等职业教育的教学与管理工作,因此很乐意与他交谈和向他请教。每每与他交谈都使我受到有益的启示,加深我对建筑高等职业教育改革发展理念与实践关系的认识。

杜国城教授在建筑高等职业教育方面深刻的见解和丰富的实践受到了住房和城乡建设部和教育部有关司局的重视和褒宠。他被住房和城乡建设部教育主管部门聘为顾问,被教育部聘为高职高专教育土建类专业教学指导委员会秘书长,这是因为他有着很扎实的治学基础和条件。一是,他熟悉建筑工程施工现场的技术与管理工作。他 1964 年大学毕业后,被分配到西北一个建筑公司,一干就是十几年,非常理解和懂得建筑职业教育的培养方向和目标。二是,他从事企业职工教育和职业学校教育 30 余年,理解和懂得职业教育教与学的关系,教与学同工程实践的关系。对教师强调要具有工程实践经验,对学生强调要理论与实践相结合,因此他把建筑工程公司作为教学基地,在最后学年把学生安排到施工现场进行一年的综合实践和顶岗实习。三是,他对学生有着大爱之心,特别是对来自农村的学生,他把建筑职业教育当作提升学生人生价值、改变学生家庭境遇、易于就业的门槛和途径。

杜国城教授的这种职业教育观和教育实践得到了企业的理解和支持，得到了业界同行的普遍认可。

今天，我们有幸能见到杜国城教授将其为了实现上述理念和实践，为之不懈努力的建筑高等职业教育的学术研究报告、改革探索论文、经验交流资料、讲座讲话文稿、国外教育考察心得等编撰成文集出版，这是建筑高等职业教育界的一件好事。作为中国建筑高等职业教育改革发展的亲历者和见证者，我为他——我的挚友由衷地感到高兴。

这部著作名"范土铸金"，反映了杜国城教授一直以来勤勉从教、严谨治学的心血和结晶。他的著述不仅有阶段性，而且富有连贯性，如果把1983—1998年作为第一阶段，那么他的主要研究方向是成人高等教育的教学改革；汇集全国力量，开创了建筑施工专业（本科和专科），制订出完整的培养方案，编写出版全套专业教材。第二阶段则是1998—2008年，这一时期，他将德国、加拿大等发达国家的职业教育经验和我国成人高等教育改革成果融入高等职业教育中，在专业建设、课程体系建设、教材建设、教师队伍建设、实训基地建设、人才培养模式创新等方面进行探索与研究。第三阶段是2008—2015年，退休后他被上海城市管理职业技术学院聘为特聘教授，将多年积累的丰富经验和研究成果带到上海，赢得了上海职业教育界的认可。他在各个阶段中把握住职教发展的时代脉搏，贯彻实践第一，理论与实践相结合，顺应了建筑业改革创新发展大势。

杜国城教授的著述经世致用，文风朴质精练。这不仅体现了他严谨的治学态度，也彰显了他扎实的工作作风。本书不仅可以作为从事高职教育研究和实践者的益友，也可作为高职院校推进治理现代化和有关主管部门实施高职教育改革创新的参考文献。

在我国进入中国特色社会主义新时代的今天，国家制定了《国家职业教育改革实施方案》，实施中国特色高水平高职学校和专业建设计划。要使我国高等职业教育达到中国特色、世界水平的目标，实现由高等职业教育大国向强国的转变，还需要更多的教师、学者、职业教育工作者投入高等职业教育的实践和研究中来。

让我们在以习近平同志为核心的党中央的领导下，朝着建筑高等职业教育达到中国特色、世界水平的目标携手前进！

张玉祥

2020年9月15日

前言

　　1983年，我被组织安排到刚刚组建的黑龙江省建筑职工大学。1998年，我步入黑龙江建筑职业技术学院，直到2008年。2008年，我又受聘上海城市管理职业技术学院，直到2015年。近年，我一直应邀行走于全国各地的建筑高职院校，参会听讲，叙往聊今。倏忽之间，痴于建筑高等职业教育已逾37载。

　　在改革开放的中国，职业教育是有别于传统教育的新型教育。不能"穿新鞋、走老路"，贻误莘莘学子。由此，便开始了我学习研究职业教育规律，实践探索中国职教之路的职教生涯。

　　今年，西部建筑高职院校同仁把我2014—2019年间在西部会议上的话语编撰为《建教痴语》一书。由是，各地老友纷纷建议我把多年来的职教文章汇编成文集出版。清华大学出版社杜晓编辑得知信息，迅即请示社领导后告诉我，支持我出版此书作，老夫感激涕零。

　　5月始，我遍翻30余年故纸堆和老照片，选出60余篇、近40万字的文稿，80多张与职教同行的纪念留影，经过筛选后汇集成本文集。

　　感谢浙江建设职业技术学院何辉院长、项甜美老师不辞辛苦，将潦草的手写稿、陈旧的打印稿、模糊的复印稿悉心整理为工整的电子稿。感谢四川建筑职业技术学院胡兴福院长和我的弟弟杜国玺将老照片精心扫描修饰成清晰的数字图像。感谢我的邻居张涛贤侄用心绘制了多幅文中图表，统一了文稿的体例格式。

　　原建设部教育司司长、中国建设教育协会副理事长张玉祥老领导总览了文稿，选取并题写了意境高远的书名——"范土铸金"。请他为书作序，亦欣然命笔，只是溢美过奖，实不敢当，权作对我的鞭策，对建筑高等职业技术教育的期望吧！

杜国城

2020年9月19日

目录

一 研究报告篇 — 001

建设类职业教育体系、结构和层次的研究 / 002
土建类高职人才培养体系的研究与实践 / 019
建设事业"十一五"后备人才队伍建设规划课题研究（职业教育部分）/ 038
我国职业教育发展历程简析 / 045
《高职高专教育土建类专业教学内容与实践教学体系研究》项目研究主报告 / 050
对教育部转发的《建设类高职高专指导性专业目录》的修订意见 / 058
黑龙江建筑职业技术学院国家示范性高等职业院校建设方案 / 062

二 培养模式篇 — 071

关于构建高职教育人才培养模式的思考 / 072
瞄准建筑行业人才需求，探索高等职业教育的教学模式 / 077
探索"2+1"模式，实现高质量就业 / 087
试论高等职业教育的人才培养模式 / 095

三 汇报交流篇 — 105

按需办学，按需施教，提高职工大学办学效益 / 106
职工高校整体性教学改革的实践与思考 / 109
建设部系统职工大学校长座谈会和"建筑施工""工业与民用建筑"专业教学大纲
　　讨论会会议纪要 / 114
依靠企业，服务企业，发挥优势，办出特色 / 117
中国建设教育协会成人高等教育委员会工作总结与1997—1998年工作要点 / 123

成人与职业高等教育委员会关于做好建设教育科研工作的汇报 / 127

黑龙江建筑职业技术学院示范性职业技术学院具体建设方案和专项资金使用
　　计划 / 130

锐意改革，跨越发展，突出特色，保证质量 / 136

以就业为导向，以能力为本位，推动土建类高等职业教育登上新台阶 / 144

高等学校土建学科教学指导委员会高等职业教育专业委员会土建施工类专业指导
　　小组工作总结 / 150

教学做合一，创建国家级示范性职业技术学院 / 153

以服务为宗旨，以就业为导向，推动土建类高等职业教育的改革与发展 / 159

走校企合作之路，育适用对路人才 / 165

抓住机遇，深化改革，推动土建类高等职业教育的健康发展 / 173

从研究入手，开展土建类专业教学指导委员会的各项工作 / 180

高职高专教育土建类专业教学指导委员会土建施工类专业指导分委员会工作总结
　　和工作建议 / 184

中国建设教育协会高等职业与成人教育专业委员会全体委员会议纪要 / 189

中国建设教育协会高等职业与成人教育专业委员会发展历程 / 192

四　改革探索篇 —— 197

关于职工高校学历教育改革的探讨 / 198

"建筑施工"专业（专科）教学计划的论证报告 / 209

对构建职工高校"工业与民用建筑"专业教学内容体系几个问题的思考 / 218

高等职业教育"建筑装饰工程"专业教学计划的形成 / 225

加入WTO与我国高等职业教育改革 / 231

突出高职特色，服务建设事业 / 234

浅谈当前我国高等职业教育的两个问题 / 238

贯彻落实科学发展观，推动建设类高等职业教育又好又快发展 / 242

五　考察报告篇 —— 249

中国建设教育协会成人高等教育委员会考察团赴德考察报告 / 250

黑龙江省高职院校考察团赴澳大利亚考察报告 / 256

中国建设教育协会成人与职业高等教育委员会考察团赴法考察报告 / 260

比较德、美、法，谈高等职业教育的定位与教学模式 / 264

黑龙江省教委高等职业教育考察组赴苏、沪、浙考察高等职业教育的报告 / 269

六 讲座讲话篇 —————————————————— 275

土建施工类专业指导分委员会第五次会议讲话稿 / 276

略谈土建类高等职业教育的现状和几点思考 / 279

浅议高职教师的实践能力 / 282

浅谈土建类高等职业教育的专业建设和课程模式 / 287

中国建设教育协会高等职业与成人教育专业委员会精品课程建设研讨班讲
话稿 / 292

土建施工类专业指导分委员会课题研究工作会议讲话稿 / 296

中国建设教育协会高等职业与成人教育专业委员会 2010 年常委会讲话稿 / 300

在土建类高职教育研究课题立项工作会议上的讲话 / 303

"土建类高职教育专业人才培养模式研究"开题会议感言 / 308

土建类高职教育实践教学研究子课题开题会议讲话 / 311

上海建峰职业技术学院评估个人反馈意见 / 315

土建类高等职业教育"建筑工程技术"专业实践教学研究研讨会开幕式讲话 / 318

土建类高等职业教育素质教育研究中期检查（一）会议讲话稿 / 321

滋兰树蕙，以文化人 / 324

感恩时代，仰望鲁班 / 326

一 研究报告篇

建设类职业教育体系、结构和层次的研究[1]

【提要】 本研究报告首先对我国建设类职业教育体系、结构和层次的发展过程进行了历史回顾，对现状进行了调查研究和综合分析；又从比较教育的研究出发，对德国和澳大利亚的职业教育体系、结构和层次进行了研究分析和比较，从中得出我们应该学习借鉴之处；最后结合我国建设事业对建设类职业教育的实际需求，提出重心要下移、层次要上移的建议，并以建设类职业学校教育体系图展示研究的基本成果。

职业教育体系是指一个国家或地区各种类型、各种层次的职业和技术教育与培训构成的整体。职业教育体系还包括类型结构、层次结构和形式结构。

在职业教育体系的构成方面主要有两种划分标准。一种是按接受教育的阶段来划分。例如，联合国教科文组织第18届大会（巴黎）通过的《关于技术和职业教育的建议（修订方案）》文件中，将职业技术教育的范围或阶段规定为：①普通教育中的技术和职业教育；②为就业做准备的技术和职业教育；③作为继续教育的技术和职业教育。我们分别将其简称为"职业技术入门教育""职业技术准备教育""职业技术继续教育"。

另外一种是按接受教育的方式来划分。可把职业教育划分为职业学校教育与职业培训两大块。本文职业教育体系的构成主要选择后面一种的划分标准。到目前为止，我国的职业教育体系仍处于形成和发展之中，还有待进一步完善和确立。20世纪80年代以来，我国的职业教育发展历程正是其职业教育体系不断构建和完善的过程。

一、我国建设类职业教育体系的发展回顾

（一）我国职业教育体系的构建与发展

20世纪80年代以前，我国还不存在真正意义上的职业教育体系。自1949年至改革开放，我国职业教育人才的培养工作主要在中专和技校里开展，职业教育的专业类型虽然多样，但层次和形式都很单一。职业教育在整个教育体系中有一定的

---

[1] 这项研究是2002年在中国建设教育协会立项的"中国建设教育科学研究课题"，申请单位是黑龙江建筑职业技术学院，完成人是黑龙江建筑职业技术学院院长王凤君和杜国城，执笔者是杜国城。

独立性，但只能算作整个教育体系中的一个组成部分，单独的职业教育体系也就无从谈起。

随着经济体制的改革和生产力的解放，经济建设迫切需要大量的技术应用型人才，更需要一支高素质的劳动者队伍。经济发展所需的人力结构与不合理的教育结构之间的矛盾也日趋突出。为适应新形势的需要，中共中央1985年颁布《关于教育体制改革的决定》。该决定提出了"调整中等教育结构，大力发展职业技术教育"。此后，中等职业技术教育有了飞速发展，中专、技校、职业高中的学校数及学生数在中等教育中所占比例逐年上升。可以说，20世纪80年代是中等职业教育恢复并蓬勃发展的黄金时期，这为职业教育体系的初步形成奠定了良好的基础。

职业教育体系初步建成和发展阶段主要是在20世纪90年代。1996年颁布并施行的《中华人民共和国职业教育法》第二章明确提出了建立职业教育体系的目标。其中规定，国家根据不同地区的经济发展水平和教育普及程度，实施以初中后为重点的不同阶段的教育分流，建立、健全职业学校教育与职业培训并举，并与其他教育相互沟通、协调发展的职业教育体系；同时，还提出要办好初、中、高三个不同层次的职业教育。

除了学校职业教育之外，职业培训也被包括在内，并且职业培训可分为初级、中级和高级三种。另外，《中华人民共和国职业教育法》第十六条规定，普通中学可以因地制宜地开设职业教育课程，或者根据实际需要适当增加职业教育的教学内容。

在20世纪90年代，职业教育发展的一个显著特点是，中职有一定的萎缩，而高职则迅速发展。特别是在东部沿海经济发达地区出现了职教高移化的趋势，从而使职教发展的重心逐渐从中职转向高职。尤其是从20世纪90年代后期开始，我国高校招生规模持续扩大，在扩招的新生中有很大一部分是要接受高等职业教育，高职的院校数及学生数逐年增加。高职的不断发展也使职业教育体系的内容不断丰富，体系的结构也日趋复杂。

职业培训也越来越成为人们工作和职业发展的必须，形式也日益多样化。这也进一步促进了职业教育体系的健全与发展。

（二）当前我国职业教育体系的基本构成

我国职业教育体系在构成方面可分为两大块，职业学校教育与职业培训。职业学校教育包括普通中小学中的职业教育因素、特殊教育中的职业教育、初等职业教育、中等职业教育和高等职业教育。职业培训主要包括企业培训、市场化培训、劳动预备制培训和再就业培训。

1. 职业学校教育

1）普通中小学中的职业教育因素

在我国普通中小学中，职业教育内容主要包括劳动技术教育和职业指导。劳动技术教育的目的是培养学生的劳动观念、劳动习惯，使学生掌握一些基本的生产技术知识和劳动技能，并提高他们的动手能力。

2）特殊教育中的职业教育

接受特殊教育的对象主要是生理或心理残疾或智障者。除了基本的文化教育外，更主要的是要向他们提供必要的生活和职业技术教育。其目的是要发挥他们的潜能，使其尽可能地自食其力，以使其个人适应社会生活。

3）初等职业教育

初等职业教育主要针对农村、落后和偏远地区无法继续接受初中阶段教育的学生。在接受最基本的文化教育基础上，向他们实施一定的职业教育，以使他们获得相应的生活、生产技能，提高生产劳动能力。这类职业教育主要是初等层次，主要在小学、初中或初等职业学校实施。

4）中等职业教育

中等职业教育的对象为初中毕业生，开展的是高中阶段的职业教育。其专业性较强，培养的是生产、建设、服务、管理一线的职业技术技能人才。这一层次教育的实施机构主要有中等专业学校（包括职工中专、电视中专、广播中专及函授中专等）、技工学校和职业高中。

5）高等职业教育

高职高专教育既是职业教育中的高层次形态，又是高等教育中的一种类型，主要培养生产、建设、服务、管理一线的高等技术应用型人才。这一层次教育的实施机构主要包括职业技术学院、普通高校内的二级学院、高等专科学校、部分成人高校等。

2. 职业培训

1）企业培训

企业培训主要由企业自身主持、出资并组织，对职工进行各种培训，包括晋级、转岗、更新培训等。企业培训不仅成为企业参与竞争的必要手段，而且也是员工的一项特殊福利和待遇，其重要性越来越受到企业管理者的重视。

2）市场化培训

市场化培训包括语言、计算机及其他技术方面的等级及证书培训。由于竞争的加剧，继续学习和终身教育成为人们生活和工作的必需。近年来，市场化培训的发展十分迅猛，蒸蒸日上。很多培训部门看准这一有着广阔发展前景的市场而开展了各种各样的培训,一方面它向培训对象提供相应的培训服务,另一方面培训部门也可从中获取丰厚的回报和利润。

3)劳动预备制培训

劳动预备制培训主要是针对初、高中毕业生而开展的为期 1~3 年的劳动就业培训。它一方面可以提高这些毕业生的就业技能,提高他们的劳动素质;另一方面,由于近年来我国劳动力的供给远大于需求,这种培训可以延缓他们的就业时间,因此起到了"蓄水池"的作用。

4)再就业培训

再就业培训的对象主要是下岗失业人员。它兴起于 20 世纪 90 年代,当时由于产业结构的调整,一些传统的企业倒闭、破产或被兼并,导致许多职工失去岗位或失业。为了促进这些人员的重新上岗或就业,而向他们开展相应的培训。这类培训主要由政府负责和组织。

(三)我国建设类职业教育体系的形成和基本现状

1. 建设类职业学校教育

中华人民共和国成立以来,我国建设类职业教育走过了与其他行业职业教育完全相同的发展道路。20 世纪 50—70 年代,职业教育基本上在中专和技校实施,层次单一,自然不成体系。改革开放以后,建设行业迅猛发展,为满足施工企业生产一线对技术与管理人才的实际需求,20 世纪 80 年代初建设类高等专科学校进行了卓有成效的专科教育改革;与此同时,全国各地成立了一批职业大学和成人高等学校,主要在专科层次上对学生实施职业技术教育,培养实用型、施工型专业技术人才,使建设类职业教育上移至专科层次,为建立建设类职业教育体系进行了有益的探索,奠定了良好的基础。

1996 年,《中华人民共和国职业教育法》颁布并实施,明确提出了建立由初、中、高等职业教育构成的职业教育体系,从而翻开了建设类职业教育体系发展建设的新篇章。自 1998 年初全国首家建设类职业技术学院——黑龙江建筑职业技术学院成立以来,到 2004 年为止,全国独立建制的建设类职业技术学院已有 20 余所,设有建设类专业的职业技术学院近 300 所。2003 年建设类高职高专毕业生 66742 人,招生 142683 人,在校生 324144 人。建设类高等职业教育的大发展,迅速提高了我国建设类职业教育的层次和水平,丰富了我国建设类职业教育的内涵。

近年来,建设类中等职业教育已走出低谷,呈现出招生就业"两旺"的发展势头。全国独立设置的建设类中等职业学校有 300 余所,设有建设类专业的中等职业学校有 1150 余所。2003 年中等职业学校中的骨干力量中等专业学校建设类专业毕业生 57814 人，招生 49335 人，在校生 134823 人。

在我国农村还存在少量设有建设类职业教育专业的普通初中和职业初中，这就在我国形成了小学、初中和高中后三级分流，初、中、高等三个层次建设类职业教育相互衔接并与普通教育相互沟通的建设类职业学校教育现行体系，其体系结构如图 1-1 所示。

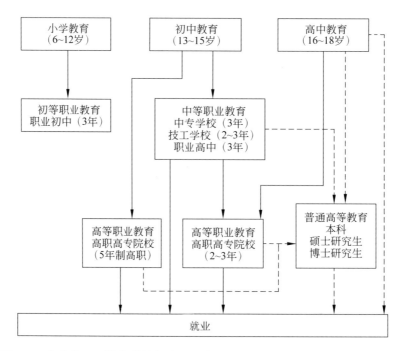

图 1-1 建设类职业技术学校教育现行体系结构（实线部分为职业教育体系）

2. 建设类职业培训

1）管理岗位培训、执业资格培训、应急教育和继续教育开展红火

建设部《建筑业企业资质管理规定》的出台和企业资质的认定，使岗位培训、持证上岗工作得到进一步落实，持证率明显提高。

到 2002 年年底，全国已有 17 万余人取得注册执业资格。其中，一级注册建筑师 14484 人；一级注册结构工程师 25433 人，二级注册结构工程师 5000 余人；房地产评估师 1815 人；监理工程师 49207 人；造价工程师 36308 人；注册城市规划师 6615 人。

以 10 项新技术和工程建设强制性条文为主要内容的工程技术人员继续教育普遍推开，不少企业还开展了 ISO 9000 认证，ISO 14000 和 ISO 18000 认证也逐步推开，"九五"期间全国建筑类注册人员继续教育累计近 20 万人次。

2）操作技能培训量大面广、任务繁重

截至 2003 年年底，全国设有建设类职业技能岗位培训基地 756 个，鉴定机构 788 个。2003 年共培训生产操作人员 53.16 万人，其中，中级工 30.2 万人，高级工 2.87 万人，技师和高级技师 2811 人；共鉴定发证 49.67 万人，其中，中级工 28.91 万人，高级工 2.41 万人，技师和高级技师 2121 人。已累计培训生产操作人员 302.2 万人次，鉴定发证 276.7 万人次。

操作技能培训、管理岗位培训、执业资格培训、继续教育和应急教育构建了我国建筑行业培训现行体系，其体系结构如图 1-2 所示。

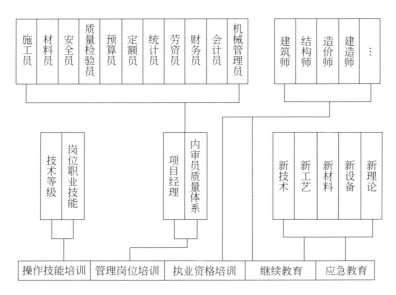

图 1-2 建筑行业培训现行体系结构

二、职业教育体系的国际比较

正规的职业教育是在社会、经济、技术发展的推动下，由自发的、零碎的"师带徒"方式发展演变而来的。18 世纪末 19 世纪初，随着大工业的出现，一些西方国家先后兴办了各种职业学校。在当今世界，各国尤其是发达国家，职业教育得到高度重视和迅速发展，在社会经济发展中发挥了极为重要的作用。事实证明，哪个国家对职业教育的重视程度越高，投入越大，它的社会经济发展一定越快。

我国正规的职业教育比西方世界大约晚了一个世纪，1904 年首次使用"职业教育"一词，1913 年首次出现"职业学校"的说法，第一次世界大战结束以后才开始兴办职业教育机构。中华人民共和国成立之后，由于职业教育被一些人误认为是资本主义国家的产物，"职业教育"一说沉寂数年。1958 年，在"教育与生产劳动相结合"的教育革命热潮中,职业教育被再次提了出来,职业学校大量出现,但多数缺乏起码的办学条件,普遍以劳动代替教学,根本谈不上真正的教育质量,后经调整整顿,有所改善。1976 年,我国普通高中与中专、技校的学生比例已达94.2∶5.8,教育结构严重失衡。改革开放以后,我国职业教育逐步走上正常发展的轨道,初步确立了与普通教育相对独立又互相沟通的教育体系。但由于种种原因,我国的职业教育体系亟待健全和完善。他山之石,可以攻玉。我们对德国、澳大利亚的职业教育体系进行认真考察后,将其与中国建设类职业教育体系进行了比较研究。

(一)德国的职业教育体系结构

德国的职业教育体系结构如图 1-3 所示,这一体系结构的主要特点如下。

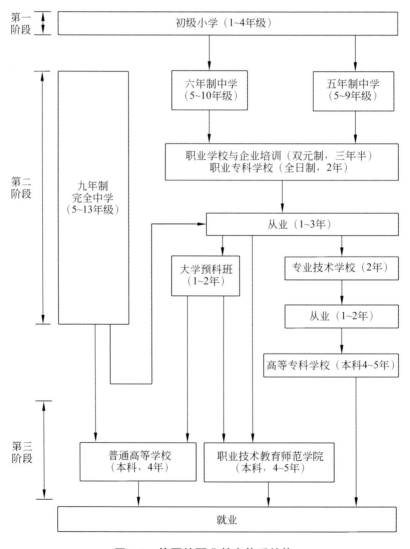

图 1-3 德国的职业教育体系结构

（1）职业教育在整个教育体系框架中占有非常重要的地位，是青少年升学就业的主渠道。小学（四年级）后即实行第一次分流，75% 以上的学生升入六年制和五年制中学，此时就已经初步确定了将来升学就业的基本方向，在初中阶段学习时，上高中、升大学不是必须考虑的问题。在五年制或六年制中学毕业后的第二次分流，是根据不同职业要求和学生与家长的意愿确定方向，而不是根据学习成绩优劣和其他表现，这一点与中国以普通教育为主渠道，以升学教育、应试教育为"主旋律"是完全不同的。

（2）职业教育的各个层次之间是相互沟通的，但沟通的重要环节是职业经历。双元制学校毕业之后必须经过 1~3 年的从业过程才可以进入专业技术学校、高等专科学校或职业技术教育师范学院。专业技术学校毕业后必须经过 1~2 年的从业过程才可以进入高等专科学校，这与我国中职毕业无须职业经历直接升入高职有着重要区别。

（3）职业教育与普通教育之间是相互交叉的，但必须经过相应的培训和教育。完全中学毕业后，必须经过职业培训和 1~3 年的从业过程才可以进入高等职业教育院校学习。双元制学校毕业后必须经过一段从业过程和 1~2 年的大学预科班教育才能进入普通高等学校。这与我国无须进行交叉过渡教育即登上"立交桥"，中职毕业可直接升入普通高等学校、普通高中毕业可直接升入高职院校是有明显区别的。

在德国，职业教育的内涵很广，既包括各级各类职业学校和培训机构实施的各层次职业教育（培训）和技术教育，也包括我国统称的继续教育、成人教育、在职培训和进修、再就业学习和培训，以及对各种非正常人的特殊教育等。德国人普遍认识到，职业教育是终身教育，是对未来的投资。德国是世界上对职业教育悟性最高、起步最早、下功夫最深的国家，他们把职业教育看成关系民族生存、经济发展、国家振兴的根本大计。

（二）澳大利亚的职业教育体系结构

澳大利亚的教育体系结构如图 1-4 所示。

澳大利亚的职业教育体系结构如图 1-5 所示。

分析澳大利亚的教育体系结构，有几个特色是值得注意的。

（1）学生中学毕业后约 70% 进入实施职业教育的技术与继续教育学院，即 TAFE（technical and further education，技术与继续教育）学院学习，这是中学毕业后学生分流的主渠道。澳大利亚有 250 所 TAFE 学院，而普通大学仅有 38 所。

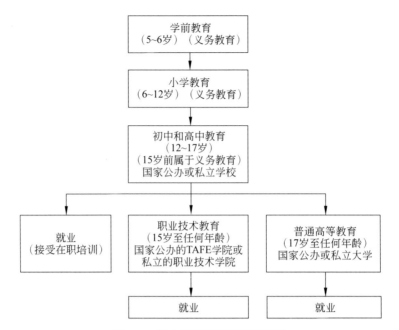

图 1-4　澳大利亚的教育体系结构

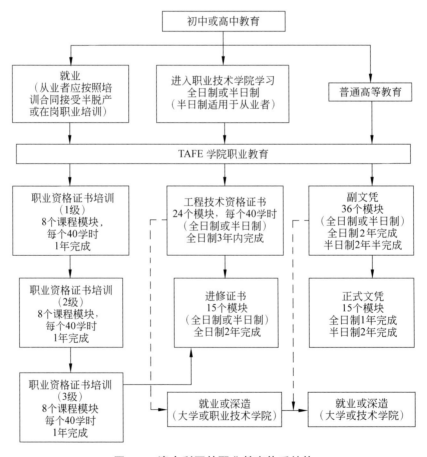

图 1-5　澳大利亚的职业教育体系结构

这与我国高中毕业生目光集中在普通高校的情况是大不相同的。与德国比较，澳大利亚的学生分流较晚，一般在高中毕业之后进行。

（2）TAFE 学院承担了各个层次职业教育和培训的全部任务，从半熟练工人到专业技术人员、管理人员的教育和培训都在 TAFE 学院进行。TAFE 学院提供的证书和文凭是许多职业岗位的就业准入凭证，即使是普通大学毕业后的大批学生，在就业前也要到 TAFE 学院进一步学习。这种将各级各类职业教育与培训以及继续教育融于一体的学校设置形式实现了教育资源的有效整合，大大降低了教育成本，提高了教育效益，对比我国分层次、分行业、分职前职后的职业教育体系结构，是有其先进性的，值得我们借鉴和学习。图 1-6 为澳大利亚的证书、文凭和学位制度框架。

	TAFE	大学	职业要求
		博士学位	高级专业人员
		硕士学位	
		硕士文凭	高级经理
		硕士证书	
		学士学位	专业人员/经理
	高级文凭	高级文凭	专业辅助人员/管理人员
	文凭	文凭	专业辅助人员
	证书 IV		高级熟练工人/监工
	证书 III		熟练工人
	证书 II		高级操作员
高中证书	证书 I		半熟练工人

图 1-6 澳大利亚的证书、文凭和学位制度框架

（3）在职业余教育是 TAFE 学院的重要特色。在澳大利亚的 TAFE 学院中，70% 的学生学习是业余学习；在我们访问的西南悉尼 TAFE 学院，其在职学生高达 95%。为方便学生学习，150 余所 TAFE 学院分布在郊区、乡村和工业区。每一所 TAFE 学院都设有许多校区，以方便学生就近学习，在学生构成和学习方式上与我国的成人教育相近。由于在职业余学习的特点，TAFE 学院不采用学年制，而是对学生实施证书和文凭教育。对比我国的职业学校教育体系，学生全日制学习，基本实行学年制，以学历文凭为主，辅之以职业资格证书，TAFE 学院与劳动力市场是接轨的，而我们则还要走一段漫长的路。

三、我国建设类职业教育体系、结构和层次的改革构想

（一）建设事业的改革与发展急需大批建设技术人才

改革开放以来，我国建设事业迅猛发展。2003年，全国建筑业完成产值21865亿元，占当年社会固定资产投资总额的39.66%。同年，建筑业实现增加值8166亿元，占国内生产总值的7.00%，在国民经济各产业部门中排在工业、农业和商贸业之后，居第4位。同年，房地产开发完成投资10106亿元。建筑业和房地产业已成为国民经济中举足轻重的支柱产业。

2002年，全国建设行业从业人员已达5000万人，其中，仅建筑业就有3893万人。同年，我国外出务工农民9820万人，其中3137万人被建筑业吸纳，占建筑业从业人员的80.58%。建筑业的发展为缓解我国就业压力，特别是解决农村富余劳动力的转移和增加农民收入，做出了巨大贡献。同时，在改变城乡二元经济结构、加速我国城镇化建设的步伐、拉动经济增长、提高人民生活质量等方面也都发挥了积极的促进作用。

当前，在建筑业3893万从业人员中，生产一线的操作人员技能水平很低，绝大多数未经任何培训直接上岗，高级工不足2.4%，技师不足1%，高级技师不足0.3%。专业技术人员约154.6万人，经营管理人员约194.6万人，分别占从业人员总数的约4%和5%，两类人员合起来仅约9%，这个比例数远低于全国各行业18%的平均水平，也低于采掘业。建设技术人才数量上严重短缺，是目前建筑业面临的严峻问题。

经过调查分析，建筑技术人才短缺突出表现在建筑与市政施工、建筑装饰、建筑设备安装和建筑智能化这4个专业领域。根据《建设事业"十五"计划纲要》的要求，我们对4个专业领域进行了人才需求分析。

1. 建筑与市政施工专业领域

建筑业从业人员中约78%分布在建筑施工企业和市政工程施工企业，总数为3036万人以上。目前，专业技术和经营管理人员为310.58万人，占从业人员总数的10.23%。专业技术和经营管理人员中，本科以上学历占10.19%，专科学历占30.40%，中专学历占44.62%，中专以下学历占14.79%。中专及中专以下学历人员是建筑与市政施工企业技术与管理队伍的主体。生产操作人员为2725.42万人，持有职业资格证书或建设类职业技能岗位证书的人员占生产操作人员总数的7%。

在持证人员中，中级工持证比例为 58.41%，高级工为 4.64%，技师和高级技师为 0.39%。

今后 10 年，建筑与市政施工队伍从业人员按 3000 万考虑。其中，技术与管理人员要达到 30%，即 900 万人左右，需净增约 600 万人，年均约 60 万人，若由高、中等职业教育培养其中的 60%，每年需培养 36 万人。生产操作人员占 70%，即 2100 万人左右，高级工达到生产操作人员总人数的 10%，技师和高级技师达到 2%，每年需要培养和培训高级工 21 万人、技师和高级技师 4.2 万人。

2. 建筑装饰专业领域

目前，我国建筑装饰业的从业人员已达 850 万人，其中一线操作人员 80% 以上是农民工，技师和高级技师的比例均不足 1%，专业技术和经营管理人员 51 万人左右，约占从业人员总数的 6%。技术与管理人员的学历水平较之建筑施工技术领域低，专科及以上学历约占 33.3%，中专及以下学历约占 66.7%。在生产操作人员中，持有职业资格证书或建设类职业技能证书的人员占生产操作人员总数的比例不足 5%。在持证人员中，中级工持证比例为 41.53%，高级工为 4.04%，技师和高级技师为 0.09%。

今后 10 年，建筑装饰业从业人员要达到 1100 万人。其中，技术与管理人员要达到 20%，即 220 万人左右，需净增约 150 万人，年均约 15 万人，若由高、中等职业教育培养其中的 50%，每年需培养 7.5 万人。生产操作人员占 80%，即 880 万人左右，高级工达到生产操作人员总数的 10%，技师和高级技师达到 2%，每年需要培养和培训高级工 8.8 万人、技师和高级技师 1.76 万人。

3. 建筑设备安装专业领域

2002 年，建筑设备安装领域从业人员 443.07 万人，在建筑业中所占比例为 11.1%。根据对部分建筑设备安装企业的调查统计，国有企业、集体企业和农村劳务企业的从业人员分别约占建筑设备安装领域从业人员总数的 10%、10% 和 80%，这三类企业中技术与管理人员的比例分别约为 65%、20% 和 5%。按上述比例，在建筑设备安装业的技术与管理人员的数量约 55.38 万人，占该行业从业人员总数的 12.5%；生产操作人员的数量约 387.69 万人，占该行业从业人员总数的 87.5%。目前，在建筑设备安装业从业人员中，持有职业资格证书或建设类职业技能证书的人员占生产操作人员总数的 5.8%。在持证人员中，中级工持证比例为 43.69%，高级工为 5.44%，技师和高级技师为 0.17%。

今后 10 年，建筑设备安装业的从业人员要达到 500 万人。其中，技术与管理人员要达到 30%，即 150 万人左右，需净增约 100 万人，年均约 10 万人，若由高、中等职业教育培养其中的 60%，每年需培养 6 万人。生产操作人员占 70%，即 350 万人左右，高级工达到生产操作人员总数的 10%，技师和高级技师达到 3%，每年需要培养和培训高级工 3.5 万人、技师和高级技师 1.05 万人。

4. 建筑智能化专业领域

近年来我国建筑智能化飞速发展，从业人员约 100 万人，其中 90% 以上从事建筑智能化设施的安装、调试、运行与维护工作。目前，这类专业人才极其匮乏，现有人员基本上由电气、电子、通信技术类人才转行而来。由于这些人员缺乏建筑及建筑设备等方面的专业背景，既不拥有建筑智能化自主知识产权，又不能进行建筑智能化核心技术的研究开发，严重制约了我国建筑智能化水平的提高。

今后 10 年，建筑智能化在我国将迅速发展，从业人员将增至 200 万人。其中，技术与管理人员的需求比例在 40%，即 80 万人左右，若由高、中等职业教育培养其中的 60%，即 48 万人，每年需要培养 4.8 万人以上。

上述 4 个专业领域技术人才职业教育的基本情况如下。

（1）建筑与市政施工专业领域：2003 年，全国建筑与市政施工类专业高职高专毕业生 9414 人，招生 22546 人，在校生 48679 人；中等专业学校毕业生 20393 人，招生 23616 人，在校生 62057 人。

（2）建筑装饰专业领域：2003 年，全国设有建筑装饰专业的高职高专院校 115 所，毕业生 3935 人，招生 8003 人，在校生 19139 人；中等专业学校 205 所，毕业生 9028 人，在校生 19903。

（3）建筑设备安装专业领域：2003 年，全国建筑设备类专业高职高专毕业生 2967 人，招生 4938 人，在校生 11830 人；中等专业学校毕业生 5497 人，招生 2707 人，在校生 7492 人。

（4）建筑智能化专业领域：目前，全国普通高校和中等职业学校没有设置此类专业，只有 3 所高职高专院校设有同类专业。2003 年，毕业生 318 人，招生 270 人，在校生 620 人。

（二）建设类职业教育存在的主要问题

1. 教育培训规模远远不能满足行业需求

建筑业专业技术与经营管理人才与从业人员总数的比例按全国各行业平均水平 18% 计算，目前需要 700.74 万人，现在仅有 349.20 万人，总量缺口为 351.54 万人。2004 年，建设类大中专毕业生可望达到历史最高水平，中等职业教育、高职高专教育和本科以上教育的毕业生分别为 39213 人、77564 人和 69714 人，合计 186491 人。

粗略按当年毕业生全部进入建设行业，且不考虑自然减员等因素，以这样的培养速度计算满足目前行业的需求需要 18.85 年。可见，建设教育在总规模上与行业需求之间相距甚大。

以上重点调研的 4 个专业领域的教育规模与实际需求差距状况如下。

（1）建筑与市政施工专业领域：2003—2006 年，全国高、中等职业院校可培养建筑与市政施工类专业毕业生 140533 人，年均培养 35133 人，与今后 10 年年均 36 万人的需求相距甚远。

（2）建筑装饰专业领域：2003—2006 年，全国高、中等职业院校可培养 52005 人，年均培养 13001 人，距今后 10 年年均需求 7.5 万人相距甚远。

（3）建筑设备安装专业领域：2003—2006 年，全国高、中等职业院校可培养 27799 人，年均培养 6950 人，距今后 10 年年均需求 6 万人相距甚远。

（4）建筑智能化专业领域：该专业领域的培养培训工作刚刚起步，亟须大力扶持，加速发展。

2. 层次结构不尽合理，各层次之间比例失衡

根据建设事业发展的实际需求，较为合理的建设类高、中等职业教育的层次比例应在 1:2 左右，而 2003 年这一比例实际为 1:0.4。国家应采取有力措施，在近几年大力发展高等职业教育的基础上，力促中等职业教育的改革与发展，尽快解决这一严重的比例失衡状况。

初等建设类职业教育在全国尚不普及，远没有形成一个层次的职业教育。建筑基本知识的传授和一些简单的操作技能的培养是可以在初中阶段进行的。国家在普及九年义务教育中，过分强调了基础文化知识的普及，而忽视了义务教育阶段中职业教育比例的增大，造成了当前初等建设类职业教育层次非常薄弱的现状。

3. 各层次之间的衔接缺乏职业教育特色

近年来，国家重视职业教育各层次之间及职业教育与普通教育之间的衔接与沟通，建立了比较通畅的"立交桥"，但基本上套用了传统学科文化教育中的衔接方式。高中毕业生可以通过全国统一高考升入高职，中职毕业生可以通过单独考试升入高职，高职毕业生可以通过推荐与考试升入普通高校本科，受到广大学生和家长的好评，产生了很好的社会效果。但由于在衔接中没有充分考虑职业教育与普通教育的不同特点，没有重视职业经历在衔接中的重要意义，因此严重影响了职业教育的质量，也造成了很大的教育浪费。

在德国，中等职业学校毕业后必须到现场当 1~3 年的操作工人后才可以升入高等职业学校继续深造，普通高中毕业生必须补上职业课程到现场工作 1~3 年后才能

升入高等职业学校。这一职业经历的要求在德国是非常严格的。由于有这样明确的科学规定，德国高等职业教育生源的职业素质非常高，这就为高质量的高等职业教育提供了坚实的基础。我们考察中接触的许多德国工程师（同时又是技师），都是"双元制"学校毕业后，在现场操作岗位上工作一段时间后进入高等学校学习的。

（三）对我国建设类职业教育体系、结构和层次的调整建议

1. 在初中阶段大力发展建设类初等职业教育

把在初中阶段的建设类初等职业教育尽快发展起来，做大做强，使其成为我国建设类职业教育体系的重要组成部分，完善我国建设类职业教育体系的层次结构，是当前面临的一个重要课题。特别是在广大农村中学中加大职业教育的教学内容，更是当务之急。当前，我国外出务工的农民中有约1/3从事建筑业生产，这些人中绝大部分未经任何职业教育与培训就直接上岗，这在严重制约了建筑产品质量的同时，也使这些农民工在就业市场中处于弱势状态。国家应该在农村普及九年义务教育时注意到教育的实用性，在初中阶段便将建设类职业教育作为一个重要的方面予以关注。可以采取二年级后分流的"2+1"模式，也可以采取将职业教育与基础教育"双轨并进"的模式。通过种种努力，把建设类初等职业教育在广大农村发展起来，这对于普及九年义务教育，提高农村初中的办学水平和办学效益，在我国真正建立起初、中、高等职业教育层次比例合理的建设类职业教育体系，为大批农民子女做好进城务工的职业准备，彻底解决制约全面建成小康社会的"三农"问题，都具有不可估量的战略意义。

受过建设类初等职业教育的初中毕业生，可以经过学徒或培训2年进入就业岗位，学徒期后也可升入建设类中等职业学校继续学习。

2. 下大气力发展建设类中等职业教育

我国的中专教育、技工教育和职业高中教育都有比较好的基础，特别是中等职业学校已有50余年的历史，为国家培养了大量的中级技术人才。现在高等职业教育发展较好，毕业生日益增多，大批毕业生进入了建设行业生产一线的技术管理岗位，这是社会进步的表现。但在队伍庞大的建筑业中，尤其是大量劳务承包建筑企业，仍然需要大批中等职业学校毕业生充实到基层施工技术管理岗位。在今后相当长的时期内，建筑业仍然会有许多未经过中等职业学校系统培养的人员在技术管理岗位上工作，急需中等职业学校毕业生到这些岗位上发挥作用。近年来，高等职业教育快速发展的同时，中等职业教育的规模有所收缩，有人误以为培养中级技术管理人

员的任务可以由高职院校来完成，中职层次的技术教育可以削弱或取消，这不符合中国国情，更不符合建设事业改革与发展的实际，这样做是教育资源的浪费，更是人才培养的浪费。从当前的中国教育水平和建筑业的实际出发，大量初中毕业生升入建设类中等职业学校接受教育，毕业即到建筑业生产一线就业，是符合最广大的人民群众特别是农民的利益的。

中等职业学校毕业生在建筑企业工作一段时间后，想深造者可以升入高等职业学校或普通高等学校进一步学习提高。过去一段时间，由于高校扩招带来的普通高中教育规模迅速扩大是中国教育水平提高的重要标志，但也要看到与此同时中等职业教育却滑坡了，高中阶段的普通教育与职业教育的发展失衡了，我们可能会因此而付出极大的代价。

3. 将建设类成人高等教育纳入建设类职业教育体系

建设类成人高等教育近年来一直保持较大的规模，不包括高等建筑教育自考和电大，年招生数约2.7万人，其中专科生1.4万人，本科生（含专升本）1.3万人。这些学员大部分毕业于中等职业学校和高职高专院校，且工作在建筑施工生产一线。他们以前学的专业是施工技术与管理，目前从事的也是施工技术与管理，但到成人高等学校学习的内容却主要是工程设计类的课程，接受的不是职业教育或技术教育，而是工程教育。学非所用、学用脱节非常严重，许多学生是为了文凭而学习，这势必造成更大的教育浪费。为了使建设类成人高等教育更好地为建筑业服务，为广大在职施工技术人员服务，必须旗帜鲜明地将成人高等教育由工程型改革为技术型，由设计型改革为施工型，使其成为建设类高等职业教育的一部分，为建筑施工生产服务，为提高施工技术人员的水平服务。

若能实现这一改革，我国的建设类高等职业教育就能充分利用普通高校现有的教育资源，由目前的专科教育层次上移至本科甚至研究生层次，高等职业教育也就丰富为专科教育、本科教育及研究生教育三个层次，这对于我国高等职业教育改革是具有深远意义的。同时，还可以通过在职业余学习来解决职业教育中由于全日制造成的工学矛盾。

总之，我国的建设类职业教育的重心要下移，层次要上移，这样才能建立一个层次结构合理，紧密结合建设事业实际需要，满足广大人民群众就学与就业需求，充分发挥现有教育资源的教育功能，各层次之间通过职业经历有效衔接，又能与普通教育沟通联系的中国特色的建设类职业教育体系。

我们认为，在现有情况下，我国的建设类职业学校教育体系应如图1-7所示。

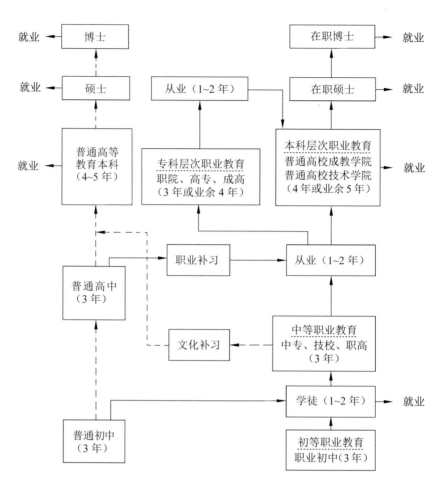

图 1-7 建设类职业学校教育体系(实线部分)

土建类高职人才培养体系的研究与实践[1]

【提要】本研究报告首先从调查分析我国建设行业对高职人才的需求出发，对当前土建类高等职业教育的现状进行具体剖析，得到土建类高职人才培养体系亟待改革的基本结论；继而从理论上、政策上和比较教育的研究出发，提出了要构建"能力型""施工型""成品型"的人才培养体系的基本思路；然后介绍了研究与实践的过程，得出由目标规格体系、内容结构体系、质量保障体系和运行反馈体系构成的新的人才培养体系；最后总结出新的人才培养体系的7个方面的结论性思考。

2004年5月8日，"土建类高职人才培养体系的研究与实践"经建设部科技司批准，正式被列为《建设部2004年科学技术项目计划》。这一课题立项之后不久，2004年8月5日，经教育部、建设部商定：将课题研究单位高等学校土建学科教学指导委员会高等职业教育专业委员会重组为高职高专教育土建类专业教学指导委员会。本课题是在原高等学校土建学科教学指导委员会高等职业教育专业委员会自2002年以来的研究与实践的基础上，又经过立项以来近一年的深入探索与总结完成的。

一、"土建类高职人才培养体系的研究与实践"课题的提出和基本思路

（一）课题的提出

1. 建设行业对高职人才的需求分析

随着改革开放的逐步深入，我国建设事业日新月异。2003年，建筑业实现增加值8166亿元，约占国内生产总值的7%，在国民经济各产业部门中排在工业、农业和商贸业之后，居第4位。同年，房地产开发完成投资10106亿元。建筑业和房地产业已成为国民经济中令人瞩目的支柱产业。

2002年，全国建筑业从业人员已达3893万人，其中农民工3137万人，占建

---

[1] 本课题在《建设部2004年科学技术项目计划》立项，研究单位是全国高职高专教育土建类专业教学指导委员会。课题完成人是建设部人事教育司副巡视员赵琦、黑龙江建筑职业技术学院院长王凤君和杜国城，执笔者是杜国城。

筑业从业人员的 80.58%。建筑业的发展为缓解我国就业压力、解决农村富余劳动力的转移和增加农民收入、加速城镇化建设、拉动经济增长、提高人民生活质量等方面做出了巨大贡献。

在建筑业 3893 万从业人员中，专业技术人员约 154.6 万人，经营管理人员约 194.6 万人，分别约占从业人员总数的 4% 和 5%，两类人员合起来约 9%，这个比例数远远低于全国各行业 18% 的平均水平，也低于采掘业。建设类技术人才数量上严重短缺是目前建筑业面临的严峻课题。

2. 建设类高等职业教育的现状分析

1）教育规模远远满足不了行业需求

建筑业专业技术与经营管理人才与从业人员总数的比例按全国各行业平均 18% 计算，需要约 700 万人，而现在仅有约 350 万人，总量缺口约 350 万人。2000 年，建设类大中专毕业生可望达到历史最高水平，中等职业教育、高职高专教育和本科以上教育的毕业生合计约 18.6 万人。粗略按当年毕业生全部进入建设行业，且不考虑自然减员等因素，以这样的培养速度满足目前行业的需求需要 18 年。可见，建设教育在规模上与行业需求的差距是惊人的。

2）土建类高职人才培养体系亟待改革

职业教育是以培养从事一种职业所需要的能力为目标的教育，高等职业教育就是以培养生产、建设、管理、服务一线高等技术应用型人才职业能力为目标的教育，土建类高等职业教育则主要是以培养建筑施工生产一线技术管理、项目管理人才职业能力为目标的教育。但纵观全国土建类高等职业教育人才培养体系的现状，我们感到距能力本位教育还有较大差距，其主要表现如下。

（1）教育定位尚欠准确。高等职业教育与普通高等教育是两种不同类型的教育，其根本区别是能力本位教育和学科本位教育的区别。在土建类专业领域，其区别还表现在前者主要是培养将工程图纸转化为工程实体的施工型人才，而后者则主要是培养将工程理论、设计思想转化为工程图纸的设计型人才。在市场经济条件下，前者还必须突出"零距离"培养的"成品型"教育特色，而后者仍然保持浓重的"工程师初步训练"的"粗坯型"教育的传统理念。但通过调查我们了解到，许多院校土建类高职专业的教育定位还没有摆脱学科本位的束缚，还没有真正突出施工能力的培养，还不能实现学生毕业即能顶岗工作的"零距离"要求。

（2）课程内容体系尚待完善。课程改革是专业教学改革的基础，也是专业教学改革的核心。在我国目前的社会环境下，我们认为应尽速构建一个理论教学和实践教学相互融合、互相支撑的新教学体系，以落实能力本位的教育思想。但目前的实际情况不容乐观，理论教学体系的学科本位的痕迹仍很深刻，距"必需、够用"的要求还有较大的距离。实践教学尚未形成相对独立的体系，其内容还在以实践教学大纲、指导书等简单教学文件作为依据，既不具体又欠实际，远远满足不了培养学生职业能力的基本要求。各院校的教学计划虽经多次改动，但与传统的学科本位教育的计划比较差别不大，理论教学内容较详尽，知识传授内容较具体，实践教学内容则用笔不多，能力培养任务更欠具体化。"一条腿长，一条腿短"，难以支撑能力本位的培养目标。

（3）教学评价体系亟待改善。培养目标是高等职业教育的出发点和终结点，因此必须围绕培养目标来建立合理的教学评价体系。能力本位的教育思想既重视对学生掌握理论知识的评价，更重视对学生掌握职业能力的评价。然而，目前各院校对学生的成绩考核，绝大部分是理论知识的成绩考核，再加上实习、毕业设计的成绩考核，与学科本位的教育几乎相同，基本上没有体现对学生职业能力考核的内容。近年来，由于普遍重视对 CBE（competency based education，能力本位教育）理论的学习，因此各院校利用 CBE 理论对培养目标的职业能力进行分解做得都比较好。但对学生的成绩考核却仍然沿袭学科教育中以理论知识考核为中心的考评体系，主要考核学生理论知识的掌握情况，其职业能力状况基本未予重视或未予体现。专业培养方案、培养目标与考评体系严重脱节，仅把培养目标作为出发点，而没有作为终结点，呈现严重的首尾不相顾的令人担忧的状况。成绩考核体系是这样，教学评价体系就更不能体现能力本位的理念了。因此，目前高等职业教育领域的学生成绩考评体系、教学评价体系的改革亟待提高认识，抓紧改善。

（4）教学支撑体系亟待加强。高等职业教育的支撑点是很多的，但由学科本位的学校转化为能力本位的学校，主要的薄弱点是校企合作教育尚未建立和双师型教师队伍尚未形成，对于土建类高等职业教育更是如此。土建类专业学生的岗位职业能力必须在企业真实的工程项目中获得，因此校企合作的培养模式是必然的选择。但目前许多院校还停留在学校安排学生到企业去见习、实习的水平，而不是在工程技术人员的指导下真刀真枪地在干中学、在学中干。短时间的见习、实习是不能完成岗位职业能力的培养任务的，与通过实践教学取得职业能力的教育宗旨还有很大的距离。高等职业院校的教师队伍比较适应学科本位的教育理念，大多从学校毕业后又到学校工作，没有综合运用所学知识于专业实践的职业经历，其施工生产方面的知识大多来自带学生到现场实习的过程，缺少亲自担任项目经理、项目工程师的工作经历，传授理论知识是他们的长项，但让他们培养学生的职业能力却有很大的困难。因此，企业不能全面主动地介入高职学生的培养过程，学校的教师大多缺乏现场施工的职业经历，已经成为严重制约土建类高职教育健康发展的瓶颈。

综上所述，土建类高等职业教育的人才培养体系中的教育定位、内容体系、评价体系和支撑体系均存在亟待解决的难题，必须加大改革力度，尽速加以解决。

（二）课题研究的基本思路

1. 课题研究的理论依据

1）"能力本位"是国际上公认的高等职业教育的理论依据

对于职业技术教育而言，其人才培养模式是随着生产力水平的不断提高而不断演变的。在手工业时代，是以"师徒相传"的模式、以"示范—模仿"的方法向徒弟传授知识和技能的。随着科学技术进步和经济规模扩大对劳动者提出了新的要求，学徒制逐步被学校职业技术教育所取代。这种学校形式的职业技术教育很久以前一直采取班级授课的组织形式，以行业学科体系为本位，以"课"为单元，以时间为衡量进程的基准，大面积、高效率地向学生传授系统的科学技术知识和职业技能，这就是至今很流行的"学科本位"的人才培养体系。20世纪初，特别是60年代以来，世界各国都在开发新的职业技术教育人才培养体系，兴起了一种以达到某种职业的从业能力要求为培养目标，以能力为教学单元，以学生是否具备某种能力作为衡量教学进程基准的"能力本位"的人才培养体系。成熟于20世纪50年代的德国"双元制"模式，60年代后期首先流行于美国、加拿大的CBE模式，70年代初由国际劳工组织开发的MES（modules of employable skill，模块式技能培训）模式，都是"能力本位"的典型。

"学科本位"的人才培养体系，在计划经济条件下，对于完成职业技术教育"粗坯型"人才的培养任务还是基本适应的。尤其在培养学术型人才上，"学科本位"体系是具有特殊优势的。但在市场经济环境下，企业作为经营实体，需要"成品型"毕业生"零距离"进入企业工作。"学科本位"培养的毕业生在质量规格、岗位职业能力等方面就很难满足企业的现实需求，这就成为失去统招统分保护伞的高职学生毕业后难以就业的重要原因。

"能力本位"理论明确指出，高等职业教育的培养目标是使学生获得相应岗位的职业能力，同时还指出不能以狭义的任务能力观将职业能力简单理解为完成具体工作任务的能力，而必须用广义的能力观，即系统中整体大于各部分之和的观点来认识职业能力。职业能力不仅是操作能力或动手能力，也不是心理学上的能力（ability）概念，而是指综合的职业能力（compertence，称职的就业能力），包括知识、技能、经验、态度等完成职业任务所需要的全部内容。职业能力还应包括适应职业岗位内涵和外延的变化，适应职业岗位变动所必需的再学习能力。职业能力还包括生产一线技术群体的组织者和领导者应具备的合作能力、公关能力、解决矛盾的能力、心理承受能力，以及敢于创新的精神等非技术性的职业素质，即20世纪80年代德国企业界提出的"关键能力"。

2)"需求论"学说是高等职业教育的重要理论基础

1965 年,世界著名的职业教育理论家美国芝加哥大学福斯特(P.J.Foster)教授就人力资源开发理论提出了著名的"需求论"学说,得到了许多专家的普遍认可。福斯特指出,就业需求是职业技术教育的出发点,职业技术教育必须以就业需求为重要依据来确定自己的培养目标,来适应社会需求和社会发展。我国近年来大力发展高等职业教育的实践也充分证实了"需求论"的正确性,坚持"以就业为导向"不仅大大提高了高职毕业生的就业率,更深远的意义还在于这一正确导向,加速了高等职业教育由"学科本位"向"能力本位"的改革步伐,使"能力本位"教学理论在我国高等职业教育迅猛发展的同时逐步确立起来,并由此促使我国的高等职业教育事业尽速走上健康发展的良性轨道。因此,"能力本位"和"需求论"在培养目标的论述上是一致的,都是做好高等职业教育的重要理论基础。

2. 课题研究的政策依据

1982 年,第五届全国人民代表大会第五次会议提出:"要试办一批花钱省,见效快,可收学费,学生尽可能走读,毕业生择优录用的专科学校和职业大学。"

1985 年,《中共中央关于教育体制改革的决定》中明确:"要积极发展高等职业技术院校,逐步建立起一个从初级到高级、专业配套、结构合理又能与普通教育相互沟通的职业技术教育体系。"

1986 年,国家教委《关于改革和发展成人教育的决定》中明确提出:"职工大学、职工业余大学、管理干部学院应当利用自己同企业、行业关系紧密的有利条件,结合需要,举办高等职业教育。"

1991 年,国务院《关于大力发展职业技术教育的决定》中明确了要积极发展高等职业教育的基本思路。

1994 年,全国教育大会上明确提出了通过"三改一补"发展高等职业教育的基本方针。

1996 年,《中华人民共和国职业教育法》确立了高等职业教育的法律地位。

1998 年,《中华人民共和国高等教育法》中明确了高等职业教育的高等教育属性。

2002 年,《教育部关于加强高职高专人才培养工作的意见》将高职高专教育的培养目标明确为:"培养拥护党的基本路线,适应生产、建设、管理、服务第一线需要的,德、智、体、美等方面全面发展的高等技术应用型专门人才。"

2004 年,《教育部关于以就业为导向,深化高等职业教育改革的若干意见》旗帜鲜明地指出了"高等职业教育应以服务为宗旨,以就业为导向,走产学研结合的发展道路"的办学方向,明确要求"高等职业院校必须把培养学生动手能力、实践能力和可持续发展能力放到突出的位置……"

3. 课题研究的比较教育依据

1）德国的高等职业教育

德国的高等职业教育是近 30 年来发展起来的，其主要形式有 20 世纪 60 年代末 70 年代初通过工程师学校和专科学校升格创建的高等专科学校，以及以巴登符腾堡州为代表创建的职业学院。20 世纪 60—70 年代，联邦德国的经济迅速发展，大学和大学生因逐年增加且偏重学术理论，到 70 年代开始出现相对过剩，大学生因缺乏实际工作能力而难以就业。因此，适应社会和地区经济发展需要的、非学术性的高等专科学校与侧重实战的职业学院便应运而生。据 1986 年的统计，高等专科学校培养的工程师在企业中的比例最高，占各类工程师总数的 62%，以培养应用型人才为主要任务的高等专科学校成为德国培养工程师的摇篮。它与学术型大学一起构成了一种新的高等教育体系，被誉为最有发展前途的大学，成为德国高等教育的主要类型之一。巴登符腾堡州是德国经济较为活跃的地区之一，1972 年，奔驰公司等一些企业认为，高等专科学校由于教育条件的限制，其人才培养的数量和质量还不能充分满足经济界对应用型高级管理、技术和服务人才的需求，因此奔驰等几家公司与巴登符腾堡州管理与经济学院协商，创建了校企联合办学的新型高等教育模式——职业学院。这种学校能够从学校和企业两个基地的师资与设备条件中受益，学生的质量得到企业界的普遍认可，这类职业学院发展很快，总数已超过 30 所。1989 年，巴登符腾堡州政府认定 3 年制职业学院与高等专科学校文凭等值。

德国高等职业教育的定位是很明确的，就是培养擅长动手、解决实际问题的工程设计、高级技术专门人才，以及善于管理的企业型工程师、经济师及相应层次的职业人才。高等专科学校的理论性略强一些，知识面略宽一点；职业学院则在工艺方法与复合运用能力的训练和获得上突出一些。

德国的高等职业教育在课程设置上是为提高学生日后从事工作的适应性、为社会工商企业与服务业等造就应用型工程师服务的，因此其专业设置划分较细，而且特别强调教学内容的实践性、应用性。高等专科学校整个学习期分为两个阶段，第 1~3 学期为基础学习阶段，第 4~8 学期为主要学习阶段。基础阶段学习结束后要经过严格考核合格后，才能进入下一阶段学习。第 5~8 学期专门安排为实习学期，实习地点要选择与其今后职业紧密相关的企业或部门。后一阶段学习结束后接受专业考试并进行毕业设计，设计的题目 70% 以上由企业结合实际需要解决的问题提出。整个学习期间采用跨学科与解决问题为导向的学习方式，而不是强调教学中对学科知识的理论探讨和分析。其实验、设计、实践练习、实习等环节占教学总学时的 2/3，学生有充分接触实际自己动手的机会，理论课仅占教学总学时的 1/3，充分显示了与普通大学明显不同的特色。职业学院前两年主要设有理论课和文化课及校内实训课和企业内实践课，后一年开设专业理论课和企业内实践课，是以高等学校为主的一种理论与实践相结合、企业与学校相结合的"双元制"职业技术教育。在教学时间安排上，理论课与实践课学时之比约1:1。在教学活动安排上，在校学习既有理论课，又有实习设备供实践和操作；在企业培训场地也不是简单模仿，而是负责培训的培训人先讲授理论和要领、最新发展的生产技术，再由学生动手操作和总结。

在教学质量监督方面，职业学院采取分阶段教学并考核的办法，由州文教部前后举行两次国家考试，进行严格检查和检验，优胜劣汰。院校的教学工作有全州统一的教学大纲规范，企业或社会机构的教学工作有全州统一的培训大纲规范。学生的理论课程学习有考核、有成绩，实践课程的学习与培训同样要经过严格的考核评定成绩，以对学生的知识掌握情况和能力水平进行以能力为本位的全面评价。

德国的高等职业教育得益于其牢固的支撑体系。

（1）学识渊博、实践丰富的师资队伍。高等专科学校的教师必须具备博士学位，同时要有5年的实践经历，其中至少3年是在学校以外企业的职业经历。企业培训现场的培训人虽然无须具备学校教师那样高深的专业理论和教学法知识，但必须具有相应的专业知识和工程师及师傅证书，并有相当长时间的企业工作经历。学校除专职教师外，还有一支数量颇多的强大的居于生产第一线的兼职教师队伍，职业学院的兼职教师几乎承担了80%以上的教学工作量。

（2）校企合作的教育机制。德国的高等职业教育院校采用学校与企业、教师与企业培训人共同培养学生的办法，最大限度地利用各自有利的条件和优势，强化了理论教学和实践教学及其相互沟通和联系，使学生在现实的职业氛围中亲身经历技术的、经济的和社会的变革，培养处世能力、态度和方式，有利于学生获得丰富、灵活和牢固的专业理论知识、专业技术和技能，以及解决实际问题的沟通能力。德国通过各种学校教育与企业培训的规章、法规及联邦基本法等，规定企业、学校和个人在协同完成职业教育中的具体责任和义务，这就为其职业教育与培训的顺利实施和取得世人瞩目的成功提供了前提和条件。

（3）文化知识和专业技能并重的入学要求。德国高等专科学校招收接受过双元制等职业培训并获得技术工人证书的专科高中或职业高中毕业生，又招收普通文理中学毕业生，但必须通过学生自寻企业实习补上所需实践经历，从而保证高等职业教育对高中或相当于高中的文化知识水平与技术技能水平的双重基本入学要求。在德国设立许多学制1~3年不等的专科高中、职业高中等"桥梁型学校"，其作用就是使中等职业教育的毕业生在这里进行学历达标补习，提高文化素质，获取升入高等职业院校的资格。而普通文理中学毕业生必须经过1~2年的相关专业的企业实践，具备相当于中职毕业生的专业知识和职业技能后方可进入高等职业院校就读。这就从入口上保证了高等职业院校的双重生源质量,对于德国高等职业教育的人才培养质量是至关重要的基础。

2）美国的高等职业教育

美国的社区学院起源于19世纪末首先在芝加哥大学创办的初级学院,当时该校把大学分成两部分,一、二年级称为初级学院,三、四年级称为高级学院。初级学院毕业可以就业,也可升入高级学院。1930—1950年,初级学院已部分地开展职业教育,但主要职能仍是为今后转入高级学院的转学教育。1950—1970年,随着社会产业结构和生产方式的巨大变化,社会要求大量培养生产一线或工作现场的职业技术人才,初级学院的中心工作逐步从以转学教育为主转向以培养所在社区迫切需要的职业技术人才为主。由于初级学院培养的人才广受社会各界的欢迎,同时又为广大的中低收入人群的子女提供了学费低廉的受教育机会,一些中学升格给中学毕业生开设大学基础课程,一些中等技术学校升格为二年制学院,一些经费困难的四年制学院改为独立设置的二年制初级学院,一些大学也因工作重点放到三、四年级和研究生教育而把一、二年级单独设置为技术学院。由于这些短学制学院多由社区出资或赠地兴办,又为社区经济发展服务,因此得名"社区学院"。社区学院和大学举办的技术学院成为美国高等职业教育的两个重要力量,技术学院有二年制和四年制两种,四年制本科可取得学士学位。第二次世界大战之后到20世纪60年代,社区学院和技术学院数量增加很快,规模逐渐扩大,教学越来越偏重实用技术,成为美国教育体系中不可取代的重要力量。1998年,美国二年制院校为1755所,占高校总数的43%,60%的大学适龄人口申请就读二年制社区学院。20世纪90年代以来,美国经济进入快速增长期,其经济持续增长的周期和幅度甚至超过了过去几十年里的"德国奇迹"和"日本奇迹"。究其原因,一要归功于科研及其成果转化；二则要归功于教育与培训的现代化,努力培养年轻人在变化无常的经济环境中生存所需的职业能力。

二年制社区学院在美国被公认为是极成功的高中后学术和职业教育与培训相结合的模式之一。一是为学生提供上大学的前两年教育,即"文科副学士"和"理科副学士"课程；二是为青年提供职前教育与培训,即"应用理科副学士"和"技术学科副学士"课程,培养目标为技术员；三是为不读学位的学生提供适合其要求和兴趣的职业性培训课程,颁发相应的证书和文凭。学习大学一、二年级基础课的学生毕业后可升入大学三年级而转入四年制大学。

技术学院的高等职业教育本科招收普通高中毕业生,学制4年。或招收二年制社区学院毕业生,再学2年,培养目标均为技术师。

社区学院和技术学院适应地区经济和社会的职业需求，开设专业并设置课程。国家非常重视二年制学院与高中职业教育课程内容的衔接，1990年国家设立了"美国国家职业教育研究中心"，着力帮助课程衔接等工作的改革实施。社区学院注重实践能力培养，建立以能力为本位的教学体系，实践课一般占总教学时数的40%~60%，学生还必须利用假期在社区的相应部门实习。社区学院多实行半工半读的教学组织形式，根据职业要求和学校类型实行工读课程计划，进行以学校为主同企业合作或以企业为主同学校合作的合作教育。美国实施的职业教育的途径是多样的，强调理论和实践的紧密相连，工作和学习密切融合，学校和企业的利害关联。

社区学院教师必须具备所任课领域的学士学位，并在该技术领域有多年的实际经验，还需聘请相当数量的实践经验丰富的技术与管理专家到学校任教。教师的专业能力和实践能力是保证社区学院教学质量的重要基础。

3）澳大利亚的高等职业教育

澳大利亚的职业教育机构是技术与继续教育学院，简称TAFE学院，是在政府的直接指导下起源与发展的。1973年澳大利亚联邦政府成立了技术与继续教育委员会，明确提出把技术教育与继续教育结合在一起，把学历教育与岗位培训结合在一起发展职业教育的终身教育理念。由此，在该委员会的指导下，澳大利亚的职业教育已经走过三十多个年头。全澳已有85个TAFE学院和1132个校区，成为70%中学毕业生的升学选择；而澳大利亚全国的普通高等学校仅有38所，只有30%的中学毕业生升入这类学校。国家于1992年专门成立了TAFE学院，具体管理由州和属地政府负责。

TAFE学院的课程是在澳大利亚资格框架下的，以行业提出的行业标准为依据的，理论知识学习和技能训练并重的，多数是以技能培训为主的一组科目的结合。课程所设科目及其内容根据国家制定的证书和文凭的标准而定，学习时间不尽相同。TAFE学院的课程必须在国家统一的权威认证机构获得认证和注册，凡被注册的课程，学生修业合格即可取得国家承认的资格证书和文凭。

TAFE学院课程开发有明确和严格的依据，主要是由行业培训顾问委员会制定的、经国家培训局批准后颁发的培训包，如果行业还没有制定出培训包，开发则以现有的行业能力标准为依据。培训包将能力标准和资格直接联系起来，并规定学生达到能力标准的最低考核要求。培训包主要由包括能力标准、资格和评估指南3项内容的国家认证部分，以及包括学习方法指导、评估材料和发展材料等自行开发部分两大部分组成。开发的课程都具有统一名称、统一编号、统一学时数、统一能力标准和测试准则，并为TAFE学院提供主要的教学文件，包括课程教学大纲、科目教学大纲、教学指导书、教材或教学参考书及其他教学辅助材料。

从培训包可以看出，TAFE 学院教学体系是建立在以培养学生职业能力为目标的基础上的，强调加强实践教学，使理论教学与实践教学融为一体，教室即实验室，学习环境就是工作环境或模拟工作环境。坚持将能力标准作为对学生进行质量评价的尺度，教师可以在观测、口试、现场操作、书面答卷、录像、其他等几种考核方法中选择出某几种作为课程的考核手段，考核结果要符合"五性"，即有效性、权威性、充分性、一致性、领先性。考核方法能充分反映学生的实际工作能力。TAFE 学院学生的考核包括理论水平和实践能力两部分，对理论的考核要求比较松，可以给学生几次补考的机会，一般没有因理论考试拿不到证书的，但对实践能力的考核非常严格。

TAFE 学院的长期任职教师必须具备 3~5 年的企业工作经历，行业还鼓励行业高水平的专家到学院任教，行业人员以能到学院兼课为荣。同时，企业根据 TAFE 学院教师进修计划每年安排学院教师到企业工作，并吸收教师为行业协会会员，以确保学院教师的教学不脱离企业实际。行业还通过帮助学校建设实训基地、接待学生实习等方式参与实践教学工作。

作为市场经济国家，澳大利亚时刻面临着保持和增加国家经济竞争能力的巨大压力，需要 TAFE 学院为劳动力市场源源不断地输送质量不断提高的劳动者。随着科学技术的飞速发展，产业结构变化加剧，新职业不断涌现，旧职业不断消亡，工作领域的技术手段不断变化更新，社会成员要求不断提高自身素质和实际工作能力的愿望越来越迫切，TAFE 学院在这些问题上适应了社会的实际需要。TAFE 学院既要向社会输送持有不同等级证书的实际工作者，又可以使一部分学生升入高级学府深造，还可以满足不同社会成员的特殊教育需求。TAFE 学院突破了传统的一次性教育的局限，建立了"学习—工作—再学习—再工作"的多循环的终身教育模式，职业教育不再被限于学历教育的框框里，其重点真正从传授知识为中心转到了以培养实际工作能力为中心，所有这些都使职业教育与社会贴得更加紧密，为澳大利亚的经济发展和社会进步做出了巨大贡献。

4）日本的高等职业教育

日本从事高等职业教育的主要机构有：20 世纪 60 年代组建的招收初中毕业生的五年制高等专科学校，20 世纪 70 年代出现的招收高中毕业生的二年制专修学校、二年制短期大学和四年制大学。2000 年高等专科学校 62 所，在校生约 5.7 万人；专修学校 3551 所，在校生约 75 万人；短期大学 572 所，在校生约 32.8 万人。高等职业教育已经成为日本教育体系中的一支重要力量。

近年来，专修学校异军突起，发展迅猛，成为日本高等职业教育领域的后起之秀。专修学校从事各种职业技术教育，专门培养学生就职或实际生活所需的能力。工科专业一直把培养目标确定为培养工业各领域的骨干技术员，建筑领域则以培养为庶民建造住房的技术员为己任。其特色是在职业技术教育方面的灵活性、实用性和多样性，其最大特点是重视实学和实用能力，以学生能进所希望的公司就职为目标，培养社会急需的实用人才。专修学校重视与职业相结合的实学，进行彻底的实务教育，通过到现场的实习掌握实际工作的能力。重视人格教育和全面发展，使学生既具独立工作能力又富合作精神。目前，日本计算机领域的技术员 80% 毕业于专修学校。从 1995 年开始，日本文部省决定授予专修学校专门课程修业二年以上，总学习时数 1700 课时以上的成绩合格者"专门士"学位。"专门士"学位是学生掌握了一种职业能力的证明，其效能相当于可以进入劳动力市场的职业资格证书，相对于传统的各种学位证书具有在就业市场的特殊地位。在日本，即使具有了博士、硕士、学士学位，没有"专门士"证书也不能进入就业市场。

日本高等职业院校重视实习，突出就业目标，不求表面的学历、学位，着力培养学生的实际工作能力，受到社会各界的好评，这对于饱受泡沫经济之痛、就业普遍不景气的当今日本社会，逐渐否定迄今时尚的学历至上主义发挥着越来越深远的影响。

4. 土建类高职人才培养体系改革的重点

1）变"粗坯型"为"成品型"人才培养体系

在计划经济条件下，国家对学生实行统招统分，毕业生带着干部指标和工资指标被安排到接收单位，而作为生产部门的企业，并不计较毕业生经过一段见习期而独立工作。这便形成了一种特殊的教育形态，即高等工科教育只是对学生进行工程师的初步训练，主要是培养学生掌握基本理论、基本知识和基本技能，并不要求学生毕业时便具备即刻上岗的岗位职业能力，是一种典型的"粗坯型"的教育模式，毕业生的独立工作能力是在企业见习期的实践中逐步形成的。随着我国经济体制改革的逐步深入，在市场经济中的企业已经由生产单位转变为经营实体，企业中任何一个人的工资都要进入经营成本，这就使得企业愿意接收进入企业便能顶岗工作的"成品型"毕业生成为必然趋势。在这种情况下，如果我们还墨守"粗坯型"教育的老路，尤其是我们培养的专科层次毕业生，绝大部分学生可能毕业即失业。因此，必须下大气力把我们的教育由"粗坯型"改革为"成品型"，这样才能在为我国建筑业输送毕业便能上岗的合格人才中求得生存和发展。

2）变"设计型"为"施工型"人才培养体系

我国的专科教育产生于国家要求高等教育"多出人才、快出人才"的历史条件下，因此多年来一直难以摆脱"本科浓缩型"的教育模式。我国高等工科院校中的本科主要是对学生实施工程教育，如本科的"土木工程"专业，主要是培养将设计思想转化为工程图纸的"画房子"人才。而高等职业院校应该对学生实施技术教育,"建筑工程技术"专业主要是培养将工程图纸转化为建筑实体的"造房子"人才。这是两种不同类型的教育,如果沿袭传统的专科教育,就会陷入教育类型的扭曲,我们培养的毕业生便会在设计能力上远不如本科生,而在施工能力上又不及中专生。我们必须痛下决心,狠抓改革,摆脱传统专科教育模式的束缚,努力探索培养"施工型"人才的人才培养体系。

3)变"知识型"为"能力型"人才培养体系

近年来,我国高等职业教育的改革取得了明显的成效,但距"以就业为导向,以能力为本位"还有很大差距,许多专业的高职教学计划均加强了实践教学,但其课程内容体系、教学实施体系、质量保障体系和学生评价体系基本上还未摆脱传统学科教育体系的束缚,还是以传授理论知识为主线的"知识型"人才培养体系,必须加大改革力度,快速建立起"能力型"的人才培养体系。

二、课题研究与实践的进程

(1)2002年3月28日,全国高等学校土建学科教学指导委员会高等职业教育专业委员会(简称"高职委员会")及4个专业类指导小组正式成立。

(2)2002年4月24日,建设部人事教育司对高职委员会及各指导小组的工作提出了原则意见。

(3)2002年5—10月,各专业类指导小组在提出专业设置方案、确定重点专业、制订专业教学文件、研究人才培养模式等方面展开了工作。

(4)2002年10月31—11月3日,高职委员会第一次会议在哈尔滨召开。会议总结了高职委员会前一段时间的工作,并就高职教育定位、教育标准、培养方案、培养模式、评价体系、双证书制度等方面的研究提出了要求。会议通过了《建设类高等职业教育专业教材编审原则意见》,并要求各指导小组抓紧重点专业教材的编写工作。

(5)2002年11—2003年10月,各专业类指导小组的教学研究、教学文件制订和教材编辑出版工作全面展开。

(6)2003年10月24—25日,高职委员会第二次会议在成都召开。会议交流了研究成果,研讨了教学文件,对深入进行课题研究、抓紧制订教学文件、做好重点专业教材编辑出版工作提出了要求。

(7)2003年11—2004年6月,各专业类指导小组的研究成果逐步成熟,重点专业的教学文件基本形成,主干课程教材的编辑出版工作普遍展开,为"土建类高职人才培养体系的研究与实践"课题的研究奠定了坚实的基础。

（8）2004年8月5日，经教育部与建设部商定，原全国高等学校土建学科教学指导委员会高等职业教育专业委员会重组为高职高专教育土建类专业教学指导委员会。课题研究工作加快了步伐，其研究成果——全国土建类高职高专指导性专业目录于2004年11月由教育部向全国颁布。

（9）2004年12月21—22日，高职高专教育土建类专业教学指导委员会第一次会议在广州召开。会议对指导委员会的工作进行了部署，对课题研究工作给予了充分的肯定。

（10）2004年第四季度，"建筑工程技术""工程监理""建筑装饰工程技术""给水排水工程技术""供热通风与空调工程技术""建筑电气工程技术""工程造价"7个重点专业的教育标准和培养方案及主干课程教学大纲正式出版并向全国颁发。"建筑工程技术"专业12门、"建筑装饰工程技术"专业2门、"给水排水工程技术"专业2门、"供热通风与空调工程技术"专业11门、"建筑电气工程技术"专业5门、"工程造价"专业12门主干课程教材，共计44门均已于2005年前与读者见面，目前这项工作还在进行之中。

三、课题研究的项目和内容

（一）目标规格体系

高等职业教育的培养目标是指学生经此教育后应达到的人才质量规格。它应包括两方面的内容：一是各专业的专门要求，即业务规格；二是各专业都要达到的基本要求，即综合素质。制定培养目标的主要依据应有以下4个方面。

（1）我国的教育方针。按照马克思主义关于人的全面发展的理论，我国的教育方针是培养德、智、体、美和劳动技术等方面全面发展的人。这是制定培养目标的基本依据。

（2）国家对高等职业教育的普遍要求。1999年，教育部明确提出了高等职业教育以培养适应生产、建设、管理、服务第一线需要的高等技术应用型人才为根本任务。这是制定培养目标的必要依据。

（3）社会对生产一线基层岗位上工艺型、管理型人才的客观要求。这是制定培养目标的核心依据。

（4）招生对象的文化知识、职业能力和道德素质状况。这是制定培养目标的客观依据。

国家的教育方针和对高等职业教育的普遍要求决定高等职业教育培养目标的基本要求。社会对基层岗位应用型人才的客观要求决定了其专门要求，即业务规格。业务规格的制定要依据该专业主要面向的职业岗位（群）、职业岗位（群）的具体工作任务，以及完成这些工作任务所需的理论知识和职业能力。

根据以上4个方面的依据，土建类高等职业教育的培养目标一般可表述为：培养适应社会主义现代化建设需要，德、智、体、美、劳全面发展，掌握本专业必备的基础理论知识，具有本专业相关领域工作的岗位能力和专业技能，适应建筑生产一线的技术、管理等职业岗位要求的高等技术应用型人才。就其培养目标而言，土建类高等职业教育的定位应有如下特色：人才类型主要是工程施工型和组织管理型；人才去向主要是建筑施工企业生产一线的项目经理部；人才特点主要是职业能力强，毕业即可上岗工作；人才层次当前主要是专科层次。综上所述，可总结出土建类高等职业教育的目标规格体系框图（图1-8）和培养目标定位（表1-1）。

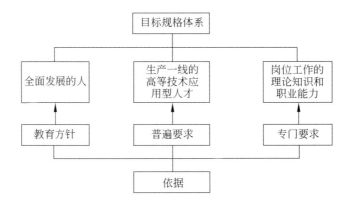

图 1-8　土建类高等职业教育目标规格体系

表 1-1　土建类高等职业教育培养目标定位

人才类型	人才去向	人才特点	人才层次
工程施工型 组织管理型	施工企业项目部	零距离上岗 职业能力强	大专

（二）内容结构体系

目标规格体系的研究为构建土建类高等职业教育的人才培养体系指出了明确的方向。而要实现这一目标规格，必须探索适应的教学内容、教学方法和实施手段等。对于学校教育而言，具体培养途径的设计就是制订专业培养方案。培养方案是组织教学过程的基本依据，它必须体现培养高等技术应用型人才的基本模式。高等职业教育培养方案的制订，除了根据教育规律必须遵循的普遍原则外，主要应保证培养目标的特色，贯彻以能力为本位的核心思想，使学生毕业便能满足岗位工作要求的理论知识和职业能力。

制订培养方案是一项系统工程，制约因素比较多，不同学校、不同专业制订培养方案的方法是多种多样的。但对于高等职业教育而言，以生产一线的岗位职业能力为核心设置课程和加强实践教学的方法是相同的。高等职业院校的各专业培养方案必须根据培养目标的要求，使教学全过程呈现理论教学与实践教学两条并重共进的主线，两者互相联系、紧密配合、相互交叉、彼此渗透，构成一个有机的整体。它犹如两根紧密相连的支柱，立于学生原有的文化知识和职业能力之上，支撑着高等职业教育的培养目标，成为我国教育大厦中一个颇具特色的重要组成部分（图1-9）。

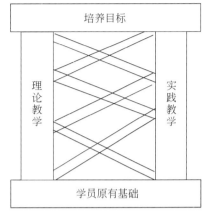

图 1-9　内容结构体系

高等职业教育实践教学的安排应该以培养目标的业务规格为中心，结合专业与具体课程的特点，贯穿教学全过程。当前，实践教学一般包括实（试）验、技能训练、现场教学、课程设计或大作业、实习、科技或科研活动、调研、毕业设计等环节，它们之间既相互联系，又有各自特定的任务。课程类的实践教学依据各自教学目标与本课程的理论教学有机地渗透、配合，课程类实践教学与综合性实践教学则有机地联系起来，构成一条具有层次性、先进性、整体性特点的实践教学主线。

课程实（试）验的内容（包括设备和方法）应尽量接近于科学实验和工程实际。对学生的技能和技巧有较强要求的课程要安排好技能训练。高等职业教育必须背靠行业企业，使教学内容在良好的工作背景中，通过现场教学来完成。实践教学要安排得深入细致，要密切结合现场工作能力的实际需要，安排在毕业后即将从事的岗位上进行。毕业设计（实践）应结合现场的工作实际，真题真做，通过毕业设计（实践）最后完成对学生现场工作能力的培养。

高等职业教育培养的基层岗位上的技术与管理人才是在一定科学技术理论指导下的应用型人才，而不是一般的经验型和模仿型的操作应用人才。因此，他们必须具备本专业必需够用的理论知识，这些理论知识和实际工作能力在培养目标的前提下是统一的、相辅相成的、互相促进的。在科技含量不同的行业和企业中，对基层技术与管理人才工作能力的要求是有层次区别的，而不同层次的工作能力是在不同层次的理论知识基础上形成的。所以，理论知识的传授是不可忽视的，否则就会导致过分强调实践教学、削弱理论教学的片面倾向。

此外，综合素质（非专业素质）是国家对教育的基本要求，在教学改革中必须安排合理的课程和环节，以使学生接受怎么做人、怎么做事、怎么学习等方面必要的教育。

（三）质量保障体系

加强实践教学，构建高职特色的人才培养体系，必须有可靠的质量保障，这样才能使这项改革真正实施、落实。质量保障体系如图 1-10 所示。

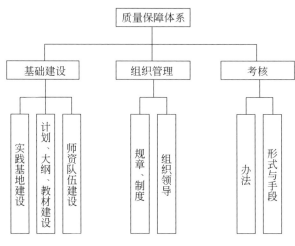

图 1-10　质量保障体系

1. 做好基础建设

没有基础就没有可靠的保障。要使教学计划、教学大纲等教学文件做到法定化、规范化。在计划、大纲编制的基础上要重新编写各学科教材，使教材内容摆脱学科型教育模式的束缚，克服从概念到概念、从理论到理论的倾向，强调理论的应用，强调专业教学内容与工程实际的紧密结合。同时，要加强实践教学教材与资料的建设，突出职业能力培养的要求，结合实际进行编写。在校内要建立与教学计划配套的实（试）验室、实习工厂、计算机室、科技活动场所；在校外则应选择适宜的企业，建立现场教学、实习和毕业设计等相对稳定的基地。做好师资队伍建设是实施新的人才培养体系的关键，所以应该加强与行业企业密切的联系，尤其是要发挥行业企业办学的优势，建设一支既有丰富的实践经验，又谙熟教学规律的双师型的教师队伍。即使是一些师资相对雄厚的学校，也应保证有一定数量来自企业生产第一线的兼职教师，形成以专为主、专兼结合的师资结构。有条件的学校，应能实行学校教师与企业技术人员和管理人员的定期交流，努力提高现有专职教师的实践能力。

2. 加强与完善必要的组织管理工作

在已有理论教学管理规章制度的基础上，要加强实践教学的规章制度建设，制定与各类实践教学配套的管理办法，如《实践教学规程》《学生实验守则》《实习管理规定》《学生实习手册》等，使实践教学有章可循、有序进行。

3. 考核

在教学质量评价方面，如考核办法、形式与手段等均应突出以培养能力为中心的指导思想，采取相应措施。对于既有理论要求，又有实践技能要求的课程，其实践部分必须考核，且考核结果要以一定的权重进入该课程的总成绩。实践部分的考核应采取实验报告、口试、答辩和实际操作等多种形式。对于现场进行的实习、毕业设计，应按培养目标中专业技术能力的具体要求，由指导教师分项给予考核评定。

建立实践教学体系，使高等职业教育的教学系统复杂化，影响教学质量的因素也随之增加，所以必须随时完善质量保障体系，以使教学计划中规定的教学任务保质保量地完成。

（四）运行反馈体系

由于认识与实践水平的限制，我们所安排的教学内容和所采取的教学方法、手段与所确定的培养目标之间一定会存在不同程度的差距，加之企业生产第一线环境的不断变化，我们所构建的人才培养体系，应该在校内外反馈信息激发下，通过课程开发、专业开发、教学开发等，形成一个不断优化与完善的动态反馈体系（图1-11）。

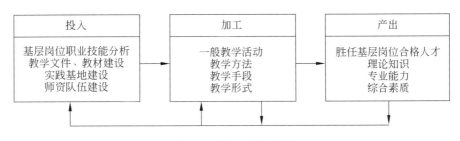

图 1-11 运行反馈体系

这一运行反馈体系包括以下3个子循环系统。

1.  **反馈循环系统**

这一系统中反馈信息来源可分为校内、校外两类，校内是通过毕业答辩发现学员中比较普遍存在的问题，通过认真分析，弄清产生问题的原因，然后分别反馈到投入和加工两个阶段。校外是通过企业调查和毕业生跟踪调查来进行的。这种调查要坚持经常性，对毕业生相对集中的企业和地区每年都要进行一次。对某一届毕业生而言，则必须有近期（毕业1年内）和中长期（毕业3年后）调查分析统计，由此得出某届毕业生岗位职业能力分析的可靠数据，以及不同届毕业生的质量差异的具体情况，同样在分析后反馈到投入和加工两阶段。高职毕业生的质量必须坚持在大教育观的指导下由社会来评价的观点。因此，毕业生质量分析反馈信息的取得应坚持以校外为主的原则。即使通过毕业答辩取得校内反馈信息时，在答辩委员会的组成上也要保证以企业技术与管理专家为主，以使对毕业生的评价标准更符合企业的生产实际。反馈信息传递到投入阶段，便可促进专业开发和课程开发，传递到加工阶段便有利于教学开发的正常进行，由此便可不断提高毕业生的质量，从而形成一个正反馈的良性循环系统。

2. **反馈循环系统**

在教学活动进行到某一单元、某一课程、某一部分时，随时可发现投入阶段的具体缺欠，应该及时进行反馈，并及时予以调整，从而形成一个小的正反馈的循环系统。

3. **加工阶段自循环系统**

在教学活动的每一单元、课程和部分中，教师都会觉察到教学方法、手段、形式等方面需要及时改进的问题，所以应该从培养目标出发，随时给予修补、订正，这就形成了加工阶段单元、课程和部分的正反馈自循环系统。

四、课题研究的基本结论

（1）高等职业教育的培养目标是构建人才培养体系的主要依据。高等职业院校的学生毕业后会直接进入基层技术岗位或管理岗位，并胜任其对应工作，这就要求其毕业生必须具备相应的岗位职业能力。因此，对培养目标岗位职业能力的调查分析就成为构建人才培养体系的主要出发点，而毕业生是否符合培养目标的要求就成为检验人才培养体系是否合理的标志。

（2）课程内容体系的改革是构建人才培养体系的突出重点。由于高等职业教育脱胎于计划经济下的"学科型"教育，因此在起步阶段，教学内容上的"学非所用，学用脱节"是历史的必然。要使高等职业教育摆脱传统"学科型教育"的束缚，就必须本着"按需施教，学用一致"的原则，以课程内容体系的改革为突出重点，努力做到"用什么，学什么"，构建理论教学与实践教学紧密结合的体现能力本位的教学内容体系。

（3）加强实践教学是构建人才培养体系的中心环节。为了纠正高职高专院校多年来沿袭的重理论轻实践的倾向，适应培养职业型人才的需求，大力加强实践教学，已是摆在高等职业教育面前刻不容缓的客观要求。实践证明，专业基础理论、专业技术教育离不开实践教学，岗位职业能力的培养更离不开实践教学。因此，强化实践教学在构建新的人才培养体系中处于中心环节地位，这也是新的人才培养体系的明显特色。

（4）职业"能力型"教学评价体系是新的人才培养体系的鉴定标准。"学科型"教学评价体系是围绕理论知识的传授效果而建立的，职业"能力型"教学评价体系必须围绕理论知识与职业能力两方面教学效果来建立，并且要突出对学生职业能力的评价。只有建立了以能力为本位的教学评价体系，才能对新的人才培养体系的教学质量进行客观的鉴定。

（5）适应职业"能力型"教育的师资队伍是构建新的人才培养体系的根本保证。必须建设一支既具备坚实的理论基础，又具备丰富的实践经验的教师队伍，才能真正落实对学生职业能力的培养，也只有这样的"双师型"的教师队伍才能成为新的人才培养体系的自觉拥护者和积极参与者。

（6）校企合作教育是实践新的人才培养体系的前提条件。相对独立的实践教学体系是培养职业能力的主要途径，而在企业进行的现场实践又是其中的关键。对于土建类专业而言，学生如果没有在真实的工程项目中的现场实践，达到毕业即上岗的目标是绝不可能的。

（7）做好教学管理是构建新的人才培养体系的质量保证。新的人才培养体系为高等职业院校培养适用对路的人才奠定了可靠的基础，但教学过程是一个严密的系统工程，必须通过有效的教学管理才能建立正常的教学秩序，使教学过程协调化、高效率和最优化，才能保证通过构建新的人才培养体系来提高教育质量这一宗旨的实现。

当前，构建新的人才培养体系的研究与实践已经取得了一定成果，但我们深知，这只是新体系构建的初步或中间阶段，还不知需要多长时间才能把基本完善的人才培养体系真正构建出来。但我们坚信，在教育部、建设部的领导下，在全国土建类高等职业教育战线的各位同仁的积极实践、探索之下，通过课题组全体成员的继续努力，一定会把土建类高职人才培养体系的研究工作深入下去，逐步取得更加成熟的结果。

建设事业"十一五"后备人才队伍建设规划课题研究(职业教育部分)[1]

一、建设事业生产一线的专业技术人员和技术工人严重短缺

据不完全统计,2002年年底全国建设行业从业人员已达4892万人,其中仅建筑业就有从业人员3893万人。同年,我国外出务工农民9820万人,其中3137万人被建筑业吸纳,约占建筑业从业人员的81%。农民工中初中文化程度以下的占90%,绝大多数未经任何培训直接上岗,造成了建筑施工企业生产一线人员素质偏低的现状。在建筑业中,受过专门培训、持有资格证书的工人约354万人,仅占操作人员总数的约10%;专业技术与管理人员约349万人,仅占从业人员总数约9%。按"十五"计划的指标,2005年,生产操作人员一般工种持证上岗率要达到70%,专业技术与管理人员的数量要占职工总数的25%。对比一下,差距是惊人的。可见,专业技术人员和技术工人数量上的严重短缺是当前建筑业面临的严峻课题。

二、建设类职业教育的现状

(一)建设类职业教育的基本情况

目前,全国独立设置的建设类专业的高职高专院校20余所。2003年,建设类高职高专毕业生66742人,招生1142683人,在校生324144人,毕业班学生77564人。

全国独立设置的建设类中等职业学校300余所,设有建设类专业的中等职业学校1150余所。2003年中等职业学校中的骨干力量中等专业学校毕业生57184人,招生49335人,在校生134823人,毕业班学生39213人。

建设类高、中等职业院校是建设类职业教育的主要基地。

---

[1] 2004年,建设部人事教育司组织了《建设事业"十一五"后备人才队伍建设规划课题研究》,其课题研究报告中职业教育部分由杜国城执笔。

（二）建设类职业教育面临的基本问题

1. 教育规模远远不能满足行业需求

建筑业专业技术人员与从业人员总数的比例按目前全国各行业平均水平 18% 计算，就需要 700 万人，现在仅有 349 万人，总量缺口为 351 万人。2004 年，建设类大中专毕业生可望达到历史最高水平，中等职业教育、高职高专教育和本科以上高等教育的毕业生分别为 39213 人、77564 人和 69714 人，合计 186491 人。粗略按当年毕业生全部进入建筑行业，且不考虑自然减员等因素，以这样的培养速度满足目前行业的需求需要约 18 年。可见，建设职业教育在总规模上与行业需求之间是相距甚远的。

2. 教育教学改革的现状与以能力为本位还有较大差距

近年来，建设类职业教育的教学改革成绩显著，对"能力本位"的认识逐步深刻，在人才培养模式的改革上也取得了明显的成果，但距离以能力为本位还有较大差距。课程内容体系，尤其是理论教学内容体系，还远没有摆脱"学科型"体系的束缚；相对独立的实践教学内容体系还没有成型，尤其以职业能力培养为核心的实践教学评价体系还在初步探索之中；"双师"素质的师资队伍建设刚刚起步，还远不能适应职业教育的需要；学校的实验实训条件远不能满足使学生毕业即能顶岗工作的需要；企业全面介入职业教育全过程的能动机制尚未形成，校企合作培养人才的途径尚不通畅。

三、建设类职业教育的经验和问题分析

改革开放以来，我国建设事业迅猛发展。建筑业和房地产业已成为国民经济中举足轻重的支柱产业。与此同时，建设行业从业人员队伍迅速扩大，外出务工农民的 1/3 进入建筑业。建筑业的发展为缓解我国的就业压力，特别是解决农村富余劳动力的转移和增加农民收入做出了巨大贡献。为了适应建设事业大发展对人才的需求，近年来，特别是 1998 年以来，国家采取了一系列措施，大力发展高等职业教育，高等学校扩大招生，实施以职业教育为重点，低重心、全方位发展建设类教育的方针，建设类教育事业取得了长足的发展，积累了宝贵的经验。

（一）基本经验

1. 大力发展高等职业教育适应了建设事业大发展的实际需求

为了满足生产一线对高等技术应用型人才的大量需求，国家提出了大力发展高等职业教育的战略方针。1998年以来，建设类高等职业教育步入了高速发展的快车道，在校生已达30余万人，每年可为建筑行业输送十几万专业技术人员。

国家十分重视高职高专教育的改革，坚持以能力为本位的指导思想，强调加强实践教学，建立校企合作培养人才的能动机制，有力地促进了高职高专院校走上"以就业为导向、以素质为基础、以能力为本位"的正确道路，为建设事业培养了一批批"下得去、用得上、留得住"的适用对路人才。

2. 实施以职业教育为重点、低重心、全方位发展建设类教育的方针

针对建筑业作为劳动力密集型产业的实际需求，降低建设类教育重心、动员方方面面的力量兴办建设类中等职业教育、培养初中级专业技术人才、对广大从业人员实施岗位培训，是当前提高职工队伍素质的有效手段。在面临诸多困难的情况下，全国建设类中等专业学校在校生仍保持在15万多人，每年有5万多毕业生进入建设行业。

在降低重心、面向施工生产一线、加强素质教育、突出职业技能训练等方面，许多建设类中等职业学校都进行了有益的探索与实践，学生的职业能力和操作技能明显提高，毕业生的就业形势普遍向好。

（二）基本问题

1. 传统的鄙薄职业教育、鄙薄劳动的观念仍根深蒂固

社会、家长和学生鄙薄、轻视职业教育的观念由来已久、根深蒂固，高考分数低的上高职、中考分数低的上中职，是目前普遍存在的现象。

建筑企业中技术工人的收入低于工程技术人员和管理人员，有的地区或企业收入差距之大令人惊讶。这种鄙薄劳动之风在城市尤为流行，城市青年很少有愿意上技工学校当技术工人的。

2. 社会对职业教育院校及其毕业生的认可程度低

高职院校刚刚诞生几年，又属专科层次，相对普通高等学校其社会认可度较低，在就业市场上往往处于劣势。中职学校及其毕业生的境遇就更困难了。

3. 企业改制后不愿接收技工学校毕业生

建筑施工企业管理层和操作层分离，两层之间的结合处于流动状态，企业用工形式从稳定的有组织状况转变到不稳定的组织状况。企业改用零散用工或成建制的劳务队伍后，不再愿意录用技工学校毕业生建立一支相对稳定的固定工、技术工人队伍。劳务承包企业只考虑用工成本，不愿支付医疗、住房、养老等费用，因此大量使用的是低成本的零散的临时工，更不想接收技工学校毕业生。

4. 建设主管部门对企业用工的监管力度不够

按规定，农民工要经过培训之后才能上岗，但由于就业准入制度不健全、对企业用工监管力度不够等原因，致使大量农民工未经任何培训就进入施工企业，使低素质人员充斥企业，而高技能工人被排斥在外。

5. 建设类职业教育院校的教学改革滞后

建设类职业教育院校多年来在计划经济下形成的教学模式，虽几经改革，但仍未从学科型、粗坯型彻底转变为能力型、成品型，严重制约了学生毕业即能顶岗这一培养目标的实现。

6. 在企业改制过程中流失了大量教育资源

改革开放以来，建设行业和企业从职工队伍建设出发，兴办了一大批职业教育机构，为建设事业生产一线培养了数十万专业技术人员和技术工人，为提高行业的职工队伍素质做出了巨大贡献。近年来，由于教育管理体制调整和企业改制，行业办学淡化，企业失去了办学积极性，原有的职业教育机构或停办或移作他用。这些可贵的教育资源的流失，令人感到无奈和惋惜。

四、职业教育的发展前景

（一）建设事业的改革与发展为建设类职业教育的发展提供了广阔的空间

1. 建筑业的大发展，迅速扩大了对建筑技术人才的总量需求

我国正处在大规模经济建设时期，全社会固定资产投资总额持续增长，2003年已达55131亿元，其中60%以上要由建筑业和相关产业完成。近5年来建筑业总产值年均增长11.64%，增加值年均增长7.29%，都高于同期国内生产总值6.98%的增长速度。随着产业规模的扩大，近5年来建筑业从业人员以年均4.25%的速度不断增加。行业队伍的迅速扩大，使得行业对技术人才总量需求逐年大幅度增长。

2. 城市化进程需要大量建筑技术人才提供智力支持

近年来，我国城市化发展迅速。1990—2000年，我国城市化率由18.9%迅速提高到36.1%。党的十六大明确提出，要加快我国的城市化进程，到2025年城市化率要达到55%左右，全国城市人口将达到8.2~8.7亿人。这一宏大的战略目标，对城市规划、建设和管理方面的技术人才提出了急迫的、大量的需求。

3. 建设事业中新兴行业的出现拓展了急需人才的技术领域

伴随着建设事业的改革、发展和市场化进程，近年来出现了从业人员数量增长

很快的新兴行业，比较突出的如建筑装饰业、房地产业和物业管理业，2002年这三个行业中从业人员数量分别已达850万人、118万人和233万人。这些新行业的出现，明显加剧了建筑技术人才短缺的局面。

4. 信息技术迅速进入建筑领域，对建筑智能化技术人才提出了大量需求

随着信息技术在建筑领域的广泛应用，智能化建筑工程已成为建筑工程的重要组成部分，目前智能化建筑工程的投资已占建筑工程总投资的5%～10%。建设行业的设计、施工和物业管理部门对建筑智能化技术人才提出了越来越迫切的需求。

5. 中国加入WTO（World Trade Orgnization，世界贸易组织），急需一大批适应国际建筑市场需求的技术与管理人才

进入WTO后，建筑业面临着在国际建筑市场中竞争的机遇和挑战。我国建筑企业要想在国际竞争中立足，就必须拥有一大批懂国际工程承包的项目管理人才、懂工程索赔的合同管理人才、懂技术又善经营的经营管理人才。

（二）党的十六大提出的人才强国战略为建设类职业教育的发展提供了坚实的政策保障

1. 大力开发人才资源，走人才强国之路

党的十六大明确指出，二十一世纪头20年是我国全面建成小康社会、开创中国特色社会主义事业新局面的重要战略机遇期，小康大业，人才为本。并着重提出把能力建设作为人才开发的主题，加大对人才工作的投入，优先发展科学教育事业，努力把人口压力转变为人力资源优势的基本国策。

2. 大力实施人才强国战略，建设宏大的高素质人才队伍

2003年12月，《中共中央、国务院关于进一步加强人才工作的决定》从全局和战略的高度深刻阐述了实施人才强国战略的重要性和紧迫性，明确提出了我国人才工作的根本任务、指导方针和总体要求，对人才强国战略进行了全面部署。

3. 把教育摆在现代化建设优先发展的战略地位

2004年3月，国务院批转了教育部《2003—2007年教育振兴行动计划》，响亮地提出了办好让人民满意的教育，建立全民学习、终身学习的学习型社会，培养数以亿计的高素质劳动者、数以千万计的专门人才和一大批拔尖创新人才的奋斗目标。

4. 加强建设系统行政领导干部、专业技术人员和一线操作人员3支队伍建设

2004年3月，《建设部关于贯彻〈中共中央、国务院关于进一步加强人才工作的决定〉的意见》明确提出了今后5年建设人才工作的总体目标：建设系统行政领导干部普遍轮训一遍，建设类执业资格制度基本形成，培训一线操作人员 500 万人，培训技师和高级技师 3 万人，建设行业关键岗位持证上岗率 100%。

5. 实施技能型紧缺人才培养培训工程

2003 年 12 月，教育部印发了《教育部等六部门关于实施职业院校制造业和现代服务业技能型紧缺人才培养培训工程的通知》。2004 年 5 月，教育部同意将建筑技术专业领域的技能型紧缺人才列入该培养培训工程；选择 40 所建设类高、中等职业院校，国家投入 2 亿元，加强实训基地建设，培养技能型紧缺人才。

五、建设类职业教育的指导思想和主要目标

（一）指导思想

以邓小平理论和"三个代表"重要思想为指导，认真贯彻党的十六大和全国人才工作会议精神，全面落实人才强国战略，坚定不移地走人才兴业之路，坚持以人才能力培养为核心，建立校企合作培养人才的能动机制，形成以能力为本位的人才培养模式，为建设事业生产一线输送大批高质量的技术应用型人才。

（二）主要目标

（1）整合教育资源，拓宽投资渠道，提高培养能力，扩大办学规模。到 2010 年，建设类职业教育院校的在校生人数较 2003 年翻两番，高职和中职分别达到 120 万人和 60 万人。

（2）抓住技能型紧缺人才培养培训工程这一契机，加强实验实训基地建设，建立校企合作的能动机制，构建能力本位的人才培养模式，彻底摆脱学科型、粗坯型教学模式的束缚，形成能力型、成品型的职业教育培养体系。

六、政策与措施

（一）坚持制度创新，全面推行建设类职业资格制度

依照建设部执业资格总体框架的要求，健全建设类行业专业人员执业资格制度。研究专业教育评估制度与专业人员执业资格制度的衔接办法，充分发挥专业教育评估制度对建设类院校专业培养的导向作用。

根据对职业资格证书制度的规定，对直接关系人民群众生命财产安全的专业技术岗位和管理岗位实行从业资格制度。侧重研究职业教育与从业资格证书之间的有效衔接，发挥从业资格制度对职业教育的导向作用。

按照"先培训、后上岗""先培训、后就业"的原则，全面推行关键岗位准入制度。在完善关键岗位职业资格证书制度的基础上，在技能型紧缺人才的培养和培训中实行学历证书、培训证书和职业资格证书相结合，加强学历证书与职业培训的沟通。

（二）认真执行行业准入制度

凡国家规定的必须持证上岗的工种，用工企业要严格审查人员资格。对无证违章作业造成安全和质量事故的，执法部门要严格执法。

我国职业教育发展历程简析[1]

【摘要】 本文从我国职业教育历史出发,针对职业教育经历的主要阶段和建设行业职业教育的发展历程进行了重点解析,总结出我国职业教育发展体系、发展过程的主要特征。

我国职业教育的历史源远流长,早在商朝手工业奴隶劳动中就孕育了学徒制的职业教育形式;春秋战国时期科技的发展,产生了许多职业教育的名家,如鲁班、扁鹊、墨子等;特别是明朝末年,工场手工业的出现,更是促进了职业教育的发展;清代洋务、维新运动为谋富强之道,开始学习西方技术,创办实业教育。

一、我国现代职业教育经历的主要阶段

(一)民国初期的职业教育(1913—1926年)

我国职业教育体制确立于1902年的《钦定学堂章程》。1913年"中华民国"政府公布了《实业学校会》,但形成系统是在1916年以后。蔡元培提出中国教育为中学生筹救济,当注意职业教育。1913年黄炎培提出学校教育应采用实用主义之主张,之后又提出大职业教育主义,力求让职业教育更为社会化和平民化。1917年教育界和实业界等48人在上海发起并创办中华职业教育社。陶行知提倡的"社会即学校""生活即教育"着重谋生技能学习的生活教育,为职业教育的发展起到了助推作用[1]。1922年制定新学制,本着通过教育授以一技之长,培养直接从事农、工、商等各类专业技术人才和管理人才,建立起了系统的职业教育体系。

(二)中华人民共和国成立至"一五"期间职业教育制度的建立(1949—1957年)

中华人民共和国成立后的第一次全国教育工作会议提出了要改变之前遗留下来的普通教育与职业教育比例严重失调的局面,确定了首先对中等技术学校采取整顿和积极发展的方针。从中华人民共和国成立到第一个五年计划期间,我国实际上形

---

[1] 本文是2005年6月在黑龙江省高等职业教育研究会年会上的交流论文,由杜国城撰写。

成了以两类中等职业技术学校为中心的职业教育系统：一类是培养中级专业干部的中等专业学校，另一类是培养初、中级技术工人的技工学校。这一时期是我国职业教育发展的一个重要阶段，职业教育基本上得到了健康、正常的发展[2]。

（三）"二五"期间至改革开放前的职业教育（1958—1976年）

从1958—1976年近20年的时间，由于政治和经济的原因我国职业教育受到很大冲击。在大力提倡教育与生产劳动相结合的口号下，教育战线广泛开展了勤工俭学活动，实行了学校和工厂、农业合作社挂钩，半工半读、半农半读，方向是对的。但由于采取一哄而起的做法，大办中专和技校，大办各种类型的半工半读学校，办学条件不具备，徒有形式，因此在三年调整时期多被调整下去了。国家提出两种劳动制度和两种教育制度的设想，即一种全日制学校教育制度和8小时劳动制度，另一种是半工半读的学校教育制度和半工半读劳动制度。据1965年统计，各类半工半读学校在校生537.04万人，占中学教育阶段在校生总数的38.2%，中学阶段普通教育与职业教育结构渐趋合理；但到1976年，职业教育的比例又趋于减少。

（四）改革开放后职业教育的改革与发展（1978年至今）

党的十一届三中全会后，中国进入改革开放的新时代。1978年4月，邓小平同志在全国教育工作会议上指出，整个教育事业必须同国民经济发展的需要相适应，要扩大职业技术教育的比例。1988年5月，《中共中央关于教育体制改革的决定》公布，其中重申要调整中等教育结构，大力发展职业技术教育，以中等职业教育为重点，逐步建立起一个从初级到高级、行业配套、结构合理又能与普通教育相沟通的职业教育体系[3]。

20世纪90年代，初步建立起职业技术教育和职业技术社会培训两大体系，理顺了长期以来正规学历职教与非正规职教混淆不清的关系。在职业技术教育领域，形成了初、中、高3个等级的职业学校，系统开展正规的职业教育；同时与普通教育相融通，在普通教育阶段引进职教因素，开设职教课程；通过小学后、初中后、高中后三级分流，逐步形成初等、中等、高等普通教育和职业教育共同发展、相互衔接、比例合理的教育体系。与此同时，职业培训体系也日臻完善，职业培训能力进一步增强。全国有就业训练中心700多个，社会团体及私人举办职业技术培训实体2000多个，企业职业培训基地2000多个，年培训量达3000多万人次，逐步形成了与职业教育相适应的培训体系。双元制职教模式在全国普遍展开,1994年7月李鹏总理访问德国期间,中德两国政府发表《关于加强职业教育领域合作的联合声明》,旨在进一步推动借鉴双元制的模式。经统计,国家职教管理部门出台的政策主要有《关于普通中等专业教育(不含中师)改革与发展的意见》《关于普通专科学校招生与毕业生就业制度改革的意见》《国家级重点职业高级中学标准》《关于加强全国职业中学校长岗位培训工作的意见》《关于成人高等学校试办高等职业教育的意见》《国务院关于大力发展职业技术教育的决定》《中国教育改革和发展纲要》《中华人民共和国职业教育法》等,强有力地保证了职教事业的健康发展。

改革开放以来,我国职业教育的发展过程主要体现在以下几个重要的文件中:1985年5月,《中共中央关于教育体制改革的决定》提出调整中等教育结构,大力发展中等职业教育,并逐步建立起一个从初级到高级、行业配套、结构合理又能与普通教育相互沟通的职业教育体系。1991年,根据我国实现第二步战略目标对多样化人才的要求,制定了《国务院关于大力发展职业技术教育的决定》,提出力争在20世纪90年代初步建立起具有中国特色的、从初级到高级、行业配套、结构合理、形式多样,又能与其他教育相互沟通、协调发展的职业技术教育体系的基本框架。1996年颁布的《中华人民共和国职业教育法》提出:建立、健全职业学校教育与职业培训并举,并与其他教育相互沟通、协调发展的职业教育体系。2002年7月,《国务院关于大力推进职业教育改革与发展的决定》(以下简称《决定》)提出:"力争在'十五'期间初步建立起适应社会主义市场经济体制,与市场需求和劳动就业紧密结合,结构合理、灵活开放、特色鲜明、自主发展的现代职业教育体系。"2005年11月,温家宝总理在全国职业教育工作会议上明确指出:"大力发展职业教育,是推进我国工业化、现代化的迫切需要,是促进社会就业和解决'三农'问题的重要途径,是完善现代国民教育体系的必然要求。"

二、改革开放后建设类行业职业教育的发展

建设类教育已经有一百多年的历史,而真正的发展和壮大还是在中华人民共和国成立以后,特别是改革开放以来,给建设类教育的发展开辟了广阔的天地,注入了强大的动力。建设类教育的发展从本质上可以归纳为两个阶段:计划经济阶段和向社会主义市场经济过渡阶段。改革开放以后,建设类行业的各项培训工作也得到了蓬勃发展。从20世纪70年代末的职工"双补",到80年代的岗位培训,到现在

的职业资格培训和继续教育，适应行业发展需要的各级各类非学历教育得到了迅速发展，初步形成了学历教育和非学历教育两大系统，职前和职后培训两大类型的多种层次、多种规格、多种形式、多种体制办学的建设类教育格局，配置了教育规模比较庞大、内涵比较丰富的建设类教育资源。到1996年，普通高等建设类教育的招生能力达5万人（其中，研究生0.2万人，本科3.1万人，专科1.7万人），普通中等建设类教育的招生能力达6.5万人，成人高等建设类教育的招生能力达2.7万人（其中，本科1.3万人，专科1.4万人），成人中等建设类教育招生能力达0.8万人，建设类技工学校招生能力达4.9万人，建设类职业高中的招生能力达1.2万人，总招生能力超过21.1万人，其中还不包括高等建设类教育自学考试和电视大学等的招生能力。此外，各省、市、自治区建设主管部门和地市建设主管部门及建筑和工程建设总公司都建有培训机构（中心）。据建设系统13所普通高等学校、29所专科学校（包括职工大学）和89所中专学校统计，学校占地面积近750万平方米，校舍建筑面积近160万平方米，固定资产近20亿元，学校藏书近1000万册，教师1.2万余人，培养了大量的专门人才，培训了大量技术管理骨干和操作层人员，为提高建设类职工队伍的素质和行业水平做出了贡献。

三、我国职业教育发展体系、发展过程的特点

从以上对各个历史时期职业教育发展状况的分析可以看出，我国职业教育的发展体系、发展过程大致有以下几个特点：一是性质转变，由单纯的教育内部发展问题逐步过渡到与社会、经济发展的紧密结合；二是内容扩大，由体系系统建立、结构合理完善向自我发展、形成特色方向努力；三是鲜明的时代性，由建立职业教育体系转变为现代职业教育体系的建立，突出了职业教育发展的时代性和社会性。可以说，21世纪初叶《决定》确定的目标体系是今后我国职业教育发展的方向。一方面要建立职业教育发展与经济和社会发展间的密切关系，即职业教育发展要与我国经济体制改革、产业结构调整、就业方式的转变密切相连，把社会上的就业需求转化为对职业教育的需求。另一方面要明确现代职业教育体系的特性，结构合理、灵活开放、特色鲜明、自主发展。结构合理，即职业教育的布局结构、专业结构、层次结构、区域结构要适应经济和社会发展的需求和变化，并要与普通教育、高等教育相互沟通衔接、协调发展；灵活开放，即职业教育要面向社会、适应市场，实行灵活的学制，采用多样化的办学模式，形成职业教育开放办学的新局面；特色鲜明，就是职业教育要加强实践教学，注重学生实践能力的培养；自主发展，即职业学校

要具有根据市场变化、社会需求不断进行自我调节的能力，扩大办学自主权，增强自主办学能力，不断完善和壮大自己。

参考文献

[1] 王明达.努力推进现代职业教育体系的研究工作［J］.教育与职业，2004（5）：1.
[2] 石伟平.比较职业技术教育［M］.上海：华东师范大学出版社，2001.
[3] 吴言.努力推进现代职业教育体系的研究［J］.职业技术教育，2004，25（1）：1.

《高职高专教育土建类专业教学内容与实践教学体系研究》项目研究主报告 ❶

《高职高专教育土建类专业教学内容与实践教学体系研究》是教育部于2004年12月委托给高职高专教育土建类专业教学指导委员会的研究项目。根据项目研究计划的安排，由土建类专业教学指导委员会秘书处负责撰写项目研究主报告。

一、研究背景

改革开放以来，我国建设事业迅猛发展。2003年，全国建筑业完成产值21865亿元，占当年社会固定资产总额的39.66%。同年，建筑业实现增加值8166亿元，占国内生产总值的7.00%，在国民经济各产业部门中排在工业、农业和商贸业之后，居第4位。同年，房地产开发完成投资10106亿元。建筑业和房地产业已成为国民经济中举足轻重的支柱产业。

目前，全国建设行业从业人员已达5000万人，其中仅建筑业就有近4000万人。在建筑企业技术和管理岗位上的从业人员350余万人，其中150余万人具备中专以上学历或初级以上技术职称，在建设行业将这些人视为合格的工程技术人员。这样，就还有190余万不合格的工程技术人员正在从事技术和管理工作。因此，整个建设行业尤其是建筑施工企业，技术和管理人才数量上严重短缺是当前全行业面临的严峻问题。

初步统计，目前全国大、中专院校每年可培养近19万建设类专业毕业生，粗略按学生毕业后全部进入建设行业，且不考虑自然减员等因素，把当前不合格的190余万工程技术人员替换下来就需要超过10年的时间。可见，全国建设教育在总规模上还远远满足不了行业的急迫需求。

建设行业所需的大批人才90%以上是建筑企业施工现场的技术人才和管理人才，这类人才主要靠职业教育来培养。土建类高等职业教育主要是以培养建设行业生产一线技术管理、项目管理人才职业能力为目标的教育，但纵观全国土建类高等

---

❶ 本文是教育部于2004年12月委托给土建类专业教学指导委员会的国家级研究项目报告，该项目2007年12月通过教育部结题鉴定，同时通过了"建筑工程技术"等7个重点专业的子课题。项目研究主报告由杜国城执笔。

职业教育的人才培养体系，特别是教学内容体系和实践教学体系的现状，距以"就业为导向、能力为本位"还有很大差距。理论教学体系的学科本位的痕迹仍很深刻，距"必需、够用"的目标还有较大距离；实践教学尚未形成相对独立的体系，其内容还在以实践教学大纲、指导书、任务书等简单的教学文件为依据，既不具体又欠实际，与以培养学生职业能力为核心的基本要求相距甚远。各院校的人才培养方案虽经多次修改，但与传统的学科本位教育的培养方案相比较仍差别不大，理论教学内容详尽，知识传授任务具体，实践教学内容则用笔不多，能力培养任务更欠明确。由理论教学体系和实践教学体系构成的教学内容体系，一条腿长、一条腿短，难以支撑以能力为核心的培养目标。学科本位的培养方案重理论知识传授，轻职业能力培养，在对学生的成绩考核中就要沿袭学科教育中以理论知识考核为中心的考评体系，主要考核学生理论知识的掌握情况，专业培养目标中分析的诸项职业能力便不能具体考核，学生的综合实践能力状况只能通过实习、毕业设计、毕业答辩的成绩一般地、笼统地了解，以职业能力培养为核心的指导思想在学生成绩考核体系中得不到具体体现。

面对全国建筑施工企业生产一线急需工程技术人才，职业院校培养数量过少，培养规格又与施工现场的实际需要不对口径，以能力培养为核心的实践教学体系和教学内容体系没有建立起来的严峻局面，对高职高专教育土建类专业教学内容与实践教学体系进行研究和实践，就成为每一个土建类高职高专教育工作者面临的重要使命。

二、研究思路

（一）明确目标规格

培养目标是高等职业教育的出发点和终结点，必须紧密围绕培养目标来进行教学内容与实践教学体系的研究。高等职业教育的培养目标是指学生经此教育后应达到的人才质量规格，它应包括两方面的内容：一是各专业的专门要求，即业务规格；二是各专业都要达到的基本要求，即综合素质。业务规格的制定要依据该专业主要面向的职业岗位（群）、职业岗位（群）的具体工作任务，以及完成这些工作任务所需的理论知识和职业能力。国家的教育方针和对高等职业教育的普遍要求决定了培养目标的基本要求。土建类高等职业教育培养目标的确定，一定要牢牢把握好"施工型""成品型""能力型"这3个特色，以区别于普通高等教育培养"设计型""粗坯型""学科型"人才的3个特点。

（二）构建以培养职业能力为核心的教学内容体系

实现培养目标，必须探索适宜的教学内容、教学方法和实施手段。对于学校教育而言，具体培养途径的设计就是制订人才培养方案。高等职业教育人才培养方案的制订，除了根据教育规律必须遵循的普遍原则外，主要应保证培养目标的特色，突出以职业能力培养为核心的指导思想，以使学生毕业时能具备完成岗位工作的知识结构和能力结构。

制订培养方案是一项系统工程，不同学校、不同专业制订培养方案的方法是多种多样的，但对高等职业教育而言，紧密围绕生产一线岗位职业能力的培养设置课程，特别是设置实践教学课程的方法是相同的。根据教育资源短缺、教育投入不足，施工现场又急需大批技术管理人才的现状，结合建筑产品生产周期长、生产过程不可重复等特点，我们认为，土建类高等职业教育人才培养方案的制订中，当前应该集中力量根据培养目标中诸项职业能力的培养开发一批实践教学课程，构建一个与理论教学体系相对独立、相互渗透、互相支撑的实践教学新体系。在新的培养方案中，呈现出一个以培养职业能力为核心的实践教学体系，一个以传授理论知识为主的理论教学体系，形成由两个体系共同支撑能力本位培养目标的教学内容新体系。

（三）构建突出能力考核的学生学业评价体系

相对独立的实践教学体系的建立，为逐项考核学生的职业能力奠定了科学的基础。根据每门实践课程的具体任务和内容，研究制定考核某项职业能力的内容、方法和标准，便可构建一个以职业能力考核为核心的学生学业评价体系。采用这样的评价体系，可以引导学生将学习的注意力集中到职业能力的养成上，使学生的学习重心从重视理论知识的掌握转移到努力掌握适应现场工作的职业本领上。采用这样的评价体系，学校对学生学习成绩的衡量标准就要发生本质的改变，学生职业能力的状况就成为评价学业成绩的主要方面，由此带来的人才观、质量观和教育观的转变将是巨大的，这对高等职业院校从传统的学科本位走向以培养学生职业能力为核心无疑具有深远的意义。采用这样的评价体系，社会用人部门最关心的职业能力状况在学生的学业成绩单上就会一目了然，这既有利于用人部门选拔毕业生，又有利于将社会的用人标准及时反馈给学校，使学校和社会在人才观、质量观上逐步一致起来，从而提高学校的办学效益。因此，构建一个突出能力考核的学生学业评价体系，对于当前我国职业教育教学改革是一项十分重要的工作。

（四）构建科学可行的校企合作的实施体系

德国在职业教育领域实施"双元制"模式，取得了举世瞩目的成绩。"双元制"把职业教育的纵向过程分成两部分：一部分是学校教育，以传授理论知识为主；另一部分是企业教育，以培养职业能力为主。由于德国政府以法律形式规定了企业的教育责任，充分调动了企业的教育资源为提高国民素质服务，因此办出了投入少但质量高的职业教育。目前，学校教育资源尤其是职业教育资源短缺、教育投入严重不足，是中国职业教育的基本国情。我们认为，学习德国的经验，充分利用企业的工程项目和工程技术人员作为职业教育的教育资源，充分发挥企业教育资源在培养职业能力方面的优势，探索"校企合作、工学结合"培养职业教育人才之路，是政府部门和全体职业教育工作者的共同使命。对于土建类专业，由于建筑产品体量大、耗材多、工作环境复杂、生产周期长、不可重复性等特点，不可能在校内完全模拟施工现场的技术过程和管理过程，更不可能在校内营造与施工现场人文氛围相同的实践环境，因此必须把学生安排到施工现场，在真实的工程项目中，在现场技术人员的指导下，真刀真枪地真题真做，毕业时才能具备符合上岗要求的岗位职业能力。基于以上认识，我们在专业培养方案中要安排学校和企业两个实施体系，学生在学校以学习理论知识为主，同时进行课程实践和单项实践；在企业以通过综合实践培养职业能力为主，同时接受企业专家的专项培训，探索构建一个科学可行的校企合作的职业教育实施体系。

三、研究过程

项目研究经过了 5 个阶段。

（一）组织落实阶段

2004 年 12 月接受教育部委托后，土建类专业教学指导委员会于 2005 年 1 月召集会议制订了项目研究计划，确定了项目研究的预期成果和研究分工。

（1）项目研究主报告由土建类专业教学指导委员会秘书处负责。

负责人：黑龙江建筑职业技术学院杜国城。

（2）"建筑工程技术"专业人才培养方案、研究报告和主干课程教材由土建施工类专业指导分委员会负责。

负责人：黑龙江建筑职业技术学院赵研。

（3）"工程监理"专业人才培养方案、研究报告和主干课程教材由土建施工类专业指导分委员会负责。

负责人：四川建筑职业技术学院胡兴福。

（4）"建筑装饰工程技术"专业人才培养方案、研究报告和主干课程教材由建筑类专业指导分委员会负责。

负责人：徐州建筑职业技术学院孙亚峰。

（5）"供热通风与空调工程技术"专业人才培养方案、研究报告和主干课程教材由建筑设备类专业指导分委员会负责。

负责人：内蒙古建筑职业技术学院贺俊杰。

（6）"建筑电气工程技术"专业人才培养方案、研究报告和主干课程教材由建筑设备类专业指导分委员会负责。

负责人：沈阳建筑大学职业技术学院裴涛。

（7）"工程造价"专业人才培养方案、研究报告和主干课程教材由工程管理类专业指导分委员会负责。

负责人：四川建筑职业技术学院袁建新。

（8）"给排水工程技术"专业人才培养方案、研究报告和主干课程教材由市政工程类专业指导分委员会负责。

负责人：广西建设职业技术学院范柳先。

（二）调查研究阶段

2005年1—5月，各项目组安排专项经费，采取问卷调查和实地考察等方式对全国各地建筑企业和职业院校进行广泛调研，了解我国建设行业、建筑企业对高职人才在数量上和规格上的需求状况，了解我国土建类高等职业院校的专业设置、办学规模、人才培养模式和课程建设现状，综合分析出土建类高等职业教育主要专业在办学规模和培养规格上与实际需求的差距，弄清项目研究的背景，写出调研报告。

（三）学习提高阶段

2005年6—8月，土建类专业教学指导委员会组织学习国内外高等职业教育理论和先进经验，在借鉴德国"双元制"的经验，开发实践教学课程，建立实践教学体系，形成实践教学体系和理论教学体系共同支撑培养目标，构建以培养职业能力为核心的教学内容新体系上取得了共识，确定了项目研究的大方向。

（四）修订专业人才培养方案阶段

2005 年 9—12 月，在取得共识的基础上，各子项目组开展了专业培养方案的修订工作，集中了全国各院校的意见，各专业的培养方案中都初步建立了由多门实践教学课程构成的实践教学体系。

（五）撰写研究报告阶段

2006 年 1—6 月，在各专业人才培养方案修订稿完成之后，各位报告负责人组织项目组成员着手撰写研究报告，几易其稿，直至 2006 年 12 月全部完成。

在本项目研究的过程中和在此之前土建类专业教学指导委员会的工作中，按照各专业培养方案的要求，组织全国的力量编写了 76 门主干课程教材，这些教材的内容基本体现了以培养职业能力为核心的指导思想，我们也把这些教材列为项目的成果。

四、研究成果

（一）以实践教学课程为主构建了实践教学体系

在以往学科教育的培养方案中，实践教学体系是由实（试）验、课程实习、课程设计、大作业等附属于理论教学课程的实践教学环节和认识实习、生产实习、毕业实习、毕业设计等综合训练项目构成的。职业教育培养目标的知识点与理论教学的具体内容可以对应起来，但诸项职业能力点在实践教学内容中对应关系则笼统、粗略，显然与以培养职业能力为核心的职业教育不相适应。为了逐项培养学生的职业能力，我们下大气力在各专业都开发了数门实践教学课程，这些课程的内容涵盖了培养目标的各项职业能力，用这些课程取代以往几个实习和毕业设计，更有针对性地突出了职业能力的培养，使培养方案中的实践教学内容具体丰满起来，构建起足以支撑职业能力培养的职业教育的实践教学体系。

（二）修订了土建类 7 个重点专业的培养方案

由土建类专业教学指导委员会于 2003 年组织全国力量编制的高职高专教育 7 个重点专业的培养方案已正式出版几年了，对指导全国各院校的教学工作发挥了积极作用。这批方案尽管增大了实践教学时数，加大了实践教学力度，但由于没有开发实践教学课程，实践教学体系还很薄弱。因此，这批培养方案，除培养目标的能力分解比较符合职业教育的特点外，其教学内容体系和学生学业评价体系基本上还是学科教育的产物。这次项目研究中，我们把开发实践教学课程、构建实践教学体系的做法引入各专业的培养方案中，使7个专业的培养方案都不同程度地摆脱了学科教育的多年束缚，呈现出以培养能力为核心的职业教育特色。

（三）编著了部分实践课程教材

在项目研究成果的指导下，"建筑工程技术"专业启动编著了《建筑工程识图实训》《建筑工程技术管理实训》《建筑施工组织和造价管理实训》《建筑工程质量安全管理实训》《建筑工程资料管理实训》5门实践课程教材，在土建类专业领域率先进入了实践教学体系建设的新阶段。

（四）撰写了较有特色的7个专业的研究报告和主报告

我们把专业培养方案的修订过程作为高等职业教育的研究过程，各项目组都很重视研究报告的撰写。每个报告都从调查研究入手，从比较教育入手，既有实践基础，又有理论高度，在实践教学体系的构建上都很有内容、颇有建树，有的报告在学生学业评价体系上已经做了大量工作。

五、研究的自我评价

（一）项目研究的基础深厚

项目研究人员都多年在建设教育行业工作，对建设行业都很熟悉。这次又进行了专题调研，对行业、对高职人才在数量和规格上的需求了解得非常详尽，对土建类高等职业教育的现状了解得十分全面。研究人员教育理论功底深厚，大多具有在国外考察的经历，对国内外的职业教育情况比较了解。项目研究可以做到有的放矢，针对性强，从实际出发，落到实处。

（二）目标明确，思路清晰

针对学科教育烙印深刻、影响职业教育培养质量的现状，必须建立以培养职业能力为核心的教学内容体系。由此，提出开发实践教学课程、构建实践教学体系的工作思路。

（三）成果具有创新意义

在土建类高等职业教育领域，开发实践教学课程，取代传统的实习；在实践课程中明确地、逐项地、内容方法具体地培养学生的职业能力，这还是首次。因此，这项成果对于土建类高等职业教育具有创新意义。

六、项目的推广价值及进一步研究、实践思路

（一）推广价值

体现职业教育特色的 7 个专业的培养方案的修订稿已经出台，连同 8 个研究报告，近期即可正式出版发行。土建类专业教学指导委员会还将组织各个专业教师培训，相信会对全国产生积极影响。马上要组织全行业的力量编著各专业的实践课程教材，随着这些教材的出版和使用，这项成果的推广价值会越来越高。

（二）进一步研究、实践思路

由于时间紧，本次的研究成果还是初步的，某个专业究竟开发几门实践课程、课程的内容体系如何等还需进一步研究。

实践课程开发以后，理论课程还要进行调整和整合，这也是需要进一步研究的内容。

新的以职业能力为核心的学生学业评价体系要即刻进行研究编制，这是一项需要组织众多院校、一大批教师投入大量精力才能完成的复杂工作。

各专业都要组织力量抓紧编著实践课程教材。

建筑工程技术专业要组织好已编著出版的实践课程教材的使用辅导工作。

《高职高专教育土建类专业教学内容与实践教学体系研究》已经取得了初步成果，这项成果的推广和使用，对推动土建类专业的教育教学改革一定会产生积极影响。但作为具有创新意义的事物，也一定会有许多不足和缺憾，我们今后还要投入力量进一步修订完善。

对教育部转发的《建设类高职高专指导性专业目录》的修订意见[1]

教育部转来的《建设类高职高专指导性专业目录》已悉，经业内专家认真研讨，特提出以下修订意见。

一、专业类的分法欠妥

建设类高职高专专业类的确定以建设系统所覆盖的四大产业为依据较为合宜。但考虑专业类内所含专业的专业属性不宜差异过大，因此亦不便将专业类与产业一一对应起来。

建设系统的四大产业是勘察设计业、建筑业、市政公用事业和房地产业。勘察设计业可用建筑和城市规划与管理两个专业类来对应，建筑业可用土建施工、建筑设备和工程管理3个专业类来对应，市政公用事业可用市政工程一个专业类来对应，房地产业可用房地产一个专业类来对应。这样建设大类可分为7个专业类。

二、所设43个指导性专业有些不尽合理

（一）重复设置

指导性专业目录中所列专业应有代表性。目录中房屋建筑工程、城乡民用建筑、建筑施工和土木工程施工与管理4个专业大体相同，只列一个有代表性的建筑工程技术专业就可以了。另外，如道路桥梁工程技术和道桥养护与维修、城市规划和村镇规划、房屋设备安装和建筑设备工程与管理等均有重复设置之嫌。

（二）专业口径过宽或过窄

指导性专业目录所列专业应宽窄适度。目录中所列绿色住宅建筑技术、道路桥

---

[1] 2003年6月2日，教育部高教司发出"关于征求《全国高职高专指导性专业目录》意见的通知"，建设部人事司委托土建类专业教学指导委员会承办此事，由杜国城组织有关专家通过认真研讨，于6月12日提出了修订意见，被教育部完全采纳。

梁机械化施工等专业口径过窄，而建筑与室内设计专业口径明显过宽。

（三）有些专业不属建设大类

例如，高等级公路管理与维护、土地管理、水土保持技术、水文自动化测报技术、水利机电设备运行与维护、水文水资源工程与管理、水电站动力设备与管理、河务工程技术等专业不属于建设大类。

三、有些专业的名称不合宜

（1）以"××工程"命名，易与本科教育、工程教育混淆，没有突出高职高专技术教育的特点。例如，房屋建筑工程、建筑装饰工程、城市燃气工程、隧道与地下工程、水利水电建筑工程等。

（2）以"××设计"命名，与高职高专教育的培养方向不尽符合。例如，建筑与室内设计、城市景观设计等。

（3）有的专业及其名称尚待斟酌。例如，绿色住宅建筑技术，其培养目标、培养内容与专业名称很难结合；城镇建设与工程监理，两个方面的内容不宜混为一个专业；土地管理与城市规划，一个专业很难完成这两个方面的培养任务，且土地管理不属于建设大类；城市景观设计，作为一个高职高专专业，是很难界定其内涵与外延的。

以上修订意见可能偏颇谬误，请批评指正。

附上我们的"建设类高职高专指导性专业目录"建议稿，仅供参考。

建设部人事教育司
二〇〇三年六月十二日

附件：建设类高职高专指导性专业目录及专业说明

一、建设类高职高专指导性专业目录

专 业 类	指导性专业名称	专 业 类	指导性专业名称
建筑	建筑设计技术 室内设计技术 建筑装饰技术 园林工程技术 中国古建筑工程技术 环境艺术设计技术	城市规划与管理	城市规划 城市管理与监察

续表

专 业 类	指导性专业名称	专 业 类	指导性专业名称
土建施工	建筑工程技术 道路与桥梁工程技术 铁道工程技术 地下工程与隧道工程技术 水利水电建筑工程技术	建筑设备	建筑设备安装技术 供热通风与空调制冷工程技术 建筑电气工程技术 楼宇自动化技术
工程管理	建筑工程项目管理 建筑工程造价管理 建筑经济管理 建筑工程监理	市政工程	市政工程技术 城市燃气工程技术 给排水工程技术 水工业技术 消防工程技术
房地产	房地产经营与评估 物业管理 物业设施管理		

二、建设类高职高专专业说明

（1）建筑设计技术：主要培养从事建筑设计的技术人才。

（2）室内设计技术：主要培养从事室内设计的技术人才。

（3）建筑装饰技术：主要培养从事建筑装饰工程设计与施工的技术人才。

（4）园林工程技术：主要培养从事园林工程设计与施工的技术人才。

（5）中国古建筑工程技术：主要培养从事中国古建筑维护、管理、设计、施工的技术人才。

（6）环境艺术设计技术：主要培养从事室内外园林、雕塑、饰物、壁画、灯光等方面设计的技术人才。

（7）城市规划：主要培养从事城市规划设计与管理的技术人才。

（8）城市管理与监察：主要培养从事城市建设项目行政管理的管理人才。

（9）建筑工程技术：主要培养从事土建工程施工技术与施工管理的技术人才。

（10）道路与桥梁工程技术：主要培养从事道路与桥梁工程施工技术与施工管理的技术人才。

（11）铁道工程技术：主要培养从事铁道工程施工技术与施工管理的技术人才。

（12）地下工程与隧道工程技术：主要培养从事地下工程与隧道工程施工技术与施工管理的技术人才。

（13）水利水电建筑工程技术：主要培养从事水利水电建筑工程施工技术与施工管理的技术人才。

（14）建筑设备安装技术：主要培养从事建筑设备安装调试、运行管理的技术人才。

（15）供热通风与空调制冷工程技术：主要培养从事供热通风与空调制冷工程的安装调试、运行管理的技术人才。

（16）建筑电气工程技术：主要培养从事建筑供电工程、照明工程、消防工程的安装调试、运行管理的技术人才。

（17）楼宇自动化技术：主要培养从事建筑智能化工程的安装调试、运行管理的技术人才。

（18）建筑工程项目管理：主要培养从事建筑工程项目管理与建筑企业经营管理的管理人才。

（19）建筑工程造价管理：主要培养从事建筑工程预决算、招投标工作的管理人才。

（20）建筑经济管理：主要培养从事建筑企业成本管理、财务管理、统计管理、合同管理的管理人才。

（21）建筑工程监理：主要培养从事建筑工程质量管理与工程监理的管理人才。

（22）市政工程技术：主要培养从事城市路桥工程、给排水工程的施工技术和施工管理的技术人才。

（23）城市燃气工程技术：主要培养从事城市燃气工程的施工技术和施工管理的技术人才。

（24）给排水工程技术：主要培养从事城市与建筑给排水工程施工技术和施工管理的技术人才。

（25）水工业技术：主要培养从事给水净化工程、污水处理工程的施工技术和施工管理的技术人才。

（26）消防工程技术：主要培养从事消防工程的施工技术和施工管理的技术人才。

（27）房地产经营与评估：主要培养从事房地产投资开发、营销估价等方面的管理人才。

（28）物业管理：主要培养从事小区和大型建筑物业管理的管理人才。

（29）物业设施管理：主要培养从事小区和大型建筑中机电、通风空调、智能化设施的安装调试、运行管理的技术人才。

黑龙江建筑职业技术学院国家示范性高等职业院校建设方案 ❶

根据《教育部、财政部关于实施国家示范性高等职业院校建设计划 加快高等职业教育改革与发展的意见》(教高〔2006〕14号)、《教育部、财政部关于确定2006年度"国家示范性高等职业院校建设计划"立项建设单位的通知》(教高函〔2006〕32号)等文件精神,在黑龙江省政府的大力支持下,结合建设行业企业的实际需求及学院"十一五"建设规划,在充分论证的基础上,黑龙江建筑职业技术学院确定了创建国家示范性高等职业院校的指导思想、建设思路和建设目标,制订了建设方案。

一、指导思想、建设思路和建设目标

(一)指导思想

坚持"以服务为宗旨,以就业为导向,走产学研结合的发展道路""生活即教育,社会即学校,教、学、做合一""学生毕业即就业、就业即上岗、上岗即顶岗"的"三坚持"教育理念;从为建设行业生产一线培养"施工型""能力型"和"成品型"的技术与管理人才出发,以校企互利互惠为原则,建立充分利用企业教育资源的有效机制,通过企业对人才培养过程的全面介入,构建校企深度融合的"2+1"人才培养模式,探索办好建设类高等职业教育的特色途径,在全国建设类高等职业教育领域发挥引领和示范作用;抓紧专兼结合的"双师型"教师队伍建设,建好校内外实训基地,加强教学管理特别是实践教学的管理,健全校企齐抓共管的质量保障和监控体系,迅速提升办学实力和办学水平,不断提高教育质量,为建设行业企业输送一批批"下得去、用得上、留得住"的适用对路人才,为加快建设行业生产一线技术与管理人才素质提高的步伐做出积极的贡献。在利用企业的教育资源、校企合作

---

❶ 根据《教育部、财政部关于实施国家示范性高等职业院校计划 加快高等职业教育改革与发展的意见》(教高〔2006〕14号),国家和地方对入选的100所国家示范性高等职业院校给予重点支持,使之在全国进一步发挥示范引领作用。

在黑龙江省政府的大力支持下,黑龙江建筑职业技术学院向教育部呈送了由杜国城执笔的国家示范性高等职业院校建设方案,对学院入选首批28所国家示范性高职院校行列发挥了重要作用。

培养人才、"双师型"教师队伍建设、实践教学管理等方面探索总结出可供全国借鉴的经验。

（二）建设思路

在"三坚持"办学理念的引领下，为办出特色，办出水平，办出引领带动作用，项目建设的基本思路如下。

1. 以紧密结合建设行业企业的实际需求做好专业布局为基础

建设行业在两规（城市规划、村镇规划）、四建（工程建设、住宅建设、城市建设、城镇建设）、四业（建筑业、勘察设计业、房地产业、市政公用事业）领域承担着现代化建设的重要使命，是国民经济的重要支柱产业，从业人员 5000 万人以上，其生产一线急需补充大批的技术与管理人才。作为建设类高职院校，要随时掌握建设行业企业对高职人才的需求动态，科学合理地设置和调整专业，灵活安排招生专业，以紧密结合行业需求的专业布局为基础，主动为提高建设行业的人才素质服务。

2. 以构建校企深度融合的"2+1"人才培养模式为特色

从培养适用对路人才实现高质量就业出发，充分考虑企业的经济利益和人才战略，进一步建立在校企合作培养高职人才中双方规避风险、互利互惠的机制，充分发挥校企合作教育委员会和校企合作教育专业教学指导委员会在人才培养全过程中的重要作用，以优秀的企业为依托，利用优秀的工程现场做课堂，聘请优秀的工程技术人员做教师，构建校企深度融合的"2+1"人才培养模式（学生在学 3 年期间，前 2 年主要在学校学习专业知识和接受专项能力训练，后 1 年到企业进行综合能力训练并顶岗实习），使学生的知识、能力和素质与企业的需求完全吻合，实现人才培养与职业岗位标准的零距离对接。探索建设类高等职业教育成功的工学结合、校企合作培养人才的特色之路，在挖掘社会和企业的教育资源和学校共同培养人才中，为我国的教育经济学战略研究提供宝贵的经验。

根据不同专业的特点，还要在"2+0.5+0.5"、项目导向、任务驱动、工学交替、理实一体等人才培养模式的探索中总结出成功经验，供全国高职院校借鉴。

3. 以创建突出培养岗位职业能力的课程内容新体系为切入点

紧密结合企业对毕业生岗位职业能力的具体需要，开发诸如工程图识读能力、材料管理能力、技术交底能力、抄测定位能力、施工组织能力、造价管理能力、质量与安全管理能力、资料管理能力等一项项职业能力对应的新课程，形成以培养职业能力为核心的新课程体系，重构各专业人才培养方案，以创建职业教育特色突出的课程内容新体系为切入点，使教学内容与企业的职业岗位标准紧密融合，达到学以致用，学用结合。

4. 以建立突出考核岗位职业能力的学生评价新体系为突破口

配合以培养岗位职业能力为核心的新课程的开发，抓紧制定各项职业能力考核的内容、标准和方法，建立突出考核职业能力的学生评价新体系，扭转目前尚在职业教育中流行的主要以学科成绩评价学生的不利局面，使学生成绩评价体系与企业生产一线的用人标准完全吻合起来。在建设类高等职业教育领域，这是一项革命性的创新工作，其工作量大，任务艰巨，要校企合作共同做，与兄弟院校联手做，做出各专业的学生能力评价体系，做出对中国高等职业教育事业的新贡献。

5. 以抓紧"双师型"教师队伍建设和完善教学设施为重要支撑

制定对"双师型"素质教师在收入分配、职称评定、进修提高、学术交流等方面的优惠政策，完善鼓励现有教师取得注册师执业资格、提高现场工作能力的激励机制，尽速提高他们的实践能力；在行业中选聘一批技术与管理专家做学院的客座教授，制定对兼职教师在职务报酬、兼课酬金、评优奖励、学院荣誉职务等方面的优惠政策，吸引行业企业的工程技术人员到学校任教和在现场指导学生实践；建立一支既富理论又善实践的专兼结合的"双师型"教师队伍，以适应高等职业教育不断深化改革的现实需求。

按照以培养岗位职业能力为核心的课程体系的需要，依照不同教学模式对实训条件的不同要求，选购现场适用设备，借用现场管理规章，引进企业文化，配合5个重点专业建设计划，配置满足教学需求的工程背景鲜明，或模拟仿真度高的教学实验实训设施，建设一批集教学、培训、检测、鉴定、技术开发于一体的生产性或高仿真实训基地，以满足学院发展和新的人才培养模式对校内实验实训设施的需要。

6. 以加强素质教育、全过程地培养学生的职业道德为首要任务

坚持以人为本，德育为先，加强素质教育，把培养学生吃苦耐劳、热爱建筑业、立志在施工现场实现人生价值作为人才培养全过程的首要任务。加强辅导员队伍建设，营造与企业文化相融合的校园文化，在校企合作协议中明确双方在培养学生职业道德方面的任务，实行校企合作共同负责，增强学生的诚信品质、敬业精神、社会责任意识、遵纪守法理念，全面提高学院的育人水平。

2007—2009年期间，学院实施国家示范性高等职业院校建设项目的总投入8000万元。其中，中央财政投入2500万元（其中，用于中央财政重点支持专业教学实验实训条件建设1245万元，占49.8%；用于师资队伍建设375万元，占15%；用于课程体系与教学内容改革880万元，占35.2%），地方财政投入3000万元（其中，用于中央财政重点支持专业教学实验实训条件建设681万元，占22.7%；用于师资队伍建设202万元，占6.73%；用于课程体系与教学内容改革32万元，占1.07%；用于中央财政重点支持专业所在专业群750万元，占25%；用

于非中央财政支持专业及专业群 900 万元，占 30%；用于校园网建设 80 万元，占 2.67%；用于图书资料及图书馆配套设施建设 205 万元，占 6.83%；用于科技研究与开发 100 万元，占 3.33%；用于国际交流与合作 50 万元，占 1.67%），学院自筹资金 2500 万元（用于实验实训中心基本建设）。

（三）建设目标

1. 总体目标

通过 3 年的努力，把学院建设成为黑龙江省和全国建设行业高等职业院校的龙头学校，在探索中国特色的建设类高等职业教育中发挥引领和带动作用。深入探索充分利用企业的教育资源、校企深度融合的"2+1"人才培养模式，形成理论体系、目标体系、内容体系、实施体系和评价体系完善成熟的教育成果；重点建设好 5 个由陶行知先生"教、学、做合一"教育理论指导、培养目标与职业岗位标准完成吻合、课程体系紧密结合职业能力培养、学校与企业在教学全过程密切合作、学生成绩主要由诸项能力考核结果评价、在全国领先的品牌专业；5 个重点专业每个专业要开发 5 门以上以培养岗位职业能力为核心的课程，首先开发供综合实践使用的培养综合能力的实训课程，创建全新的以培养职业能力课程为主体的课程内容新体系；5 个重点专业各建设一支专兼结合的高水平"双师型"教学团队，其中一部分教师为全国建设行业的一流施工技术与管理专家，一部分为全国建设类高等职业教育的一流教育科研专家；建成 5 个设施与现场相同、职业环境与现场一致，集教学、培训、检测、鉴定、技术研发于一体的开放性、生产性重点实训基地。

2. 具体目标

1)"2+1"人才培养模式的完善

进一步总结"2+1"人才培养模式实施 8 年来取得的经验，从陶行知教育理论的高度重新审视它，从深入了解分析施工现场各技术与管理岗位的职业资格标准出发冷静检验它，从建立以培养岗位职业能力为核心的课程内容新体系进一步丰富它，从校企全过程合作培养人才的深度分析出发再次完善它，从建立以职业能力考核为主体的学生成绩评价新体系来充实它。由此构建"2+1"人才培养模式的理论体系、目标体系、内容体系、实施体系和评价体系，使之科学化、系统化，成为探索中国高等职业教育人才培养模式过程中的一个重要成果。

2）课程内容体系改革和重点专业建设

在持续实行"2+1"人才培养模式，积极开展国家级、省级高职高专教育专业教学改革试点取得显著成效的基础上，进行新一轮课程内容体系改革。按照建筑产品生产过程技术含量和管理科学化程度不断提高对高职人才需求的变化，确定新的人才培养目标的职业资格标准；围绕以培养岗位职业能力为核心开发课程，尤其是培养岗位综合能力的实训课程，重构课程体系，形成突出职业能力培养的课程内容新体系；以突出职业能力培养的新课程体系为基础，研究开发每一项职业能力考核的内容、标准和方法，建立以职业能力考核为主的学生成绩评价新体系；按照校企全过程合作的"2+1"培养进程编制新的学院所设各专业的培养方案和教学计划，制定新的教育标准，编写新的课程教学大纲，做好新的配套专业教学文件建设。

在全院进行课程内容体系改革的进程中，建成建筑工程技术、建筑装饰工程技术、供热通风与空调工程技术、市政工程技术、建筑电气工程技术5个重点专业，带动建筑工程管理、中国古建筑工程技术、建筑设备工程技术、给水排水工程技术、建筑智能化技术等13个相关专业群的协调发展；力争到2009年把建筑工程技术等5个重点专业及其专业群建设成为培养方案与企业需求紧密结合、企业全面介入教学全过程、办学条件好、培养质量高、特色鲜明、全国领先的品牌专业。

在进行以培养职业能力为核心的课程开发中，做好教材建设。力争到2009年建成优质专业核心课程33门、省级精品课程6门、校级精品课程23门，扩大学院课程改革成果在全国的辐射力；编写特色教材和教学课件26部，完成教育部、建设部高职教育规划教材32部，形成一批在全国建设类高职教育领域广泛使用、影响力大、引领课程内容改革的高水平教材。

3）师资队伍建设

制定教师资格认证标准和教师聘用与管理办法，健全完善教师队伍建设的激励机制和管理机制，建立一支由学校专职教师和企业工程技术人员共同组成的专兼结合的教师队伍。以鼓励在校教师取得注册师执业资格引领"双师型"素质教师队伍建设，支持中青年教师到企业顶岗实践，尽速提高他们的工程实践能力，考取执业资格；重点引进和培养专业带头人和骨干教师，积极支持教师参与科技研发和技术服务，使他们在建设行业既是职业教育专家又是有影响的技术专家；以有效的机制吸引行业的专家到学校兼职，建立兼职教师库，实行动态组合管理，增加从企业选聘理论知识扎实、实践经验丰富的兼职教师的数量，力争到2009年在重点专业及其专业群中培养和引进专业带头人22名、骨干教师44名，具有注册师执业资格的专任教师占专业教师的85%左右，选聘到学校任教的兼职教师153名，使校内兼职教师与专职教师的比例达到1：1；同时，全院在全国建设行业聘请1000名以上水平高、责任心强、相对稳定的实践教学指导教师，从数量上、从培养学生职业能力上，形成以兼职教师为主的专兼结合的新型教师队伍结构。

4）实训基地建设

根据培养职业能力的需要，与企业紧密结合实行校企共建，建设一批资源共享的校内实训基地。发挥校企合作教育专业教学指导委员会的作用，按照"营造真实性环境，进行生产性实训"的原则，加大专项投资力度，更新教学仪器设备，2007—2008 年期间，新建一座由 16 个实训车间、36 个实训室、1 个实训平台、2 个检测室、1 个检测中心和 1 个实验室组成的实验实训中心楼；营造与建筑企业生产一线相一致的职业环境，满足将课堂建到实训中心对学生进行生产性实训和对企业员工进行职业资格培训的需要。力争到 2009 年建成覆盖现代建筑工程技术与管理，集教学、培训、检测、鉴定、技术研发于一体的高水平实训基地。

通过持续向建设行业企业输送高质量高职毕业生、面向企业员工开展职业资格培训与职业技能鉴定，与企业合作进行技术研发和技术服务，增加与企业的联系渠道，实现与企业的深度融合，形成校企共赢、紧密合作的长效机制，继续加大校外实训基地群建设力度。3 年内在全国建成 200 个以上校外实训基地。

5）职业素质教育体系建设

充分发挥校企合作教育专业教学指导委员会的作用，把立德树人，为建设行业生产一线输送一批批立志在施工现场实现人生价值的毕业生作为首要任务。认真贯彻落实《中共中央、国务院关于进一步加强和改进大学生思想政治教育的意见》文件精神，加强辅导员队伍建设，让素质教育进课堂、进现场，使素质教育成为每一个专兼职教师的自觉行为，完善校企合作职业素质教育体系。充分将现代建筑企业人才观的先进理念与学院以人为本的育人传统有机结合，发挥学校和企业对学生进行素质教育的各自优势，在学校和企业都要坚持对学生诚信敬业的教育，让学生在施工现场感受生产一线的工程技术人员吃苦耐劳、严谨认真、把理想和事业与建筑业融合在一起的行业精神，受到热爱建筑业的良好教育，使黑龙江建筑职业技术学院的毕业生以其"吃苦耐劳、诚实守信、现场能力强、团队精神好"为品牌，受到建筑施工企业的欢迎。

6）教学质量保障与监控体系建设

健全教学管理规章制度，完善院系（部）两级管理的管理体系，健全教学信息运行反馈体系，制定更好发挥督导作用的教学督导工作制度，建立实践教学的有效管理体系，制定以培养目标所需职业能力考核为主的学生成绩评价体系，形成科学规范、行之有效、职业教育特色突出的教学质量监控与保障体系。

7）基础设施建设

学院自筹资金 2500 万元，2007—2008 年期间，建成一座建筑面积达 2 万平方米，集建筑类高等职业教育教学、实践性训练、职业培训、科技研发、社会服务为一体的高水平实验实训中心楼，满足 5 个重点专业及其专业群教学的需要。

学院利用地方财政的部分经费，改善学院图书馆和校园网的配套设施，适应教学、科研、培训和学生自主学习的需要。

学院利用中央财政和地方财政的部分经费，更新和增加实验实训教学仪器设备，到 2007 年部分设备安装到位，2009 年全部设备安装到位并投入使用，确保 5 个重点专业及其专业群的实践教学需要。

8）社会服务与辐射能力建设

继续发挥"全国建筑类一级资质培训机构"的功能，面向企业员工和高职学生开展职业资格培训，扩大社会服务能力，到 2009 年完成 5000 人次的职业资格培训任务。

在继续发挥教育部、建设部高职高专教育土建类专业教学指导委员会牵头单位示范指导作用的同时，加大对广西建设职业技术学院、甘肃建筑职业技术学院等西部高职院校土建类专业教育教学改革的支援力度。2007—2009 年派出骨干教师 8 名，对西部有关高职院校对口支援，每人工作 1~2 个月，进行专业课程示范教学、教学经验交流；同时，接纳西部有关高职院校进修教师 10 名，促进行业内同类院校教师水平的提高。

9）科技研究与开发

学院投入专项经费支持教师开展技术研究和教育科研，在 2007—2009 年期间，50 名以上的专业教师参与 30 项技术研究工作，100 名以上的教师参与教育科研工作；同时，学院建筑工程设计院计划完成建筑工程设计 5 项，学院城市规划设计院计划完成城市规划、城镇规划 2 项，学院装饰公司计划完成国内装饰工程施工 6 项、国外装饰工程施工 1 项。

10）国际合作与交流

继续加强学院与英国南岸大学联合办学；进一步加强中德合作 4 个专业教学改革试点工作，到 2008 年合作建成供热工程与锅炉房设备实验室，通风与空调工程实验室，卫生工程实验室，管工、钳工、通风工实训车间。

学院投入专项资金用于国际交流合作，与国外同类院校互派学者讲学、考察学习，派出骨干教师出国进修学习，拓宽视野，提高水平。

二、学院的工作基础与办学特色

（一）充分利用企业的教育资源，办出学校的特色

学院根据建设类高等职业教育的特点，始终坚持至少让学生到施工生产一线去综合实践、顶岗实习 1 年，实施"2+1"人才培养模式。开始阶段通过分布在全国

各地的校友帮助安排学生 1 年的企业实践，用亲情启动了这项工作；接着与企业共同制定学生到现场实践的实施管理办法，建立校企双方共赢的机制，使这一培养模式可坚持多年稳定实施。许多企业已经把校企合作作为人才战略的重要组成部分，学院已在全国建有 178 个校外实训基地，一半以上学生的企业实践是企业主动向学校提出计划安排的。随着"2+1"培养模式的展开，校企合作的领域不断拓展，内涵不断丰富，企业已经介入从专业设置到毕业生就业这个人才培养的全过程，进入校企广泛合作、深度融合的新阶段。企业中蕴藏着大量优秀的教育资源，我们利用它办出了毕业生高质量就业的良好效果，呈现了多方共赢的良好局面。"2+1"已经成为黑龙江建筑职业技术学院的特色和品牌。

（二）企业实践与学生就业紧密结合，实现高质量就业

充分考虑企业的人才需求，安排学生的企业实践，是校企双方多年来一直坚持的原则。学校从学生有可能在实习企业就业的角度安排企业实践，企业从深入了解学生补充优秀人才的角度安排学生实习，学生则从严格要求自己争取留到实习企业的角度在企业努力实习，三个角度瞄准一个目标，实现了高水平的企业实践。建筑工程技术专业 70% 以上的学生在实习的总承包企业就业，20% 以上的学生在实习项目的专业承包企业就业，就业的岗位专业对口，福利待遇令人满意，实现了高质量就业，实现了三方共赢，实现了"2+1"模式的良性循环，带动了学院方方面面的改革和发展。

（三）推行"双证书"教育，提高了就业竞争力

建设行业一直实行职业资格制度和关键岗位持证上岗制度，只有文凭没有职业资格证书便不能在施工现场的项目部做技术与管理工作。为使学生毕业即能上岗工作，学院各专业都把职业资格培训的内容融入教学内容中，组织学生在学期间考取各种职业资格证书，除个别学生外，绝大部分学生毕业时能拿到 1 个以上的职业资格证书，这也是毕业生就业率高的重要原因。

（四）构建了以培养能力为核心的课程体系

2004 年以来，"技能型紧缺人才培养培训工程"在学院实施，以行动为导向的项目教学法在各专业培养方案的修订中发挥了引领作用，各重点专业率先与全国同行共同开发了 40 余门明确围绕某（几）项能力培养的新课程，揭开了课程改革的序幕，为建设类高等职业教育领域彻底摆脱学科教育发挥了重要作用。2005 年，学

院各重点专业又集中力量在开发培养学生综合能力的实践教学课程中进行了有益探索，由我院牵头组织编写的建筑工程技术专业5门实训课程已作为主干课程列入全国指导性培养方案，改变了学科教育中用实习大纲、指导书来规范实践教学的粗放单薄的状况。在课程改革中，各专业编写了以培养岗位职业能力为核心的教材10余门，在全国产生了积极的影响。

（五）以注册师为骨干的"双师型"教师队伍已初步形成

建设行业已经建立了与国际接轨的注册师执业资格制度，注册师就是国际上承认的某工程技术领域的专家，注册师具备合格的工程实践能力，通过国家组织的统一考试取得。学院制定了鼓励在校教师到工程实践中积累实践经验、考取注册师的管理办法，作为"双师型"教师队伍建设的重要方面。学院专业教师中具有注册师资格的已占40%以上，他们是学院"双师型"队伍的骨干力量。

（六）社会服务在全行业产生重要影响

作为"全国建设行业一级资质培训机构"，黑龙江建筑职业技术学院在"十五"期间完成了10000余人次的培训，对提高行业职工队伍的素质发挥了重要作用。

作为全国高职高专教育土建类专业教学指导委员会的牵头学校，卓有成效地发挥了"研究、指导、咨询、服务"的作用，受到全国同行的赞誉，得到教育部和建设部领导的多次表扬。

二 培养模式篇

关于构建高职教育人才培养模式的思考[1]

人才培养模式的改革是当前我国教育工作亟待解决的关键问题，也是蓬勃发展的高等职业教育面临的重大课题。我们必须以邓小平同志教育理论为指导，深入进行教育思想观念的改革，以培养知识、能力、素质三位一体的高等技术应用型人才为目标，尽速构建适合中国国情的高等职业教育人才培养模式。本文试就高等职业教育的人才培养目标和培养模式做粗浅论述。

一、高职教育的人才培养目标

面对全球范围知识经济的崛起和我国市场经济的迅速建立，高职教育的人才培养目标应该包括知识、能力、素质三大要素，以知识为基础，以能力为重心，以素质为标向，整合为一个统一的有机体。

"教育要面向现代化、面向世界、面向未来"是邓小平同志教育理论的核心，是从当前世界发展的大趋势和中华民族前途命运的高度提出的我国教育改革和发展的战略方针。教育要面向现代化，要求教育必须与我国经济和社会发展的战略目标和战略步骤相适应；教育要面向世界，要求教育吸收世界各国先进的科学技术和优秀文明成果；教育要面向未来，要求教育从现代化建设的长远目标出发而适应未来社会发展的需要。当前，大力发展高等职业教育也应以"三个面向"为理论依据，立足现实，着眼未来，以长远的战略眼光来进行人才培养目标定位，突出现代性、开放性和超前性。紧紧抓住培养什么样的人才这个根本问题，确立培养和造就知识精、能力强、素质高的高等技术应用型人才这一基本方向。

21 世纪将是知识经济时代，知识经济的核心是以智能为代表的人力资本，人的现代化素质将成为最重要的国力。由此，教育将成为知识经济发展的直接支撑点和基本生长点，这就要求教育观念的根本变革和对人才培养目标的重新认识。知识经济时代要求拥有高智能和高素质的人才，更大量的需要实现知识由潜生产力向直接生产力转变的技术人才和管理人才，而后者对高等职业教育的培养目标提出了更高、更新、更全面的要求。

---

[1] 本文被评为中国建设教育协会成人高等教育委员会 1998—1999 年优秀论文。

高等职业教育人才培养目标的定位,既要关注即将来临的知识经济时代的要求,也要充分考虑我国当前实现"两个根本性转变"的现实需求。市场经济的发展和多元结构社会需要多类型、多规格、多层次的社会人才,特别是大量需要第一线的技术与管理人才。集约化经济的逐步扩大,使技术与管理工作的科技含量迅速提高,对工程技术人才的质量要求也相应地不断高移。对人才的要求已从单纯强调专业对口向注重能力和素质、增强适应性方面转变。

鉴于以上所述的观点,高职教育人才培养目标结构如图2-1所示。

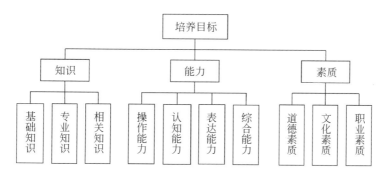

图 2-1 高职教育人才培养目标结构

知识即高职毕业生应具有的职业岗位工作所要求的实用性知识,包括基础知识、专业知识和相关知识。基础知识是指适应职业岗位所必备的常规性、前提性和工具性知识,包括职业技术的基础性知识和语文、数学、外语、计算机知识。基础知识既是胜任本职工作的文化基础,又是坚持自身学习和接受继续教育的基础。专业知识是指职业岗位所必需的专业技术知识,涉及从设计到操作的生产过程的一条龙知识。相关知识是指适应职业岗位的可能变化和适应技术进步、产业结构调整所必需的相关专业知识、行业知识和产业知识。三类知识,以基础知识为前提,以专业知识为重心,以相关知识为辅助。基础知识要过硬,专业知识要专精,相关知识要宽广。

职业能力是高职教育人才培养的核心目标。能力结构应包括操作能力、认知能力、表达能力和综合能力。操作能力是指履行岗位职责的动手能力,包括熟练运用职业岗位主要工具的能力、实验能力、设计能力和理解技术程序、掌握技术规范、排除故障、维修设备的能力。认知能力是指获取知识和信息的能力、观察判断和临场应变的能力、技术分析和解决实际问题的能力、技术革新和设计发明的创造能力。表达能力,是指语言表达能力、文字表达能力和数理计算能力。综合能力是指组织管理能力、自我发展能力和业务交往能力。组织管理能力强调在熟练实施技术操作、进行技术开发的同时,将工程设计转化为生产流程,将管理规划转化为管理实效;自我发展能力注重于自我认知和自我控制的能力、自学能力、接受新事物的能力;

业务交往能力强调处理好业缘关系和人际关系，善于与人多向合作，协调和沟通横向通联关系和纵向领属关系。

素质包括道德素质、文化素质和职业素质。道德素质是指树立正确的人生观、世界观和价值观，具有爱国主义、集体主义和良好的社会公德和职业道德，有较强的组织纪律性和团队精神，自觉遵守企业行为规范和行业道德规范，自觉维护与本职工作有关的法律法规，具有敬业精神和奉献精神，善于处理职守与变通、竞争与协作的关系。文化素质是指具有一定的相关人文知识、科学知识和文理交叉知识，具有拓展新领域的知识和发明革新的创造能力，具备主动适应和改造环境的综合发展能力。职业素质是指本职工作的知识和能力，职业岗位所要求的行业眼光、直觉能力和思维方式、行为方式，专业智能和创新潜能。素质结构要以人为中心，以人的全面发展为首要目标，实现智能主体与人格主体的统一，做事与做人的统一，求实与修养的统一。高职教育人才培养目标不仅要具备岗位所需要的专业知识和业务能力，更要具备远大理想、高尚情操、健全人格、奉献精神等全面素养。

必须处理好知识、能力和素质三者的关系，克服重知识轻能力、重技术能力轻职业素质的倾向，要着眼于人的全面发展的要求，知识传授与能力培养融为一体，业务培训与素质教育融为一体，从而为社会培养出高素质多技能的高等技术应用型人才。

二、高职教育的人才培养模式

培养模式是当代教学论中的一个综合性课题，它既是教学理论的具体化，是一个理论问题，又是教学实践的抽象化，是一个实践问题。对于职业技术教育而言，随着生产力水平的不断提高，培养模式也随之不断演变。在手工业时代，职业技术教育是以"师徒相传"的模式，以"示范—模仿"的方法由师傅向徒弟传授知识和技能。随着科学技术的进步和经济规模的扩大，以及对劳动者整体素质提出的新要求，学徒制逐步为学校职业技术教育所取代。这种学校形式的职业技术教育很久以来一直采取班级授课的组织形式，以行业学科体系为本位，以"课"为单元，以时间为衡量进程的基准，大面积、高效率地向学生传授系统的科学技术知识和职业技能，这就是至今仍很流行的"学科中心"的培养模式。20世纪60年代以来，世界各国都在开发新的职业技术教育培养模式，兴起了一种以达到某种职业的从业能力要求为教学目标，以能力为教学单元，以学生是否具备某种能力作为衡量教学进程基准的"能力中心"的培养模式。成熟于20世纪50年代的德国"双元制"模式，60年代后期首先流行于加拿大、美国的CBE模式，70年代初由国际劳工组织开发的MES模式，都是"能力中心"培养模式的典型。

"学科中心"培养模式强调循序渐进的认识观,符合人在认知过程中累积性的心理规律。其课程的知识结构体系严密有序,在教师主导作用充分发挥下,能在短时间内把系统知识传授给学生,学生基础牢靠,自我适应和自我发展能力较强。中华人民共和国成立以来,在各级各类教育中是以"学科中心"为主导的。实践证明,它很好地发挥了为社会主义建设培养各种人才的重要作用。尤其在计划经济条件下,国家对大中专学生实行统招统分,毕业生带着干部指标和工资指标进入只有生产活动没有经营活动的企业,企业在不计成本的前提下不但欢迎他们,还为他们安排劳动锻炼、岗位见习,习以为常地允许他们经过 2~3 年的时间顶岗工作。经过了系统的大学教育,掌握了扎实的理论知识,又经过在企业工程背景下的实践学习,这些人成为各行各业的栋梁骨干是不奇怪的。从最终形成人才质量的意义上来说,"学科中心"培养模式再加上企业对毕业生补充的职业技能训练,是有其成功之处的。

但是,改革开放使我国进入了一个新的历史时期,在经济体制上实现由计划经济向市场经济的转变已成为当代中国现代化建设的重大战略决策,市场经济的发育和完善无疑为教育提出了更大的需求。但市场经济中,企业已成为经营主体,必须告别只求数量、不计成本的时代,以质量和效益去占领市场,才能求得企业的生存和发展。企业的用人观念在进入 20 世纪 90 年代以来也随之发生了本质变化,要求进入企业的人员不但质量规格要符合要求,更注意时效性,即马上顶岗工作,企业的成本和效益不再容许大学毕业生在顶岗问题上的滞后性。近年来,在双向选择、自主择业的原则下,国家进行了大学生分配制度改革,这是发展市场经济的必然产物,但由于教育改革滞后于经济改革等原因,高等学校毕业生在质量规格、岗位职业能力等方面很难满足企业的现实需求,造成大学毕业生就业困难的严峻局面。

解决教育与社会和经济发展的需要相脱节的问题,已成为改革开放以来我国教育改革的重要使命;用什么样的培养模式来实现高等职业教育的培养目标,早已成为我国教育界自上而下关注的热点。

"学科中心"的培养模式有其成功的一面,尤其在培养学术型人才上是具有特殊优势的。但其重理论轻实践、重知识轻技能、重科研设计轻技术技艺、重宏观决策轻微观管理等弊端,会使毕业生的职业能力、职业意识、职业道德都不能满足生产一线的具体需求,毕业时不能顶岗工作而难于马上就业。因此,在大力发展高职教育中,首先遇到的思想观念问题,就是尽快从计划经济下长期惯守的"学科中心"中挣脱出来,从为"四个现代化"出发,为学生毕业时便具备职业能力而取得就业机会出发,探索构建符合中国国情的高等职业教育培养模式。

高职教育的培养目标中,职业能力是核心,因此应该建立以中国特色的能力为本位的培养模式。国外"能力中心"的培养模式已取得举世瞩目的成功,我们应该吸收借鉴，但照搬到中国是困难的。在德国，"双元制"由于有健全的"职业教育法"等法律条款，迫使企业必须依法承担职业技能训练的责任。在加拿大、美国，充裕的学校教学设备和实训条件可以使学生依照CBE理论个性化地接受逐项技能训练。这些，目前在中国都是很难实施的。依照中国目前的实际情况，笔者认为应该建立理论教学与实践教学"双轨同步"的培养模式。高职培养目标的知识结构是形成能力结构的基础，也是终身学习的必备条件。既要以必需和够用为度，又要以专精和新颖为标向，要拓宽知识面和科学视野，注重知识的渗透、融合和转化，注意涉猎有关跨学科知识，使学生真正具备能适应社会变革和高新技术发展所要求的整合优化的知识结构。要考虑学习过程由低到高逐步递进的学习顺序和知识结构体系的严密顺序，建立一个遵循逻辑顺序、便于教学又有助于学生掌握的理论教学体系。能力结构是高职培养目标的核心，应该按CBE理论将职业能力进行分解，然后按与理论教学紧密配合及由易到难培养职业能力的顺序构建一个由课程实（试）验、课程设计（或大作业）、课程实习、模拟教学、现场教学、操作能力训练、科技或科研活动、现场调研、岗位职业能力训练、生产实习、毕业设计等形式组成的实践教学体系。理论教学体系与实践教学体系在教学全过程中呈现两条并重共进的主线，两者互相联系、相互交叉、彼此渗透，构成一个有机的整体，支撑"双轨同步"的培养模式。

　　理论教学过程，根据我国现有教学条件，以及经济、简便、高效率地传授系统知识的原则，大部分可采用"学科中心"的模式；实践教学过程，则要采取"校企结合"的方式进行，课程类的实践内容大多安排在校内，综合性实践内容则应尽量安排在工程现场真题真做。

　　当前，我国高职教育在学习CBE理论中普遍过分注重以某一职业岗位为基础进行职业能力分解，并以此为培养目标进行课程的安排，教学内容过分强调实用性，较单纯地考虑学生毕业后的顶岗就业，而忽视了素质培养，将道德素质视为无关轻重，不注重文化素质的教学。谈及素质，则强调职业素质，忽略或轻视道德素质和文化素质。如此高职教育，只注重满足目前生存需求，只关注适应上岗就业，无异于使学生成为只会上岗操作的"机器人"，这将影响高职学生的整体素质，将使这些学生在社会竞争中处于劣势。在构建培养模式时，必须处理好素质与知识、能力的关系，克服重技术轻素质的倾向。知识和能力的发展建立在全面素质提高的基础上，知识的创新和能力的提高都需要人的整体素质来予以保证，因而在高职培养模式中，应将能力培养与素质教育融为一体，科学精神与人文精神融为一体。应该开设好马克思主义基础理论课、思想品德课、职业道德课、相关法律法规课等必修课，组织丰富学生知识、增强鉴赏能力、提高审美品位、扩大学生视野的专题讲座，开展党团活动，进行时事政策教育、心理咨询与指导等日常教育，使素质教育落到实处。

瞄准建筑行业人才需求，探索高等职业教育的教学模式[1]

《中共中央关于教育体制改革的决定》《中国教育改革和发展纲要》及《中华人民共和国职业教育法》明确提出了要在我国建立从初等到高等的职业教育体系，并确立了高等职业教育和高等职业学校的法律地位。1994年召开的全国教育工作会议更明确地提出了积极发展高等职业教育的要求。从为我省建筑业培养生产第一线亟需的高层次实用人才的目标出发，遵照国家教委一再强调的现阶段高等职业教育的发展，以内涵发展为主、"三改一补"的基本途径，省政府于1997年6月致函国家教委，将黑龙江省建筑职工大学与黑龙江省建筑工程学校合并，改建为黑龙江建筑职业技术学院。国家教委通过对学校办学条件的评估考查，根据国家高等学校设置评议委员会的评议结果，于1998年3月正式同意省政府的意见，从而宣告了我省第一所独立设置的行业性高等职业学校的诞生。

一、发展建筑高等职业教育是建筑行业科技进步的需要

建筑业担负着国家重点工程建设、城市基础设施建设、城乡住宅建设和其他各类建设的重任，它的迅速崛起和发展，越来越显示出其支柱产业的作用。到2010年，建筑业净产值将达到国民经济生产总值的10%左右。建筑业的发展，可以使钢铁、建材、能源、交通等54个相关行业成为新的经济增长点，建筑业在拉动国民经济发展中发挥着举足轻重的作用。近年来，全国建筑业从业人数以每年7%的速度增长，比全社会的增长速度高出5个百分点。目前，从业人员总数已达3200万余人，居全国各产业之首，占全社会劳动者的6%左右。

建筑业的发展靠人才，然而建筑业职工队伍的整体素质状况远远不能适应形势发展的需要。企业职工中受过中等以上教育的约占36%；企业中专门人才仅228万余人，约占职工总数的7%；这两个比例数均低于其他行业。专业技术与管理人员中，大专以上学历的约占11%，中专学历的约占58%。可见，建筑业从业人员队伍构成以劳务人员和技术工人为主，专业技术与管理队伍以中专毕业生为主，

---

[1] 本文为2000年8月在黑龙江省高等职业教育改革与发展研究会上的交流论文。

这就造成了施工生产一线高素质技术工人明显短缺、基层技术与管理人员素质不高、数量不足的严峻局面，严重地影响着建筑产品的质量，制约着建筑业的正常发展。

改革开放以来，随着建筑科技的迅速进步，建筑物和构筑物正向"高、大、深、精、新"发展，高层、超高层建筑物和高耸构筑物大量涌现；大跨度、大面积、大体积结构得到广泛采用；建筑物和构筑物的地下工程部分越来越深，深基础技术正在崛起；建筑体型、结构型式、装饰材料、配套设备、施工工艺越来越新；建筑施工技术随着工程的日趋复杂而越来越精。面对建筑产品生产过程的科技含量越来越高的现状和发展趋势，企业亟需一大批较之中专毕业生理论修养较高、技术视野较广的建筑施工类技术与管理人才。但这种企业对人才需求的上移趋势，不仅是学历层次上的提高，更重要的是一定要保证在人才类型和规格上满足施工企业生产一线的需求。普通高等院校多年来一直以培养工程科学和工程设计类人才为主要方向，在培养规格上与施工企业生产一线的需要存在很大差距，学生毕业后很少有人进入建筑施工企业。因此，为满足建筑施工企业发展对高层次实用人才的迫切要求，发展建筑高等职业教育已成为当务之急，势在必行。

二、根据企业需要明确培养目标

培养目标问题是教育思想的核心。每一种教育，包括高等职业教育，其根本目的都是为经济建设和社会发展培养某种类型和层次的人才。因此，各种教育的特色，首先要表现在它的培养目标上。依照这样的认识，我们把明确培养目标作为探索建筑高等职业教育的切入点。

（一）建筑高等职业教育培养目标的人才类型

从生产或工作活动的过程和目的来分析社会人才，一般可分为4种类型：学术型（科学型、理论型）人才、工程型（设计型、规划型、决策型）人才、技术型（工艺型、实施型、管理型）人才、技能型（技艺型、操作型）人才。不同类型的人才由不同类型的教育来培养，我国的普通高等教育多年来以培养学生掌握某一学科的专业理论知识为主要目标，培养的是该学科的高级专门人才，所以培养学术型和工程型人才的学术教育和工程教育应由普通高等教育本科和本科以上层次来实施。我国技术型人才的培养，中华人民共和国成立后参照苏联模式则主要由中等专业教育来完成，但随着生产一线技术与管理工作科技含量的不断增加，培养技术型人才的技术教育必须上移至主要依靠高等职业教育来实施。至于高技术生产领域的技能型操作人员的培养，则属于智力技能型人才的教育，也属于技术教育范畴，亦应由高等职业教育来实施。培养一般性技能型人才的技能教育，则应由以技工教育为主的初、中等职业教育来承担。

原"工业与民用建筑"专业在建筑教育领域是需求量最大、在校生人数最多的专业。这一专业在普通高等教育中多年来一直承担着培养科研、设计、施工与少部分教学人员的任务，但实际上毕业生基本上从事建筑结构设计工作，仅有极少数分配到建筑施工企业，且也很不安心工作在生产第一线。长期以来，建筑施工类技术人才主要来自中等专业教育的"工业与民用建筑"专业，因此，形成了建工学院主要承担工程教育的任务，培养将工程理论、设计思想转化为工程图纸的"画房子"人才；建工学校主要承担技术教育的任务，培养将工程图纸转化为建筑实体的"造房子"人才的建筑教育基本格局。当前，为了适应科技进步对技术型人才知识与能力水平上移的需求，多年来建筑教育中主要由中专教育承担技术教育的状况应该逐步过渡到主要由高等职业教育来承担。资质较高的大中型建筑施工企业急迫地需要建筑教育格局的这一转变。

通过对大中型建筑施工企业的调查，我们了解到高职教育"建筑工程技术"（原"工业与民用建筑"）专业培养目标所针对的职业岗位群，一是从事施工技术管理工作，做工程技术负责人；二是从事工程项目管理工作，做工程负责人；还有少部分从事计划、工程预算等其他工作。高职教育的"建筑工程技术"专业毕业生明确的职业方向决定了它相对于普通高等教育的"建筑工程"（原"工业与民用建筑"）专业毕业生是不同类型的人才，因而应具备鲜明的特点，如表 2-1 所示。

表 2-1　高等职业教育"建筑工程技术"专业与普通高等教育"建筑工程"
专业培养的人才类型、职业方向、特点对比

专业名称	高等职业教育"建筑工程技术"专业	普通高等教育"建筑工程"专业
人才类型	工程图纸→建筑实体 工程工艺型 组织管理型	设计思想→工程图纸 科学研究型 开发设计型
职业方向	施工技术或技术管理工作 工程项目管理工作 施工生产计划或工程预算等工作	科研工作 设计工作 施工工作 教学工作
特　点	强调专业知识和职业能力 强调毕业即能顶岗 强调定向使用 强调针对性	强调基础理论宽厚 强调潜力、后劲 强调适应面广 强调通用性

（二）建筑高等职业教育培养的人才层次

世界各国学术型和工程型两种人才的培养都是由大学本科和本科以上层次的教育来完成的。在联合国教科文组织制定的《国际教育标准分类》（International Standard Classification of Education，ISCED）中，无论 1976 年版，还是 1997 年版，都清楚标明了这两种人才的教育层次为第三级中授学位的第一阶段教育和第二阶段教育。

技术型人才最初是由中等职业教育培养的。第二次世界大战以后，科技的发展使得许多工作岗位的智能内涵更加丰富，技术型人才的教育层次出现了上移的趋势。20 世纪 60 年代以来，许多发达国家相继产生了高等技术教育（相当于我国的高等职业教育）。这种世界性的技术教育层次上移至高等教育的事实，在 1976 年版的 ISCED 中得到了权威认证，其将高等技术教育确定为"第三级第一阶段教育——授予不等同于大学第一级学位的学历证明"的大学专科层次教育。可是随着技术水平的不断提高，技术教育的上移趋势并未终止。当前，在美国、比利时、丹麦等很多国家都有大学本科层次的技术教育，我国台湾地区的技术教育已上移至硕士和博士研究生层次。为了适应这种新形势，联合国教科文组织 1997 年对 1976 年版的 ISCED 做了全面修订，其中最重要的改变，就是将原来分属不同层次的大学专科、大学本科及各种硕士学位教育纳入同一层次 ISCED5，统称第三级第一阶段教育。同时，还将 ISCED5 分为 5A 和 5B 两种类型，其中 5A 的课程计划"具有较强的理论基础"，可理解为学术教育和工程教育；5B 的课程计划"定向于某个特定职业"，与我国的高等职业教育从层次、类型到课程特征都是一致的。5B 同 5A 一样应该有多个学历层次，这要由实现培养目标所需的学习年限所决定。

技术教育产生于技术进步对人才的需求，技术教育的层次也随着生产、工作过程的科技含量的增大而不断提高。同时，由于不同地区、不同行业、不同企业技术进步的状况居于不同的水平，对同一专业的技术型人才也会有不同层次的需求。对于建筑施工企业而言，不同等级的企业资质所能承建的工程项目是严格界定的，而不同工程项目的施工工艺复杂程度和施工管理的科学化程度是存在很大差别的。因此，不同资质的企业对生产一线技术与管理人才的知识与能力水平的要求，以及相应学历层次的要求是不同的。就"建筑工程技术"专业而言，职业教育的学历层次大体上与建筑施工企业的资质等级及其所允许承建的工程项目存在着对应关系，如表 2-2 所示。

表 2-2 "建筑工程技术"专业职业教育的学历层次与建筑施工企业资质等级的对应关系

建筑施工企业资质	允许承建的项目	技术与管理人才需要接受职业教育的学历层次
1 级	各类型工业与民用建设项目	博士、硕士研究生
2 级	30 层以下、30 米跨度以下房屋建筑物，高度 100 米以下的构筑物	大学本科
3 级	16 层以下、24 米跨度以下房屋建筑物，高度 50 米以下的构筑物	大学专科
4 级	8 层以下、18 米跨度以下的房屋建筑物，高度 30 米以下的构筑物	中专

根据当前我国建筑科技进步的现状、建筑施工企业对人才的需求情况，以及黑龙江建筑职业技术学院目前的办学条件，我们认为在最近几年把培养大专层次的高职人才作为主要任务是适宜的。待学院办学条件逐步改善、高职教育的经验不断积累后，在教育部的支持下，再进一步承担更高层次的高职教育任务。

三、探索"双轨同步"的教学模式

（一）针对职业岗位群，分析职业能力

职业教育最突出的特色，就是学生毕业就能基本胜任培养目标所规定的职业岗位工作，这也是在市场经济中职业教育生命力之所在。因此，我们研究高职教育首先面对的问题，就是毕业生应具备哪些职业能力才能胜任岗位工作。按 CBE 理论和我国建筑业的实际，职业能力是由履行岗位职责的若干项综合能力组成的，而每一项综合能力又包含若干个完成具体工作任务的专项能力。通过调查分析，"建筑工程技术"专业毕业生的岗位职业能力可分解为 16 项综合能力、77 项专项能力，如表 2-3 所示。

表 2-3 高等职业教育"建筑工程技术"专业毕业生职业技术能力结构

序号	综合能力（16 项）	专项能力（77 项）
1	图纸绘制与会审	（1）弄清设计意图，了解工程特点； （2）绘制施工中及各种技术资料中的图纸； （3）复核、设计是否符合政策与规定； （4）分析技术设备及施工机械能否满足设计要求； （5）了解材料供应能否满足需求； （6）弄清建筑、结构、水、暖、电及设备安装之间是否存在矛盾； （7）核对图纸及说明等是否齐全； （8）组织图纸会审

续表

序号	综合能力（16项）	专项能力（77项）
2	工程预算	（1）准确使用各种建筑工程定额； （2）熟悉设计概算的编制； （3）编制施工图预算； （4）编制施工预算； （5）进行工料分析； （6）进行两算对比，提供施工决算有关资料； （7）应用计算机编制概预算及决算
3	施工组织设计与进度管理	（1）制订施工方案； （2）确定施工进度； （3）结算实物工程量； （4）编制劳动力需要量计划； （5）编制材料实需计划； （6）编制工具、机械需用计划； （7）编制施工条件计划（水、电、暖、动力计划）； （8）提出施工方法及技术措施； （9）提出保证安全与质量的措施； （10）提出经济技术指标和降低成本措施； （11）绘制施工总平面图； （12）绘制施工进度计划表；实施进度计划，并在实施过程中进行检查、调整
4	材料试验	（1）审查原材料，进行构件进场检查与验收； （2）按规定取样，做好各种材料化验； （3）检查混凝土、砂浆的试块养护、强度测试是否符合规定； （4）审批防水材料等现场配制材料的检验与配合比试验报告
5	技术交底	（1）阐明工程性质、结构特点与图纸要求； （2）讲清施工进度、施工程序及方法； （3）说明各项技术措施、质量标准与规范要求； （4）交代施工工艺顺序、技术要求和施工方法； （5）提出材料配合比设计要求； （6）说明关键部位及重点部位施工方法与要求； （7）组织技术交底
6	安全技术措施	（1）提出内容齐全、针对性强的预防性的安全技术措施； （2）及时解决施工作业中的安全技术问题； （3）安全交底和安全技术教育
7	定位抄平测量	（1）熟悉测量仪器的使用、检验与校正； （2）掌握控制小型区域的计算技术； （3）定位测量，抄平放线； （4）垂直度控制、变形观测、施工测量； （5）掌握特种结构建筑测量技术

续表

序号	综合能力（16项）	专项能力（77项）
8	施工项目管理	（1）具备施工项目经理的基本素质，可担当项目经理的助理； （2）具有用现代化管理思想管理的能力； （3）了解监理的职能、监理的任务
9	隐检验收	（1）按质量验收规范检验隐蔽工程； （2）组织隐蔽工程检查，办理隐蔽工程签证手续； （3）把好隐蔽工程质量关
10	施工项目质量与安全管理	（1）组织分部分项和单位工程质量评定； （2）用科学方法按质量评定标准做出评定记录； （3）总结经验，提出提高质量的技术措施； （4）对质量问题进行分析处理； （5）建立质量体系和对质量的控制； （6）施工项目的安全管理和伤亡事故的预防处理； （7）文明施工与环境保护
11	内业归档	（1）熟悉工程技术档案的内容及整理方法； （2）保证汇集的资料、技术文件完整、正确； （3）做好档案归类、编号及检索业务； （4）编制技术档案等竣工技术资料
12	新技术推广	（1）了解国内外新材料、新技术信息； （2）组织开展技术革新，推广新技术； （3）组织对革新与科研成果的评审与奖励
13	施工项目成本管理	（1）能预测施工项目的成本； （2）提出成本计划，对成本进行控制、核算； （3）能对成本进行分析、考核
14	招标与合同管理	（1）了解合同法基础知识； （2）懂经济合同原理； （3）会工程投招标； （4）能签订工程承包合同并履行合同，了解施工索赔
15	计算机应用	（1）计算机基本技能达到国家二级水平； （2）会应用计算机进行施工项目管理
16	英语交往	（1）基础英语达到国家二级水平； （2）会用英语进行建筑工程对外交往

（二）从能力本位出发，构建"双轨同步"教学模式

随着我国市场经济体制的逐步建立，用人部门在人才使用方面更加追求时效性，在录用毕业生时自然会提出进入企业即能顶岗的要求。这样，在学生毕业后国家不包分配、自主择业的大环境下，各类大中专学校都面临一个如何使学生毕业后尽快就业的严峻挑战，同时也为以学生毕业即能顶岗为主要特色的职业教育提供了一个极好的机遇。如何抓住这个机遇，已成为我国职业教育工作迫在眉睫的任务。其中

关键的问题,就是怎样培养学生的职业能力。

以能力为本位的教育思想当前在国际上颇为流行,并在培养专业技术人才方面取得了令世人瞩目的成功,对于我们研究探索中国的高等职业教育具有深远意义。能力本位的思想体现在高职教育中,就是要以培养能力为中心,以能力为教育目标,以能力为课程的核心内容,以能力为评价标准。

(1)从能力结构出发设计专业教学模块。围绕毕业生的能力结构开发教学模块是职业型教育和学科型教育的重要区别,按模块设教研室,统一组织教学,既有利于教学内容紧密结合学生职业能力的培养,又有利于学科间的相互渗透。经过校内外专家的反复研究,我们对"建筑工程技术"专业设计了建筑构造、建筑结构、建筑施工、项目管理、计算机、外语6个教学模块,这6个教学模块支撑着培养目标的能力结构,同时也为研究课程设置提供了可靠的基础。

(2)从教学模块出发设置课程。考虑目前传统教育思想影响的存在和师资队伍的现状,以及一个教学模块知识和技能的覆盖面相对宽广,还是要设置若干门理论课和实训课。例如,建筑施工模块设建筑材料、建筑施工技术、高层建筑结构施工、建筑施工组织4门专业课,以及建筑施工图识读、建筑测量、钢筋翻样3门技能训练课。

此外,为满足培养目标综合素质的需求,还要设置马克思主义理论课、思想品德课、邓小平理论概论、体育等课程。

(3)设计课程体系,构建"双轨同步"教学模式。国外高职教育的教学模式主要有两种:一种是理论传授和实践训练分别相对集中进行,如德国、英国;另一种是二者相互结合进行,如美国、加拿大。第一种模式需要社会的积极合作和支持,缺乏企业的密切配合则难以奏效;第二种模式以学校为主,比较接近我国当前的实际。因此,我们参照第二种模式,根据各门课程间理论知识和职业能力的相互关系,按时序进行排列,在整个教学过程基本呈现理论教学和实践教学两条并重共进的主线,二者互相联系、紧密配合、相互交叉、彼此渗透,初步构建一个以培养职业能力为中心的"双轨同步"教学模式,如表2-4所示。

表2-4 "建筑工程技术"专业"双轨同步"教学模式

进 程	理 论 教 学		实 践 教 学	
	科 目	时数	科 目	时数
第1学年	建筑制图	10	建筑施工图识读训练	70
	高等数学	108		
	基础英语	144	计算机操作	80
	建筑材料	48	建材实验	30
	建筑力学	108	力学实验	12

续表

进程	理论教学		实践教学	
	科目	时数	科目	时数
第2学年	基础英语	144	计算机操作	80
	建筑结构	100	结构实验与设计	44
	建筑施工技术	60	施工现场实习	20
	施工项目管理	40	计算机辅助施工项目管理	72
	建筑测量	30	测量技能训练	50
	建筑工程预算	10	工程预算书编制训练	110
第3学年	专业英语	120	钢筋翻样训练	40
	建筑结构	72	建筑结构设计	24
	高层建筑结构施工	60	高层建筑结构施工实习	20
	工程招投标	60		
	建筑施工组织	60	施工项目技术管理实训	600
	质量与安全管理	60		
	成本管理	60		
	合计	1294	合计	1252

注：另有马克思主义理论课和思想品德课180学时，体育课72学时。

（三）建立"双轨同步"教学模式的支撑点

（1）企业全面介入教学工作是建立新的教学模式的可靠保证。学校要在若干个技术先进、设备力量雄厚、管理科学化程度高的企业建立稳定的实践教学基地，各专业均应组建由企业技术与管理专家参加的专业指导委员会，企业要参与确定毕业生的职业岗位群，进行培养目标的能力分解，开发课程，建立课程体系，选派优秀的兼职教师，尤其是实践教学的指导教师，提供合宜的实践教学场所、工程项目和必要的资料，提出职业能力标准，并按企业实际需要对学员进行考评等全过程的教学工作。做好高职教育必须紧密依靠企业，企业介入是做好高职教育的有力保证，企业介入得越深入、越全面，高职教育前进的步伐就会越快、越坚实。

（2）建设一支懂理论、会实践的教师队伍，是构建新的教学模式的关键。高职教育以培养职业能力为中心，必然要求其专业教师不仅具备高等教育的理论素养，更应是实践经验丰富的技术与管理专家。因此，改造、提高、补充原有教师队伍，已成为许多高职学校面临的重要议题。应该采取得力措施，如由生产一线调入一批专职教师，选聘一批兼职教师，将缺乏实践经验的教师派到企业参与技术与管理工作，使其成为行家里手等，尽快改变目前教师队伍欠实践经验、不适应职业教育的局面。

（3）完善能力考核标准，建立以能力为中心的考评体系。要改变传统的重理论轻实践的考核办法，注重学生双重素质的考查，真正把学生职业能力的培养落到实处。

对培养目标的职业能力分解后,应对每一个专项能力进一步进行任务分析,针对每一个工作任务分析出它的工作目标、实施步骤、使用的工具和设备、应具备的知识、需要的工作态度、应达到的标准等内容,并据此进行专项能力考评,形成全面的能力考核体系。例如,在建筑工程技术专业毕业生应具备的定位抄测综合能力中,其中一个专项能力是熟悉测量仪器的使用、检验和校正,这里的测量仪器是指水准仪和经纬仪。就水准仪使用能力一项我们进行了任务分析,制定了考评标准,如表 2-5 所示。

表 2-5　水准仪使用能力标准

目　标	在规定时间内正确无误地按操作方法进行读数
步　骤	（1）安置水准仪； （2）粗略整平； （3）照准水准尺； （4）精平读数
工　具	水准仪、标尺
知　识	水准仪的基本构造及操作方法
态　度	认真、细致、严守操作规程
标　准	在 3 分钟内按操作方法正确读数,误差 ±3mm

（4）生源素质是保证高职教育质量的基础。培养目标的实现与入学新生的素质基础密切相关,高职教育的新生应具有高中文化水平,且具备同专业中职毕业生的职业能力、操作技能和职业道德、职业意识。从这个意义上来说,高职教育是以中职教育为基础的教育,是对中等职业教育毕业生中优秀人才实施的职业技术型高等教育。

考虑目前高职生源多样性的现状,为了保证新生的质量,必须坚持从文化知识、职业能力和操作技能 3 个方面进行综合性的入学考试,只有这样才能保证中职教育与高职教育的合理衔接;否则,是难以保证高职教育的培养质量的。此外,招收优秀初中毕业生实施五年一贯制的高职教育,或是"二年分流、中职与高职四五套办"的办学模式,在一个学校内实现中职与高职的直接衔接,也都是比较好的高职教育途径。还有,中职毕业生工作几年后,再升入成人高校高职班学习,可以使中职教育与高职教育衔接的合理性大大提高,从而明显体现高职教育的诸多优势,这也是我国高职教育的一个重要方面。

黑龙江建筑职业技术学院的组建是我省在建立独立设置的高等职业学校这项工作上零的突破,可见省政府、省教委对这项工作的重视。我们深感肩上的担子很重,决心在国家积极发展高职教育的精神指引下,在省政府有关部门领导下,虚心学习,深入调查研究,依靠企业,服务企业,锐意改革,加快发展,争取在 3 年内把学院建设成软硬件条件完善、职业教育特色鲜明、初具规模的高等职业学校,为振兴黑龙江建筑业服务,为我省经济和社会的可持续发展贡献力量。

探索"2+1"模式，实现高质量就业[1]

黑龙江建筑职业技术学院于1998年3月正式组建以来，始终坚持充分利用企业的教育资源、校企合作培养建筑施工现场急需的技术人才和管理人才的办学指导思想，认真探索"2+1"人才培养模式。学院安排学生前2年在学校完成以掌握知识为主、以基本训练为辅的学习任务，后1年到企业接受以培养职业能力为核心的现场教学和顶岗综合训练，毕业生的知识、能力和素质很好地实现了与企业岗位需求的匹配。黑龙江建筑职业技术学院的毕业生以其"吃苦耐劳、诚实守信、现场能力强、团队精神好"为品牌，受到全国建设行业尤其是建筑施工企业的青睐。7年多来，学院为全国建设行业输送了4793名"下得去、用得上、留得住"的合格毕业生，就业企业和部门遍布东北三省、河北、天津、北京、山东、江苏、上海、浙江、广东、广西等省、自治区、直辖市，就业面之广，在同类院校中是少见的。2000—2005年连续6年毕业生一次就业率和就业岗位的专业对口率都保持在90%以上，就业当年的月收入绝大多数在1500元以上。高质量的就业使我们坚定了实施校企合作"2+1"人才培养模式的信心。几年来关于校企合作培养人才机制的探索与实践使许多企业把学院作为企业新生力量的培养基地，世界十大房屋承建商——中国建筑工程总公司及其下属企业从人才战略的角度欢迎黑龙江建筑职业技术学院的学生到企业实践，希望他们毕业后能留在企业建功立业，学生在企业实践期间每月还可得到800~1500元不等的补贴。一个校企互动、互利互惠、优势互补的高职人才培养局面已经基本形成。高质量的就业大大提高了黑龙江建筑职业技术学院在全国的知名度，招生的数量和质量一直在同类院校中名列前茅，学校发展态势喜人。各级领导多次到校视察，对学校的教育教学改革和良好发展势头，特别是坚持以就业为导向、探索校企合作"2+1"人才培养模式、突出高等职业教育的办学特色给予了充分的肯定和表扬。

一、转变观念，重新定位，依靠企业，加强实践

1998年3月建院伊始，黑龙江省教育厅从已确定的1998年高校招生计划中划拨出300名招生数额给我院，其中90名招中专毕业生，学制2年；210名招高中毕

---

[1] 本文为2006年10月黑龙江建筑职业技术学院在中国建设教育协会的交流论文，由杜国城撰写。

业生，学制3年。面对实施高等职业教育的使命，学院领导班子陷入了深思。

高等职业教育在我国是一个新生事物，我们没有这方面的工作经验，对国内外高等职业教育的发展状况知之甚少。我们便从"为什么办高职""什么是高职""怎么办高职"这几个基本问题的学习讨论开始，提高认识，求得共识；继而派人到国内先进院校进行学习，到加拿大、美国、德国、澳大利亚等职业教育发达的国家去学习；带着国内外的先进理念再深入全国各地的建筑施工企业去调查研究、综合分析。

我们领悟到，随着改革开放的逐步深入，教育的周边环境和社会背景发生了根本性的变化。

（1）市场经济在逐步完善和确立，企业已经由计划经济下的生产单位转变为自主经营的独立实体。企业的用人制度发生了本质性的改变，由被动接受国家计划分配的大中专毕业生转变为在人才市场中自主选择所需各类人才，由允许毕业生到企业见习一段时间后上岗转变为要求毕业生到企业直接上岗顶岗。

（2）随着计划经济向市场经济的逐步过渡，国家的劳动人事制度发生了本质变化，由对大中专学生按国家计划统招统分的招生就业制度，转变为学校推荐、毕业生与企业双向选择、学生自主择业的新的就业体制。

我们认识到，高等职业教育是市场经济的必然产物，是一种直接与市场接轨，直接为市场经济服务的高等教育类型。要办好高等职业教育，必须对计划经济下沿袭多年的教育思想、培养模式进行彻底的变革。

（1）高等职业院校应以学生"毕业即就业、就业即顶岗"作为学校工作的根本目标，必须实现由计划经济下实施的"粗坯型"教育向适应市场经济的"成品型"教育的转变。

（2）高等职业教育是以就业为导向、以能力为本位的职业技术教育，必须实现由"学科本位"教育向"能力本位"教育的转变。

（3）建筑类高等职业教育的培养目标主要应定位在将工程图纸转化为工程实体的施工技术人才和管理人才，必须实现由培养"本科压缩型"的"工程型""设计型"人才向培养"技术型""施工型"人才的转变。

基于以上认识，我们明确了要做好建设高等职业教育，就必须坚持"成品型""能力型""施工型"的培养目标。为了弄清怎样实现这个培养目标，我们虚心向行业企业专家学习，向国内外高等职业教育的先进经验学习，经过反复研讨，取得了以下共识。

（1）必须加强实践教学，根据培养目标的能力结构，构建一个相对独立的，与理论教学体系彼此渗透、互相融合、相互支撑的实践教学体系。

（2）相对独立的实践教学体系是培养职业能力的主要途径，而在企业进行的现场实践又是其中的关键。由于建筑产品的生产周期长、耗材多、工作环境复杂、不可重复性等特点，不可能在校内完全模拟施工现场的技术过程和管理过程，更不可能在校内营造与施工现场氛围相同的实践环境。因此，学生必须到施工现场去，利用企业的教学资源，在真实的工程项目中，在现场技术人员的指导下，真刀真枪地真题真做，毕业时才能具备符合上岗要求的岗位职业能力。

（3）学生在校内以学习掌握理论知识为主，同时进行课程实践和单项实践；在企业以通过综合实践形成上岗的职业能力为主，同时接受企业专家的专题培训，由此探索出一条校企合作培养高职人才的新途径。

（4）考虑建筑产品体量一般较大，生产周期较长，学生毕业上岗时所需职业能力的复杂性和综合性，参考很多发达国家高等职业教育院校都安排一半左右的时间让学生在企业和用人部门进行实践，以及建筑施工企业希望学生现场实践的时间长一些等多方面因素，我们认为安排1年的时间在企业完成综合性实践教学比较适宜，中专毕业的两年制新生实施"1+1"模式，高中毕业的三年制新生则实施"2+1"模式。

二、牵住就业这个"牛鼻子"，大胆探索校企合作"2+1"模式

（一）以"1+1"模式为突破口，小规模试点初战告捷

1998年我院从中专毕业生中招收3个专业两年制90名新生，这些学生都是高中毕业后经高考升入黑龙江省建筑工程学校学习两年中专课程，中专毕业后又升入我院对口专业的，基础很好。但他们升入高职后便失去了由国家统一分配工作的机会，必须面向市场自主择业。面对他们的这种选择，学院领导感到肩上的担子很重。经过严肃认真地思索，我们清醒地认识到让这些学生毕业后便受到企业欢迎是学院义不容辞的责任，也只有尽到了这个责任，这所新学院才能在高等职业教育领域找到立足点，打开新局面。要使学生毕业即就业，那就必须使学生毕业时便基本具备施工现场技术与管理工作的岗位职业能力。那么，用我们原来主要在学校学习的两年制培养方案能行吗？全院上下取得了共识，不行。按照学院提出的"牵住就业这个牛鼻子，带动教育教学改革"的指导思想，我们对原专业培养方案进行了大刀阔斧的修订，只安排学生在学校集中学习1年，根据施工现场对高职学生知识、能力和素质的要求，将学生的基本知识和基本技能有针对性地由中专层次提高到大专层次，同时加强了AutoCAD、工程预算软件、施工管理软件等现场工作急需的计算机技术的校内训练，又按照使学生毕业即能顶岗工作的要求，与企业专家共同编制了

以培养岗位职业能力为核心的综合实践教学大纲，将第2学年全部用于在企业的综合实践。

由于我们选择了设备力量强、管理水平高、技术力量雄厚的中国建筑总公司第一工程局（以下简称中建一局）作为合作企业，中建一局又为我们选择了所属优秀企业、代表性的大型项目和经验丰富的指导教师，学生到现场后精神振奋，刻苦学习实践本领，表现出朴实无华、吃苦耐劳的品质。整整一年的企业实践使他们适应了企业的工作环境，具备了施工现场岗位工作所需的职业能力，学生在现场进行的综合实践毕业答辩中得到了企业领导的积极评价，学生对现场工作的熟悉程度受到企业专家的交口称赞，毕业后绝大部分留在了中建一局工作。

第一批"1+1"小规模试点的成功，使学院坚定了通过校企合作培养高职人才的信心；也使企业初步尝到了甜头，不愿意接纳学生到企业实践的状况有了较大转变。以后相继又有两届中专毕业生入学后都是采取同样的培养模式，都取得了很好的效果。

（二）全面实施"2+1"培养模式，校企合作遍地开花

在"1+1"培养模式取得初步成功的基础上，我们又在招收高中毕业生、中职毕业生入学实施三年制教育的专业中，全面开展了2年在学校集中学习、最后1年到企业综合实践的"2+1"模式的改革。到目前为止，已有5届14个专业2208名学生通过"2+1"模式的培养，成为毕业即能顶岗工作的合格高职毕业生。"2+1"培养模式是一个内涵十分丰富的课题，这些年来我们在实践中不断对它进行研究和探索，逐步深化对它的理解和认识，使它的内容日趋充实和饱满。

1. 千方百计地争取越来越多的优秀企业成为实践教学基地

实践教学基地的选择和争取是实施校企合作教育中最重要的一项工作，在当前国家还没有出台具体的法规和政策使企业主动承担教育培训任务之前，我们首先是利用办学50余年来分布在全国各地的毕业生这个宝贵的亲情财富，请他们理解支持校企合作培养人才这项工作，许多毕业生怀着对母校的深厚感情大力支持了学校的工作，启动了所在企业与学院携手进行"2+1"模式的探索。

但只靠亲情校企合作不会持久，必须充分考虑工程项目部的实际利益，形成互利互惠的机制，才能可持续地保持校企合作的稳定互动关系。总体来说，大部分学生到现场3个月内还伸不上手、帮不上忙，但3个月以后便可以介入一些简单工作，6个月以后在技术人员指导下便能完成某些较复杂的工作。因此，企业最不欢迎按过去的教学计划到现场实习2~3个月的学生。我们安排学生到现场1年，许多企业从自身利益考虑，认为这种校企合作的关系是可以长期保持的。校企之间的互利互

惠机制还要通过明确双方责任义务的合作协议来体现，我院与所有合作企业都签订了相关的协议，较好地保证了校企合作教育的顺利开展。

此外，必须在校内加强对学生的思想品质和职业道德教育，使他们热爱建筑业，具有要在建筑施工生产第一线摸爬滚打、建功立业的思想准备。同时，在校内还必须使学生学好现场所必需的专业知识，练好必备的职业技能，这样学生才能高起点地进入现场进行综合实践，以自己较高的品德风范和较好的知识技能赢得企业的欢迎。这也是黑龙江建筑职业技术学院实践教学基地建设取得良好效果的内在优势。

目前我院的实验教学基地已遍布黑龙江各地及京津唐、长三角、珠三角等经济发达地区，成为进一步做好校企合作的雄厚社会基础。与我院合作培养学生的企业分布之广，在全国知名度之高，企业领导对校企合作"2+1"模式理解之深、互动之好、投入之大，令全国兄弟院校钦羡，许多学校请我们帮忙与企业牵线搭桥。

2. 制订科学的能力培养方案，保证综合实践的总体效果

为使为期一年的能力培养和综合实践内容完整、科学规范，各专业都结合培养目标的职业岗位群和职业能力结构，制订了《实践大纲》《实践指导书》《实践计划》及《实践写实表》等教学文件。这些文件对综合实践的目的、内容、实施方法、考核办法及有关技术和管理岗位的业务内涵做出了明确的规定和要求。这些文件使学生对综合实践的整体轮廓有了明确的认识，在不断完成阶段性目标的基础上，最终实现整体目标；这些文件使指导教师对指导任务和内容更加明确，使指导更具针对性、科学性和规范性。

"建筑工程技术"专业为了使综合实践的内容具体化、系统化，围绕专业培养目标的职业能力结构，编写了"建筑工程识图实训""建筑工程技术管理实训""建筑工程质量与安全管理实训""建筑施工组织与成本管理实训""建筑工程资料管理实训"5门实训大纲，对各项职业能力的培养提出了具体要求，使以能力为本位的指导思想得到充分落实，大大地丰富了实践教学的内容。这项工作我们已经走在全国同类院校的前列，引得许多学校前来学习考察。与此相关的5门实训教材正在与兄弟院校联手编写之中，明年即可由中国建筑工业出版社正式出版。到那时，该专业的实践教学的内容体系就可基本形成，"建筑工程技术"专业以能力为本位的教学内容体系即可初步构建完成。

3. 树立大教育观，以企业专家为主对学生进行综合评价

传统的以学校教师为主组成答辩委员会对学生进行综合评价的办法，是学校自己教、自己考，学校自成一统与社会割离的典型事例，这种办法对于与社会紧密结合的职业教育是不可取的。为了实现学校教育与企业用人需求"零距离"的办学目标，我们一直坚持由企业专家来评价学生的原则。学生在现场进行了一年综合实践

后，带着论文、报告、图纸、图表、工作总结、实习日记和项目鉴定等资料，结合实习内容和工程案例进行综合实践答辩，答辩安排在工程现场进行，答辩委员会以企业专家为主组成，由答辩委员会给学生以综合评价。2000 年我院开始实施的这种评价方式在全国同类院校中属首创，引起了教育部、建设部主管部门负责同志的兴趣，建设部人教司领导还出席了学生的答辩会，充分肯定了这种从大教育观出发由企业来评价学生的做法。

4. 做好课程整合，保证"2+1"模式的培养质量

"2+1"模式缩短了学生在校学习的时间，为了保证学生在校学习 2 年后高起点地进入企业综合实践，我们对原有学科课程进行了大力度的整合。"建筑工程技术"专业把"建筑制图""房屋建筑学"整合为"建筑识图与构造"，把"建筑力学""建筑结构"整合为"建筑力学与结构"，把"建筑工程测量""建筑施工机械选择与使用""建筑施工技术"整合为"建筑施工"，把"房屋卫生设备""电工学"整合为"水电知识"。这些课程的整合不是简单的内容压缩与合并，而是几部分内容真正融合到一起成为一个新的内容体系，是非常艰苦的工作。但为了使课程内容体系突出高职教育的特色，使"2+1"模式具有可操作性，许多教师绞尽脑汁，进行了长时间刻苦的努力。该专业的课程整合工作一直走在全国同类专业的前列，发挥了很好的引领作用。

三、校企互动，互利互惠，双赢多赢

（一）校企合作促进了我院的改革与发展

在学院规模迅速扩大的过程中，尽管教师数量不足又缺乏实践经验，实验实训设施短缺又得不到及时更新，但由于我们在校企合作中充分利用了全国建筑企业丰富的教育资源，教育质量不但没有受到影响，反而逐年提升。企业为我们提供的教育资源主要是工程项目和工程技术人员两个方面。恰逢世纪之交，我们许多学生是在国家一流的重点项目，如北京时代广场、北京金融中心、国家大剧院、首都机场三号候机楼工程、天津 LG 主厂房、上海浦东新区文献中心、广东省公安厅 2033 工程、深圳赛格三星公司扩建工程、哈尔滨体育博览中心、黑龙江科技馆中，在负责这些项目一流的工程技术人员指导下完成一年的综合实践。在这样优秀的教育资源滋养下，学生开阔了眼界，受到了锻炼和考验，形成了职业能力，提高了综合素质，毕业即可顶岗工作。这样的教育质量靠过去传统的教育模式是绝对达不到的。而高质量的培养水平，在建筑业大发展、建筑人才紧缺的形势下，其结果只能是就业红火。

大好的就业态势又带来了招生的大好形势，学院迅速发展壮大，使学院的改革与发展进入了良性循环的可喜局面。

校企合作密切了学校与企业的联系，我们可以随时了解当前我国建筑行业最新潮流的设计理念、使用功能、结构形式、材料应用、施工方式和管理模式，及时掌握企业专业技术岗位的新变化、用人方面的新需求，并以尽可能快的速度反映在学校专业设置的改变、培养方案的调整、教学内容的充实和更新上，使学校教学改革的步伐紧跟企业的实际需求，在校企合作中走上以为建筑行业企业服务为宗旨的不断深化改革之路。

（二）校企合作成为企业人才战略的组成部分

由于我们在抓好学生在校期间专业知识学习、专业技能培养的同时，还十分重视提高他们的综合素质，以及爱岗敬业、吃苦耐劳和团队精神的教育，使学生进入施工现场后能够较快地由"看中学"进入"干中学"，而学生在企业实践的时间又是一年，这就使企业具备了把一些合适的技术及管理岗位交给学生在指导教师指导下具体操作的时间和条件。学生在岗位上"干"主观上是为了学习掌握岗位职业能力，但同时客观上也为企业做出了贡献，许多企业的项目经理部都主动欢迎学生去实践，并给学生数量不等的津贴。

采用校企合作"2+1"人才培养模式，可使学生有一年的时间在企业进行实践。在全国建筑施工企业都急需现场技术人才和管理人才的情况下，也使企业全面了解学生及录用学生有了充足的考核时间。目前许多企业就是为了在大专毕业生中挑选录用人才而欢迎我院学生去实践的，企业感到这样录用的毕业生要比到人才市场上招聘可靠有把握。校企合作已经成为许多企业人才战略的重要组成部分。

（三）校企合作"2+1"模式的最大受益者是学生

高校扩招后，升入高职院校的学生一般分数较低，是应试教育中的弱势群体，入学后对自己的前途信心不足。针对这种情况，我们每年对新生都宣传建筑业的大好形势，介绍建筑业生产一线人才紧缺的状况，讲解各专业学生毕业后的职业岗位方向，请往届校友介绍300分入学的学生照样可以成才的经历，坚定他们学习的信心，做好到施工生产一线去追求自己的事业和前途的思想准备。这些学生到了企业后，一门心思想学到真本领，争取毕业时被企业留用，因此时时处处向企业展示自己的全面素质，在学习技术中彻底改变了被动学习的状态，以"我要学"的主动精神，在工程实践中向实践学习，向工程技术人员请教，翻书本、查资料，废寝忘食，孜孜以求。许多学生反映，在企业实践1年胜过在学校学习2年。每年在现场的毕业答辩中，我们都会发现学生在企业一年实践后学到了真本事，对自己的前途充满了信心和希望。

我们与企业的合作协议中都没有要求企业给学生解决生活福利、给一定报酬的条款，但大多数在企业实践的学生不同程度地享受到了企业人员的相关待遇，许多学生最后一年学习不再由家里给生活费，大大减轻了家长的负担。

随着校企合作"2+1"模式的逐步展开，学生的就业形势越来越好，就业的地区、就业的企业、就业的薪酬越来越令人满意。许多家长反映，自己孩子高考分数那么低，上不了本科读了个高职，对孩子非常失望。没想到毕业就业到北京、上海、深圳，工资福利又那么好。

我院的学生大多来自经济困难的家庭，许多人的学费都靠借贷。这些学生毕业后就业到令人满意的企业，又有较高的收入，更有了充满希望的事业和前途。许多毕业生深有感触地说，在黑龙江建筑职业技术学院3年的学习改变了自己的命运，同时也改变了其家庭的命运。

自建院7年来，我们坚持走校企合作之路，在探索"2+1"人才培养模式上进行了大胆的实践，教学质量不断提高，不但实现了毕业生的高就业率，还出现了高质量就业的大好局面；同时，初步形成了校企互动、互利互惠的运行机制，呈现了学校、企业、学生、家长和社会共赢的良好态势。但我们的工作还是初步的，距离真正意义的校企合作教育还有相当差距。今后，我们一定要加大力度研究与实践，不断完善校企合作"2+1"人才培养模式，在此基础上把我院建设成为特色鲜明的全国示范性职业技术学院。

试论高等职业教育的人才培养模式 ❶

人才培养模式的改革是当前我国教育领域亟待解决的关键问题，也是蓬勃发展的高等职业教育面临的重大课题。我们必须以邓小平教育理论为指导，借鉴国外的先进理念和经验，深入进行教育教学改革，以培养生产、建设、管理、服务一线的技术和管理人才为目标，尽速构筑适合中国国情的高等职业教育人才培养模式。本文试就这一问题进行粗浅论述。

一、人才培养模式的概念

"模式"一词在现代社会中使用的频率越来越高。汉语中，模式一般指"标准的形式或样式"。英语中，它和"模型""样品""模范"等是同一个词，都是 model 或 pattern。学术界通常把模式理解为经验与理论之间的一种知识系统，是再现现实的一种理论性的、简化的形式。其本质特性有 3 个：典型性、可分类性、可复制性。典型性是指不是任何一类事物都可以成为一种模式，缺乏典型性，没有反映一类事物的主要矛盾和主要特征，就不可能成为一种模式；可分类性是指模式具有根据主要特征的差异性而进行分类的功能；可复制性是指模式提供了一条通向认识事物和变革事物的便捷通道，它使人们易于交流、分析和探讨，共享精神劳动的成果。关于人才培养模式，国内外存在不同的理解。美国的乔伊斯（Joyce）和威尔（Weil）认为，人才培养模式是构成课程、选择教材、指导在教室和其他环境中教学活动的一种计划或范型。国内对人才培养模式的定义大致有 4 种：①认为人才培养模式是在教学实践中形成的一种设计和组织教学的理论，可称其为理论说；②认为人才培养模式是在一定教学思想和理论指导下建立起来的各种类型教学活动的基本结构或框架，可称其为结构说；③认为人才培养模式是在一定教学思想指导下建立起来的完成人才培养任务的比较稳固的教学程序及其实施方法的策略体系，可称其为程序说；④认为人才培养模式是从教学原理、教学目标和任务、教学内容、教学过程直至教学组织形式的整体出发，系统的、理论化的操作样式，可称其为方法说。

笔者认为，把握人才培养模式的本质，必须廓清以下 3 点：①模式不是方法，

---

❶ 本文为 2011 年 8 月在中国高等职业技术教育研究会议上的交流论文。

它与教学方法是不属于同一层次的概念；②模式不是计划，计划是它的外在表象；③模式不是理论，它还内含着程序、结构、方法、策略等远比理论丰富得多的内容。应该把人才培养模式看作开展教学活动的一整套方法论体系，它是在一定教学思想或理论指导下建立起来的、较为稳定的教学活动结构框架和活动程序。它既是教学理论的具体化，是一个理论问题；又是教学实践的抽象化，是一个实践问题。它既可以直接从丰富的教学实践经验中通过理论概括而形成，也可以在一定理论指导下提出一种假设，然后经过多次实验才能形成。

二、人才培养模式的构成要素

目前，普遍认为一个完整的人才培养模式应包含5个基本要素。

（1）理论基础。模式的理论依据是它的灵魂和精髓，在人才培养模式的构成中既是独立的要素，又渗透蕴含在其他各要素之中，它反映模式的内在特征。

（2）培养目标。任何人才培养模式都是为了完成特定的人才培养目标而设计、构筑的。人才培养目标既是模式的出发点又是它的终结点，因此在人才培养模式的构成中居于核心地位。

（3）内容程序。任何人才培养模式都应具有一套独特的操作程序和步骤。在教学活动中，无论理论教学还是实践教学，无论课堂教学还是现场教学都有其展开的顺序，所以人才培养模式的设计者会从不同的侧面提出教学活动的阶段并安排其逻辑顺序。

（4）方案实施。方案实施是指促使人才培养模式发挥其应有效能的各种条件（教师、学生、教学内容、教学设施、教学手段、时间、空间等）的最佳组合和最好的方案。

（5）评价体系。评价体系是指由对人才培养过程的评价标准、评价方法等构成的科学评价体系。由于各种人才培养模式在培养目标、内容程序、方法手段上的不同，因此对应的评价体系也自然有所不同。

三、研究人才培养模式的意义

从分析人才培养模式在教学过程中的功能出发，我们可以总结出研究人才培养模式的两方面重要意义。

（1）它是教育理论应用于教学实践的转化环节。相对于理论而言，模式是在更具体的层次上对理论的模仿，其中包括可供达到某一培养目标的必备条件和实施的程序、方法等，因此使抽象的理论便于模仿和操作，对广大教育工作者在设计和组织具体教学活动方面具有咨询服务的功能。这就是人才培养模式的教学法功能。

（2）它是由教学经验上升到教育理论的转化环节。人才培养模式来源于实践，它不仅是对教学实践中某一类有效的具体教学活动的优选、概括和加工，而且包括一定的预测和设想，以提示原型中的未知成分。个别的教学经验，经过逐步的概括、系统的整理可以使它通过人才培养模式的形成而进一步上升到理论。随着概括层次的提高、运用范围的扩大，人才培养模式还可能由小型的、层次较低的理论逐步概括发展成完整的、层次较高的理论。从这个意义上说，人才培养模式可以为教学理论不断地充实发展提供丰富的素材，因此它是个别的特殊经验转化为一般理论的中介环节，对教学理论的丰富和发展具有原料加工、理论建构的功能，这就是人才培养模式的研究法功能。

人才培养模式在教学经验和教学理论之间发挥着不可或缺的"桥梁"和"纽带"作用。由此，可以认为人才培养模式的研究既是客观实践中提出的实际问题，也是教学论研究发展的必然要求，既具有指导现实工作的实践意义，又具有丰富和发展教学论的理论意义。

四、高职教育的人才培养模式

（一）"能力本位"是国际公认的高职教育的理论依据

对于职业技术教育而言，其人才培养模式是随着生产力水平的不断提高而不断演变的。在手工业时代，职业技术教育是以"师徒相传"的模式，以"示范—模仿"的方法向徒弟传授知识和技能。随着科学技术的进步和经济规模的扩大，生产过程对劳动者提出的要求日渐复杂，学徒制逐步为学校职业技术教育所取代。这种学校形式的职业技术教育长久以来一直采取班级授课的组织形式，以学科体系为本位，以"课"为单元，以时间为衡量进程的基准，大面积、高效率地向学生传授系统的科学技术知识和职业技能，这就是至今仍很流行的"学科本位"的人才培养模式。20世纪初，特别是60年代以来，世界各国都在开发新的职业技术教育人才培养模式，兴起了一种以达到某种职业的从业能力要求为培养目标，以能力为教学单元，以学生是否具备某种能力作为衡量教学进程基准的"能力本位"的人才培养模式。成熟于20世纪50年代的德国"双元制"模式，60年代后期首先流行于美国、加拿大的CBE模式，70年代初由国际劳工组织开发的MES模式，都是"能力本位"的典型。

"学科本位"的人才培养模式，在计划经济条件下，对于完成职业技术教育"粗坯型"人才的培养任务是基本适应的。尤其在培养学术型人才上,"学科本位"模式是具有特殊优势的。但在市场经济下,企业作为经营实体需要"成品型"毕业生"零距离"进入企业工作。"学科本位"培养的毕业生在质量规格、岗位职业能力等方面就很难满足企业的现实需求,这就成为失去统招统分保护伞的高职生毕业后难以就业的重要原因。30多年前,美国芝加哥大学福斯特(Foster)教授就人力资源开发理论提出了著名的"需求论"学说,得到了许多专家的普遍认可。福斯特指出,就业需求是职业技术教育的出发点,职业技术教育必须以就业需求为重要依据来确定自己的培养目标,来适应社会需求和社会发展。我国近年来大力发展高等职业教育的实践也充分证实了"需求论"的正确性,坚持"以就业为导向"不仅大大提高了高职毕业生的就业率,更深远的意义还在于在这样一个正确导向之下,加速了高等职业教育领域方方面面的改革,加速了高等职业教育由"学科本位"向"能力本位"的改革步伐,使"能力本位"教学理论在我国高职教育迅猛发展的同时逐步确立起来,并由此促使我国高等职业教育事业尽速走上健康发展的良性轨道。因此,"能力本位"和"需求论"在职业教育的基本论点上是一致的,都是做好高等职业教育的重要理论基础。

"能力本位"理论明确指出,高等职业教育的培养目标是使学生获得相应岗位的职业能力;同时还指出,不能从狭义的任务能力观的角度将职业能力简单理解为完成具体工作任务的任务能力,必须用广义的能力观,即系统论中整体大于各部分之和的观点来认识职业能力。①职业能力不仅是操作能力或动手能力,也不是心理学上的能力(ability)概念,而是指综合的职业能力(competence,称职的就业能力),包括知识、技能、经验、态度等完成职业任务所需要的全部内容;②职业能力还应包括适应职业岗位内涵和外延的变化,适应职业岗位变动所必需的再学习能力;③职业能力还包括生产一线技术群体的组织者和领导者应具备的合作能力、公关能力、解决矛盾的能力、心理承受能力,以及敢于创新的精神等非技术性的职业素质,即20世纪80年代德国企业界提出的"关键能力"。

(二)高等职业教育培养目标的基本特征

高等职业教育的培养目标是其教育属性的具体化,是高职社会功能的直接体现。高等职业教育具有多个特征,其中培养目标的特征是具有决定意义的,在一定意义上是决定其他特征的基础,其他特征都为培养目标的实现而存在。

目前,世界上对社会人才分类时,比较普遍的方法是从生产或工作活动的过程和目的出发,将人才分为4种类型:学术型、工程型、技术型和技能型。不同类型的人才由不同类型的教育来培养,高等职业教育主要是承担技术型人才的培养。因此,高等职业教育培养目标的特征都集中表现在技术型人才的特征上。

人类社会发展的历史也是技术进步的历史。早期的技术大多来自实践经验，称为经验技术，它符合客观规律，但掌握者并未自觉地以科学原理指导工作和生产。可以称掌握经验技术的人为技能型人才。随着生产中复杂程度和精确度的提高，必须应用科学原理进行产品的制造以及生产管理，从而推动了技术的科学化，与此同时便形成了理论技术。理论技术出现的初期，它是由工程师和技术工人共同掌握的，工程师主要负责产品设计，可称之为工程型人才，兼管生产技术工作，技能型的技术工人负责操作加工。随着理论技术的不断进步，在技能型和工程型人才中分化出一种居于两类人才之间的中介人才，专门从事生产技术工作，这样就产生了技术型人才，开始时称之为技术员。技术型人才的出现极大地提高了生产力水平，成为人类社会进步的重要标志。技术创新的竞争越来越成为世界竞争的重要焦点，重视培养技术型人才的技术教育已成为发达国家的共识。20 世纪 60 年代以来，技术教育在许多国家已高延至高等教育层次，涌现出多种多样的培养技术型人才的院校。

学术型人才的任务是研究和发现客观规律并将其成果表现为科学原理；工程型人才的任务是把科学原理演变为设计、规划和决策；技术型人才主要从事技术的应用和运作，他们和技能型人才的任务都是实施已完成的设计、规划和决策并转化为产品，都需要一定的理论技术和经验技术，区别在于技术型人才以掌握理论技术为主，而技能型人才以掌握经验技术为主。例如，新近产生的智能型操作人员实际上应属于技术型人才。

为了说明技术型人才与工程型人才的区别，下面以美国为例加以说明。美国的工程技术人员系列中，有工程师（engineer）、技术师（technologist）和技术员（technician）。美国普渡大学勒博尔德（Lebold）教授曾做过以下论述："工程师是产品、生产过程和工程系统的开发者和设计者，应用数学和基本理论来解决工程技术问题是他们的典型工作。""技术师是一个典型的工程实践者，他们关心工作原理如何应用于实践，如何组织生产人员从事生产准备工作和现场操作。他们关注维护和改良生产设备、生产过程、加工方法和加工程序。""技术员经常在工程师和技术师指导下工作或者贯彻他们的技术方案。他们是实践人员，因此必须了解工作原理和实验程序、测量工具。他们应有较强的动手能力。"在英国、法国，虽然其称谓略有不同，但几类人员在职责分工上基本相同。由于我国没有"技术师"类的职称，而"技术员"又是工程技术人员职称中的最低层次，说明两类人才的区别比较困难，因此这里以美国为例做了说明。

（三）构建理论教学和实践教学双轨共进的教学体系

技术型人才知能结构的总体特征是理论技术与经验技术相结合，以理论技术为主。因此，高等职业教育的教学内容应使学生掌握理论技术所必需的理论基础和相应的应用能力。但是，理论技术大多以经验技术为基础，二者相辅相成，互不排斥，许多技术成果都是二者紧密结合的产物。因此，高等职业教育的教学内容必须重视理论技术与经验技术的结合，重视实验、实训与实习等实践教学的安排。目前，国内外同类教育的教学内容安排中理论教学时数与实践教学时数之比尽管不尽相同，但大体上保持在 1∶1 左右。相比较之下，培养技能型人才的实践教学时数占总学时数的比例更大，大都在 1/2~2/3；而培养工程型人才的实践教学的比例则小一些，如清华大学工程类专业的实践教学时数只占总教学时数的 20% 左右。

高职培养目标的知识结构是形成能力结构的基础，也是终身学习的必备条件，既要考虑后续课程对基础知识的具体需求，还要顾及拓宽知识面和科学视野，注重知识的渗透、融合和转化，注意涉猎有关跨学科知识，使学生真正具备能适应社会变革和高新技术发展所要求的整合优化的知识结构。要考虑学习过程由低到高逐步递进的学习顺序和知识结构体系的严密顺序，建立一个遵循逻辑顺序，便于教学又有助于学生掌握的理论教学体系。能力结构是高职培养目标的核心，应该参照 CBE 理论将职业能力进行分解，然后按培养单项能力、专项能力、综合能力、顶岗能力的顺序建立一个以实践课程为主体，由工种操作训练、课程实（试）验、课程设计（大作业）、现场实习、单项训练、专项训练、综合训练、顶岗实习等形式组成的实践教学体系。这两个体系在教学全过程中呈现出两条并重共进的主线，两者互相联系、相互交叉、彼此渗透，构成一个有机的整体，形成"双轨共进"的教学体系。

（四）校企合作是培养高职人才的有效途径

高等职业教育培养目标的职业性、技术性、实用性和时效性，使世界各国在加强实践教学的认知上是一致的，但在如何加强实践教学这个问题上，各国采取的方式是各具特色、各有所长的。

1. 德国的"双元制"模式

在德国，"双元制"引入职业学院的，首先是在巴登符腾堡州，随后也被引入高等专科学校。"双元制"的"一元"是企业，另"一元"是学校。其教学指导思想是：培养一名合格的高职毕业生，必须通过企业和学校两大系统来完成。这是以高等学校为主的一种理论与实践相结合、企业与学校相结合的"双元制"职业技术教育。学生在学校学习时间与在企业学习时间之比约为 1∶1，理论教学与实践教学学时之比大体上也是 1∶1。在校学习既有理论课，又有实验实训设备供实验与操作；在企业实训既有理论与技术要领讲授，又有动手操作与总结。"双元制"模式在安排学生何时在学校、何时在企业的做法上,力求从实际出发,比较灵活,既可相对分散地相继进行,也可相对集中地交叉进行。

2. 美国的"合作教育"模式

"合作教育"最早出现在美国辛辛那提大学,是在1906年。其具体做法是:学生入学在学校学习半年后,将企业的实训和大学的教学以两个月左右为周期交替进行,到毕业前半年再集中到学校授课,最后完成毕业设计类的教学任务。这种做法一直沿袭到今天的社区学院,发展成半工半读的组织形式,形成了以学校为主同企业合作或以企业为主同学校合作的合作教育模式。这种模式使理论与实践紧密相连,工作与学习融会贯通,学校与企业利害相关。美国各州政府设有社区学院委员会,负责对"校企合作"进行总体协调。在教学时间安排上,社区学院的学生大体上一半在学校,一半在企业,理论教学与实践教学时数的比例一般在1∶1,学习与实训更换的方式可根据需要灵活安排。

3. 法国的"工读交替制"合作教育模式

法国与英国大致相同,在许多短期高等职业教育机构实行"工读交替制"合作教育,即所谓的"三明治"教育模式。这种模式将学习过程分为3个阶段:学生入学后先到企业实践1年,然后到学校学习2年,最后到企业实践1年,即"1+2+1"模式。理论教学与实践教学时数之比约为1∶1。经过第二次世界大战后半个世纪的开拓与发展,法国短期高等职业教育的"三明治"模式赢得了社会和企业界的认可与好评,用这种模式培养的学生在取得就业机会方面显示出明显的优势。

(五)建立以职业能力为主的学生评价体系

"能力本位"要求高等职业教育以培养学生的岗位职业能力为核心,因此必然要把学生掌握职业能力的优劣作为学生学习成绩评价的重点,无论采用哪种培养模式,都要建立以职业能力为主要依据的学生学习成绩评价体系。由于学校培养学生的岗位职业能力标准与行业企业的职业资格标准是一致的,因此,不会造成学校和企业对学生评价的错位,学生毕业就能按企业要求顶岗工作,学校中的优秀学生经过工作实践往往就会成为企业的优秀职工。

五、当前我国高职人才培养模式亟待解决的问题

我国高等职业教育在人才培养模式上受加拿大CBE教育理论的影响较深。近年来,围绕以培养生产一线人才岗位职业能力为核心,对沿袭已久的"学科本位"的

"老三段"[1]教学体系进行了一系列卓有成效的改革,取得了令人瞩目的成果。但由于"学科本位"的人才培养模式已经在计划经济大环境下沿袭了很久,我们的师资队伍熟悉于对学生进行技术与管理人才的初步训练,教学思想和实践动手能力尚不适应高职对学生实施与企业岗位需求"零距离"教育的要求,学校的实验实训条件远不能满足学生毕业即能上岗的实际需求,加之各地区高等职业教育改革与发展状况差异很大等原因,所以与国外相对成熟的高职人才培养模式还有较大差距。笔者认为,差距突出表现在高职教育定位、校企合作教育、综合能力与顶岗能力培养和建立学生职业能力评价体系这4个方面。

(一)高职要在完整的职业教育体系中准确定位

1. 高等职业教育与中等职业教育的有效衔接

德国的高职院校主要招收中等职业学校的毕业生,若是文理中学的毕业生,则必须补上本专业的教育和实习经历,这对于保证高职的教育质量是非常重要的,这一做法也适合我国普及初中教育的具体国情。根据我国的综合国力以及社会经济发展的实际需求,初中毕业后大部分毕业生应进入以培养技能型人才为主的中等职业学校学习,毕业后有条件继续深造者,可带着他们掌握的本专业的技能、知识和素质到高职院校学习,这对于提高高职教育的质量和效益是必要的、可行的。目前,在我国每年有大量普通高中毕业生未经任何专业训练便升入高职院校,他们在文化基础知识上有一定优势,但在形成职业能力方面给教学带来了很大难度。我们不妨向德国学习,要求他们在入学前接受一些专业知识和专业技能的教育后再入校学习。

2. 高等职业教育专、本科层次的有效衔接

近几年,我国制定了相关政策,给有志继续深造的高职毕业生通过考试转入普通大学本科学习的机会,这无疑是一件好事。但与发达国家相比,我们会发现,各国不同层次的高等职业教育的衔接,都是在保持高等职业教育类型不变的前提下进行的。而我国目前的情况基本上是将接受了工程技术型教育的高职专科毕业生输送到实施工程设计型教育的普通高校本科去学习,这种改变教育类型的衔接势必给教师和学生都带来很多困难,造成很大的教育浪费。再者,国家大力发展高等职业教育的目的之一是调整我国当前不适应经济和社会发展,特别是不适应市场经济需要的高等教育结构,着力培养生产一线急需的大批技术型、管理型人才,但这种专升本的做法恰好与调整高等教育结构的初衷相悖。专升本受到社会各界欢迎,但不应改变教育类型。为此,应该大力提倡普通高校加大教学改革力度,像法国在普通大

---

[1] "老三段"一般指由公共基础课、专业基础课和专业课构成的教学内容体系。

学内办技术学院、职业学院那样，多办一些高等职业教育类型的本科、研究生层次教育，尽速建立一个从中专到大专、再到本科、研究生层次的职业教育体系。只有在这样一个系统的、完整的职业教育体系中，各个层次的职业教育才能准确地找到自己的位置。

（二）"校企合作"是构筑高职人才培养模式的必要条件

（1）为了加强对学生职业能力的培养，我们许多专业教学计划中实践教学时数增加幅度很大，有的已经达到或超过总教学时数的 1/2，但实际在企业中进行的教学时间大多在一个学期左右，这与发达国家企业教学与学校教学各占总教学时间一半的安排差距很大。学生在企业真实现场中进行的学习，较之在学校模拟现场或实（试）验室中进行的学习，在培养生产一线职业能力上的效果是有很大不同的。当然，由于种种原因，我国高职院校在安排企业教学方面会遇到诸多困难，但与许多国家高职学生有 1/2 时间在企业接受教育相比较，我们只安排了 1/6，差距实在是太大了。这启示我们，提高高职的教育质量，仅仅提高实践教学的时数是不够的，还应强调增加学生在企业中学习的时间，真正把"校企合作、工学结合"作为高职教学改革的基本途径，并由此建立起新的、行之有效的人才培养模式。

（2）在企业进行的实践教学中许多国家均强调学生的主体地位，企业指导教师是按职业能力培养内容的要求对学生进行指导，按考核内容、标准和方法的要求对学生进行考核，学生在企业中绝大部分的实践活动是独立进行的，许多生产技术问题是独立解决的，这就保证了学生毕业即可顶岗工作。目前我们有些学校在企业安排的实践教学基本上还是依照多年来习惯的"认识实习—生产实习—毕业实习" 3 个阶段安排的，这样安排的现场实习，学生很少能独立承担工作任务。这对于计划经济下培养"粗坯型"人才是可以的，但对于培养"毕业即顶岗"的高职人才就很不适应了。比较发达国家在企业教学中的做法，笔者认为，我国高等职业教育已经到了必须解决好校企合作这一重大课题的时候了。离开了行业，离开了企业，是做不好高等职业教育的。

真正优秀的职业教育资源在企业，如何将企业的教育资源利用起来、利用好，使之为高职教育服务，是当前我国政府和每个高职教育工作者面临的重要任务。

（三）突出综合实训和顶岗实习，实现零距离就业

传统的学科教育重视基本理论知识的传授和职业基本能力的训练，学生的综合能力和顶岗能力是在工作后逐渐形成的。这与高等职业教育要求学生毕业即可顶岗

工作的差距是不言而喻的，采取得力措施解决这个问题已成为高职教育工作者的当务之急。一些土建类高职院校在第5学期选择典型工程对学生进行大约12周的综合实训，完成培养目标中各项综合能力的培养；第5学期12周左右后再安排学生到建筑工程现场顶岗实习，完成独立工作的顶岗能力的培养，真正实现了学生毕业即顶岗的教育目标。这种从基本能力（包括单项能力和专项能力）到综合能力再到顶岗能力"三阶段"完成职业能力培养的实践已经取得了成功的经验。但目前能够充分认识并真正这样实施的学校还不多，还需要进一步总结经验和大力推广。

（四）抓紧建立以职业能力为核心的学生成绩评价体系

传统的以学科成绩为主的学生成绩评价体系背离了职业教育以能力为核心的培养目标，造成了学校与用人部门对毕业生评价的严重错位，阻碍了突出实践能力培养的教学内容体系和人才培养模式的改革，必须抓紧构建以职业能力考核成绩为主的新的学生成绩评价体系。近年来，许多高职院校的专业培养方案中培养目标的能力分解受CBE理论的影响都做得很好，但这些能力在培养目标中还显概念化，能力的标准尚欠具体和明确。在学生成绩评价体系中，这些培养目标中突出强调的诸项综合能力和专项能力并没有得到一一对应的成绩评价，能够清楚可见的仍然是学科教育中的学科考试成绩，这就造成了作为培养方案起点的培养目标和作为培养方案终点的成绩评价的严重错位，这样培养和评价的学生是否能"毕业即能上岗"是很难想象的。而这就是目前大量高职专业培养方案的现状，培养目标是职业教育的，而学生评价还是以学科评价为主。不下大气力研究解决评价体系建设，我们的课程内容体系改革、实践教学体系建设、人才培养模式改革都会因评价标准、评价内容和评价方法的不明确而陷于被动。

综上所述，笔者感到，要准确定位我国的高等职业教育，还需通过深化教育结构改革，在我国真正建立起从中专到大专，再到本科、研究生阶段的职业教育体系；要保证高职人才的培养质量，必须利用好企业的教育资源，真正构筑起"校企合作、工学结合"的人才培养模式；要突出培养职业能力，就要在重视基本能力培养的基础上更加重视综合能力和顶岗能力的培养；要做好高等职业教育专业教学改革，首先要把各专业的学生职业能力评价体系建立起来。

高等职业教育的人才培养模式是一个内涵丰富的课题，包括理论体系、目标体系、内容体系、实施体系、评价体系等令我们高职教育工作者努力探索的多个领域。根据在高职教育工作中的实践与探索，做了以上肤浅的论述，难免会有许多谬误，祈望各位同行不吝指正。

三 汇报交流篇

按需办学，按需施教，提高职工大学办学效益[1]

黑龙江省建筑职工大学是由黑龙江省建委直接领导的一所职工高等学校。自1981年成立以来，在主管部门的重视、关怀下，通过全校师生员工的积极努力，学校办学条件得到了较大改善，形成了一定的培养能力，取得了较好的办学效益。目前，学校校舍总建筑面积已经有10900平方米，其中教学楼6200平方米，学生宿舍楼4700平方米，可容纳700余名学生住宿；设有物理、材料力学、建材、微机等实验室及图书馆、资料室、阅览室等教学辅助设施，总固定资产已达450万元；在编教职工87人，其中教师44人，副教授3人，讲师、工程师12人。学校现有"工业与民用建筑""建筑企业管理""建筑经济管理"和"建筑学"4个专业共20个教学班，在校学生976人。

作为黑龙江省的一所建筑类职工高校，我们的任务就是在全省70万建筑业职工中培养大专层次的各类技术与管理人才，提高在职人员素质，满足建筑企事业单位的用人需求。几年来，我们坚持按需办学、按需施教的思想，在如何利用和发挥职工高校优势、突出职工高校特色等方面做了一些积极的探索和尝试，得到了用人单位较好的评价，在社会上取得了一定的信誉。

职工高校必须面向生产、面向企业，紧密结合生产工作需要办学，必须根据社会对各类人才的需求变化灵活地开设专业。职工高校与企业有着天然的联系，了解企业的人才需求趋势，这也是职工高校的一大优势。我校办学初期，正值基本建设大上，建筑队伍迅速扩大，施工第一线人才短缺。当时先开设的第一个专业就是"工业与民用建筑"专业，迄今为止已培养了220名毕业生，这些同志大多来自省内各大施工公司，回到企业后大大缓解了技术人员短缺的状态。我省最大的万人建筑施工企业——省建一公司，1978—1983年6年间国家分配的各类大专以上毕业生仅14名，中专毕业生也只有17名，而同期我校为该公司培养了71名"工业与民用建筑"专业大专毕业生，相当于同期分配的全日制大学毕业生的5倍多。该公司1983年被省建工局验收的31项全优工程中，有25项是黑龙江省建筑职工大学毕业生参加施工与技术管理的，占80%以上。目前省建一公司320名技术人员中，黑龙江省建筑职工大学毕业生占一半左右，绝大多数在施工第一线做工长、技术负责人、施

---

[1] 本文为1987年11月黑龙江省建筑职工大学在城乡建设环境保护部成人教育工作会议的交流材料，由杜国城撰写。

工队长，成为该公司一支重要生力军。因此，该公司领导对送职工上黑龙江省建筑职工大学非常支持，尽管企业资金有困难，也要"不惜代价送学生，够录取分数段一律送"。承担大庆30万吨乙烯重点工程施工任务的大庆市建二公司中，我校毕业生已有29人，乙烯工程现场的各施工队技术负责人中80%是由这些同志担当的。由于近年来该公司几乎分不到大、中专毕业生，我校已成为公司的主要技术人才来源。为了送职工上黑龙江省建筑职工大学，公司办脱产8个月的成人高考补习班，职工上黑龙江省建筑职工大学后不但拿工资、综合奖，还根据学习成绩给予不同等级的奖励，鼓励他们深造。听说学校建学生宿舍楼，公司积极筹款几十万元资助学校，支持学校的建设。1983年以来，随着改革的深入，建筑企业管理落后愈发突出，只有变经验管理为科学管理才能适应建筑业发展的需求，为此我们于1984年创办了"建筑企业管理"专业，今年该专业已有第一期毕业生，大多安排在施工第一线做见习工长，正在发挥他们所学的建筑企业管理知识的优势，从事施工组织和管理工作。经济体制改革使企业由过去的生产单位成为经营单位，企业经济活动的作用越来越显著，急需一批懂建筑业务的经济师、会计师和统计师。基于这种要求，我们于1986年创办了"建筑经济管理"专业，受到了企业的欢迎，两年来连续招生两个班近百人。近年来，城镇建设大发展，我省建筑设计部门，尤其中、小型设计单位从事建筑设计的人才特别缺乏，严重影响了建筑设计水平，1987年我们创办了"建筑学"专业，全省各地送生踊跃，由于招生人数所限，使我们应接不暇。随着建筑业的发展，建筑室内设计与装修愈发考究，建筑装修公司不断组建，装修队伍逐年扩大，但这方面的专门人才我国的高等学校尚未培养过。去年以来，在城乡建设环境保护部教育局指导下，我们开始筹建"建筑装饰工程"专业，目前教学计划已制订，并已调入部分专业教师，准备明年正式招生。另外，根据各建筑安装企业、水电施工处、大庆油田及矿区的需求，明年我们还要增设"采暖与通风"专业。总之，学校开设什么专业，取决于用人单位的需求，我们的工作便是及时掌握人才需求动向，充分利用职工大学的灵活性，不断增设新的专业，调整专业布局，这样便会急用人单位之所急，受到社会的欢迎。

另外，除了做大专学历教育之外，我们还结合企业对不同层次人员的需求多次举办短期培训班，已培训了工长、技术员、核算员等273名。目前学校设有为省内集体企业举办的技术员培训班，为各建筑装修公司开办的"建筑高级装修"短期班。这些短训班根据干什么就学什么来安排教学内容，周期短、见效快，企业很感兴趣。

我校自办学以来，通过对成人教育理论的学习以及对职工高校毕业生人才规格的调查研究，意识到当前我国职工高等教育由于种种原因，无论在教育思想、教学内容还是在教学方法上基本上是沿袭普通高校的模式，缺乏成人教育特色，极易造成学用脱节、学非所用。因此，我们感到要办好职工高校，必须做好教学改革，改革的核心是摆脱普通高校模式，突出职工高校特色。我们认为，职工高校特色首先表现在培养目标上。职工高校主要是培养应用现代技术于实践、实施科学管理于生产的企业第一线的工程技术与管理人才，企业要求毕业生具有动手能力强、发挥作用快的特点。但1983年教育部颁发的"工业与民用建筑"专业教学计划基本上是普通高校本科计划的浓缩，课程层次结构、实践性教学环节的安排等均与职工高校培养目标不相适应。因此，几年来，我校把做好教学改革作为提高教学质量的重要手段，把突出职工高校特色作为教学改革的宗旨，把教学内容的改革作为战略性任务，把"按需施教、学用一致"作为指导思想，在"工业与民用建筑"专业的教学改革方面做了初步尝试。在通过调查研究明确毕业生的职业方向和所需的知识结构后，我们对原教学计划进行了修订，主要表现为增加了专业课的内容，加强了实践性教学环节。在取得城乡建设环境保护部教育局、国家教委高教三司支持后，我们进而又对各学科教学内容做了适当调整，要求专业课内容要紧密结合生产实际，要求基础课要冲破"理论化""封闭化"的模式，教学内容要密切结合培养目标知识结构的需要。由于我们重视了"用什么，学什么"，学生毕业后很快在企业中发挥了作用。1985届毕业生霍玉祥现任省建一公司第二工程处滑模施工队助理工程师，在大庆乙烯自备电站150米高烟囱施工中，与队里另一位技术人员一道，采用液压双滑无井架、激光找中的先进工艺，仅用58天有效工期就完成了施工任务，实际偏差1/3000，远小于允许偏差1/1000，工程质量、速度、安全均为国内一流水平，受到大庆市和省建工局高度赞扬。我校首届毕业生张万义是省建一公司一处施工队队长，他和我校另3名毕业生一起承担省外贸大厦施工任务，该建筑12层45米高，建筑面积11000平方米。施工中他们共提出25条合理化建议，修订了18项设计方案，提前90天完成主体工程施工任务，被评为东北三省样板工程，张万义本人被评为哈尔滨市十佳工长。黑龙江省建筑职工大学毕业生绝大多数人安心在施工第一线工作，加之在校期间学用一致、学以致用，因此毕业后很快成为技术与管理骨干，有些人已被提拔到领导岗位，担任建委主任、房地局局长、建筑公司经理等职务。

在办学中，社会需要什么样的人，我们就培养什么样的人，因此受到了用人单位的初步好评，企事业单位纷纷送人来校学习，学校发展较快，每年收缴的学费除满足正常经费外还略有结余，用来改善办学条件。

几年来的实践使我们认识到，职工高校的生命力很重要的因素就在于它的特色，就在于它是否能按需办学，按需施教。只有办出特色，办出普通高校所取代不了的长处和特点，才能培养出更多的企业第一线急需的合格人才，才能在社会上赢得信誉，才能长久地立足于我国高等教育战线。

职工高校整体性教学改革的实践与思考[1]

近年来，我国的职工高等教育取得了较大的发展，已经成为整个高等教育事业的重要组成部分，职工高校毕业生安心在生产第一线工作，大多数人已成为技术与管理骨干，为改变许多企事业单位中人才匮乏、技术与管理落后的局面做出了贡献，受到了用人单位的欢迎。但正如《国家教育委员会关于改革和发展成人教育的决定》（以下简称《决定》）所指出的，由于我国成人高等教育起步较晚、基础薄弱，还很不适应社会主义现代化建设的需要。职工高校在不同程度上存在着办学与社会需要相脱节、学习与实际应用相脱节的问题，教育思想、教学内容和教学方法不尽符合成人教育的要求和特点。这使我们更加明确了，职工高校要更直接地、更有效地为社会主义现代化建设服务，必须要进行改革，做好教学改革应该作为当前职工高校工作的主旋律。1986年以来，我省提出了在职工高校进行整体性教学改革的思想，"成人教育"编辑部组织了关于整体性教学改革的讨论，这对于从事职工高等教育的同志们理解并贯彻《决定》的精神，促进职工高校的健康发展是大有裨益的。

黑龙江省建筑职工大学作为建设部、国家教委与省、市教委的教学改革试点单位，几年来通过探索与实践深深感到，当前做好职工高校整体性教学改革的首要问题是明确培养目标，并在此基础上抓紧教学内容的改革。

一、关于职工高校的培养目标

我们认为，明确培养目标，这是职工高校进行整体性教学改革的出发点。经济发展和技术进步不仅需要经管决策和研究开发层次的人才，更需要大量地应用现代技术于实践、实施科学管理于生产的企业第一线的工程技术与管理人才，前者主要是普通高校的培养目标，而后者正是职工高校的培养目标。普通高校学生毕业后由于有一个从业过程，因此要像"原木"一样，以适应社会对同一专业人才不同职业方向的要求，毕业生应具备广泛的适应性。职工高校则不同，其学生是从业人员，企业是按其专业人才的实际需求送学生到职工高校进行定向培养，要求学生毕业后要像"成材"一样，回到企业某个岗位上定向使用，并能尽快发挥作用，这就要求

---

[1] 本文为1988年8月黑龙江省建筑职工大学在黑龙江省建设系统教育工作会议的交流材料，由杜国城执笔。

职工高校的培养目标要具有很强的针对性。就"工业与民用建筑"专业而言，普通高校本科毕业生主要分配去向是科研、设计和施工部门，还有少部分分配从事教学工作，这就是所谓的"三条半腿"。而建筑类职工高校学生绝大多数来自建筑施工企业，他们毕业后仍回到企业生产第一线从事建筑施工技术与管理工作，企业明确要求学生毕业后应具有组织施工、解决施工中技术问题的实际工作能力。因此，同是"工业与民用建筑"专业，普通高校和职工高校的培养目标是有很大差异的，不仅是学历层次的不同，更重要的是职业方向上的差异。其一方面表现在"三条半腿"和"一条腿"的不同；另一方面，就目前情况而言，如果说普通高校毕业生主要应具备将设计思想转变为工程图纸的能力，那么职工高校毕业生则主要应具备将设计图纸转变为建筑物的能力。可以说，职工高校的特色，首先是表现在它特定的培养目标上。

二、调整教学内容是当务之急

由以上论述可见，职工高校在培养目标上与普通高校比较是有明显特色的，这就自然要求有与其特定的培养目标相适应的教学内容。目前，职工高校的教学内容是由教育部统一颁发的各专业教学计划所规定的，这些教学计划在制订时，尽管考虑到了职工高校的需要，但仍没有摆脱普通高校模式的束缚，基本上是普通高校本科教学计划的浓缩。普通高校强调基础理论雄厚，知识面宽广，以使学生具备较强的研究开拓潜力和对于不同毕业去向的适应能力。专业课内容较少，留待从业后自学加深，因为若学习过多的专业知识，不但要削弱基础课的教学，造成拓宽专业的潜力不足，还会形成学非所用，极易造成人才浪费。而职工高校在培养人才方面的定向性给教学内容紧密联系实际带来了优越条件，允许其教学内容带有明显的针对性。如过分强调基础课，便会严重影响学生毕业后所需专业知识、实践能力的传授和培养。因此，按目前统一的教学计划组织教学，势必造成学用脱节、学非所用，满足不了职工高校特定的培养目标的要求，从而严重影响职工高校优势的发挥，保证不了毕业生的人才质量，降低职工高校在社会上的信誉。因此，当前要巩固和发展我国职工高等教育事业，在各职工高校经过几年来的工作形成一定的办学能力之后，应该集中力量来提高教学质量，而提高教学质量的重要手段便是积极进行整体性教学改革，并首先从改革教学内容入手，抓住主要矛盾，抓住决定性的问题，解决学习内容与实际需要相脱节的问题。尽量做到"用什么、学什么"，使教学内容紧密结合培养目标的需要，尽快形成体现职工高校特定培养目标的特色教学内容。

三、怎样进行教学内容改革

进行教学内容改革的总原则就是"按需施教、学用一致、学以致用",在此原则指导下,在明确职工高校培养目标的特色之后,应着力研究培养目标的知识结构和能力结构。为此应调查了解毕业生回到企业后的可能工作岗位,再了解各岗位的工作内容以及从事每项工作所需要的专业知识和职业技能,从而研究各专业培养目标的知识能力结构。经调查了解到,职工高校"工业与民用建筑"专业学生毕业后回到建筑施工企业主要分配去向有3个:从事施工技术工作,做工程技术负责人;从事施工管理工作,做工程负责人;还有少部分从事工程预算工作。这样,便可请建筑施工企业的各级管理干部、技术专家以及历届毕业生帮助研究从事上述3种岗位工作的具体工作内容以及每一项工作内容所需的专业知识。例如,对于工程技术负责人,其工作内容包括图纸会审、施工组织设计、技术交底、定位抄测、技术措施、材料试验、质量评定、隐检验收、新技术推广等9项,这就需要建筑制图、建筑材料、建筑构造、工程测量、建筑结构、施工技术、施工组织、工程预算、企业管理等9门类专业知识;对于工程负责人,其工作内容则包括劳动组织、任务配合、作业配合、施工进度、工程计划、现场管理、安全生产、工程预决算、工作量统计、成本分析等10项,主要需要建筑制图、工程测量、建筑材料、建筑构造、施工技术、施工组织、工程预算、企业管理等8门类专业知识。在此基础上,便可以确定"工业与民用建筑"专业毕业生应具备的知识能力结构。

毕业生的知识能力结构确定之后,按照大专层次标准的要求便可以确定所开设的专业课的门类、内容以及实践性教学环节的安排,再依照为培养目标和专业课服务的思想选定所开设的技术基础课和公共基础课的门类及其内容,以此为基础便可以着手修订或编制新的专业教学计划。

教育部颁发的《职工高等工业专科学校工业与民用建筑专业三年制教学计划》中,公共基础课、技术基础课和专业课占总教学时数的比例分别为42%、32%和26%,基本与普通高校的比例相同,这种"金字塔形"的课程层次结构显然与职工高校的培养目标不相适应,缺乏职工高校特色。另外,对于学生毕业后非常重要的施工技术与施工组织的授课内容,以及实践性教学环节的安排均较普通高校本科还少,更暴露出原教学计划学用脱节的弊端。按这样的教学计划组织教学,学生毕业后的知识能力结构肯定与企业实际工作的需求有很大差异,造成职工高校毕业生上不如普通高校毕业生基础理论雄厚,下不如普通中专毕业生技术知识完整的局面。

因此，改革教学内容的实际工作应由调整原教学计划入手，使之与职工高校的培养目标尽量相适应，吁请各教育主管部门积极组织和支持各职工高校努力探索，尽快完成新计划的制订工作。

基于我们对职工高校"工业与民用建筑"专业的培养目标、知识能力结构、课程设置、实践性教学环节安排的认识，我们认为，教学计划中的课程层次结构以"矩形结构"为宜，即公共基础课、技术基础课和专业课的授课学时各占总学时数的 1/3 左右。这样修订的教学计划，专业课会得到较大加强，实践性教学环节得到明显增加，能使学员获得较多的工程实践能力。

新的教学计划制订之后，便应在计划的指导下编制各学科的教学大纲或教学要求，并由此形成职工高校独具特色的教材体系。在编写各学科教材时，一定要坚持"内容服务于目标"的原则。专业课的教学内容一定要紧密结合生产实际，既要求有一定的理论体系，更强调丰富的工程实践内容，要体现反映企业生产现状的新材料、新设备、新技术、新规范，做到教学与生产的结合，理论与实践的统一。对于基础课，应该强调冲破"理论化""封闭化"模式的束缚，加强各学科间的横向联系，教学内容要为后续课服务，要密切结合培养目标知识结构和能力结构的需要，注意解决好学科系统性和专业针对性的矛盾。

四、整体性教学改革的基本途径

整体性教学改革的提出，使我省职工高校的教学改革步入了一个新阶段，它标志着职工高等教育将从根本上摆脱普通高教模式的束缚，建立起一个适应社会主义现代化建设需要、独具特色的新的教学体系。那么，怎样深入进行整体性教学改革？它的基本途径应该如何？这直接涉及整体性教学改革的时效，直接关系到职工高等教育事业的改革与发展。基于一些初步尝试与思考，我们感到做好整体性教学改革的首要问题是明确培养目标，核心问题是调整教学内容，然后才是教学方法的问题。

所谓"整体性"，就是基于把教学视为一个系统的认识。从教学活动的观点来看，教学系统应主要包括教学目的与任务、教学内容和教学方法 3 个主要结构层次。其中教学目的与任务直接体现教学成果，即培养目标，它是进行整体性教学改革的出发点，又是检验改革成功与否的准绳或标杆，无论教学内容还是教学方法的改革都是服务于培养目标的。因此，这一层次在整个系统结构中地位是最高的，对于教学内容和教学方法来说，它是处于支配地位、统帅地位的。所以，欲进行整体性教学改革，首先必须对用人单位进行充分调查研究，了解学生毕业后的主要职业方向，确定专业的培养目标，并由此分析职工高校与普通高校培养目标的不同之处，探索出职工高校在培养目标上应用型、工艺型、技艺型的特色。

培养目标明确了，其特色找到了，怎样去实现呢？就要靠合理安排教学内容，恰当使用教学方法了。我们认为，在教学系统结构中，属于第二层次的应该是教学内容，因为教学内容决定培养目标的知识能力结构，因此是教学目的与任务的具体化，是实现教学目的的实质，是完成培养目标的基本保证。而教学方法只是传授知识的途径和手段，是服务于教学内容的，应该属于第三层次。可见，教学内容的地位居于教学系统的核心。另外，目前职工高校在教学内容上存在的问题比较突出，矛盾较集中。普教化倾向严重，教学计划浓缩普通高校，教材也大多借用普通高校，因而培养目标在教学内容上得不到明显体现，致使职工高校教学系统运行机制不畅，整体效果欠佳。所以，当前应把教学内容的改革作为职工高校整体性教学改革的中心工作、重点工作。基于对职工高校培养目标特色的研究，再集中力量着意改革教学内容，从而形成职工高校独具特色的教学计划、教学大纲和教材体系，那么职工高校整体性教学改革便可以因"按需施教、学用一致"而获得基本成功，便可以从根本上保证职工高校在培养应用型、工艺型、技艺型人才方面的优势，满足用人单位对职大毕业生的基本要求，提高职工高校的教学质量、办学效益，使职工高等教育事业在改革中不断完善、发展。

在教学内容上基本做到"按需施教、学用一致、学以致用"之后，作为教学系统结构中第三层次的教学方法问题便会自然提到议事日程上来。近年来，结合成人教育的特点，许多教师在职工高校的教学方法上做了有益的探索和努力。当前，在以教学内容改革为核心的整体性教学改革中，也应鼓励在职工高校教学方法改革方面很有热心的同志共同做好这一重要工作。经过如此的途径：明确培养目标——合理安排教学内容——改革教学方法，再经过几年的努力，在职工高校中便可以形成特色鲜明的教学系统。这一教学系统很可能成为我国高等职业技术教育的雏形。因此，遵循着这样一个基本途径在职工高校进行整体性教学改革，对于在我国探索高等教育改革的新路、做好高等职业技术教育、建立高等教育的合理结构，对于使职工高等教育的作用与党的十三大赋予教育在经济发展战略中的地位相适应，都将具有深远的意义。

建设部系统职工大学校长座谈会和"建筑施工""工业与民用建筑"专业教学大纲讨论会会议纪要 ❶

1988 年 12 月 15—20 日，建设部人才开发司在武汉市召开了建设部系统职工大学校长座谈会和"建筑施工""工业与民用建筑"专业教学大纲讨论会，全国 18 所职工大学的校长和教学大纲的主要编写人员共 37 位同志参加了会议。

赵铁凡同志代表人才开发司主持了会议。

湖北省建设厅、武汉市建委、武汉市教委、武汉市建筑总公司的领导同志到会并讲话。

会议对城乡建设环境保护部教育局组织编写的"建筑施工""工业与民用建筑"2 个专业 15 门课程的教学大纲进行了认真细致地修订，供各职工大学参考试行。

到会的校长座谈了各地职工大学办学中所积累的经验及所遇到的困难，并就几个共同关心的问题进行了深入的探讨，交流了经验，沟通了信息，开阔了视野。

根据《国家教育委员会关于改革和发展成人教育的决定》精神，本着按需施教、学用一致的原则，原城乡建设环境保护部教育局组织力量，对 1983 年教育部颁发的《职工高等工业专科学校工业与民用建筑专业三年制教学计划》进行了修订，同时为使职工大学的专业设置更好地适应生产、工作的需要，使专业培养目标更具有针对性，又组织制定了职工高等工业专科学校"建筑施工"专业二年制教学计划。原城乡建设环境保护部征得国家教委同意，于 1987 年 11 月用（87）城教字第 622 号文发出了关于试行职工高等工业专科学校"建筑施工"专业二年制教学计划和修订的"工业与民用建筑"专业三年制教学计划的通知。

"建筑施工"二年制教学计划受到了全国各地建筑施工企业的普遍欢迎并得到许多省市教委的积极支持，目前全国除个别省市外均已开设了这一专业。修订的"工业与民用建筑"专业三年制教学计划也已在各职工大学试行。由于以上两个专业的教学计划较之 1983 年教育部颁发的"工业与民用建筑"专业三年制教学计划，在课程设置、教学内容和学时分配上有较大调整，因此上海、新疆等许多省市教委在职工大学统考中均给予区别对待，或单独命题或暂免统考。

参加会议的 18 所职工大学的校长一致认为，建设部系统职工大学近年来各方面

---

❶ 该会议纪要正式启动了全国建设系统成人高等教育协会的筹建和职工大学的专业教学改革，会后由建设部人才开发司发至全国各有关部门和院校。由杜国城执笔。

工作均有很大提高。在充实教学设备、严格学校管理、加强师资队伍建设、突破传统教育模式的束缚、培训多层次适用对路人才、提高教学质量、试办高等职业技术教育班等方面都进行了有益的探索,并取得了明显的效果。通过多年办学,大家体会到,由于职工高校能急社会之所急,灵活设置专业,教学内容紧密结合生产实际,突出应用型、职业型的特点,灵活发展业余学习的形式,较好地满足了建筑施工企业生产第一线的需要,受到各类建设企事业单位的欢迎;初步建立了与有计划的商品经济相适应的运行机制,办出了特色,显示了普通高校所不可取代的功能,已经成为我国建设类高等教育事业不可缺少的重要组成部分。

与会的校长指出,目前成人高等学校专业设置重复,是造成生源不足、效益不高的重要原因之一,希望政府有关部门能够加强宏观控制。上海市建委与教育行政部门、劳动局已为此联合发出《关于加强建设系统教学管理的通知》,明确规定今后凡举办建设行业的大、中专"专业证书"班、岗位培训班等,经市建委审核同意后报市教育行政部门审批的做法既可以防止滥办学,又可以保证建设事业的人才培养质量。

建设部系统职工大学大多已实行校长负责制,大家认为这对于深化职工高校的全面改革是至关重要的。实行校长负责制要保证校长在学校重大问题上的决策权,突出校长的中心地位和作用,上级主管部门在学校管理和教学改革等方面应给予校长更多的自主权。上海市业余土木建筑学院、黑龙江省建筑职工大学在实行校长负责制后,较好地利用了学校作为独立法人所应具有的办学自主权,在设置专业、制订招生计划、调整教学内容、创收分配等方面进行了卓有成效的改革,使学校办出了特色,扩大了生源,取得了较好的社会效益。与会同志认为,这两所学校的经验,对于增加职工高等学校的办学活力,形成主动为经济和社会发展服务的机制很有意义,值得各地参考。

全国成人教育工作会议之后,各职工大学在努力办好高等专科学历教育的同时,积极开展了"专业证书"教育,并取得了初步的经验。与会的校长呼吁,为贯彻《国家教育委员会关于改革和发展成人教育的决定》精神,突破单一的培训规格,今后应尽速制定关于单科及格证书教育的具体规定,以便在职工高等学校及早全面实行3种证书制度。

与会同志认为,类似这次校长座谈会的职工高等教育研究交流活动很有必要,一致建议成立建设部系统成人高等教育协会(暂定名),在建设部人才开发司指导下,开展经验交流、信息传递、工作研讨、政策咨询和协调服务等多项活动。会议推举上海业余土木建筑学院、江苏省建筑职工大学、无锡城建职工大学、广州城建职工大学、陕西省建筑总公司职工大学、四川省建筑职工大学、天津建筑工程业余大学和黑龙江省建筑职工大学等8所学校作为协会的筹备组成员，并请上海业余土木建筑学院和黑龙江省建筑职工大学牵头筹备成立协会的具体事宜。初步议定，于1989年5月由无锡城建职工大学承办协会成立会议。

为了尽快形成职工大学独具特色的教材体系，与会同志一致同意，应在把握质量、突出特色的前提下积极组织编写职工高校适用的各种教材，并推荐吉林省建筑职工大学潘祥斌副教授、青海省建筑职工专科学校姚志仁副教授、苏州市建工局职工大学管毓龙副教授和无锡城建职工大学金宝钰副教授等4位同志组成教材编写领导小组，由潘祥斌同志牵头组织安排教材的编写及出版发行等事宜。

这次会议的承办单位武汉市建筑总公司职工大学对与会代表接待热情，照顾周到，为会议创造了良好的条件，与会同志对此表示衷心的感谢。

1988年12月20日

依靠企业，服务企业，发挥优势，办出特色❶

职工高等学历教育承担着对具有高中文化程度并具备一定专业工作经历的从业人员实施职业型专科教育、培养用人部门近期需要的应用型人才的任务，这是一种区别于传统教育、适应社会主义市场经济需要的新型教育。全国建设系统职工大学，绝大多数是在改革开放以后，建设队伍迅速扩大，生产第一线人才严重缺乏又无法从社会及时得到补充的情况下，由行业主管部门牵头，集中系统内各企业的人力、财力和物力组建起来的。企业希望学校能按生产第一线的实际需要设置专业、组织教学，使学员毕业后具有较强的现场实践能力并尽快发挥作用。各职工大学建校以来，在建设部教育司的具体指导下，本着为企业服务的宗旨，在建筑施工企业的积极参与下，坚持发挥职工高校优势，办出职工高校特色，在"工业与民用建筑"专业进行了有益的探索与尝试，取得了较好的效果，受到用人部门的好评，并得到国家教委的支持与充分肯定。

一、根据企业需要明确培养目标

1987年初，国务院批转的《国家教育委员会关于改革和发展成人教育的决定》（以下简称《决定》）指出，由于我国成人高等教育起步较晚、基础薄弱，还很不适应社会主义现代化建设的需要，职工高校在不同程度上还存在办学与社会需要相脱节、学习与实际需要相脱节的问题，教育思想、教学内容和教学方法不尽符合成人教育的要求和特点。这段话尖锐地指出了职工高校存在的弊端，提出了职工高校要积极进行教学改革的迫切任务，同时也为教学改革指出了明确方向。

培养目标问题是教育思想的核心，职工高校存在《决定》中所指出的"两个脱节"和"一个不尽符合"的重要原因，就在于对培养目标研究分析得不够。教育的根本目的，是为社会和经济发展的需要培养人才。每一种教育，包括职工高等专科教育，其出发点都是为社会培养各种类型与层次的人才。因此，各种类型教育的特色首先要表现在它的培养目标上。依照这样的认识，我们从明确培养目标入手，在"工业与民用建筑"专业进行了教学改革的探索与实践。

---

❶ 本文为1992年12月黑龙江省建筑职工大学在中国建设教育协会成立大会的交流材料，由杜国城执笔。

经济发展和技术进步不仅需要科学研究型和开发设计型的人才，更需要大量地应用现代技术于实践、实施科学管理于生产的企业第一线的工程工艺型与组织管理型的人才，而后者正是职工高等工业专科学校的培养目标。职工高校"工业与民用建筑"专业的学生，绝大多数来自建筑施工企业，企业要求他们毕业后回到生产第一线从事施工技术与施工管理工作，具有组织施工、解决施工中技术问题的实际工作能力。因此，职工高校毕业生主要应具备将设计图纸转变为建筑物的能力。

明确了培养目标的类型之后，我们又调查分析了人才培养的主要职业方向。职工高校"工业与民用建筑"专业毕业生回到施工企业后，一是从事施工技术管理工作，做工程技术负责人；二是从事施工管理工作，做工程负责人；还有少部分充实到计划核算部门，从事计划或工程预算工作。

明确的培养类型和职业方向，必然要求职工高校毕业生具有鲜明的特点。普通高校学生毕业后有一个从业过程，因此强调基础理论宽厚，以使学生具备较强的研究开拓潜力，即通常所说的"后劲"，要像"原木"一样有待处理，以适应社会对同一专业不同职业方向的需求，毕业生应具备很强的适应性。职工高校则不同，其学生是从业人员，企业按其专业人才的实际需求选送学生到职工高校进行定向培养，毕业后要像"成材"一样，回到企业具体岗位上定向使用，要有较强的实践能力，以尽快发挥作用，这就要求职工高校的培养目标应具有很强的针对性和定向性。

通过对一些典型建筑施工企业的调查，我们基本弄清了职工高校"工业与民用建筑"专业培养目标的"类型""职业方向"和"人才特点"，从而为教学改革找到了比较明确的方向。

二、联系企业实际改革教学内容

提高学校的教学质量从来都是各类学校的中心工作。职工高校建校以来，在集中力量解决教学质量问题时，首先统一了一个认识，就是提高教学质量的重要手段是积极进行教学改革，核心问题是本着"按需施教、学用一致"的原则，下大气力改革教学内容，解决学习内容与实际需要相脱节的问题，尽量做到"用什么、学什么"，尽快形成体现职工高校特定培养目标的教学内容体系。

我们首先组织力量对培养目标的知识结构进行了具体分析，研究毕业生主要职业方向的工作内容及每一项业务工作所需的专业知识，由此来确定培养目标的知识结构。

教育部颁发的《职工高等专科学校工业与民用建筑专业三年制教学计划》基

本上是普通高校本科计划的浓缩。其课程层次结构呈"金字塔形",过分强调了基础理论,实践教学的安排明显不足。按这样的教学计划组织教学,学生的知识结构和能力结构与企业实际工作需要一定会有很大差距,远远满足不了职工高校培养目标的要求。

因此,在建设部教育司的支持与组织下,全国建设系统职工高校的同志自1985年起连续在大连、哈尔滨、广州召开会议,对原教学计划进行了深入细致的修订。在修订中首先根据培养目标知识结构的需要确定专业课的门类与内容,再由专业课和某些能力的需要,以及德、智、体全面发展的要求,来安排技术基础课和公共基础课门类及其内容。修订的教学计划增加了专业课的学时和内容,使专业课、技术基础课和公共基础课各占理论教学总课时数的1/3左右,课程层次结构由"金字塔形"改变为"矩形"。同时,加强了实践教学,使实践教学时数占总教学时数的1/3以上,突出实际技能的培养,以使学生获得较强的现场工作能力。1987年9月,城乡建设环境保护部教育局在长春召开会议,通过了这一修订的教学计划,在征得国家教委同意后在全国试行。

专业教学计划必须通过各学科的教学大纲和教材去体现。在进行教学计划修订的同时,许多学校已编制了各学科教学大纲。建设部人才开发司组织全国力量于1988年12月在武汉完成了23个学科教学大纲的审定工作,1989年6月印发到全国各地指导新的教学计划的实施。在审定教学大纲的同时,建设部人才开发司又组织了教学内容变化较大且没有相近教材可以借用的14个学科教材的编写工作,由全国建设系统成人高等教育协会协调各主编单位进行出版发行工作,这套教材已于1991年在全国各地正式使用。由此结束了职工高校"工业与民用建筑"专业借用普校教材的历史,初步形成了较有特色的教学内容体系。

在调整教学内容时,我们要求专业课的内容要紧密结合生产实际,要有丰富的工程实践内容,要以培养职业技能为中心,对于基础课则强调冲破理论化、封闭化模式的束缚,加强各学科间纵向和横向联系,教学内容以应用为目的,以必须够用为度,注意解决好学科系统性和专业针对性的辩证关系。

三、依靠企业优势,加强实践教学

职工高校的投资来自企业,教师、学生也来自企业,因此学校与企业之间有着密不可分的天然联系,企业重视学生毕业后回生产第一线能尽快上岗,因此能主动为学校的实践教学提供合宜的实践基地和水平较高的指导教师,以保证学生工程实践能力的培养。许多学校均在管理与技术水平高、设备力量强、经济效益好的施工企业建立了固定的实习基地。

1987年，吉林省建筑职工大学首先提出了毕业设计在现场真题真做的实施方案，得到了全国同行的赞赏。目前许多学校都下大气力采取了这种行之有效的做法，得到了企业的欢迎和支持。这项工作没有企业的支持是很难做到的，企业要在前一年末把第二年公司的工程项目落实情况告诉学校，然后与学校共同确定适合于毕业设计的具体工程，选聘水平较高又对学生负责的指导教师，并给学生提供全套工程图纸，以便学生在寒假期间熟悉图纸，同时收集毕业设计资料。3月开学后，学生先在学校做图纸审核，主要构件校核和工程预算；4月便到工程现场，在工地指导教师指导下进行施工组织设计、技术指导与监督、质量检查控制和技术内业等项工作，同时把以上文件整理出来作为毕业设计资料。学生所做的这些业务工作就是学生毕业后的具体工作内容，针对性和适用性很强，学生毕业设计的热情普遍很高，加之毕业设计小组中多数学生就是本企业的职工，对自己的要求也格外严格。这种毕业设计的方式普遍收到了良好的效果。为了着重培养学员的职业技能，黑龙江省建筑职工大学还制订了职业技能分项与评分标准，分7项31款，分别提出要求及评分标准，以此综合考核学员的毕业成绩。考核首先在现场由指导教师预评，然后回到学校进行答辩联评。这样做毕业设计，虽然学校耗时费力，更给企业在忙碌的生产中增加了很大的负担，但由于职工大学与企业的天然联系，使得许多学校在安排现场毕业设计时，处处感到企业的关心和支持。实践教学是培养职业技能的主要途径，而现场实践又是其中的关键，要做好这项工作，必须有企业的积极介入。几年来的实践使我们感到，由于职工大学特有的办学机制，使得企业能够主动地配合学校做好实践教学，这正是职工大学的一个重要优势。

四、争取企业支持，建设懂理论会实践的教师队伍

职工大学的培养任务决定了学校的专业教师不仅应具备扎实的理论基础，而且必须具有丰富的工程实践经验。而职工大学依靠企业、服务企业的宗旨，使得它能够从生产第一线调来一批工程技术人员充实到学校教师队伍中，形成"双师型"的专职教师队伍。

黑龙江省建委非常重视职工大学师资队伍的建设，采取得力措施从施工企业抽调技术与管理专家到学校培养新生力量。黑龙江省建筑职工大学"工业与民用建筑"专业担任主要课程教学工作的7名高级技术职务的专职教师有5名来自企业，他们

是二十世纪五六十年代的大学毕业生，都有 20 年以上的实践经验，他们受过传统教育又熟悉生产第一线所需人才的规格，对普通教育模式与职工高校培养目标的差异了解得很直观又很深刻，因此他们调入学校后就成为教学改革的自觉拥护者。这些理论知识深厚、实践经验广博的教师熟谙理论的应用，为在教学中理论联系实际创造了良好的条件。他们根据建筑施工的技术观状，把刚刚出现的新技术、新工艺及时引入课堂，使教学内容紧密结合现场实际。学生普通反映他们的讲课"知识实用、技术新颖、经验独到"。这些教师还能利用他们与企业熟悉的优势，经常把学生带到精心选择的建筑工地结合工程实际进行现场教学，使教学能够在刻意创造的良好工程环境中进行，取得了事半功倍的效果。

实践丰富的教师在工程学科的教学中往往不喜欢从概念到概念演绎推理的讲课方法，他们大多习惯从实际到抽象的内容安排。这种对传统教学内容及讲课方法的改革，对于缺乏实践经验的教师是难以做到的。黑龙江省建筑职工大学张国忠副教授从事工程测量技术工作三十载。他根据自己丰富的实践经验对"建筑工程测量"课程进行了卓有成效的教学改革，他主编的全国建设系统职工高校统一教材，在教学内容上将以往篇章式的系统理论知识体系改变为以问题为中心的知识体系，因此在教学方法上，也相应地将以传授理论知识为中心的课堂教学传统方法，改变为以解决生产中实际问题为中心培养学生应用能力的教学方法。教学中他根据建筑施工进行到某一阶段，测量工作应该"干什么""怎么干"归纳出几个大问题。在课堂上，首先根据具体施工阶段的需要，提出测量工作应该"干什么"这一问题，使学生对教学内容在生产中的地位先有一个明确的认识；然后讲述测量工作的具体内容，进而提出这项工作应该"怎么干"的问题，再以"怎么干"为核心讲清工作方法与程序、技术要求与措施；同时，再以简化的演绎讲解必要的理论知识，使学生了解"为什么这样干"。有的教育专家把这种教学过程称为"问题式"教学法。利用这种方法，学生的学习效果得到了明显的提高，毕业生的测量技术水平得到了许多用人单位的好评。

在形成力量较强的专师队伍的同时，争取企业支持建设一支水平较高、责任心强、直接在生产第一线工作、相对稳定的兼职教师队伍仍然是职工高校师资队伍建设的重要方面。由于兼职教师身在生产第一线，因此讲课内容直接结合当前现场实际，工程背景非常鲜明，学生反映他们讲课"生动,实惠",尽是"干货",非常"解渴"。所以，在企业支持下建设一支特色鲜明、专兼结合的教师队伍，是职工高校做好教学改革、提高教学质量的关键。职工高校办学十余年来，为全国建设系统培养了一大批大专毕业生，这些同志回到工作单位后，活跃在生产第一线，大多数已成为技术工作与管理工作的骨干。尤其是一批入学前工龄较长的学生，他们具有较好的职业道德、较强的职业意识和较高的职业技能，毕业后很快便能顶班上岗，发挥了重要作用。他们的成功实践使学校教学改革的良好愿望得到了明显的体现，使我们对教学改革充满了信心和希望。

职工高校承担着对社会主义现代化建设当班人和领班人实施较高层次教育的重任，这是把科学技术转化为现实生产力的非常直接的途径。要使职工高校形成主动适应社会主义现代化建设的运行机制，必须下大气力对现行的职工高等专科教育进行行之有效的改革。我们在教学改革上刚刚迈出第一步，今后我们还要集中更多的力量，在上级主管部门的指导下，使这项改革进一步深入下去。

中国建设教育协会成人高等教育委员会
工作总结与 1997—1998 年工作要点

一、4 年多来的主要工作

根据协会的宗旨，围绕"研究、交流、协作、咨询、服务"这一基本任务，本委员会开展了以下主要工作。

（一）开展教育研究，编辑出版刊物

改革开放以来，成人高等教育事业迅速发展，在提高职工队伍素质方面发挥了重要作用。进入 20 世纪 90 年代以来，随着社会主义市场经济的发展，成人高等教育面临着新的机遇和挑战。几年来，本委员会组织会员单位就建设类成人高等教育在新形势下如何改革与发展进行了比较深入的研究。在学校精神文明建设、做好多功能办学、校企联合办好成人高校、开展继续工程教育、成人高教与市场经济的对接、发挥成人高校在岗位培训中的作用、培养职业型专门人才等方面取得了颇有实际价值的研究成果。4 年多来，在本委员会与各分会交流的论文计有 200 余篇，在编辑刊印的两期《教学研究论文集》中发表了其中的 54 篇。在 1995 年和 1996 年召开的全委会上评选出 24 篇为本委员会优秀论文，其中 7 篇还被评为中国建设教育协会优秀论文。

本委员会自成立以来一直坚持编印不定期的会刊《通讯》，迄今已刊发了 28 期。《通讯》以传递信息为主，及时报道有关会议动态、办学与教改简况、国家教委与建设部的安排部署。《教学研究论文集》开辟了建设成人高等教育研究论文交流的园地，为成人高教工作者提供了发表研究成果的"讲坛"，促进了教学改革与教学研究工作的开展；会刊《通讯》加强了上情下达及各会员单位之间的联系。自 1995 年起，根据协会要求，本委员会与普通高教委员会合办《高等建筑教育》刊物，目前由本委员会承担的办刊经费已经落实，本委员会的主要负责同志已介入刊物编委会工作，《高等建筑教育》的服务范围已逐渐扩大到成人高等教育，1995 年以来每期中都有关于成人高等教育的内容。相信通过本委员会各成员单位积极推荐稿件以及刊物编委会的进一步努力，刊物中有关成人高等教育的版面一定会逐步增加。

（二）组织经验交流，相互启发借鉴

成人高校为了交流经验、共同进步，自20世纪80年代初就先后自发地形成了地区性与全国性的协作组织。本委员会成立后，坚持组织两年一次的全体会议和一年一次的分会会议，就各成员单位共同关心的问题，确定议题进行经验交流。1993年以来，普通高校成教学院分会就保证培养规格、抓好教育质量、做好全过程管理、实行灵活学制、试行学分制、做好评估工作等进行了充分的经验交流。职工高校则就学校内部管理体制的改革、调整学校的办学机制、改善和加强党的工作、提高德育质量、做好联合办学、完善岗位培训、稳定师资队伍等重要议题进行了经验交流。一些学校的先进经验通过交流被其他成员单位学习应用，促进了本委员会所属院校工作的改进与完善，大大增强了协会工作的凝聚力。

（三）做好校际协作，统一教育规格

成人高等教育以专科为主要层次，20世纪80年代期间，为解决人才断层发挥了重要的历史作用。但由于沿袭本科教育的模式，在教育规格上偏离了学员毕业后应具备的生产第一线岗位的职业能力，造成了学用脱节和学非所用。本委员会成立以来，在建设部教育司的支持下，通过全国性协作，在"工业与民用建筑"专业的教学改革上走在全国各专业的前列。征得国家教委的同意，本委员会先后编制了新的教学计划和教学大纲，并于1991年完成了配套教材的出版发行工作，使该专业的教学内容紧密地结合了培养目标岗位职业能力的需要。进入20世纪90年代以来，国家越来越明确了要把现有的高等专科教育改革为高等职业教育的方针，这就要求我们成人高等教育工作者旗帜鲜明地加大教学改革的力度，在高职教育的探索与实践中找准自己在大建设教育体系中的位置。本委员会四分会在充分论证"房屋建筑工程"专业专科培养目标的基础上，首先协作修订了该专业的教学计划，并在此基础上组织全国力量协作编写该专业函授专科17门课程的系列教材，目前已有6门出版发行，其余部分在1997年内完成；一、二、三分会则集中力量对"建筑装饰工程"专业（高职教育）的培养方案进行了协作编制，通过几次研讨，大家在该专业的培养目标、毕业生应适应的业务范围及岗位职业能力、该专业的主干课及理论教学和实践教学的基本安排、学制及招生对象、培养模式等方面都取得了比较一致的意见，目前已做好准备，在建设部人教司的进一步支持下，协作编制学科教学大纲和编写急需的教材。"建筑施工"专业是国家教委进行高职试点的新专业，该专业在招生对象上以相近专业的中职教育毕业生为主，入学采取"3+2"（文化课3门加专业课2门）

考试方式，我会已有多所学校参与了这项试点。目前，该专业的发展趋势很好，我们参照"建筑装饰工程"专业的做法，从协作编制该专业的培养方案入手，进行高职教育的探索，已有一些学校积极介入了这项工作，且进展比较顺利，相信"建筑施工"专业的高职试点一定会对专科教育改革起到良好的促进作用。

二、几点体会与工作设想

4年多来，本委员会工作虽然取得了一定的成绩，但尚有相当差距。总结体会，提出以下设想。

（1）开展活动，重在效益。群众性组织的生命力，在于开展有价值的活动。因此，开展活动必须使参加者确实有收获，并及时用于改进工作。这就要求活动的主题是大家共同关心的热点问题。

（2）活动方式，灵活多样。大型活动与小型活动相结合，以小型活动为主。以分会为单位的小型活动，既有利于深入研讨，又有利于节约时间和经费；中型活动也可穿插在大型活动之中，以避免会议重复。综合与专项相结合，尽量利用综合活动的机会开展专项活动，既能充实综合活动的实际内容，又能避免单独召集专项活动造成不必要的浪费。

（3）会务工作，轮流"坐庄"。这样既可分散承办单位的负担，又为会员单位创造了相互学习、互相促进的机会。

（4）课题研究，虚实结合。成人教育是现代教育的重要组成部分，必须加强成人教育理论的前瞻性研究，但同时必须把研究的重点放到应用理论的研究上，以使研究工作从实际出发，便于指导现实工作。

（5）群团工作，依靠热心。本委员会成立以来，之所以能形成今天这样一个团结协作的局面，与我们拥有一批不计得失的热心同志有非常直接的关系。因此，我们今后还要争取更多热心的同志，包括已退居二线的和离退休的老同志，来关心协会的工作。

（6）做活协会工作，扩大经费来源。鉴于成人高校经费大多比较困难，会费不宜过高，因此本委员会经费一直偏紧，在一定程度上制约了协会的活动。建议通过做培训、办实体等方式增加投入，补充经费之不足。

三、1997—1998年工作要点

（1）传达贯彻建设部成人教育工作会议、中国建设教育协会第二届理事会会议精神。

（2）开展建设成人高等教育发展战略研究。

（3）专题研究高等职业教育在办学、教学中的具体问题。

（4）组织"建筑装饰工程"专业的大纲与教材建设。

（5）研讨"建筑施工"专业的培养方案等有关问题。

（6）继续抓好"房屋建筑工程"专业函授本科系列教材的编写与出版发行工作。

（7）深入研究学分制、弹性学制等方面的有关问题。

（8）积极参与《高等建筑教育》编委会的工作，促进成人高教研究水平的提高，扩大有关成人高等教育的版面。

中国建设教育协会成人高等教育委员会

1997年8月20日

（杜国城执笔）

成人与职业高等教育委员会
关于做好建设教育科研工作的汇报

中国建设教育协会秘书处：

遵照协会《关于召开科研工作座谈会议的通知》精神，本委员会通过征集会员单位的意见、建议，汇报如下。

一、建设教育科研工作的重要意义

（1）科研工作是协会工作的重要任务，必须通过组织领导科研工作来更好地发挥协会的作用。

（2）当前，建设教育在发展战略、资源配置、布局结构、管理体制、运行模式、观念转变、教育定位、教学特色、培养模式、课程整合、内容体系、教育方法手段、教育教学管理等方面的科研任务异常艰巨，急需通过协会集中全国建设教育工作者的力量，合作攻关，以促进建设教育的改革与发展。

（3）通过教育科研工作的开展，发动更多的人参与此项工作，形成一支建设教育科研工作的骨干队伍。

（4）各成员单位和一批教育工作者有科研工作的积极性和潜力，通过协会的组织可以将科研工作提升到省部级的高度上，对提高成员单位的教育科研水平大有好处，同时对科研工作的获奖人员也是一个较高层次的肯定，从而有助于这些人晋升技术职务。协会的服务作用会得到更好的发挥，并由此增强协会的凝聚力。

二、建立科研工作的保障机制

（一）政策保障

通过文件方式首先保证科研成果的相当级别，形成其权威性。

（二）组织保障

应成立建设教育科研工作领导机构和专家机构，实施组织领导和进行评审鉴定。

（三）经费保证

向建设部和各成员单位筹集一笔启动资金，作为重点项目的投入，并要求申报项目单位以某种比例再行投入。

三、关于课题

（一）建设教育改革与发展战略研究

建设教育改革与发展战略研究包含以下课题：建设成人高等教育改革与发展战略研究；建设高等职业教育改革与发展战略研究；建设成人高等教育体制改革和资源优化配置研究；建设高等职业教育体制改革和资源优化配置研究；建设事业对成人高等教育人才的需求研究；建设事业对高等职业教育人才的需求研究。

（二）教育教学改革的研究

教育教学改革的研究包含以下内容：从精英教育向大众化教育转变的研究；从继承教育向创新教育转变的研究；素质教育组织与实施的研究；关于知识、能力、素质协调发展的研究；21世纪教育人才观、质量观的研究；建设成人高等教育特色的研究与实践；建设高等职业教育特色的研究与实践；建设成人高等教育人才培养模式的研究与实践；建设高等职业教育人才培养模式的研究与实践；建设成人高等教育课程内容体系的研究与实践；建设高等职业教育课程内容体系的研究与实践；现代教育技术的研究与应用。

（三）教学管理改革的研究

教学管理改革的研究包含以下内容：教学运行模式和管理机制改革与实践；师资队伍建设与管理的改革与实践；实践教学管理改革与实践；学分制管理的改革与实践；高职教育专业设置及管理研究；教学质量监控体系的研究与实践；考试模式的改革与实践；学生素质综合评价体系的研究与实践；毕业生质量评价体系的研究与实践。

（四）理论研究

理论研究包含以下课题：成人高等教育的比较教育研究；高等职业教育的比较教育研究；成人高等教育系统理论研究；高等职业教育系统理论研究。

中国建设教育协会成人与职业高等教育委员会

2001 年 4 月 16 日

（杜国城执笔）

黑龙江建筑职业技术学院示范性职业技术学院具体建设方案和专项资金使用计划[1]

根据教育部教发〔2001〕34号文件《关于启动第二批示范性职业技术学院建设的通知》要求，我院经过认真研究与论证，制定了《黑龙江建筑职业技术学院示范性职业技术学院具体建设方案和专项资金使用计划》。

一、指导思想

（1）坚持教育要面向现代化、面向世界、面向未来的发展战略，以邓小平理论为指导，认真贯彻、落实《面向21世纪教育振兴行动计划》、第三次全教会有关精神和国家教育部《关于启动第二批示范性职业技术学院建设的通知》要求。坚持为黑龙江省经济建设和社会发展服务的办学指导思想，把培养适应建设事业生产第一线需求的高等技术应用型专门人才作为创建全国示范性职业技术学院的根本任务；以教育思想和教育观念的改革为先导；以教学改革为核心，加大力度进行课程内容体系和教学方法的改革；以教学基本建设为重点，加强师资、教材、实验实训基地建设；以校企合作、产学结合为基本途径，努力探索中国特色的高职人才培养模式，为我国建设事业输送一批又一批"下得去、用得上、留得住"的高职人才。

（2）严格按照教育部、财政部颁布的《面向21世纪教育振兴行动计划专项资金管理暂行办法》和国家现行财务规章制度的要求执行，并严格按照教育部审定的项目建设方案组织实施，确保专款专用，保证示范性职业技术学院建设工作顺利进行。在此基础上，力争在2003年将我院的"建筑工程技术""建筑装饰技术"两个部级高职高专教学改革试点专业和"建筑经济管理"专业（省级教学改革试点专业）建成国家级高职高专示范专业，在2004年达到全国高职高专教学工作优秀学校的水平，到2005年把我院建设成为定位准确、特色鲜明、质量一流的全国示范性职

---

[1] 2001年6月15日，教育部（教发〔2001〕29号文）确定黑龙江建筑职业技术学院为全国30所示范性职业技术学院建设单位之一，中央财政拨入357万元专项资金，按29号文要求黑龙江省建设厅同时拨入357万元配套资金。按教育部（教发〔2001〕34号）要求，学院制定了《黑龙江建筑职业技术学院示范性职业技术学院具体建设方案和资金使用计划》。由杜国城执笔。

业技术学院。

二、具体建设方案

（一）办学规模项目

黑龙江建筑职业技术学院成立于 1998 年 3 月 9 日，建院以来，学院发展迅速，是我省高职高专招生报到率最高的学校，目前已招收 3 届高职学生，在校生已近 3600 人，2001 年招生计划为 1800 人，预计到今年 9 月在校生可达 5000 人。今后 5 年，我们计划将在校生基本稳定在 5000 人这一规模，集中力量进行管理科学化、规范化建设，努力加强实验实训基地建设和师资队伍建设，积极探索建筑类高职高专人才培养模式，通过提高教育质量、突出教育特色，把学院推进到发展的新阶段、新高度。

（二）专业改革与建设项目

1. 创建全国高职高专教育示范专业

我院的"建筑工程技术""建筑装饰技术""建筑企业经济管理"3 个专业是建设行业中高职人才需求量最大的专业，也是在校生最多的专业，每个专业每年招生数都在 200 人以上，因此发展空间很大。加之这 3 个专业师资力量、设备力量均有一定基础，专业教学改革也有一定经验，2000 年被省教育厅评为省级高职高专专业教学改革试点专业，2001 年，"建筑工程技术"和"建筑装饰技术"两个专业又被教育部评为部级高职高专专业教学改革试点专业。我们目前正在以专业教学改革为突破口，狠抓整个学院的教学改革工作，力争在 2003 年把这 3 个专业建成为全国高职高专示范专业。为此我们要做好以下几方面的工作。

1）准确定位，突出特色

为了做好专业教学改革，我们在准确定位、突出特色等方面已经进行了 3 年的探索与实践，取得了一定的成效，我们还将继续深入研究、大胆创新。我们要通过改革把计划经济下的"粗坯型"教育转变为市场经济下的"成品型"教育，培养学生毕业即能顶岗工作。把"本科浓缩型"的传统专科教育改革为真正意义上的高等职业教育，使毕业生的知识、能力、素质结构能满足建筑施工企业生产一线的需求。我们要坚持把明确培养目标作为探索高职教育的切入点，坚定地走培养"施工类"人才的道路，以区别于普通高等教育一直以培养"设计类"人才为主的传统做法。

2）做好课程改革

为了保证培养目标的实现，我们要下大气力做好课程改革和优化，对原有课程进行科学的整合，继而对课程内容进行针对性的精简、提高和重组，对教学方法、考核方法进行全面合理的、突出职业教育特点的改革。

3）构建理论教学和实践教学相互融合、相互支撑的新教学体系

在以培养目标的知识结构为依据确定理论教学体系后，集中力量根据培养目标能力结构，研究、开发、设计实践教学体系。两个体系均应有各自的教学大纲，单独考核，分阶段又互相衔接，交叉并行，构建两个相互融合、相互支撑的新的教学体系。用这个体系来保证培养目标业务素质的实现。同时，依据培养目标的素质结构，在教学过程中全面系统地安排素质教育的内容，以使毕业生的知识、能力、素质等诸方面均能满足用人部门的需求。

我们坚信，在行业企业的支持下，在"双师型"教师队伍的努力下，充分利用好校内外实训基地，我们一定会取得专业教学改革的优异成果。

2. 做好建设类高职高专教育专业结构建设

坚持以主动适应地方经济和社会发展对高职人才的需求为目标，以努力满足建设事业生产一线对高等技术应用型人才的需求，努力满足人们希望接受高等职业教育的就学需求为原则，通过深入调查，科学论证，合理拓展、调整学院所设专业。目前学院设有基本涵盖建设事业生产一线各类技术与管理岗位群的专业 27 个，随着建设事业的发展，生产一线技术与管理岗位也在不断地变化，学院所设专业也应随之进行动态调整。同时，在学院的实力增强后，还可设置一些满足其他行业需要高职人才的专业，力争在 2005 年，形成以土建类专业为主体，土、艺、电、管协调发展的，由 30 个较稳定专业组成的高职教育专业结构。

（三）人才培养模式项目

一个新的教学体系，必须通过一个与之相适应的人才培养模式来有效保证。相对独立的实践教学体系是培养职业能力的主要途径，而在企业进行的现场实践又是其中的关键。对于建筑类专业而言，学生如果没有经过在真实的工程项目中的现场实践，达到毕业即上岗的目标是不可能的。3 年来，我们努力争取企业支持，在中国建筑总公司各直属企业、黑龙江省内的知名建筑企业建立了 30 余个实训基地，在"建筑工程技术"等专业实施了最后一年全部在企业进行实践教学的校企合作、产学结合的"2+1"教学模式，已经取得了初步成效。2000、2001 两届毕业生基本达到毕业即能上岗，一次就业率在 90% 以上。我们一定要坚持走下去，进一步规

范教育标准,明确培养规格,深入修订教学计划,完善实践教学体系,改革考核办法,在全国各地建立 50 个左右的实训基地,争取企业更多的支持,全面介入学院的教学工作,为探索建设类高职高专教育的人才培养模式而不断进取。

(四)师资队伍建设项目

按照 5000 名在校生和生师比 14:1 的要求,我们要在 2005 年建设成一支学历层次较高、年龄结构合理、"双师型"素质突出、专兼结合的、由 357 名专任教师组成的高水平的教师队伍。其中,具有高级职称的教师占 50% 以上,具有"双师"素质的教师占 50% 以上,具有研究生学历的教师占 30% 以上,从企事业单位聘请的兼职教师占专业课教师的 20% 以上。

按照学生与实验、实训技术人员之比 80:1 的要求,建设一支素质优良、能力较强、结构合理,由 62 名专任实验、实训技术人员组成的实验、实训技术队伍。同时,再从企事业单位聘请 20 名兼职实验、实训指导教师。为此,我们将建立高职教师管理规章制度,鼓励现有教师尽快提高实践能力;同时,以优惠政策吸引建筑企业和科研设计部门的工程技术人员来校任教,改善师资队伍结构。

我院教师队伍建设计划和实验、实训人员队伍建设计划如表 3-1 和表 3-2 所示。

表 3-1 教师队伍建设计划

年度	在校生数	专任教师数	高级职称		研究生学历		"双师"素质	
			人数	占比/%	人数	占比/%	人数	占比/%
2001	3600	168	92	54.8	21	12.5	19	11.3
2002	5000	200	102	51	25	12.5	39	18
2003	5000	250	125	50	50	20	84	33.6
2004	5000	300	150	50	75	25	119	39.7
2005	5000	357	180	50.4	110	30.8	180	50.4

表 3-2 实验、实训人员队伍建设计划

年度	在校生数	实验、实训人员数	高级职称		中级职称		初级职称	
			人数	占比/%	人数	占比/%	人数	占比/%
2001	3600	28	9	32.1	11	39.3	8	28.6
2002	5000	40	12	30	17	42.5	11	27.5
2003	5000	48	16	33.3	19	39.3	13	27.1
2004	5000	56	19	33.9	22	39.3	15	26.8
2005	5000	62	21	33.9	24	38.7	17	27.4

（五）实验室、实训基地建设项目

1. 重点建设教学改革试点专业实验室

对"建筑工程技术""建筑装饰技术""建筑企业经济管理"3个专业的实验室进行重点建设，力争在2002年建设成为全国高职高专示范性实验室，达到国内先进水平。同时，对学院其他实验室进行更新与完善，使之在2002年基本适应高职高专教育改革与发展的要求（具体建设计划请见资金使用计划）。

2. 建设好校内实训基地

重点建设好3个教学改革试点专业的实训基地，使之在2002年成为全国示范性实训基地；同时，对其他专业的实训基地进行更新与完善，使之在2002年基本满足高职高专教学需要（具体建设计划请见资金使用计划）。

3. 扩大校外实训基地建设

巩固已有的在中国建筑总公司和省内知名企业建立的校外实训基地，继续在全国实力雄厚的建筑施工企业中寻求建立新的实训基地，力争在2002年在江苏、浙江、广东、上海、天津、济南等省市的建筑施工企业再建20个左右校外实训基地，使校外稳定的实训基地数达到50个。

（六）教材建设项目

在尽量选用现有面向21世纪高职高专教材和教育部推荐高职高专教材的同时，结合专业教学改革的特殊需要，2002年前自编特色鲜明的高职高专教材和实训指导教材11本（具体建设计划请见教材建设资金计划），力争有3本教材被教育部列入具有高职高专特色的推荐教材。

（七）教学管理项目

按照国家教育部关于《高等职业学校、高等专科学校和成人高等学校教学管理要点》，建立健全适应高职高专教育要求的教学管理规章制度，切实加强教学管理工作。按照国家教育部《高职高专教育教学工作优秀学校评价体系》的标准，建立有效的教学运行机制，建立科学、合理的质量监控和评价体系，力争在2004年把我院建设成为全国高职高专教育教学工作优秀学校。

（八）教学研究项目

坚持以构筑高职高专人才培养模式为核心，以教育研究紧密结合教改实践为原则，做好教育研究。集中全校力量做好"高职高专教育土建类专业人才培养规格和课程体系改革、建设的研究与探索""高职高专人才培养模式的研究"两个重点课题的研究，成立校、系两级课题组，分别承担主课题和各专业子课题的研究项目，制订课题研究计划，按日程表进行阶段研究总结，采取分步实施、步步为营的办法，边工作、边研究、边指导实践，力争在2002年完成课题研究任务，其中一项达到省部级以上优秀教学成果奖水平。此后，再继续选3~5个课题立项，争取到2005年能再有两项成果获得省部级以上优秀教学成果奖。

（九）科技工作项目

紧密结合高职高专教育加强"双师型"素质教师队伍建设的要求，积极支持教师开展科技工作、科技开发和科技服务。学院要在校企合作中努力为教师创造科研工作的条件，鼓励应用技术的研究，促进科技成果在生产中的使用。力争在2002年前，我院教师获得2项以上不同等级的科技成果奖。

（十）国际交流与合作项目

我院已与俄罗斯远东交通大学建立了多年的教育合作关系，考虑我国的高等职业教育亟须借鉴国外的先进经验，学院决定积极开展有关高职高专教育的国际交流与合作，在近几年与德国、加拿大、澳大利亚的有关学校进行交往的基础上，进一步加强沟通，力争在2002年与上述国家的有关高等职业技术院校建立合作办学和国际交流关系，以此来推进我院高职高专教育改革与发展。

三、专项资金投入与使用计划

建设示范性职业技术学院专项资金的具体安排如表3-3所示。

表3-3 建设示范性职业技术学院专项资金的具体安排

建设项目	资金安排/万元	其中		占专项资金总额的百分比/%
		中央专项资金/万元	省专项资金/万元	
实验、实训设备购置费用	625	320	305	87.54
人员培养费用	60	20	40	8.40
教材建设费用	20	15	5	2.80
课题研究费用	9	2	7	1.26
合计	714	357	357	100

（以下略）

锐意改革，跨越发展，突出特色，保证质量[1]

黑龙江建筑职业技术学院是于1998年3月经国家教委批准，由黑龙江省建筑职工大学、黑龙江省建筑工程学校和黑龙江省建筑材料工业学校三校合并组建的，是全国建设系统第一所独立建制的职业技术学院。学院分3个校区，总占地面积603亩，校舍建筑面积近12万平方米，教学仪器设备总值1500余万元，馆藏图书16万余册，教职工总数437人。学院设有7个系30个专业，专任教师272人，其中具有高级技术职务的114人。学院现有在校生已逾5000人。

建院以来，我们坚持以教育思想和教育观念的改革为先导，以教育教学改革为中心，以教学基本建设为重点，以提高教学质量、办出高职特色为宗旨，狠抓学院的改革与发展。学院于2001年被教育部确定为全国示范性职业技术学院建设单位，并由此得到中央与地方的专项资金714万元，用来加强实验、实训基地建设，师资队伍建设，教材建设和教育科学研究。同时，"建筑工程技术"和"建筑装饰技术"两个专业又被教育部评为教学改革试点专业，在今后5年内，每个专业每年可得到财政拨款20万元用于专业建设。建院4年来，在上级主管部门的支持下，通过全院上下的共同努力，学院的占地面积已由150亩扩大到603亩，新建校舍38000平方米，所设专业由6个增至30个，在校生由2100人迅速增至5000人。2000年、2001年、2002年连续3届高职毕业生的一次就业率均超过90%，毕业生的质量得到了中国建筑总公司下属企业和黑龙江省知名建筑企业的普遍好评，为学院今后的改革与发展奠定了较好的基础，在探索高职教育与建设事业的发展紧密结合上迈出了坚实的一步。

一、开展大讨论，统一对高职的认识

创办高职，面临的工作千头万绪，首先急需解决的是教职工思想观念上存在的模糊认识。为此，我们在全院展开了教育思想观念改革的大讨论，集中解决"为什么办高职""什么是高职""怎么办高职"这3个问题。

通过学习国内外高职教育资料，组织多层次的讨论与交流，全院上下取得了共识。

---

[1] 本文为2002年8月黑龙江建筑职业技术学院在全国建设教育工作会议的交流材料，刊登于《中国建设教育》2002年第3期，由杜国城执笔。

（1）高等职业教育是市场经济的必然产物，我国现阶段的经济发展要求高等职业教育必须尽快成为高等教育的重要组成部分。它的经济功能尤为突出，与市场的关系更为密切，是一种直接与市场接轨、直接为市场经济服务的高等教育类型。

（2）高等职业教育是高中后的以能力培养为基础、以职业为导向的专业技术教育，它与普通高等教育的区别是类型上的，与中等职业教育的区别是层次上的。

（3）建设类高等职业教育的培养目标，主要应定位在将工程图纸转化为工程实体的这样一种人才类型上，且其工程项目的施工过程应该具有较高的科技含量。

（4）高等职业教育应以学生"毕业即顶岗、毕业即就业"作为学校工作的根本目标。因此，必须坚持以能力为本位的教育思想，确定毕业生知识、能力和素质的合理结构，并在此基础上进行课程开发和教学模式的构筑。

（5）高等职业教育应以成熟技术与管理规范的掌握和应用为主要教学内容，使学生在校期间完成上岗所需职业能力的养成，因此必须加大实践教学的比例，增强实践教学的职业针对性。

（6）充分利用企业的工程项目、工程技术人员等可利用教育资源，走"校企合作、产学结合"之路，构筑中国式的高职教育新模式。

二、从定位与特色出发，狠抓教学改革

（一）准确定位，强化改革意识

1. 培养"粗坯型"人才的教育必须改革

在计划经济条件下，国家对学生实行统招统分，毕业生带着干部指标和工资指标被安排到接收单位，作为生产部门的企业，并不计较毕业生经过一段见习期再独立工作。这便形成了一种特殊的教育形态，即高等工科教育只是对学生进行工程师的初步训练，主要是培养学生掌握基本理论、基本知识和基本技能，并不要求学生毕业时便具备即刻上岗的岗位职业能力，是一种典型的"粗坯型"的教育模式，毕业生的独立工作能力是在企业见习期的实践中逐步形成的。随着我国经济体制改革的逐步深入，在市场经济中的企业已经由生产单位转变为经营实体，企业中任何一个员工的工资都要进入经营成本，这就使得企业愿意接收进入企业便能顶岗工作的"成品型"毕业生成为必然的趋势。在这种情况下，如果我们还墨守"粗坯型"教育的老路，尤其是我们培养的专科层次的毕业生，绝大部分学生可能毕业即失业。那么我们这所学院还有存在的必要吗？因此，必须下大气力把我们的教育由"粗坯型"改革为"成品型"，我们学院才能在为我国建筑业输送毕业便能上岗的合格人才中求

2. 传统的专科教育必须改革

我国的专科教育产生于国家要求高等教育"多出人才，快出人才"的历史条件下，因此多年来一直难以摆脱"本科浓缩型"的教育模式。我国高等工科院校本科主要是对学生实施工程教育，如本科的"建筑工程"专业主要是培养将设计思想转化为工程图纸的"画房子"人才；而高等职业院校应该对学生实施技术教育，其"建筑工程技术"专业主要是培养将工程图纸转化为建筑实体的"造房子"人才。这是两种不同类型的教育，如果我们沿袭传统的专科教育，就会造成教育类型的扭曲，我们培养的毕业生便会在设计能力上远不如本科生，而在施工能力上又不及中专生。这就迫使我们下决心，狠抓改革，摆脱传统专科教育模式的束缚，努力探索适合中国国情的高等职业教育之路。

3. 原有的中专教育必须通过改革迅速提升

长期以来，我国建筑施工类土建技术人才主要来自中等专业学校，形成了普通高等学校主要培养建筑工程设计人才，中等专业学校主要培养建筑工程施工人才的建筑教育基本格局。这对于我国二十世纪五六十年代的生产力水平而言是比较适应的。改革开放以来，随着整个社会科学技术的快速进步，生产过程的工艺技术日渐复杂，生产管理的科学化程度迅速提高，企业对生产一线的技术人员和管理人员的需求明显向高层次转移，急需一大批较之中专毕业生技术视野较广、管理修养较高的人才迅速补充到基层的技术岗位和管理岗位。这也正是目前大力发展高等职业教育的重要动因。我们这所学院是以有50多年历史的黑龙江省建筑工程学校为主体组建的，这所国家级重点中专为国家输送了大批合格人才。但为把学院办成适应21世纪经济社会发展的高职学院，我们必须看到建筑施工过程科技含量的迅速提高，强化改革和提升的意识，尽快从中专教育的惯性中挣脱出来，提升学生的技术视野和管理修养，把学院尽快办成名副其实的高职学院。

（二）突出特色，深化教学改革

1. 明确培养目标

高职教育的特色，首先应表现在培养目标上，我们把明确培养目标作为探索建筑高等职业教育的切入点。

通过社会调查，我们了解到高职"建筑工程技术"专业学生毕业后绝大部分就业于土建工程项目部，其主要职业岗位，一是工程技术负责人，二是工程管理负责人，还有少部分从事质量监控、合同预算等其他工作。高职毕业生这样明确的职业方向，决定了它相对于普通高等教育本科的"建筑工程"专业毕业生是两种不同类型的人才，因而应具备鲜明的特点，如表 3-4 所示。

表 3-4 高等职业教育"建筑工程技术"专业与普通高等教育"建筑工程"专业培养目标的人才类型对比

名 称	高等职业教育"建筑工程技术"专业	普通高等教育"建筑工程"专业
类 型	工程图纸→建筑实体 工程工艺型 组织管理型	设计思想→工程图纸 科学研究型 开发设计型
职业方向	施工技术或技术管理工作 工程项目管理工作 施工质量监控或合同预算等工作	科研工作 设计工作 施工工作 教学工作
特 点	强调专业知识和职业能力 强调毕业即能顶岗 强调定向使用 强调针对性	强调基础理论宽厚 强调潜力、后劲 强调适用面广 强调通用性

培养目标的职业岗位群确定之后，我们便着力分析了履行职业岗位工作所需要的能力结构、知识结构和素质结构，从而完成了对培养目标的职业岗位群、人才特点和人才规格的分析和研究。

2. 做好课程改革与优化

课程改革是专业教学改革的基础，也是能否突出高职特色的核心问题，它包括课程教学内容的组织、深度的把握，以及教学方法的改革。我们以"必需、够用"为原则，突破学科体系束缚，对基础理论课适当精简了内容，降低了深度。从加强针对性和实用性出发，加大力度对原有课程进行了合、分、增、删及优化整合。这项工作涉及面广、难度大，但通过学院和各系部的重视以及全体教师的努力，已取得了比较明显的收获。

3. 构建理论教学和实践教学互相融合、相互支撑的新教学体系

在以培养目标的知识结构为依据，确定理论教学体系后，集中力量根据培养目标的能力结构，研究、开发、设计了实践教学体系。两个体系均有各自的教学大纲，单独考核，分阶段又互相衔接，交叉并行，构建了两个体系互相融合、相互支撑的具有高职特色的教学体系。这个体系很好地保证了高职培养目标业务素质的实现。同时，依据培养目标的素质结构，又在教学过程中全面系统地安排了素质教育的内容，以使毕业生的知识、能力、素质等诸方面均能满足用人部门的需求。

4. 构筑"校企合作、产学结合"的高职人才培养模式

人才培养模式的核心内容是教育教学过程、方法和手段。一个新的具有高职特色的教学体系的构想，必须通过一个与之相适应的高职人才培养模式来有效保证。

相对独立的实践教学体系是培养职业能力的主要途径，而在企业进行的现场实践又是其中的关键。对于建筑类专业而言，学生如果没有经过在真实工程项目中的现场实践，达到毕业即上岗的目标是绝不可能的。基于这样的认识，我们动员全院的力量争取企业的支持，经过3年的努力，在中国建筑总公司各直属局、黑龙江省内的知名建筑企业建立了30余个实训基地，构筑了校企合作、产学结合的人才培养模式。对于"建筑工程技术"等专业，根据其专业特点实施了最后一年全部在企业进行实践教学的"2+1"教学模式，该专业三年制学生的认识实习、测量实习、工种实训、毕业实践、毕业设计、毕业答辩等实践教学活动，计46周均在现场进行。在企业的支持下，学生取得了非常突出的成绩。毕业生的职业能力明显提高，绝大多数学生毕业即能顶岗工作，受到用人部门的欢迎，并基本实现了毕业即就业的教育目标，得到了教育部、建设部和黑龙江省有关领导及专家的一致肯定。

（三）做好高职教学改革的主要支撑点

1. 企业的全面介入是做好高职教学改革的前提条件

作为一所为企业输送了几十年人才的老校，我们的校友遍布全国各地的建筑施工企业，他们中很多人一直与学校保持密切的联系，因此我们与行业内的企业有着密不可分的亲缘关系。当请他们支持办好高职教育时，我们得到了许多企业的热情支持。他们积极参加了专业指导委员会的工作，协助做人才预测，确定专业设置，明确培养目标，分析培养规格，进行课程优化整合，构建教学内容体系，讲授关键课程，建立实训基地，安排实训项目，选派指导教师指导毕业实践和毕业设计，参加并主持毕业答辩等各项教学活动。为构筑"校企合作、产学结合"的人才培养模式发挥了关键作用。其中最大的收获就是绝大多数学生毕业时的知识、能力及全面素质能基本满足企业的要求，从而保证了教育质量与社会需求的紧密结合，为学生"毕业即顶岗、毕业即就业"打下了坚实的基础。如果没有企业的支持，这是不可能的。我们的体会是，做好高职教育必须争取企业的介入，企业介入得越全面、越深入，我们的教学改革就越成功。

另外，我们学院的建筑工程公司、建筑装饰公司、建筑安装公司、监理公司、检测站、建筑设计院等校办企业本着为教学提供实训条件的原则，也安排了大量的实践教学任务，为办好高职教育做了大量工作。

2."双师"素质的教师队伍是做好高职教学改革的关键

高等职业教育的培养任务决定了学校的专业教师不仅应具备扎实的理论基础，而且必须具有丰富的工程实践经验。我们的主管上级黑龙江省建设厅一直非常重视学校师资队伍的建设，在20世纪80年代初期，便采取得力措施从施工企业抽调一批技术与管理骨干到学校任教。他们是大学毕业生，又有 20 年左右的实践经验，深知传统的高等教育是培养不出毕业即能胜任施工企业工作的工程技术人才的，因此他们是高职教学改革的自觉拥护者，在近几年学院的高职教育改革中，他们做出了巨大的贡献。

此外，近年来我们一直积极支持教师参与社会实践和校办企业的技术活动和经营管理，使一部分中青年教师在实践中形成了较高的技术与管理能力。

这些理论知识深厚、实践经验广博的具有"双师"素质的教师谙熟理论的应用，他们理论联系实际地从事教学活动，在学院的教学改革中发挥了关键作用。

目前学院具有"双师"素质的老教师相继退休，最近通过省建设厅和省人事厅的支持，我们已从企业中遴选了 30 位高校毕业后经过 10 年左右工程实践的工程技术人员，计划通过试讲后补充到学院的教师队伍中。

三、转变办学思想，做好招生就业

（一）以市场为导向调整专业设置

专业是学校和社会的联系点，是社会需求和学校教育的结合部。专业设置是专业建设的第一环节，是学校教育满足社会需求的切入点，也是高职特色浅层次的表现。我们坚持以主动适应地方经济和社会发展对高职人才的需求为目标，以努力满足建设事业生产一线对高等技术应用型人才的需求和努力满足人们希望接受高等职业教育的就学需求为原则，相应设置学院的专业。为此，我们聘请了省内外建设行业、企业的技术与管理专家，帮助我们调查分析行业内各种岗位的人才需求情况，并将所需职业能力相近的岗位优化组合为一个个岗位群，从岗位群出发设置对应的专业。每个专业都成立了以行业企业专家为主的专业指导委员会来指导专业建设与改革。目前学院设有基本涵盖建设事业生产一线各类技术与管理岗位群的专业 30 个，随着建设事业的发展，生产一线技术与管理岗位也在不断地变化，学院所设专业还将随之进行动态调整。同时，在学院的办学实力逐步增强后，还可设置一些满足其他行业需要高职的专业，力争到 2005 年，形成以土建专业为主体，土、艺、电、管协调发展的，由 30 个稳定专业组成的高职教育专业结构。

（二）招生就业改革

改变由于计划经济的统招统分形成的招生就业旧观念是当前办学思想转变的首

要问题。我们变坐等生源为主动出击争取生源，组织一批在社会上有影响的教职工到全省各地走访行业、企业和学校，通过报刊、电视等新闻媒介扩大对学院的宣传，使广大考生与家长、教师了解我们学院，了解高职教育；变单一生源为多层次、多类型生源，1999年起已从初中、普通高中、职业高中、普通中专、成人5种生源，通过中招、高招、对口招生和成招4种渠道招收新生。

变单一学制为多种学制，初中毕业生可升入三年制的中专和五年制的高职，高中阶段文化起点入学也分为二年制、三年制两种学制。学院成立以来，1998年招收高职新生300人，1999年招收1500人，2000年招收1800人，2001年招收1800人，2002年计划录取1940人。连续几年均超额完成招生计划，高职的招生数量和新生入学率年年居全省高职院校之首。学院的规模迅速扩大，规模效益日渐明显，自2000年起已进入了有一定自我发展能力的良性循环新阶段。2002年秋季开学后，学院将进入"稳定办学规模、改善办学条件、提高教育质量"的新的历史时期。目前我院与澳大利亚新英格兰大学就合作培养学士学位教育达成协议，2002年秋季开始招收首批200名"3+1"模式本科学生。

在市场机制之下，就业率是高等学校教学质量、办学效益高低的主要标志，是学校可持续发展的生命线。1999年上半年，当我们面临新学院第一批高职毕业生即将在2000年7月毕业的局面时，我们意识到了肩上的压力和形势的严峻。我们以一定要让这批学生"毕业即顶岗、毕业即就业"为宗旨，动员全院上下集思广益，取得了一致意见，启动了"就业工程"。在企业支持下，将这批高中毕业后学过二年制中专，又升入二年制高职学习了一年的学生提前一年安排到生产岗位上，在真实的工程背景中，在现场工程技术人员的言传身教下，进行实践教学、现场实习、真题真做毕业设计。经过一年的实践，学生的岗位职业能力提高很快，毕业答辩令企业专家交口称赞，很多学生被实习企业留用，出现了第一批毕业生基本上毕业即就业的可喜局面。我们及时总结经验，修订教学计划，完善实践教学体系，在普通高中毕业后升入三年制高职的学生中实施了最后一年在企业进行实践教学的"2+1"教学模式，2001年毕业生一次就业率在90%以上，2002年毕业生一次就业率已达94%。几年的实践证明，我院的"就业工程"取得基本成功，是社会对我院教育质量的信任。用人部门对我院毕业生质量的认可，以及充满希望的毕业生就业态势，对我院的招生工作和学风建设都产生了极好的影响，也更加坚定了全院教职工办好高职教育的信心。

4年多来，我院在上级主管部门的关怀支持下，各项工作均取得了一定进展。但我们深知，与办好真正意义上的高职教育相比较，无论认识上还是实践上，我们的差距都很大。但我们有决心进一步大胆探索、努力实践，力争在2003年将我院的"建筑工程技术""建筑装饰技术"两个教育部高职高专教学改革试点专业和"建筑企业经济管理"专业（省级教学改革试点专业）建成国家级高职高专示范专业，在 2004 年达到全国高职高专教学工作优秀学校的水平，到 2005 年把我院建设成为定位准确、特色鲜明、质量一流的全国示范性职业技术学院，为我国建设事业输送一批又一批"下得去、用得上、留得住"的高等技术应用型人才。

以就业为导向，以能力为本位，推动土建类高等职业教育登上新台阶 ❶

各位领导、各位委员：

高职高专教育土建类专业教学指导委员会已于 2004 年 8 月 5 日由建设部颁发的建人教函〔2004〕169 号文件正式组建，经过几个月认真的准备，今天在广州召开成立大会。首先让我代表指导委员会对大会表示热烈的祝贺，对光临指导会议的各位领导表示由衷的感谢，对广州大学市政技术学院精心筹备了本次会议致以衷心的感谢。

我们这个指导委员会的前身是建设部 2002 年 3 月 28 日组建的高等学校土建学科教学指导委员会高等职业教育专业委员会，两年多来在建设部人事教育司的直接领导下，按照建设部《关于加强建设高等职业教育工作的意见》的要求，开展了多项工作，取得了丰硕的成果。高职高专教育土建类专业指导委员会成立后，还要在上个委员会工作的基础上，继续遵照"研究、咨询、指导、服务"的宗旨，加大工作力度，以就业为导向，以能力为本位，推动土建类高等职业教育登上新台阶。

下面，我代表指导委员会向大会做工作报告，请予审议。

一、两年多工作的总结

高等职业教育是我国高等教育事业中的新生力量，以其与市场经济的紧密结合，为生产第一线提供教育服务为特色，呈现出勃勃的生机。但由于长期计划经济下传统学科教育的影响至深，我们对高等职业教育的教育定位、规格标准、培养模式等方面的认识和理解还很肤浅，加之各地区、各院校的思想观念和认识水平差异很大，高职专业委员会成立伊始，就确定了从集中力量对高等职业教育进行调查研究入手开展各项工作的基本思路。紧密结合共同面临的热点问题和教育教学改革中亟待解决的问题，将高等职业教育土建类专业的教育定位、培养方案、培养模式和校企合作等作为重点研究课题。确定牵头学校和牵头人，组成课题研究小组，学习国内外

---

❶ 本文为 2004 年 12 月 21 日在高职高专教育土建类专业教学指导委员会成立大会上,王凤君主任做的工作报告,由杜国城撰稿。

的先进理论和经验，深入行业企业开展调查分析，进行课题研究和攻关，两年来共撰写出颇具实用价值的研究报告 30 余篇，大大提高了我们对土建类专业高职高专教育的认识水平，在许多重要问题的理解上取得了共识。我们认识到就业导向、能力本位是职业教育的本质特征，任何职业教育的首要任务都是培养学生的职业能力。根据土建类高职高专教育主要是为建筑施工企业培养施工技术与管理人员的特点，结合在市场经济体制下企业要求毕业生必须"零距离上岗"的客观要求，我们在研究土建类专业教育定位时，把国家提出的"技术应用型"具体用"工程施工型""职业能力型""成品型"这"三型"来描述，深化、活化了对土建类高职培养目标的认识。在把握各专业教学改革方向，构建理论教学与实践教学相互融合、互相支撑的教学内容体系，构筑校企合作的人才培养模式中发挥了关键作用。通过调查研究，我们还认识到，各地区、各院校对同一专业高职教育定位的认识是一致的，但实现同一培养目标的人才培养模式可以是多样的；同一专业各地区、各院校教学计划的安排是可以各有特色的，而课程内容体系、主干课程教学内容基本是一致的。在"建筑工程技术"专业的培养目标完全一致的情况下，黑龙江建筑职业技术学院采取了 2 年在学校 1 年在企业的"2+1"培养模式，而浙江建设职业技术学院则采取了 4 个学期首先在学校理论教学和单项实践，第 5 学期在学校综合实践，第 6 学期到企业毕业实践的"411"培养模式，由于充分利用了企业的教育资源，使其介入学校教育的全过程，实行校企合作教育，都取得了良好的教学效果，毕业生的就业率年年都在 95% 以上。

教学文件建设是指导委员会的一项重要工作，在启动调查研究，转变观念提高认识的基础上，委员会组织各专业类指导小组对行业企业对高职人才的需求状况进行了广泛深入的调查，按照全国建设系统所覆盖的城市规划、乡镇规划和城市建设、乡镇建设、工程建设以及建筑业、勘察设计业、市政公用事业、房地产业、建筑装饰业和风景名胜保护业等"两规、三建、六业"对高职人才的实际需求，将高职高专教育土建大类下设 7 个专业小类，并整理出包括 27 个专业的全国高职高专土建类指导性专业目录，被教育部全部采纳，并向全国颁布。此后，各指导小组又对所负责专业培养目标的职业岗位群进行了进一步的调查研究，根据职业岗位的岗位职责和工作任务，分析整合出履行岗位工作必须具备的能力结构和知识结构，从而整理出各专业高职人才适应的职业岗位调查表，对高职土建类各专业培养目标的认识基本清晰。由此，各指导小组又集中骨干力量着手编制各专业的教育标准、培养方案和主干课程教学大纲。目前，27 个专业的上述教学文件均已完成。建筑工程技术、工程监理、工程造价、建筑装饰工程技术、给排水工程技术、供热通风与空调工程技术和建筑电气工程技术 7 个专业的教育标准、培养方案和主干课程教学大纲已由中国建筑工业出版社正式出版。这套教学文件基本体现了能力本位的教育思想，认真实施便可保证专业培养目标的实现，使学生毕业时的知识和能力基本满足职业岗位工作的需要。因此，这套教学文件的完成对于全国高职高专土建类专业保证培养规格和标准，提高教育质量，突出高职特色具有很直接的指导作用。

教材是把教育思想、观念和宗旨等转化为教育实践的媒介，是体现教学内容和教学方式的载体，高职教学改革的成果必须通过教材来具体反映。因此，编写出具有高职特色的教材，对于实现培养目标，提高教育质量，推动高等职业教育的发展是至关重要的。高职专业委员会十分重视教材建设工作，2002年11月专门制定了《建设类高等职业教育专业教材编审原则意见》，明确指出了编审高职特色教材是各指导小组的主要任务之一，并对编审人员、编写范围、编写内容等提出了具体要求。两年来，4个指导小组已启动编写了建筑工程技术、建筑工程管理、工程造价、物业管理、建筑装饰工程技术、给排水工程技术、供热通风与空调工程技术和建筑电气工程技术8个专业79本教材，其中24本已正式出版发行。这些教材的内容体现了高职专业委员会成立以来教学改革的成果，总体水平和使用范围均居全国同类教材前列，受到全国同行的好评。

实验实训是职业教育教学活动的核心，是职业教育实现以就业为导向的根本途径。指导委员会组织了一些院校专门研究制定高职院校实验实训基地的建设方案，根据土建类各专业的实际需求，结合各院校的初步方案，制定了土建类高职高专院校实验实训基地建设方案，为全国各院校做好实验实训基地建设提出了经济实用、特色突出的典型方案。

两年多来高职专业委员会的辛勤工作，推动了全国土建类高职高专院校的教育教学改革。许多院校的认识水平明显提高，教育质量受到社会的普遍认可，就业率在各类高职高专教育中高居前列，这些都给我们继续做好今后的工作奠定了良好的基础。

总结两年多来的工作，我们的基本经验是：第一，主动学习、深刻领会国内外高等职业教育领域的新思想、新观念和新经验，是做好委员会工作的思想基础；第二，密切关注建设事业改革与发展态势，随时掌握建设行业企业对高职人才的需求状况，是做好委员会工作的社会基础；第三，积极争取教育部、建设部等上级主管部门的领导与支持，是做好委员会工作的组织基础；第四，发挥牵头院校、骨干院校的示范作用，是做好委员会工作的基本保证；第五，着力培养一批高职教育研究的专家和高职教材的编审专家，是做好委员会工作的人才保证。

二、抓住机遇，乘势而上，登上新台阶

2004年8月5日，建设部以建人教函〔2004〕169号文件发出通知，在原高等学校土建学科教学指导委员会高等职业教育专业委员会及4个专业类指导小组的基础上，重新组建了高职高专教育土建类专业教学指导委员会及5个分委员会。新的教学指导委员会成立，正值我国职业教育进入新的大发展时期。教育部周济部长在今年6月召开的全国职业教育工作会议上指出："社会需求是职业教育发展的最大动力。当前，现代化建设对职业教育发展提出了强劲的需求，这是职业教育面临的最大机遇。""未来20年是职业教育不可错失的发展机遇期……"我们一定要抓住机遇，乘势而上，推动指导委员会的工作迅速登上新台阶。

土建类专业教学指导委员会的工作职责主要是协助建设部做好指导委员会的各项工作，发挥好纽带作用，为各专业类分委员会提供服务；主持制订指导委员会工作计划，组织各分委员会研究面临的共性问题，制订编制指导性教学文件的统一体例和原则意见，协调各分委员会的工作进度；每年召开一次指导委员会会议，研究有关事宜，对工作进行总结和安排。各分委员会负责指导委员会的主体工作，各专业教学文件的编制、教材建设、调查研究等指导委员会的实质性工作，都由各分委员会具体负责。各分委员会每年召开一次全体委员会议，每两年召开一次全国高职高专院校本专业类系主任大会。指导委员会要注意与各分委员会的沟通与联系，及时掌握各分委员会的工作动态。

2004年，我国高等职业教育事业迈上了一个新的平台，步入了一个新的发展阶段。面对高等职业教育改革与发展的新形势，国家明确提出了"以服务为宗旨，以就业为导向，走产学研结合的发展道路"的指导思想，以及"坚持培养生产、建设、管理、服务第一线需要的下得去、留得住、用得上，实践能力强，具有良好职业道德的高技能人才"的发展目标。这为我们指导委员会的高等职业教育研究提出了许多新的课题，需要我们从更高的高度、更宽广的视野重新审视这块教育。诸如高职高专土建类专业的教育定位、教育标准、高职学制、培养方案、培养模式、校企合作、实训基地建设、学分制管理、双证书制度等一系列的课题，都需要我们在原有的研究基础上深入调研。各分委员会要坚持从调查研究入手开展各项工作的工作思路，要选好课题，确定牵头院校和牵头人，安排好研究进度，确保每次会议都有研究报告或阶段性研究报告发表，使每一个研究报告都成为大家的共同财富，从而不断提高指导委员会的认识水平和工作水平。

面对新形势,我们还要用新思想、新观念抓紧各专业的教学文件建设。全国高职高专土建类指导性专业目录中27个专业的学制当时均定为3年,7个专业三年制的教育标准、培养方案和主干课程教学大纲已经出版,各分委员会要于2005年10月底之前将所负责的第二个重点专业的文稿交出版社正式出版发行。按照教育部提出的高等职业教育基本学制逐步以二年制为主的要求,各分委员会要积极组织学习实施技能型紧缺人才培养培训工程的4个专业的培养方案,在认真研究、消化理解的基础上,对所负责的每个专业分析论证,确定可实施二年制的专业,并写出论证报告。要求每个分委员会带一个二年制专业的教育标准、培养方案和主干课程教学大纲到明年指导委员会的会议上。

继续做好教材编辑出版工作,是今后一个时期指导委员会的一项重要工作。各分委员会首先要抓紧已进入编写阶段的55门教材的编审工作,在2005年年底前使这些教材与读者见面。另外,已启动的8个专业的主干课程教材基本属于传统学科教育改革的产物,各专业在培养方案中安排的形成职业能力的大量实践教学的内容,还急需研究开发一批用于实践教学的教材,这样一套教材才能比较完整地体现高职特色,才能反映以能力为本位。因此,集中力量将8个专业的实践教材编辑出版发行,应该作为明年教材编写的主要任务。2005年以后,我们还要启动其他专业的教材编写工作。

教学指导委员会肩负着重要的使命,各位委员在百忙中抽时间或利用休息时间为指导委员会做了大量工作,才有了今天这样的成果。作为主任委员,我要向大家致以深深的谢意,更期盼各位委员投入更多的精力,用我们大家的智慧和力量把工作做得更好。我们的课题研究工作已经起步,有些研究报告已有相当水平,但距离高屋建瓴地俯视高等职业教育还有很大差距,还请各位委员再做深入调查研究,并发动更多有研究能力的教师加入我们的研究工作,建立一支高水平的土建类高等职业教育的研究队伍,撰写出更多更好的研究报告。我们组织编制的教学文件、编写的教材已经初步体现了高职教育的特色,但还带有很深的学科教育烙印,需要进一步学习国内外有关高职教育的先进经验,深化改革,不断地修订我们的教学文件和教材。我们这届指导委员会的委员来自40余所院校,全国设有土建类专业的独立设置的高职高专院校就有219所,相比之下,我们代表的范围还很小,我们的委员要主动联系本地区的其他院校,请他们来参加指导委员会的活动。明年各分委员会要召集全国同类专业的系主任大会。要扩大指导委员会工作的参与面,集思广益,提高工作水平,增大指导服务的领域。做好高等职业教育必须背靠行业企业,做好指导委员会的工作必须取得行业企业专家的关心和指导,各分委员会都要千方百计聘请行业企业专家来参与我们的工作,使我们的工作水平在与建设行业企业的紧密联系中不断提升。

　　高职高专教育土建类专业教学指导委员会正式成立了，我们肩负着将全国同行组织起来，研究面临的重大课题，提出科学可行的方案措施，以高质量的研究成果、教学文件和特色教材等形式，对全国高职高专教育土建类专业进行指导和服务的使命，任重而道远。我们的工作刚刚起步，在今后的征途中，只要我们在教育部、建设部的正确领导下，团结一致、竭尽努力、不断总结、不断前进，一定会不辱使命，高水平地完成指导委员会的各项工作。

高等学校土建学科教学指导委员会高等职业教育专业委员会土建施工类专业指导小组工作总结[1]

高等学校土建学科教学指导委员会高等职业教育专业委员会土建施工类专业指导小组自 2002 年 3 月正式成立以来,遵照"研究、指导、咨询、服务"的宗旨,开展了多项工作,并取得了丰硕的成果,积极有效地指导了全国高职高专院校土建施工类专业的教育教学改革。现将两年多来的工作总结如下。

一、以就业为导向,积极开展专题研究

自土建施工类专业指导小组成立以来,始终坚持从深入研究高职高专教育面临的热点问题入手来开展各项工作的指导思想。紧紧围绕"以就业为导向",集中力量对教育定位、教育标准、培养方案、双证书制度和校企合作教育 5 个领域进行了专题研究,并撰写出颇具实用价值的研究报告 30 余篇,涌现出多所教育教学研究成果突出的院校,一批在某一研究领域具有较深造诣的专家脱颖而出。一些高水平的作者能从教育科学的理论高度和技术科学的宽广视野审视高职教育中的具体问题,其研究成果理论含量高,学术性强,又具有很强的实践性和可操作性,对于指导全国土建类高等职业教育的教学改革具有颇高的实用价值和现实意义。

二、突出高职教育特色,做好指导性教学文件建设

近年来,我国高等职业教育迅猛发展,但由于办学条件、起步早晚、认识水平等诸多因素的影响,各地区、各院校发展不平衡的现象也较严重,急需用指导性教学文件来指导全国的教学工作,以保证高等职业教育的特色、质量和规格。面临这样的急需,我们首先组织各院校调查建设行业企业对高职人才的实际需求,提出了土建施工类高职高专指导性专业目录;继而对所负责专业高职人才适应的职业岗位

---

[1] 2002 年 3 月,建设部组建了高等学校土建学科教学指导委员会高等职业教育专业委员会及包括土建施工类等 4 个专业类指导小组,并迅即展开了各项工作,取得了多方面的成果。2004 年 8 月,教育部委托建设部调整组建了新的高职高专教育土建类专业教学指导委员会及包括土建施工类等 5 个专业指导分委员会。2004 年 12 月在广州召开第一次会议,杜国城代表土建施工类指导小组向会议提交了前阶段工作汇报。

进行了深入的调查研究，整理出各专业高职人才适应的职业岗位调查分析表；在明确各专业培养目标的基础上，投入大量的精力编制专业教育标准、培养方案和主干课程教学大纲，经过充分论证，建筑工程技术、工程监理、道路与桥梁工程技术、铁路工程技术、隧道与地下工程技术和基础工程技术等 6 个专业的上述教学文件的初稿均已完成，建筑工程技术和工程监理 2 个重点专业的教育标准、培养方案和主干课程教学大纲已正式出版发行。

三、深化教学内容体系改革，抓好主干课程教材建设

教材是学校教学工作的基本依据，是深化教学改革、提高教学质量的重要保证。高职教学改革的核心是教学内容体系的改革，改革的成果要通过教材来体现。土建施工类专业指导小组成立伊始便十分重视这项工作，按照《建设类高等职业教育专业教材编审原则意见》的要求，组织全国力量，成立了土建施工类教材编审委员会，卓有成效地进行了教材的编审工作。建筑工程技术专业的 11 门主干课程教材已于 2004 年初与读者见面，以其突出的高职特色受到全国同行的好评。工程监理专业 5 门主干课程教材的编写工作正在进行之中，建筑工程技术专业实践课程教材编写的准备工作已经完成。

四、总结经验，找出差距，提高工作水平

回顾两年多的工作和所取得的成绩，主要的经验可归纳为：第一，时刻关注国家有关高等职业教育的新动态，主动学习、深刻领会高等职业教育领域的新观念、新思想和新经验；第二，密切关注建设事业改革与发展的态势，随时掌握建设行业企业对高职人才的需求状况；第三，紧紧依靠各院校的支持，注意发挥骨干院校的积极作用；第四，抓住热点问题，组织课题研究与攻关，着意培养一支高职教育研究的专家队伍；第五，重视高职特色教材建设，着力培养一批高水平的教材编审专家。

专业指导小组是一个仅有两年多历史的年轻的专家机构，其工作水平与所承担的工作责任相比较，差距还是很大的，主要表现在：第一，小组成员日常工作任务繁重，投入专业指导工作的时间和精力有限；第二，有些课题的研究，由于理论高度和占有资料的限制，尚欠深度；第三，新编写的教学文件和教材虽已努力体现了高职特色，但与"以就业为导向，以能力为本位"还有较大差距；第四，参加小组

活动的基本上是建设类高职高专院校,大量设有建设类专业的其他院校还有待抓紧发展;第五,小组中行业企业专家的作用尚待发挥。

高等学校土建学科教学指导委员会高等职业教育专业委员会土建施工类专业指导小组的历史任务已经完成,新组建的高职高专教育土建类专业教学指导委员会土建施工类专业分委员会一定会以更出色的工作,推动土建类高等职业教育登上新的台阶。

教学做合一，创建国家级示范性职业技术学院 ❶

黑龙江建筑职业技术学院前身是创建于 1948 年的哈尔滨工科高级职业学校、历经哈尔滨技术专门学校、建筑工程部哈尔滨建筑工程学校、黑龙江工学院附设工业学校、黑龙江建筑工程学校等历史沿革。1998 年 3 月，经原国家教委批准，与黑龙江省建筑职工大学合并组建为黑龙江建筑职业技术学院，成为当时全国建设行业和黑龙江省唯一一所独立建制的高等职业技术学院。

2000 年
（1）黑龙江省建筑材料工业学校并入学院。
（2）学院被建设部授予全国建设系统教育工作先进单位称号。

2001 年
（1）学院被教育部确定为全国 31 所国家级示范性职业技术学院重点建设院校之一。
（2）"建筑工程技术"专业和"建筑装饰工程技术"专业被评为教育部高职高专教学改革试点专业。
（3）"建筑经济管理"专业和"供热通风与空调工程技术"专业被评为黑龙江省高职高专教学改革试点专业。
（4）"建筑工程技术"专业被教育部批准为国家级"精品专业"建设单位。

2002 年
（1）学院被建设部确定为全国高等学校土建学科教学指导委员会高等职业教育专业委员会牵头单位。
（2）"建筑工程技术""供热通风与空调工程技术""建筑电气工程技术""建筑企业经济管理"4 个专业被建设部确定为中德合作专业教学改革试点专业。

2003 年
（1）黑龙江省纺织工业学校并入学院。
（2）学院被黑龙江省政府授予省职业教育先进单位称号。

2004 年
（1）学院被教育部、建设部确定为高职高专教育土建类专业教学指导委员会牵

---

❶ 2005 年 10 月，国务院颁发了《关于大力发展职业教育的决定》(国发〔2005〕35 号)，提出要重点建设 100 所示范性高等职业院校。黑龙江建筑职业技术学院抓住契机，力争入选国家级示范性高等职业院校。本文为 2005 年 12 月在中国建设教育协会召开的研讨会上发表的交流材料，由杜国城执笔。

头单位。

（2）学院在哈尔滨市松花江北岸大学校园区购置土地93万平方米，规划建筑面积为38.75万平方米，计划投资6.5亿元。2005年秋，一期工程竣工，可容纳3000名学生；2006年秋，全部工程竣工，可容纳在校生10000名。一年一个台阶，一步一次跨越，迈着坚实的步伐，健步走向国家级示范性职业技术学院的光荣行列。

一、明确办学思想，满足两个需求，实现一个目标

自学院建院以来，始终坚持从满足建设行业对高职人才的实际需求出发，从满足广大高中阶段毕业生迫切要求接受高等教育的需求出发，为建设行业生产一线培养"下得去、用得上、留得住"的高等技术应用型人才的办学指导思想。建院7年来已经为全国建设行业输送了6届4831名合格毕业生，2000年以来，每年毕业生的一次就业率都在90%以上，每年都超计划完成招生计划，受到用人部门的好评和全国各地考生的青睐。

（一）从满足建设行业的实际需求出发，准确把握教育定位

1. 调查分析建设行业生产一线对技术与管理人才的需求，设置高职对应专业

改革开放以来，建设事业迅猛发展。2003年，建筑业的增加值已达8166亿元，占国内生产总值的7%；房地产开发完成10106亿元；建筑业和房地产业已成为国民经济中举足轻重的支柱产业。2002年，全国建设行业从业人员已达5000万人，其中仅建筑业就有3893万人。由于队伍的急速扩大，各类专业技术与管理人才的严重短缺，这就为建设类高职院校的改革与发展提供了广阔的空间。面对学院发展的大好机遇，我们主动出击，调查分析生产一线具体的岗位需求，将相近的几个岗位归类为一个个的岗位群，针对岗位群的实际需要和培养周期设置一个个的对应专业。从行业对人才的实际需求出发，学院积极做好教师和教学设施的准备工作，逐年拓展服务的专业领域，学院所设专业已由1998年的6个专业扩展到目前的47个专业，这些专业基本涵盖了建设行业中高职人才能够适应的各个专业领域，基本满足了行业对各个门类高职人才的专业需求。需求是高等职业教育发展的强大动力，按照行业对各类高职人才的实际需要，设置专业、培养人才，毕业生一定会受到行业企业的欢迎，一定会在对口的专业和岗位上就业并发挥作用，学院就一定会在这样一个良性循环的机制下发展壮大。

2. 从生产一线对高职人才岗位职业能力的实际需要出发，明确专业培养目标

培养目标问题是教育思想的核心，各级各类教育的特色首先要表现在它的培养目标上。职业教育是以培养从事一种职业所需要的能力为目标的教育，高等职业教育就是以培养生产、建设、管理、服务一线的高等技术应用型人才职业能力为目标的教育，建设类高等职业教育则主要是以培养建筑施工生产一线技术管理、项目管理人才职业能力为目标的教育。学院每设置一个专业，都依靠主要由行业企业专家组成的专业指导委员会充分研究分析培养目标的岗位职业能力，明确毕业生履行岗位职业工作必需的能力结构、知识结构和素质结构，完成对培养目标所适应的职业岗位群、职业能力、人才特点和人才规格的研究和分析。只有由此出发，我们才能真正做好以能力为本位的高等职业教育。在对培养目标的研究中，我们逐步认识到：高等职业教育与普通高等教育是两种不同类型的教育，其根本区别是"能力本位"教育和"学科本位"教育的区别。在建设类专业领域，其区别还表现在前者主要是培养将工程图纸转化为工程实体的施工型人才，而后者主要是将工程理论、设计思想转化为工程图纸的设计型人才。在市场经济条件下，前者必须突出"零距离"培养的"成品型"教育特色，而后者仍保持浓重的"工程师初步训练"的"粗坯型"教育的传统理念。自建院以来，我们始终坚持"能力型""施工型""成品型"人才的培养目标，带动了教育教学领域方方面面的改革，基本实现了学生"毕业即就业，就业即上岗，上岗即顶岗"的教育目标。

（二）从满足广大高中阶段毕业生接受高等教育的迫切需求出发，转变教育思想

近年来，随着高校逐年扩招，我国的高等教育以令世人惊异的速度从"精英教育"迈入"大众化教育"的时代。大量在"精英教育"时代落榜分数段的考生进入高等学校尤其是高职院校学习，这是关乎人们平等的受教育有权利，关乎提高整个国民素质，关乎提高国家综合国力和竞争实力的一次重大的社会进步。但许多习惯于"精英教育"的教育工作者却由于学生入学分数低了，对是否能够将这些学生培养成为合格人才表示了怀疑。为了避免这种思潮在学院滋生、蔓延可能产生的消极影响，我们组织全院职工学习教育理论，树立新的人才观、质量观和教学观，坚定了只要我们转变教育思想，完全可以把这些高考分数较低的学生培养成为合格人才、优秀人才的信心。

美国哈佛大学著名心理学家加德纳（Haward Gardner）教授在他提出的多元智能理论中提出，人类的智能是多元的，不是一种能力而是一组能力。个体身上独

立存在着与特定认知领域或知识范畴相联系的 7 种智能，包括逻辑数理智能、言语语言智能、音乐节奏智能、视觉空间智能、身体动觉智能、交流交往智能和自知自省智能。每一个体由上述 7 种智能中的某几种构成了他特有的智能结构和智力类型，因此形成了不同智能倾向的各种个体。从总体来说，个体的智力类型大致呈现为两大类，一类是抽象思维，另一类是形象思维。通过学习、教育与培养，抽象思维者可以成为研究型、学术型、设计型的佼佼者，而形象思维者则可以成为技术型、技能型、技艺型的佼佼者。由此，我们得到这样的认识，教育的根本任务就在于根据人的智能结构、智力类型，采取与之相适应的培养模式，来达到发现人的价值、发挥人的潜能、发展人的个性的目的。就高等职业教育而言，其教育对象主要具有形象思维的特点，他们与普通大学的学生相比，他们是同一层次不同类型的人才，只有智力类型的侧重，没有智力高低之分，他们通过与他们的智力类型相适应的高等职业教育，就可以发挥他们在形象思维方面的优势，成为社会生活中技术、技能方面的优秀人才。多元智能理论的学习，使我们树立了全新的人才观。长期以来，以文化课考试分数、高考成绩作为衡量所有学生的标准是片面的，只要我们能对高职学生的智能结构和智力类型准确定位，深入研究探索高职教育的规律，用生产一线岗位职业能力的综合标准来评价学生，我们就能培养出优秀的高等技术应用型人才。学习多元智能理论，使全院职工增强了办好学院的决心，使全院学生增强了自立成才的信心。面对我国建设行业对高职人才的巨大需求，面对我国广大高中阶段毕业生接受高等职业教育的迫切需求，只要我们能准确把握学院的教育定位，掌握高等职业教育的规律，就一定能够为我国建设事业生产一线培养出一批批"下得去、用得上、留得住"的高等技术应用型人才。

二、用"教学做合一"的教学思想指导学院的教育教学改革

高等职业教育的培养目标需要与之相适应的课程内容体系和实施体系来有效支撑，而这一内容体系的开发和实施体系的构建都必须摆脱学科本位的束缚，建立以能力为本位的新体系，通过学习陶行知的教育理论，我们在学院明确了"教学做合一"的教学指导思想。

（一）学习陶行知教育理论，明确"教学做合一"的教学指导思想

伟大的人民教育家陶行知先生在 1927 年前后提出了"生活即教育,社会即学校,教学做合一"的教育理论，结合我们的教学改革实践，我们感到这一理论对于指导

当前我国高等职业教育改革是很有现实意义的。陶行知先生精辟地指出："教的法根据学的法，学的法根据做的法。事怎么做就怎么学，怎么学就怎么教……教学做有一个共同的中心，这个中心就是'事'，就是实际生活……"对比当前高等职业教育中理论课程多，实践课程少，课堂教学多，现场教学少，学用脱节现象严重的现状，我们有必要重温陶行知先生的教育思想，来推动我们的教育教学改革。我们本着"教学做合一"的教育理念，普遍加大了实践教学的时数。采取"2+1"的培养模式，将第3学年整个安排到施工现场去真刀真枪地实战；对理论课程加大力度进行了增删、整合，努力做到学用一致，理论与实践相结合。整个教学内容的安排紧密围绕建筑产品生产过程这件"事"，构建一个理论教学与实践教学紧密结合、课堂教学与现场教学密切配合的"教学做合一"的课程内容新体系。

（二）学习知识分类与转移的先进理论，走校企合作教育之路

国际经济合作与发展组织在对知识分类时指出，存在两种属性的应用性知识：一是要解答"是什么"（事实与概念）和"为什么"（理解与原理）的陈述性知识，二是要解答"怎么做"（经验）和"怎么做更好"（策略）的过程性知识。陈述性知识又称为归类知识或显性知识，过程性知识又称为沉默知识或隐性知识。归类知识多可量化、可文字化、可符号化，因此可通过传统教学、自学或其他有形媒体的传播等方式来获得；而沉默知识多为无法或很难量化、文字化、符号化或很难通过书面形式表现的极具个性化的知识，必须在掌握一定的归类知识后经由个体的实践活动获得。通过对于知识分类和转移规律的学习，我们认识到，对于高职学生经验性和策略性的沉默知识是他们首先要掌握的，因此加强实践教学，尤其是现场的实践教学是高职教学改革的必然途径。

建筑产品的生产过程是一个复杂的、不可重复的过程，这一过程决定了其不能在学校中模拟，因此建设类专业的实践教学，尤其是综合性强的实践教学必须在建筑施工企业中进行。自建院以来，我们始终重视在企业进行的实践教学，安排学生在整个第3学年到全国各地较大型的工程项目、成熟的建筑企业中进行现场实践。经过多年的实践，我院在全国各地的近百家企业建立了实践教学基地，由于一次实践的时间较长，学生到现场普遍表现出较好的道德风貌、吃苦耐劳的良好品质、勤于动手肯于动脑的学习精神，几个月后便能配合现场技术人员做一些业务工作，受到企业的欢迎。企业派专家参加学院各专业的指导委员会工作，帮助学校按需求开设专业，确定培养目标，编制培养方案等教学文件，安排实践教学，配备指导教师，评定学生实践教学的成绩，参加毕业答辩等教学活动，全面介入学校的教学全过程，

已经基本形成了校企合作教育的有效机制。我们正在积极推进这项工作向深层次发展，使双方互利双赢的真正意义上的校企合作教育尽早确立起来。

自建院以来，我们自觉贯彻党的教育方针，"坚持教育为社会主义现代化建设服务，为人民服务，与生产劳动和社会实践相结合，培养德、智、体、美全面发展的社会主义建设者和接班人"。我们确立了明确的办学与教育指导思想，通过全院师生的共同努力，学院各项工作都发生了令人鼓舞的改观。我们一定要继续努力奋斗，坚持"教学做合一"的教育理念，争取尽早将我院建成为国家级示范性职业技术学院。

以服务为宗旨，以就业为导向，推动土建类高等职业教育的改革与发展 ❶

各位领导、各位委员：

全国职业教育工作会议于 11 月 14—15 日在北京胜利召开，标志着我国职业教育进入了一个改革与发展的新阶段。在全国职业教育战线学习传达贯彻会议精神的时候，高职高专教育土建类专业教学指导委员会第二次会议今天在北方明珠——大连顺利召开，首先让我代表指导委员会对会议表示热烈的祝贺，对光临指导会议的各位领导表示由衷的感谢，对沈阳建筑大学职业技术学院精心筹备了本次会议表示衷心的谢意。

下面，我代表指导委员会向会议做工作报告，请予审议。

一、工作回顾

高职高专教育土建类专业教学指导委员会于 2004 年 8 月 5 日由建设部颁发的建人教函〔2004〕169 号文件正式组建，2004 年 12 月 21 日于广州召开了第一次会议。近一年来，按照第一次会议制订的工作规划和计划，委员会和各分委员会积极主动地开展了各项活动，卓有成效地完成了各项工作任务。

（一）开展课题研究，理清工作思路

高等职业教育是我国教育领域中的新生力量，它是改革开放逐步深入、市场经济逐渐完善的必然产物，其以为生产、建设、管理、服务第一线培养高等技术应用型人才为特色，近年来发展迅猛，在校学生数已占高校学生总数的一半。但由于长期计划经济下传统学科教育的影响至深，我们对高等职业教育的教育理论、指导思想、教育定位、规格标准、教学内容、培养方案、评价体系等方面的认识和理解还很肤浅，急于着手教学文件和教材建设，只能"穿新鞋、走老路"，又走回我们熟悉的以学科为本位的教育。基于这样的认识，教学指导委员会成立伊始，我们就确定

---

❶ 本文为 2005 年 11 月 22 日在高职高专教育土建类专业教学指导委员会第二次会议上，王凤君主任做的工作报告，由杜国城执笔。

了以课题研究引路开展各项工作的基本思路。结合当前面临的热点问题,将土建类高等职业教育的专业教育定位、教育标准、培养模式、校企合作、评价体系、双证直通等作为重点研究课题,确定牵头院校和牵头人,学习国内外的先进理论和经验,深入行业企业调查分析,撰写研究报告,在指导委员会的活动中交流研讨,大大提高了我们的认识水平和驾驭高等职业教育的能力。我们深刻地理解了"以服务为宗旨,以就业为导向"是高等职业教育的本质特征,培养学生的职业能力是高等职业教育的核心任务。根据土建类高等职业教育主要是为建筑施工企业生产一线培养施工技术人才和管理人才的特点,我们用"技术型""能力型""成品型"具体描述国家提出的"高等技术应用型"这一培养目标,为把握教育定位,廓清教学改革方向,奠定了坚实的基础。通过调查研究我们还认识到,各地区、各院校实现同一培养目标的人才培养模式可以是多样的;同一专业的教学内容体系、主干课程内容是一致的,但各地区、各院校教学计划的安排是可以各有特色的。在"建筑工程技术"专业的培养目标完全一致的前提下,黑龙江建筑职业技术学院采取了2年在学校1年在企业的"2+1"培养模式,浙江建设职业技术学院则采取了前4个学期在学校理论教学和单项实践,第5个学期在学校综合实践,第6个学期到企业毕业实践的"411"培养模式。由于都充分地利用了企业的教育资源,使企业介入教育的全过程,较好地实施了"校企合作,产学结合",因此都取得了良好的教学效果。

2004年5月,本指导委员会的前身高等学校土建学科教学指导委员会高等职业教育专业委员会的研究课题——"土建类高职人才培养体系的研究与实践",被列入建设部2004年科学技术项目计划。2005年10月,课题的研究成果通过了验收委员会的专家评审,前不久建设部科技司已正式颁发验收证书。

2004年12月,教育部高等教育司将"高职高专教育土建类专业教学内容与实践教学体系研究"课题委托给本委员会进行专题研究,并拨款8万元作为课题研究经费。这项工作正在进行之中,预计2006年6月前正式结题。

(二)编制教学文件,指导教学工作

编制教学文件是指导委员会的一项重要工作。在课题研究、转变观念、提高认识之后,我们对教育部颁布的土建类27个高职高专专业的培养目标进行了认真的调查分析,并在此基础上编制了各专业的教育标准、培养方案和主干课程教学大纲。建筑工程技术、工程监理、工程造价、建筑装饰工程技术、给排水工程技术、供热通风与空调工程技术和建筑电气工程技术等7个专业的教育标准、培养方案和主干课程教学大纲已由中国建筑工业出版社正式出版发行。这套教学文件基本体现了以就业为导向、以能力为本位的指导思想，认真实施便可保证专业培养目标的实现，使学生毕业即可顶岗工作。因此，这套教学文件的完成对于全国高职高专土建类专业保证培养规格和标准，提高人才培养水平，突出高职特色具有非常直接的指导作用。

（三）做好教材建设，改革教学内容

教材是把教育思想、观念和宗旨等转化为教育实践的中介，是体现教学内容和教学方式的载体，教学改革的成果必须通过教材来具体反映。因此，编写出具有高职特色的教材，对于全国各院校保证培养质量，实现培养目标，推动教学改革是至关重要的。本委员会十分重视教材建设工作，2002年11月专门制定了《建设类高等职业教育专业教材编审原则意见》，对编审人员、编写范围、编写内容等提出了具体要求。迄今为止，已有建筑工程技术、工程监理、工程造价、物业管理、建筑装饰工程技术、给排水工程技术、供热通风与空调工程技术和建筑电气工程技术等8个专业69门教材，以指导委员会推荐教材的名义正式出版发行。这些教材的内容体现了指导委员会成立以来教学改革的成果，总体水平和使用范围均居全国同类教材前列，受到全国同行和业内专家的好评。

（四）建设多媒体素材库，推动现代教育技术的应用

近年来，多媒体技术广泛应用于教学领域，促使教与学的传统模式发生了革命性的转变。多媒体课件作为一种将教学内容与教学处理策略有效结合的信息化产品，具有直观性、生动性、交互性、可重复性、易传播性等特点，使学生突破了时间、空间的限制，随时随地自主学习、反复学习，使更多的人共享优质教育资源。市政工程类专业指导分委员会率先开展了多媒体教学素材库建设，集中全国各院校的力量，首先把课程的重点、要点、难点问题中适宜用多媒体技术来表达的部分制作成多媒体素材，建造一个教学素材库平台，供各院校教师在开发多媒体课件、创建现代化课堂时使用。这项工作的开展，对于各院校加快多媒体课件的建设进程，促进现代教育技术的应用与推广，创建精品课程和精品专业是具有重要意义的。目前，"市政工程构造与识图"和"水处理工程技术"两门课程的素材库建设的试点工作已经展开，2006年上半年即可完成试用稿，供全国各院校使用。

（五）抓好技能型紧缺人才培养培训工程的研究，推进高职学制改革

2004年10月，教育部、建设部联合发出《关于实施职业院校建设行业技能型

紧缺人才培养培训工程的通知》，决定在建筑施工（含市政工程施工）、建筑装饰、建筑设备、建筑智能化4个专业领域，在全国选择71所高职学院作为建设行业实施技能型紧缺人才培养培训基地，与各地推荐的企业合作开展建设行业技能型紧缺人才培养培训工程。在教育部、建设部有关领导的主持下，经过一年来的紧张学习、研讨和工作，4个专业的培养培训指导方案以及配套教材正式出版发行。从2005年新学期开始，许多院校已经招收这一培养培训工程的新生，并按新的培养培训方案对他们实施教育。新的方案建立了以就业为导向的课程内容体系，构建了理论学习与能力训练高度统一、按照工作程序安排的模块化教学与训练项目，彻底打破了学科教育体系。着力实施"行动导向"的项目教学法，开展师生通过共同实施一个项目工作而进行的教学活动，真正做到"干中学，学中干"。这是一个全新的、先进的方案，它对教学环境和教师的要求都很高，实施这一方案对各院校都是一次新的尝试和考验。四川建筑职业技术学院胡兴福老师、上海建峰职业技术学院诸葛棠老师、江苏建筑职业技术学院蒋志良老师和黑龙江建筑职业技术学院孙景芝老师分别牵头编制了"建筑工程技术""建筑装饰工程技术""建筑设备工程技术""楼宇智能化工程技术"4个专业的培养培训指导方案，为这项工程的实施奠定了很好的基础。今年以来，各分指导委员会都组织了对相关专业培养培训指导方案的学习和研讨，本教学指导委员会利用暑假还组织了全国性的骨干教师培训班，对全国各院校实施这项工程起到了很好的指导作用。

回顾指导委员会的工作，我们的基本经验是：深刻领会国家关于高等职业教育改革与发展的方针政策，主动学习国内外高等职业教育领域的新思想、新观念和新经验，是做好指导委员会工作的思想基础；密切关注建设事业改革与发展态势，随时掌握建设行业企业对高职人才的需求状况，是做好指导委员会工作的社会基础；主动加强与教育主管部门的联系，准确领会教育部、建设部有关高等职业教育的工作思路，是做好指导委员会工作的组织基础；发挥各分委员会的工作实体作用，调动各骨干院校的牵头作用，是做好指导委员会工作的基本保证；着力造就一批高职教育的研究专家，注意培养一支高水平的高职教材编审队伍，是做好指导委员会工作的人才保证。

二、贯彻全国职业教育工作会议精神，做好下一步工作

全国职业教育工作会议的召开，意味着我国的职业教育步入了一个新的发展阶段。面对新形势，我们必须坚持从研究新情况、新问题入手，开展各项工作的基本

思路。新阶段、新形势要求我们从更高的高度、更宽广的视野重新审视高等职业教育，诸如教育定位、教育标准、培养方案、实践教学、培养模式、高职学制，校企合作、实训基地、学分制、双证书、教育技术、精品课程、精品专业、教学评价、教育评估等一系列的课题都需要我们在原有基础上做进一步研究。各分委员会要选好课题，组织力量研究攻关，确保每个阶段都能在完成具体工作的同时，在教育科研领域也有所突破、有所建树。为把高职教育研究工作引向深入，使其步入规范化的管理轨道，我们拟订了《高职高专教育土建类专业教学指导委员会科研课题立项管理暂行规定》，在本次会议上通过后，即可按规定程序立项、结题、评奖，以至向建设部、教育部推荐申报部级、国家级优秀成果。我们还要于 2006 年 6 月按时完成教育部委托指导委员会的"高职高专教育土建类专业教学内容与实践教学体系研究"课题的研究任务。

要用新思想、新观念继续抓好各专业的教学文件建设。高职高专土建类指导性专业目录所列 27 个专业中，第 1 批 7 个重点专业的教育标准、培养方案和主干课程教学大纲已经出版，按工作计划的要求，第 2 批重点专业同样内容的教学文件应于 2005 年内完成出版任务，请各分委员会抓紧落实。教育部、建设部都很重视技能型紧缺人才培养培训工程和两年制学制改革，最近在成都刚刚举办了实施职业院校建设行业技能型紧缺人才培养培训工程培训班，教育部和建设部的有关领导都做了重要报告。各分委员会要进一步学习研讨、消化理解已经编制颁发的 4 个专业的两年制培养培训指导方案，分析论证所负责的专业中可实施两年制的专业，并于 2006 年提出切实可行的培养方案。

继续做好教材编写出版工作。要抓紧已进入编写阶段尚未按期交稿的教材的编审工作，2006 年要把第一批重点专业的主干课程教材出齐出好。此外，各专业在培养方案中安排的形成职业能力的大量实践教学的内容，还急需研究开发一批用于实践教学、体现高职特色的实训教材，希望各分委员会将这项工作作为 2006 年的工作重点，并有所作为。建筑工程技术专业的 5 门实训教材已进入编写阶段，2006 年 9 月即可出版发行。

多媒体教学素材库建设是一项重要工作，市政工程类专业指导分委员会已经创造性地率先开展了这项工作，希望其他各分委员会向市政分委员会学习先进经验，选 1~2 门课程，于 2006 年正式启动素材库的建设工作。

教学指导委员会肩负着重要的使命，由于各位委员在百忙中热心地为指导委员会做了大量工作，才有了今天这样的成果。作为主任委员，我要向大家致以深深的谢意，更企盼各位委员投入更多的精力，用我们大家的智慧和力量把工作做得更好。我们的课题研究工作已经得到大家的重视，有些研究报告已有较高水平，但距离高屋建瓴地俯视高等职业教育、在纵深层次上贴近行业企业还有较大差距。还请各位委员再做深入学习和调研，并发动更多有研究能力的同志参与课题研究，建立一支高水平的研究队伍，取得更多更好的研究成果。我们组织编写的教学文件和教材已经初步体现了高职的特色，但还带有很深的学科本位的烙印，尤其实践教学的内容体系还不能适应以"就业为导向，以能力为本位"的实际需要。我们还须进一步深化改革，不断修订已经出版的教学文件和教材。这届指导委员会的委员来自40余所院校，和全国设有土建类专业的300余所独立设置的高职高专院校相比，我们代表的范围还很小，我们的委员要主动联系本地区的其他院校，各分委员会要有计划地召开各院校土建类专业系主任会议，扩大指导委员会工作的参与面，集思广益，提高工作水平，扩大指导服务的领域。做好高等职业教育必须依靠行业企业，做好指导委员会的工作必须取得行业企业专家的关心和指导，各分委员会都要积极争取行业企业的专家全面参与我们的工作，使我们的工作水平在与行业企业的紧密联系中不断提升。

高职高专教育土建类专业教学指导委员会承担着将全国同行组织起来，研究面临的重大课题，提出科学可行的方案措施，以高质量的研究成果、教学文件和特色教材等形式，对全国高职高专教育土建类专业进行指导和服务的使命，任重而道远。我们的工作刚刚起步，在今后的征途中，只要我们在教育部、建设部的正确领导下，团结一致，竭尽努力，不断总结，不断前进，一定会不辱使命、高水平地完成指导委员会的各项工作。

走校企合作之路，育适用对路人才[1]

2005 年，对于中国的职业教育是具有里程碑意义的一年。9 月 21 日，温家宝总理主持召开国务院常务会议，研究部署加强职业教育工作。10 月 28 日，国务院印发《关于大力发展职业教育的决定》（以下简称《决定》）。11 月 7—8 日，国务院召开全国职业教育工作会议。通过一系列会议和决定，国家明确提出把大力发展职业教育作为当前和今后一个时期教育工作的战略重点。全国上下迅速掀起了一个学习宣传和贯彻落实全国职业教育工作会议精神的热潮。《决定》明确提出了"坚持以就业为导向，深化职业教育教学改革"的任务，要求职业院校"大力推行工学结合、校企合作的人才培养模式"。在学习贯彻全国职业教育工作会议精神的过程中，黑龙江建筑职业技术学院以会议精神为指南，认真回顾总结了建院 8 年来所走过的校企合作之路。

黑龙江建筑职业技术学院于 1998 年 3 月正式组建以来，始终坚持充分利用企业的教育资源，校企合作培养建筑施工现场急需的技术人才和管理人才的办学指导思想，8 年来，为全国建筑施工企业输送了 4793 名"下得去、用得上、留得住"的合格毕业生，受到行业企业的普遍赞誉和好评。2000—2005 年连续 6 年毕业生一次就业率都保持在 90% 以上，就业和招生两旺，学校发展态势喜人。各级领导多次到校视察，对学校的教育教学改革和良好发展势头，特别是校企合作培养高职人才的良好做法给予了充分的肯定和表扬。

一、提出校企合作培养高职人才的背景

1998 年 3 月建院伊始，黑龙江省教育厅从已确定的 1998 年高校招生计划中划拨出 300 名招生数额给我院，其中 90 名招中专毕业生，学制 2 年；210 名招高中毕业生，学制 3 年。高等职业教育在我国是一个新生事物，面对要对这些学生实施高等职业教育的使命，我们没有这方面的工作经验，对国内外高等职业教育的发展状况了解不多、知之甚少。我们便从"为什么办高职""什么是高职""怎么办高职"这几个基本问题的学习讨论开始，提高认识，求得共识；继而派人到国内先进院校

---

[1] 本文为 2006 年 3 月黑龙江建筑职业技术学院在中国建设教育协会三届四次理事会议的交流材料，由杜国城执笔。

学习，到加拿大、美国、德国、澳大利亚等职业教育发达的国家去学习；带着国内外的先进理念再深入全国各地的建筑施工企业去调查研究、综合分析。

我们领悟到，随着改革开放的逐步深入，教育的周边环境和社会背景发生了根本性的变化。

（1）市场经济在逐步完善和确立，企业已经由计划经济下的生产单位转变为自主经营的独立实体。企业的用人制度发生了本质性的改变，由被动接受国家计划分配的大中专毕业生转变为在人才市场中自主选择所需的各类人才，由允许毕业生到企业后见习一段时间后上岗转变为要求毕业生到企业直接上岗顶岗。

（2）随着计划经济向市场经济的逐步过渡，国家的劳动人事制度发生了本质变化，由对大中专学生按国家计划统招统分的招生就业制度，转变为学校推荐、毕业生与企业双向选择、学生自主择业的新的就业体制。

我们认识到，高等职业教育是市场经济的必然产物，是一种直接与市场接轨、直接为市场经济服务的高等教育类型。要办好高等职业教育，必须对计划经济下沿袭多年的教育思想、培养模式进行彻底的变革。

（1）高等职业院校应以学生"毕业即就业、就业即顶岗"作为学校工作的根本目标，必须实现由多年来实施的"粗坯型"教育向适应市场经济的"成品型"教育的转变。

（2）高等职业教育是以能力为本位、以职业为导向的专业技术教育，必须实现由"学科本位"教育向"能力本位"教育的转变。

（3）建筑类高等职业教育的培养目标主要应定位在将工程图纸转化为工程实体的施工技术人才和管理人才，必须实现由培养"本科压缩型"的"工程型""设计型"人才向培养"技术型""施工型"人才的转变。

基于以上的认识，我们明确了要做好建设高等职业教育，就必须坚持"成品型""能力型""施工型"的培养目标。为了弄清怎样实现这个培养目标，我们虚心向行业企业专家请教，向国内外高等职业教育的先进经验学习，经过反复研讨，取得了以下共识。

（1）必须加强实践教学，根据培养目标的能力结构，构建一个相对独立的，与理论教学体系彼此渗透、互相融合、相互支撑的实践教学体系。

（2）相对独立的实践教学体系是培养职业能力的主要途径，而在企业进行的现场实践又是其中的关键。由于建筑产品的生产过程周期长、耗材多、工作环境复杂、不可重复性等特点，不可能在校内完全模拟施工现场的技术过程和管理过程，更不可能在校内营造与施工现场氛围相同的实践环境。因此，必须把学生派到施工现场去，利用企业的教育资源，在真实的工程项目中，在现场技术人员的指导下，真刀真枪地做，毕业时才能具备符合上岗要求的岗位职业能力。

（3）学生在校内以学习掌握理论知识为主，同时进行课程实践和单项实践；在企业以通过综合实践形成上岗的职业能力为主，同时接受企业专家的专题培训，探索一条校企合作培养高职人才的新途径。

（4）建筑产品体量一般较大、生产周期较长，考虑学生毕业时上岗所需职业能力的复杂性和综合性，参考很多发达国家高等职业教育院校都安排一半左右的时间让学生在企业和用人部门进行实践，以及建筑施工企业希望学生现场实践的时间长一些等多方面因素，我们认为安排一年的时间在企业完成综合性实践教学比较合宜，中专毕业的两年制新生实施"1+1"模式，高中毕业的三年制新生则实施"2+1"模式。

二、探索校企合作培养高职人才的有益尝试

（一）以"1+1"培养模式为突破口，率先进行小规模试点

1998年在中专毕业生中招收3个专业两年制90名新生，这些学生都是高中毕业后经高考升入黑龙江省建筑工程学校学习2年中专课程，中专毕业后又升入我院对口专业的，基础很好。但他们高职毕业后便不能由国家统一分配工作，必须自主择业。面对这种情况，我们清醒地认识到，必须让这些学生毕业后便受到企业的欢迎，我们这所新学院才能在高等职业教育领域找到立足点，打开新局面。要使学生毕业即就业，就必须使学生毕业时便具备基本的施工现场技术与管理工作的岗位职业能力，用我们原来主要在学校学习的两年制培养方案能行吗？肯定不行。按照学院提出的"牵住就业这个牛鼻子，带动教育教学改革"的指导思想，我们对原专业培养方案进行了大刀阔斧的修订，只安排学生在学校集中学习一年，根据施工现场对高职学生知识能力的要求，将学生的基础知识、专业知识和基本技能有针对性地由中专层次提高到大专层次，同时加强了AutoCAD、工程预算软件、施工管理软件等现场工作急需的计算机技术的校内训练，又按照使学生毕业即能顶岗工作的要求编制了综合实践教学大纲，将第2学年全部用于在企业的综合实践。

我们选择了设备力量强、管理水平高、技术力量雄厚的中国建筑总公司第一工程局（以下简称中建一局）做我们的合作企业，中建一局又为我们选择了所属优秀企业、代表性的大型项目和经验丰富的指导教师，学生到现场后精神振奋，刻苦学习实践本领，全面展示朴实无华、吃苦耐劳的潜在品质。整整一年的企业实践使他们适应了企业的工作环境，基本具备了施工现场岗位工作所需的职业能力，通过现

场综合实践的毕业答辩后，大部分学生留在了中建一局就业，余下部分当年全部在黑龙江建工集团等大型建筑施工企业就业。

第一批"1+1"的小规模试点，使我们坚定了通过校企合作培养高职人才的信心。以后相继又有两届中专毕业生入学后采取同样的培养模式，都取得了很好的效果。

（二）实施"2+1"培养模式，全面展开校企合作培养高职人才

在"1+1"培养模式取得初步成功的基础上，我们又在招收高中毕业生、中职毕业生入学实施三年制教育的专业，全面开展了两年在学校集中学习、最后一年到企业综合实践的"2+1"模式的改革。到目前为止，已有5届14个专业2208名学生通过"2+1"模式的培养，成为毕业即能顶岗工作的合格高职毕业生。"2+1"培养模式是一个内涵十分丰富的课题，这些年来我们在实践中不断对它进行研究和探索，逐步深化对它的理解和认识，使它的内容日趋充实和饱满。

1. 千方百计地争取越来越多的优秀企业成为实践教学基地

实践教学基地的选择和争取是实施校企合作教育中最重要的一项工作，在当前国家还没有出台具体的法规和政策使企业主动承担教育培训任务之前，我们首先利用办学50余年来分布在全国各地的毕业生这个宝贵的财富，请他们理解支持校企合作培养人才这项工作，许多毕业生怀着对母校的深厚感情大力支持了学校的工作。迄今为止，我院绝大部分实践教学基地是靠历届毕业生与学校的亲情关系建立起来的。

但只靠这一种模式的校企合作不会持久，必须充分考虑工程项目部的实际利益，形成互利的机制，才能长时间地保持校企合作的稳定关系。总体来说，大部分学生到现场3个月内还伸不上手、帮不上忙，但3个月以后便可以参与一些简单的工作，6个月以后在技术人员指导下便能完成某些较复杂的工作了。因此，企业最不欢迎按过去的教学计划到现场实习2~3个月的学生。我们安排学生到现场一年，许多企业从自身利益考虑，认为这种校企合作的关系是可以长期保持的。校企之间的互利机制还要通过明确双方责任义务的合作协议来体现，我院与所有合作企业都签订了相关的协议，较好地保证了校企合作教育的顺利开展。

此外，必须在校内加强对学生的思想品质和职业道德教育，使他们热爱建筑业，具有在建筑施工生产第一线摸爬滚打、建功立业的思想准备。同时，在校内还必须使学生学好现场必需的专业知识，练好必备的职业技能。这样学生才能高起点地进入现场进行综合实践，以自己较高的品德风范和较好的知识技能赢得企业的欢迎。这也是黑龙江建筑职业技术学院实践教学基地建设取得良好效果的自在优势。

目前我院的实验教学基地已遍布黑龙江各地以及京津唐、长三角、珠三角等经济发达地区，成为进一步做好校企合作的雄厚社会基础。

2. 制订科学的综合实践方案，保证综合实践的总体效果

为使为期一年的综合实践内容完整、科学规范，各专业都结合培养目标的职业岗位群和职业能力结构制订了《实践大纲》《实践指导书》《实践计划》《实践写实表》等教学文件，对综合实践的目的、内容、实施方法、考核办法及有关技术和管理岗位的业务内涵做了明确的规定和介绍。这些文件使学生对综合实践的整体轮廓有了明确的认识，在不断完成阶段性目标的基础上，最终实现整体目标；这些文件使指导教师对指导任务和内容更加明确，使指导更具针对性、科学性和规范性。

"建筑工程技术"专业为了使综合实践的内容具体化、系统化，编写了"建筑工程识图实训""建筑工程技术管理实训""建筑工程质量与安全管理实训""建筑施工组织与成本管理实训""建筑工程资料管理实训"5门实训大纲，大大丰富了综合实践教学大纲的内容。与此相关的5门实训教材正在与兄弟院校联手编写之中，明年7月即可由中国建筑工业出版社正式出版。到那时，该专业的实践教学的内容体系就基本形成了。

3. 树立大教育观，以企业专家为主对学生进行综合评价

传统的以学校教师为主组成答辩委员会对学生进行综合评价的办法，是学校自己教、自己考，学校自成一统与社会割离的典型事例，这种办法对于与社会紧密结合的职业教育是不可取的。为了实现学校教育与企业用人需求"零距离"的办学目标，我们一直坚持由企业专家来评价学生的原则。学生在现场进行了一年综合实践后，带着论文、图表、工作总结、实习日记和项目鉴定等文字资料，结合实习内容和工程案例进行综合实践答辩，答辩安排在工程现场进行，答辩委员会以企业专家为主组成，由答辩委员会给学生以综合评价。这种评价方式引起了教育部、建设部主管部门负责同志的兴趣，建设部人教司领导还出席过学生的答辩会，充分肯定了这种请企业来评价学生的做法。

4. 做好课程整合，保证"2+1"模式的培养质量

"2+1"模式缩短了学生在校学习时间，为了保证学生在校学习2年后高起点地进入企业综合实践，就必须对原有学科课程进行大力度的整合。"建筑工程技术"专业把"建筑制图""房屋建筑学"整合为"建筑识图与构造"，把"建筑力学""建筑结构"整合为"建筑力学与结构"，把"建筑工程测量""建筑施工机械选择与使用""建筑施工技术"整合为"建筑施工"，把"房屋卫生设备""电工学"整合为"水电知识"。这些课程的整合不是简单的内容压缩与合并，而是几部分内容真正融合到一起成为一个新的内容体系，是非常艰苦的工作，但为了使专业培养方案突出高职教育的特色，使"2+1"模式具有可操作性，许多教师全情投入，进行了长时间艰苦的工作。

三、校企合作培养高职人才取得良好效果

（一）校企合作促进了我院的改革与发展

在学院规模迅速扩大的过程中，尽管教师数量不足又缺乏实践经验，实验实训设施短缺又得不到及时更新，但由于我们在校企合作中充分利用了全国建筑企业丰富的教育资源，教育质量不但没有受到影响，反而逐年有所提升。企业为我们提供的教育资源主要是工程项目和工程技术人员两个方面。恰逢世纪之交，我们许多学生是在国家一流的重点项目，如北京时代广场、北京金融中心、国家大剧院、首都机场三期工程、天津 LG 主厂房、上海浦东新区文献中心、广东省公安厅 2033 工程、深圳赛格三星公司扩建工程、哈尔滨体育博览中心、黑龙江科技馆，在负责这些项目的一流的工程技术人员指导下完成一年综合实践的。在这样优秀的教育资源滋养下，学生开阔了眼界，受到了锻炼和考验，形成了职业能力，提高了综合素质，毕业即可顶岗工作。这样的教育质量靠过去传统的教育模式是对绝达不到的。而高质量的培养水平，在建筑业大发展、建筑人才紧缺的形势下，其结果只能是就业红火。大好的就业态势又带来了招生的大好形势，学院迅速发展壮大，使学院的改革与发展呈现了良性循环的可喜局面。

校企合作密切了学校与企业的联系，我们可以随时了解当前我国建筑行业最新潮流的设计理念、使用功能、结构形式、材料应用、施工方式和管理模式，及时掌握企业专业技术岗位的新变化，用人方面的新需求，并以最快的速度反映在学校专业设置的改变、培养方案的调整、教学内容的充实和更新上，使学校教学改革的步伐紧跟企业的实际需求，在校企合作中走上以为建筑行业企业服务为宗旨的不断深化改革之路。

（二）校企合作逐步受到企业的欢迎

由于我们在抓好学生在校期间专业知识学习、专业技能培养的同时，还十分重视提高他们的综合素质，以及爱岗敬业、吃苦耐劳和团队精神的教育，学生进入施工现场后能够较快地由"看中学"进入"干中学"，而且学生在企业实践的时间是一年，这就使企业具备了把一些合适的技术及管理岗位交给学生在指导教师指导下进

行具体操作的时间和条件。学生在岗位上"干"主观上是为了学习掌握岗位职业能力，客观上也为企业做出了贡献，许多企业的项目经理部都因此欢迎学生去实践，有的还主动向学院要学生去实践。

采用校企合作"2+1"人才培养模式，使学生有一年的时间在企业实践。在全国建筑施工企业都急需现场技术人才和管理人才的情况下，这也使企业全面了解学生以及录用学生有了充足的考核时间。目前许多企业就是为了在大专毕业生中挑选录用人才而欢迎我院学生去实践的，企业感到这样录用的毕业生要比到人才市场上去招聘可靠、有把握。

（三）校企合作培养人才的最大受益者是学生

高校扩招后，升入高职院校的学生一般分数较低，是应试教育中的弱势群体，入学后对自己的前途信心不足。针对这种情况，我们每年对新生都宣传建筑业的大好形势，介绍建筑业生产一线人才紧缺的需求状况，讲解各专业学生毕业后的职业岗位方向，请往届校友介绍300分入学的学生照样可以成才的经历，坚定他们学习的信心，做好到施工生产一线去追求自己的事业和前途的思想准备。这些学生到了企业后，一门心思想学到真本领，争取毕业时被企业留用，因此时时处处向企业展示自己的全面素质，在学习技术中彻底改变了被动学习的状态，以"我要学"的主动精神，在工程实践中向实践学习，向工程技术人员请教，翻书本、查资料，废寝忘食，孜孜以求。许多学生反映，在企业实践一年，胜过在学校学习两年。每年在现场的毕业答辩中，我们都发现学生在企业一年实践后学到了真本事，对自己的前途充满了信心和希望。

我们与企业的合作协议中都没有要求企业给学生解决生活福利、给一定报酬的条款，但大多数在企业实践的学生都不同程度地享受到了企业人员的相关待遇，许多学生最后一年学习都不再由家里给生活费，大大减轻了家长的负担。

随着校企合作"2+1"模式的逐步展开，学生的就业形势越来越好，就业的地区、就业的企业、就业的薪酬越来越令人满意。许多家长反映，自己孩子高考分数那么低，上不了本科读了个高职，对孩子非常失望。没想到毕业就业到北京、上海、深圳，工资福利又那么好。我院的学生大多来自经济困难的家庭，许多人的学费都靠借贷。这些学生毕业后就业到令人满意的企业，又有较高的收入，更有了充满希望的事业和前途。许多毕业生都深有感触地说，在黑龙江建筑职业技术学院3年的学习改变了自己的命运，同时也改变了他家庭的命运。

四、沿着校企合作之路进一步探索与实践

8年来,我们坚持走校企合作之路,取得了教育教学改革的初步成果,但我们也清醒地意识到,在这条道路上还有很多问题需要我们在今后的工作中进一步研究与探索,不断改进和完善。梳理一下,我们感到当前亟待集中精力解决的是建立学校与企业双赢互利的运行机制和完善实践教学体系这两大难题。

1998年以来,我院在企业的支持下,利用企业的教育资源共同培养了一大批社会急需的高职人才,但学校与企业的合作基本上还是学校一厢情愿的,企业提供的实践教学基地大部分还是靠校友帮忙、朋友关照,通过感情投入争取来的,远没有形成互利互动的良性循环机制。随着学院规模的逐年扩大,每年有3000余名学生要到企业去实践,若不建立起校企之间双赢互利、运行稳定的合作机制,我们就会陷入被动的局面,学院的改革与发展就会出现风险。因此,我们必须在现有工作的基础上,集中力量调查研究,在合作企业的帮助下,在进一步加大与企业合作的深度和力度的同时,尽快建立起利益共享、风险共担、互利互动、关系紧密、运行稳定的校企合作培养高职人才的有效机制。

加强实践教学,构建与理论教学相对独立的实践教学体系是当前我国高等职业教育教学改革的核心问题。我院派学生到企业去综合实践一年已经进入第7个年头了,但这一年的实践教学的内容基本上还是由实践教学大纲或指导书来规定,缺乏实践性、系统性、完整性和可操作性,因此整个综合实践过程还限于较原始的师徒相传的形式,内容比较随意,方法比较粗放,实践教学在内容上与培养目标的职业能力分析的联系还不够紧密。我们必须抓紧开发各专业综合实践中实训教材的编写,围绕职业能力的培养科学安排实训教材的内容,以使实践教学的内容与培养目标的职业能力紧密结合,构建起"以能力为本位"的实践教学内容新体系;还要在此基础上建立起以能力考核为核心的实践教学的评价体系,改变目前通过一次毕业答辩来评价学生综合实践成绩的传统做法。

建院8年来,我们坚持走校企合作之路,在探索有中国特色的高职人才培养模式上进行了大胆的实践,提高了人才培养质量,得到了行业企业的认可。但我们的工作还是初步的,距离真正意义的校企合作教育还有很大差距。今后,我们一定要深入学习贯彻《决定》和全国职业教育工作会议精神,加大力度研究与实践,建立起行之有效的校企合作培养高职人才的运作机制,把我院建设成为特色鲜明的全国示范性职业技术学院。

抓住机遇，深化改革，推动土建类高等职业教育的健康发展 ❶

各位领导、各位委员：

全国职业教育工作会议于 2005 年 11 月 14 日在北京召开之后，我们迅即于 11 月 22 日在大连召开了土建类专业教学指导委员会第二次会议。会上，教育部高教司和建设部人事教育司的有关领导就学习传达贯彻全国职业教育工作会议精神做了讲话。按照国务院发布的《关于大力发展职业教育的决定》和全国职业教育工作会议的要求，会议对土建类专业教学指导委员会 2006 年的工作进行了安排和部署。半年多来，土建类高职高专教育的改革与发展在"以服务为宗旨、以就业为导向"的办学方针指引下，进入了一个崭新的阶段。遵照建设部人事教育司的意见，土建类专业教学指导委员会第三次会议今天在历史名城——太原顺利召开，首先让我代表指导委员会对会议表示热烈的祝贺，对光临指导会议的各位领导表示由衷的感谢，对山西建筑职业技术学院精心筹备了本次会议表示衷心的谢意。

下面，我代表指导委员会向会议做工作报告，请予审议。

一、工作回顾

高职高专教育土建类专业教学指导委员会于 2004 年 8 月 5 日按照建设部颁发的建人教函〔2004〕169 号文件正式组建，2004 年 12 月于广州召开了成立大会，2005 年 11 月于大连召开了第二次会议。按照第一次会议编制的工作规划和第二次会议制订的工作计划，委员会和各分委员会积极主动地开展了各项活动，卓有成效地完成了各项工作任务。

（一）开展课题研究，理清工作思路

高等职业教育是我国教育领域中的新生力量，它是改革开放逐步深入、市场经济逐渐完善的必然产物，其以为生产、建设、管理、服务第一线培养高等技术应用

---

❶ 本文为 2006 年 7 月在高职高专教育土建类专业教学指导委员会第三次会议上，王凤君主任的工作报告，由杜国城撰稿。

型人才为特色,近年来发展迅猛,在校学生数已占高校学生总数的一半。但由于在计划经济下形成的传统学科教育影响至深,我们对高等职业教育的教育理论、指导思想、教育定位、规格标准、教学内容、培养方案、评价体系等方面的认识和理解还很肤浅,急于着手教学文件和教材建设,只能"穿新鞋、走老路",又走回我们熟悉的以学科为本位的教育。基于这样的认识,教学指导委员会成立伊始,我们就确定了以课题研究引路开展各项工作的基本思路。结合面临的热点问题,将土建类高等职业教育的专业教育定位、教育标准、培养模式、校企合作、评价体系、双证直通等作为重点研究课题,确定牵头院校和牵头人,学习国内外的先进理论和经验,深入行业企业调查分析,撰写研究报告,在指导委员会的活动中交流研讨,大大提高了我们的认识水平和驾驭高等职业教育的能力。我们深刻地理解了"以服务为宗旨,以就业为导向"是高等职业教育的本质特征,培养学生的职业能力是高等职业教育的核心任务。根据土建类高等职业教育主要是为建筑施工企业生产一线培养施工技术人才和管理人才的特点,我们用"施工技术型""职业能力型""成品型"具体描述国家提出的"高等技术应用型"这一培养目标,为把握教育定位,廓清教学改革方向奠定了坚实的基础。通过调查研究我们还认识到,各地区、各院校实现同一培养目标的人才培养模式可以是多样的;同一专业的教学内容体系、主干课程内容是一致的,但各地区、各院校教学计划的安排是可以各有特色的。在"建筑工程技术"专业的培养目标完全一致的前提下,黑龙江建筑职业技术学院采取了2年在学校1年在企业的"2+1"培养模式,浙江建设职业技术学院则采取了前4个学期在学校理论教学和单项实践,第5个学期在学校综合实践,第6个学期到企业毕业实践的"411"培养模式。由于都充分地利用了企业的教育资源,使企业介入教育的全过程,较好地实施了"工学结合、校企合作",因此都取得了良好的教学效果。

2004年12月,教育部高等教育司将"高职高专教育土建类专业教学内容与实践教学体系研究"课题委托给本委员会进行专题研究,并拨款8万元作为课题研究经费。这项课题按照土建类专业教学指导委员会制订的研究计划和总体要求,在各分委员会的组织下,由徐州建筑职业技术学院、黑龙江建筑职业技术学院、沈阳建筑大学职业技术学院、内蒙古建筑职业技术学院、广西建设职业技术学院和四川建筑职业技术学院等6所院校牵头,在"建筑装饰工程技术""建筑工程技术""建筑电气工程技术""供热通风与空调工程技术""给水排水工程技术""工程监理""工程造价"等7个专业分头展开了研究工作。目前,调研工作、教学文件编制和教材编写工作已基本完成,研究报告的撰写工作已进入最后的修改润色阶段,可望于2006年7月完成课题的研究,进入结题阶段。

按照本专业教学指导委员会第二次会议通过的"科研课题立项管理暂行规定",

2006年科研课题立项工作于年初正式启动。通过各院校积极申报和分委员会、专业教学指导委员会两级评审，37项课题被批准立项。审批结果已通过《2006年科研课题立项审批结果的通知》（土建类教指委〔2006〕2号）发至各分委员会和有关院校。

（二）做好教材建设，改革教学内容

教材是把教育思想、观念和宗旨等转化为教育实践的中介，是体现教学内容和教学方式的载体，教学改革的成果必须通过教材来具体反映。因此，编写出具有高职特色的教材，对于全国各院校保证培养质量，实现培养目标，推动教学改革是至关重要的。本专业教学指导委员会十分重视教材建设工作，专门制定了《建设类高等职业教育专业教材编审原则意见》，对编审人员、编写范围、编写内容等提出了具体要求。迄今为止已有"建筑工程技术"等9个骨干专业74门教材，以指导委员会推荐教材的名义正式出版发行。这些教材的内容体现了指导委员会成立以来教学改革的成果，总体水平和使用范围均居全国同类教材前列，受到全国同行和业内专家的好评。

按照本专业教学指导委员会第二次会议的要求，抓紧了各专业实践教学教材的研究开发，以改变实践教学内容体系薄弱的现状，形成实践教学内容与理论教学内容并重、突出以能力培养为核心的教学内容新体系。"建筑工程技术"专业中的《建筑识图实训》《建筑工程技术管理实训》《建筑工程组织管理实训》《建筑工程质量安全管理实训》《建筑工程资料管理实训》等5门实践教学教材的编写工作已基本完成，不久即可正式出版发行。

按照建设部人事教育司《关于申报普通高等教育土建学科专业"十一五"部级规划教材的通知》（建人教函〔2005〕3号）的要求，我们组织了院校申报和分委员会、专业教学指导委员会两级评审，现已评审出167门教材作为建设部"十一五"规划教材。

（三）建设多媒体素材库，推动现代教育技术的应用

近年来，多媒体技术广泛应用于教学领域，促使教与学的传统模式发生了革命性的转变。多媒体课件作为一种将教学内容与教学处理策略有效结合的信息化产品，具有直观性、生动性、交互性、可重复性、易传播性等特点，使学生突破了时间、空间的限制，随时随地自主学习、反复学习，使更多的人共享优质教育资源。市政工程类专业指导分委员会率先开展了多媒体教学素材库建设，集中全国各院校的力量，首先把课程的重点、要点、难点问题中适宜用多媒体技术来表达的部分制作成

多媒体素材，建造一个教学素材库平台，供各院校教师在开发多媒体课件、创建现代化课堂时使用。这项工作的开展，对于各院校加快多媒体课件的建设进程，促进现代教育技术的应用与推广，创建精品课程和精品专业具有重要意义。目前，"桥梁施工技术"和"水处理工程技术"两门课程的多媒体教学素材库初稿在广州大学市政技术学院和江苏建筑职业技术学院的牵头下，由杨玉衡、张宝军和吕宏德3位教师负责完成，在2006年5月召开的市政分委员会的会议上广泛听取了各位委员的修订意见，修订工作正在进行之中，不久即可完成试用稿，供全国各院校使用。

（四）抓好技能型紧缺人才培养培训工程的研究，推进高职学制改革

2004年10月，教育部、建设部联合发出《关于实施职业院校建设行业技能型紧缺人才培养培训工程的通知》，决定在建筑施工（含市政工程施工）、建筑装饰、建筑设备和建筑智能化等4个专业领域，在全国选择71所职业院校作为建设行业实施技能型紧缺人才培养培训基地，与各地推荐的企业合作开展建设行业技能型紧缺人才培养培训工程。在教育部、建设部有关领导的亲自主持下，经过一年来的紧张学习、研讨和工作，4个专业的培养培训指导方案以及配套教材正式出版发行。从2005年新学期开始，许多院校已经招收这一培养培训工程的新生，并按新的培养培训方案对他们实施教育。新的方案建立了以就业为导向的课程内容体系，构建了理论学习与能力训练高度统一、按照工作程序安排的模块化教学与训练项目，彻底打破了学科教育体系。着力实施"行动导向"的项目教学法，开展师生通过共同实施一个项目工作而进行的教学活动，真正做到"干中学，学中干"。这是一个全新的、先进的方案，它对教学环境和教师的要求都很高，实施这一方案对各院校都是一次新的尝试和考验。四川建筑职业技术学院胡兴福老师、上海建峰职业技术学院诸葛棠老师、徐州建筑职业技术学院蒋志良老师和黑龙江建筑职业技术学院孙景芝老师分别牵头编制了"建筑工程技术""建筑装饰工程技术""建筑设备工程技术""楼宇智能化工程技术"等4个专业的培养培训指导方案，为这项工程的实施奠定了良好的基础。

（五）完成了国家级精品课程的推荐工作

遵照教育部办公厅《关于2006年度国家级精品课程申报工作的通知》（教高厅函〔2006〕9号）的精神，我们认真组织了全国高职高专土建类专业精品课程的申报与评审工作。本着"规范、公平、公正、公开"的原则，按照国家精品课程评估指标（2006），组织专家对申报材料进行了会议评审。会议评选出四川建筑职业技

术学院胡兴福副教授负责的"建筑结构"、徐州建筑职业技术学院季翔教授负责的"建筑装饰表现技法"和湖北城市建设职业技术学院危道军教授负责的"建筑制图与识图"3门课程作为土建类专业教学指导委员会的推荐课程，参加2006年度国家级精品课程的评选。

（六）成功地组织了中国建设职业教育展

2006年5月18—21日，首届中国国际职业教育展在深圳会议展览中心隆重举行，土建类专业教学指导委员会组织了由16所建设类高职高专院校单独组团的中国建设职业教育展参加展出，各院校的主要负责同志都出席了展会和中国国际教育领袖高峰会。通过参加展览展示了建设类高职高专院校近年来改革与发展的可喜局面，同时也为各院校之间相互交流、向国内外职业院校学习提供了难得的机遇。

回顾指导委员会的工作，我们的基本经验是：深刻领会国家关于高等职业教育改革与发展的方针政策，主动学习国内外高等职业教育领域的新思想、新观念和新经验，是做好指导委员会工作的思想基础；密切关注建设事业改革与发展的态势，随时掌握建设行业企业对高职人才的需求状况，是做好指导委员会工作的社会基础；主动加强与教育主管部门的联系，准确领会教育部、建设部有关高等职业教育的工作思路，是做好指导委员会工作的组织基础；发挥各分委员会的工作实体作用，调动各骨干院校的牵头作用，是做好指导委员会工作的基本保证；着力造就一批高职教育的研究专家，注意培养一支高水平的高职教材编审队伍，是做好指导委员会工作的人才保证。

二、进一步贯彻全国职业教育工作会议精神，做好下一步工作

全国职业教育工作会议的召开，意味着我国的职业教育步入了一个新的发展阶段。面对新形势，我们必须坚持从研究新情况、新问题入手，开展各项工作的基本思路。新阶段、新形势要求我们从更高的高度、更宽广的视野重新审视高等职业教育。各分委员会和有关院校要按照《关于高职高专教育土建类专业教学指导委员会2006年科研课题立项审批结果的通知》的要求，重视立项课题的研究工作，给予一定的经费支持，掌握课题研究的进度，及时检查督促，保证按时高水平地完成课题研究任务。"高职高专教育土建类专业教学内容与实践教学体系研究"是2004年教育部委托土建类专业教学指导委员会的国家级教育科研课题，是一项应用性、实践性都很强的课题，当前教育教学改革急需这项指导性研究成果。目前，课题研究已进入

最后的冲刺阶段，请各牵头院校和各位研究报告的撰写人一定下大气力写出高质量的报告，使研究成果真正代表行业和专业的国家一流水平。

要用新思想、新观念继续抓好各专业的教学文件编制。高职高专土建类指导性专业目录所列27个专业中，第一批7个重点专业的教育标准、培养方案和主干课程教学大纲已经出版，按工作计划的要求，第二批重点专业同样内容的教学文件应抓紧完成出版任务，请各分委员会抓紧落实。纵观我们已经完成的各专业培养方案，学科本位的痕迹仍很浓重。方案中实践教学学时明显增加，实践教学内容与培养职业能力的联系更加密切，但培养方案中实践教学大多仍是实（试）验、课程设计（大作业）、实习、毕业设计等内容，与学科教育中实践教学环节的科目基本相同。在总学时一半左右的实践教学中，仍然使用学科教育中沿袭多年的实习大纲或指导书。这与"以就业为导向、以能力为本位"的专业培养方案差距是很大的，这就要求我们进一步改革培养方案，针对培养岗位职业能力的需要重新设计实践教学的项目，形成与理论教学内容体系相对独立又相互联系、互相支撑的实践教学内容新体系，编制出真正以培养职业能力为核心的专业培养方案。请各分委员会把这项工作作为2006年工作的重点。

继续做好教材编写出版工作。通过本专业教学指导委员会的具体工作，国家级和部级"十一五"规划教材已经产生，各分委员会、各有关院校和各位主编要重视这项工作，教材内容要突出职业性、专业性和先进性。要抓紧土建类专业教学指导委员会已规划并进入编写阶段尚未按期交稿的教材的编审工作，2006年要把第一批重点专业的主干课程教材出齐出好。此外，各专业在培养方案中安排的形成职业能力的大量实践教学的内容，还急需研究开发一批用于实践教学、体现高职特色的实训教材，希望各分委员会重视这项工作，在2006年有所突破，有所作为。

多媒体教学素材库建设是一项重要工作，市政工程类专业指导分委员会已经创造性地率先开展了这项工作，希望其他各分委员会向市政分委员会学习先进经验，选1~2门课程，于2006年正式启动素材库的建设工作。

教学指导委员会肩负着重要的使命，由于各位委员在百忙中热心为指导委员会做了大量工作，才有了今天这样的成果，作为主任委员，我要向大家致以深深的谢意。更期盼各位委员投入更多的精力，用我们大家的智慧和力量把工作做得更好。我们的课题研究工作已经得到大家的重视，有些研究报告已有较高水平，但距离高屋建瓴地俯视高等职业教育、在纵深层次上贴近行业企业还有相当差距。还请各位委员再做深入学习和调研，并发动更多有研究能力的同志介入课题研究，建立一支高水平的研究队伍，取得更多更好的研究成果。我们组织编写的教学文件和教材已经初步体现了高职的特色，但还带有很深的学科本位的烙印，尤其实践教学的内容体系还不能适应以"就业为导向,以能力为本位"的实际需要。我们还必须进一步深化改革,不断修订已经出版的教学文件和教材。这届指导委员会的委员来自40余所院校,和全国设有土建类专业的300余所独立设置的高职高专院校相比,我们代表的范围还很小,我们的委员要主动联系本地区的其他院校,各分委员会要有计划地召开各院校土建类专业系主任会议,扩大指导委员会工作的参与面,集思广益,提高工作水平,扩大指导服务的领域。做好高等职业教育必须依靠行业企业,做好指导委员会的工作必须取得行业企业专家的关心和指导,各分委员会都要积极争取行业企业的专家全面参与我们的工作,使我们的工作水平在与行业企业的紧密联系中不断提升。

高职高专教育土建类专业教学指导委员会承担着将全国同行组织起来,研究所面临的重大课题,提出科学可行的方案措施,以高质量的研究成果、教学文件和特色教材等形式,对全国高职高专教育土建类专业进行指导和服务的使命,任重而道远。我们的工作刚刚起步,在今后的征途中,只要我们在教育部、建设部的正确领导下,团结一致,竭尽努力,不断总结,不断前进,一定会不辱使命,高水平地完成指导委员会的各项工作。

从研究入手,开展土建类专业教学指导委员会的各项工作[1]

高等职业教育是我国教育领域中的新生力量,它是改革开放逐步深入、市场经济逐渐完善的必然产物,以为生产、建设、管理、服务第一线培养高等技术应用型人才为特色,近年来在国家大力倡导下迅猛发展,已呈现占我国高等教育半壁江山之势。但由于长期计划经济下传统学科教育的影响至深,我们对高等职业教育的教育理念、教育定位、规格标准、教学内容、培养方案、评价体系等方面的认识和理解还较肤浅,急于着手教学文件和教材建设,只能"穿新鞋、走老路",又走回以学科为本位的教育。基于这样的认识,土建类专业教学指导委员会成立伊始就确定了以高等职业教育课题研究引路开展各项工作的基本思路。

一、确定研究课题,选好牵头单位和牵头人

结合当前亟待解决的热点问题,经过充分调查研究,将专业教育定位、教育标准、培养模式、校企合作、评价体系、双证制度等作为重点研究课题。综合考虑院校的研究基础和研究人员的能力水平,通过土建类专业教学指导委员会会议选出各项课题的牵头学校和牵头人,在此基础上组建课题组,在土建类专业教学指导委员会的指导下展开研究工作。各课题组首先都深入行业企业调查分析用人部门对高职人才知识、能力和素质的具体需求;然后组织学习国内外高职教育的先进理论和经验,有条件的还组织到德国、澳大利亚、加拿大和韩国等职业教育发达国家去考察,进而从我国的教育现状与社会实际需求的距离中,思索梳理出我们在理论架构、目标规格、课程结构、方法手段、评价标准、政策法规、机制体制等方面存在的诸多差距;再从中国的具体国情和建筑业的实际状况出发,客观地提出土建类高等职业教育的新理念、新思路和新举措,撰写出科学可行的研究报告。

2003年暑期开始,已有一批课题的研究报告结题发表,有的报告在理论建树、比较教育研究、内容体系、实施体系等方面都表现出较高的水平。但从总体上看,

---

[1] 本文为2007年3月在全国建设类高等职业教育经验交流会暨高职高专教育土建类专业教学指导委员会第四次会议的交流材料,由杜国城执笔。

研究报告在理论高度、调研深度和内容厚度上，都需要通过进一步学习、研究，逐步提高、深入和丰富。土建类专业教学指导委员会决定，课题由原课题组继续做，每年要有新进展、新起色，写出新报告。几年来，这些研究报告一年一个高度，一年比一年丰厚，越来越有指导意义。有些报告观点新颖、调研充分、数据翔实、内容丰富，既有较高的理论性，又有较强的实践性和可操作性，其中由浙江建设职业技术学院、四川建筑职业技术学院、徐州建筑职业技术学院、内蒙古建筑职业技术学院、沈阳建筑大学职业技术学院等院校牵头的研究成果在本省都获得了教学成果一等奖。更可喜的是，在土建类专业教学指导委员会的组织与引导下，形成了一批高职教育的科研骨干，一些课题的牵头人，如四川建筑职业技术学院的胡兴福、袁建新，徐州建筑职业技术学院的王作兴、孙亚峰，浙江建设职业技术学院的丁天庭，山西建筑职业技术学院的李峰，内蒙古建筑职业技术学院的郝俊、贺俊杰，广西的范柳先，沈阳建筑大学职业技术学院的孙玉红、裴涛，黑龙江的赵研等已经成为土建类高职教育某一领域的专家和领军人物。

二、抓好成果交流，扩大成果影响

科研成果的大会交流研讨是土建类专业教学指导委员会发挥指导作用的主要方法，我们利用每一次活动的机会请课题牵头人做报告，通过会议研讨扩大研究成果的影响，同时用全国同行的智慧丰富课题的研究报告，形成以课题研究成果为核心的对某一问题的全国共识。这样一系列的研讨，大大提高了我们的认识水平和驾驭高等职业教育的能力，帮助我们深刻理解了"以服务为宗旨，以就业为导向"是高等职业教育的本质特征，培养学生的职业能力是高等职业教育的核心任务。根据土建类高等职业教育主要是为建筑施工企业生产一线培养施工技术人才和管理人才的特点，我们用"施工型""能力型""成品型"具体描述土建类高等职业教育培养目标的特征，为把握教育定位，廓清教学改革方向奠定了坚实的基础。通过课题研究与研讨，我们还取得了这样的共识：各地区、各院校实现同一培养目标的人才培养模式可以是多样的；同一专业的教学内容体系、主干课程内容是一致的，但各地区、各院校教学进程的安排可以是各有特色的。在"建筑工程技术"专业培养目标完全一致的前提下，在教学进程的安排上，黑龙江建筑职业技术学院、浙江建设职业技术学院和内蒙古建筑职业技术学院分别采取了"2+1""411""2.5+0.5"等不同培养模式，由于都充分利用了企业的教育资源，较好地实施了"工学结合、校企合作"，因此都取得了良好的教学效果。

三、以教育部下达的课题为契机，带动各专业教学改革

2004年12月，教育部高教司将"高职高专教育土建类专业教学内容与实践教学体系研究"课题委托给土建类专业教学指导委员会进行专题研究。为了通过该课题来引领各重点专业的教学改革向纵深发展，我们向5个分委员会、6所院校下达了7个重点专业的子课题研究任务，成立了"建筑工程技术""工程监理""建筑装饰工程技术""工程造价""给水排水工程技术""供热通风与空调工程技术""建筑电气工程技术"等7个专业的子课题组。课题开题时我们首先统一了对土建类高等职业教育现状的认识：各专业的教学内容与实践教学体系学科本位的痕迹仍很浓重；实践教学的时数增加了，但实践教学体系仍然由学科教育中诸如实（试）验、课程设计（大作业）、认识实习、生产实习、毕业实习、毕业设计等实践性教学环节所构成；总学时一半左右的实践教学，仍然使用学科教育中沿袭已久的实习大纲、任务书和指导书来规定实践教学的内容和要求，远远满足不了培养各项职业能力的需要，与职业教育应以培养职业能力为核心极不相称。由此，我们更加认清了教育部下达的这项课题对当前高职教学改革的重大意义。我们一致认为，应把课题研究的重点放到实践教学体系的构建上，放到培养一项项岗位职业能力的一门门综合实践课程的开发上，在整个专业教学内容体系中形成一个由多门综合实践课程和理论课程中实践性教学环节构成的实践教学体系，其中综合实践课程是这个体系的主体。通过课题研究，构建一个相对独立的与理论教学体系相互联系又互相支撑的实践教学新体系。按照这个研究思路，7个子课题组利用近2年的时间，进行了大量调查、分析、学习和研讨，整理出各个专业突出职业能力培养、突出实践教学体系建设的新的培养方案，撰写出有一定理论高度、实践性和指导性很强的研究报告。这一课题的研究成果已经初步验收并上报给教育部。

该课题研究对各专业的教学改革起到了很大的推动作用，2004年正式出版的7个专业的教育标准和培养方案及主干课程教学大纲正在按照研究成果进行修订，"建筑工程技术"专业5门综合实践课程教材可马上与读者见面，其他专业的综合实践课程的开发与编写工作也都在积极展开。

四、启动科研立项，坚持做好教育科研工作

土建类专业教学指导委员会坚持从研究高等职业教育入手做好教学指导工作，

取得了初步成效，得到了上级主管部门及有关领导的多次肯定。为了坚持下去，使之成为土建类专业教学指导委员会的经常性工作，2005年年底在本专业教学指导委员会第二次会议上通过了《科研课题立项管理暂行规定》，于2006年初正式启动。通过各院校积极申报和分委员会、土建类专业教学指导委员会两级评审，39项课题被批准立项，按要求这批课题将于2007年底完成。相信通过这项工作的开展，一定会提高土建类专业教学指导委员会的教育科研水平和教学指导水平。

土建类专业教学指导委员会成立以来，依照从研究高等职业教育入手开展各项工作的基本思路，通过多种途径组织开展教育科研工作，提高了对高等职业教育的认识水平，建立了一支教育科研骨干队伍，为开展土建类专业教学指导委员会的各项工作奠定了良好的基础。今后，我们还要总结经验，发动更多有研究能力的同志参与课题研究，取得更丰硕的研究成果，使土建类专业教学指导委员会的工作水平在科研工作的支持下不断提升。

高职高专教育土建类专业教学指导委员会
土建施工类专业指导分委员会工作总结和工作建议[1]

一、4年来工作总结

高职高专教育土建类专业教学指导委员会土建施工类专业指导分委员会是在2002年3月28日成立的高等学校土建学科教学指导委员会高等职业教育专业委员会土建施工类专业指导小组的基础上，于2004年8月5日重新组建的。4年多来，按照成立大会编制的工作规划，遵照教育部、建设部的有关精神和对土建类专业教学指导委员会工作的具体要求，土建施工类专业指导分委员会积极主动地开展了各项活动，卓有成效地完成了各项工作任务。

（一）开展课题研究，理清工作思路

土建施工类专业指导分委员会成立伊始，就确定了以课题研究引路开展各项工作的基本思路，结合面临的热点问题，将专业教育定位、教育标准、课程内容体系、培养模式、校企合作、工学结合、评价体系、双证制度等作为重点课题，确定牵头学校和牵头人，学习国内外的先进理论和经验，深入行业企业调查分析，撰写研究报告，在会议上交流研讨，取得了许多重要共识，大大提高了我们的认识水平和驾驭高等职业教育的能力。根据土建施工类专业的特点，我们用"施工型""能力型""成品型"对培养目标做了综合描述，按照企业的职业资格标准对毕业生的职业能力做了具体分析，在构建培养基本能力、综合能力和顶岗能力的三阶段教学模式上取得了一致意见，在通过综合实训和顶岗实习培养综合能力和顶岗能力上形成了一致见解，从而为把握教育定位、廓清教学改革方向奠定了坚实的基础。通过坚持多年的课题研究，形成了一批研究成果显著、教育特色鲜明的优秀学校，培养了一批热心教育科研、在某一领域成绩突出的高职教育研究队伍。

（二）深化教学改革，修订教学文件

土建施工类专业指导分委员会主持编写的"建筑工程技术"和"工程监理"两

---

[1] 本文为2009年1月；由杜国城撰写的向教育部高教司高职高专处、住建部人事司呈报的土建施工类教学指导分委员会的工作汇报。

个重点专业的《教育标准和培养方案及主干课程教学大纲》已于 2004 年正式出版发行,在指导全国土建类高职高专的教育教学上发挥了积极作用。但随着我们对《教育部关于全面提高高等职业教育教学质量的若干意见》(教育〔2006〕16 号)精神的进一步领会和把握,尤其是国家示范性高等职业院校建设计划正式启动以来,我们更加深刻地认识到这些教学文件中学科教育的烙印仍很深,与让人民群众满意的高等职业教育还有很大差距。2007 年我们把继续深入修订两个重点专业的培养方案作为重要任务,现已基本完成。新的培养方案更好地体现了"以服务为宗旨,以就业为导向"的指导思想,突出了通过"校企合作、工学结合"培养学生职业能力这条主线,强调了综合实训和顶岗实习在培养过程中的重要作用,推进了集"教、学、做"于一体的课程改革与建设,为 2009 年修订出版新的教学文件奠定了很好的基础。

(三)开发实训课程,培养综合能力

受传统教学模式的影响,在我们编制的专业培养方案中,主干课程基本是指以传授知识为主的学科课程,且都编写了对应的教材;而以培养能力为主的实践教学的各个部分没有被开发为课程,各部分的内容和要求多用大纲、指导书、任务书等做以简要、粗放的规定。这就使理论教学和实践教学在内容体系上呈现出"一条腿粗、一条腿细"的严重不对称局面。这对于计划经济下的以传授知识为主的学科教育可能是适应的,但对于以培养岗位职业能力为主的高等职业教育就很不适应了。基于以上认识,自 2005 年以来,我们根据"建筑工程技术"专业培养目标的 12 项综合能力培养的需要,开发了"工程图识读实训""技术管理实训""质量与安全管理实训""施工组织与造价管理实训""资料管理实训"5 门实训课程,结束了多年来实践教学没有对应课程的历史;建立了以实践课程为主、以实践性教学环节为辅的实践教学内容体系,在课程内容体系领域体现了以培养学生的职业能力为主线;并组织施工技术与管理专家编写了相应的 5 门教材,2008 年已全部正式出版发行,主要满足培养学生综合能力的需要,为学生最后半年到企业顶岗实习做好了充分的职业能力准备。

(四)构建职业能力评价体系,突出实践能力考核

多年的探索与实践使我们认识到,传统的以学科成绩为主的学生成绩评价体系背离了职业教育以能力为核心的培养目标,造成了学校与用人部门对毕业生评价的严重错位,阻碍了突出实践能力培养的教学内容体系和人才培养模式的改革,因此必须抓紧构建以职业能力考核成绩为主的新的学生成绩评价体系。2006 年以来,我们从"建筑工程技术"专业入手开展职业专业能力评价体系的研究,组织了全国 40 余所院校、220 余位实践经历丰富的教师和行业企业专家,组建了 7 个子课题组、

59个专项能力组。首先紧密结合建设行业施工生产一线技术与管理人员职业资格标准，确定高职学生毕业时应具备的职业专业能力标准；再建立包括各专项能力的能力目标、考核项目、评价标准和评价方法等内容的职业专业能力评价体系。这项研究工作在全国的展开，对"建筑工程技术"专业和相关专业的发展建设，对课程内容体系的根本改革，对专业教育重心和学生学习重心的转移，对彻底改变传统的考试制度和考试方法，对真正构筑"校企合作、工学结合"的人才培养模式，对为全国各地培养一批真正热爱职业教育的教师，都会产生积极的推动作用。这项研究工作已于2008年4月7日在杭州召开的土建施工类专业指导分委员会会议上正式开题，2009年1月3日在深圳进行中期检查，2009年上半年在部分院校做实施试点，同时在实践中进一步修订完善，计划在2009年年底可以结题。

（五）做好教材建设，改革教学内容

土建类专业教学指导委员会十分重视教材建设，专门制定了《土建类高等职业教育专业教材编审原则意见》，土建施工类专业教学指导委员会分委员会专门成立了教材编审委员会，在各骨干院校的大力支持下，选拔全国优秀教师和企业专家，在新的教学文件指导下，编写了"建筑工程技术"和"工程监理"两个专业23门既具特色又有质量、既有理论又有实践的教材，以土建类专业教学指导委员会推荐教材的名义于2004年正式出版发行，为在全国范围内推动教学内容改革、拉动课程整合、提高培养质量发挥了重要作用，受到全国同行和业内专家的好评。随着高职教学改革的深入开展，2006年年底我们又组织全国力量对已出版的教材进行了修订，目前已有12门教材的修订版正式出版发行。

（六）举办教师培训，传播教育改革信息

2007年、2008年连续两年，土建施工类专业指导分委员会与中国建设教育协会联合在北京举办了土建类高职高专教师培训班，组织了高职教育理论、教学改革实践、建筑技术创新等领域的专家报告，安排参观了鸟巢、水立方等奥运场馆建设现场，收到了良好的效果。

二、经验和差距

回顾我们的工作，主要经验是：重视对国家有关高职高专教育方针政策的学习和领会，近两年特别重视对国家示范性高等职业院校建设的有关精神的研究和理解，

注意学习国内外高等职业教育的先进理论和经验；关注我国建设事业的改革发展动态，及时掌握建设行业企业的人才需求状况；了解各位委员和专家的特长和优势，调动他们牵头某项重点工作；紧紧依靠各院校的支持，发挥骨干院校的引领带动作用；组织课题攻关，研究亟待解决的热点难点问题，造就一支高职教育研究的专家队伍；做好教材建设，突出高职特色，培养一批高水平的教材编审专家。

土建施工类专业教学指导委员会分委员会的工作水平和其使命任务相比较，还有很大差距，主要表现在：委员们日常工作繁忙，投入的精力有限，有些工作不能保证按时保质完成；有些课题研究成果尚欠调研力度、理论高度和研究深度；编制的教学文件、编写的教材还有很深的学科教育烙印；大量设有土建施工类专业的院校还没有参与到我们的活动中来；行业企业专家的作用还有待发挥。

三、今后工作建议

（一）深入开展高职教育研究

关于高职教育定位、教育标准、培养模式、"双证书"制度的课题研究，建议鼓励原牵头人进一步深入和拓展；关于实践教学的内容体系、实施体系、评价体系和管理体系等新课题，建议安排新的牵头人抓紧启动研究工作；建议对本分委员会推荐到土建类专业教学指导委员会已立项的课题进行指导和督促；建议密切关注"'建筑工程技术'专业学生职业专业能力评价体系研究"课题的进展情况，已于2009年年底做好结题工作。

（二）修订出版教学文件和教材

建议在2009年高水平地完成"建筑工程技术"和"工程监理"两个专业教学文件修订版的出版工作，对全国同专业的高等职业教育发挥指导作用。建议对已出版的教材进行动态修订，争取做到印刷一次修订一次，每三年出一次修订版，保证这两套教材始终在全国处于领先地位。

（三）加大力度对顶岗实习和综合实训进行研究与探索

顶岗实习是培养顶岗能力实现"零距离"就业的决定性步骤，是16号文件的革命性贡献，建议进一步学习认识它的内涵和重要意义，下大气力研究与实践。综合实训是培养综合能力保证学生完成顶岗实习任务的必要准备，是不可或缺的实践教学阶段，建议深入探索与实践。实训基地是进行综合实训的必备条件，建议组织全国力量首先对"建筑工程技术"专业实训基地如何建设进行研究。

（四）组织全国性职业能力竞赛

职业能力竞赛对于引导职业教育走上能力本位的正确道路有非常重要的作用，"建筑工程技术"专业能力评价体系的研究为组织职业能力竞赛奠定了很好的基础，建议抓紧安排适宜的竞赛。

（五）开展教师培训工作

能够参加土建类专业教学指导委员会活动的教师只有少数，要扩大土建类专业教学指导委员会的工作影响，在假期开展教师培训是一个较好的办法，建议作为今后工作的重要内容。

中国建设教育协会高等职业与成人教育专业委员会全体委员会议纪要

中国建设教育协会高等职业与成人教育专业委员会2009年全体委员会议于2009年8月11—14日在黄河风情浓郁的兰州市召开。中国建设教育协会武佩牛副理事长、李奇副秘书长,甘肃省建设厅科技教育处宋紫林处长等领导出席会议,祝贺大会顺利召开并发表了热情洋溢的讲话。本委员会53个成员单位的121位领导和代表齐聚一堂,共商建设类高等教育发展大计。本次会议的主要内容是:总结本委员会及各分委员会前一阶段的工作,安排今明两年的各项活动;举办建设类高等职业教育与成人高等教育论坛。

会议开始时,本委员会主任杜国城做了工作报告。在报告中他首先简略介绍了目前建设类高等职业教育的基本情况,独立设置的高职学院已达30所,设有建设类高职专业的院校已有1036所,2008年招生约24万人,在校生约65万人;然后简要回顾了本委员会自1989年成立以来,秉承"研究、交流、咨询、服务"的宗旨所走过的发展历程;继而,结合教育部高教司张尧学司长的"七七"讲话,深入分析了当前建设类高等职业教育面临的"办什么样的高职学校"和"怎么办好高职学校"两大课题。我们要办不同于普通本科教育的新类型的高等教育,其显著的特点有二:一是为生产第一线输送合格人才,二是在政府投入少的前提下办出质量和特色。当前办好高职教育要集中精力做好两件事:一在办学领域要把主要精力放到建立汇集社会教育资源的管理平台上,二在教学领域要把基础知识教学和实践教学两大系统同时抓好。

16位领导和代表在论坛上分别做了如下精彩报告。

山西建筑职业技术学院于世玮院长:《校企合作办学的思考与实践》。

上海城市管理职业技术学院陈锡宝副院长:《"3+3+3"人才培养模式的理论与实践》。

四川建筑职业技术学院胡晓元副院长:《校企合作的途径探讨》。

河南建筑职业技术学院李宏魁院长:《走校企合作之路,育德能双馨人才》。

广东建设职业技术学院黄焕深副院长:《坚持科学发展观,走全面发展的职业教育集团之路》。

山东建筑大学成人教育学院刘凤菊院长:《新形势下普通高校成人教育工作

探讨》。

常州工程职业技术学院郑惠虹主任:《基于工作过程的工程造价专业的课程体系开发》。

广东建设职业技术学院赵琼梅处长:《工学结合理念落实于人才培养过程的具体环节》。

湖北城市建设职业技术学院王延该主任:《实践"工"与"学",加强专业建设》。

广西建设职业技术学院陈刚主任:《工学结合是办好高职专业的必由之路》。

济南工程职业技术学院侯洪涛主任:《工学结合教学模式探讨》。

山东城建职业技术学院牟培超主任:《工学结合人才培养模式的探索与思考》。

青海建筑职业技术学院李红主任:《"建筑工程技术"专业建设与实践》。

新疆建设职业技术学院李光主任:《基于能力本位的"建筑工程技术"专业人才培养》。

浙江建设职业技术学院何辉副院长:《工学结合"411"人才培养模式》。

天津国土资源和房屋职业学院张弘武教授:《通过工学结合办好"房地产经营与估价"专业》。

内蒙古建筑职业技术学院侯元院长以《深化校企合作,建设国家示范》为题做了书面发言。

这些演讲紧密围绕"通过校企合作办好学校""通过工学结合办好专业"两大主题,观点明确、思路清晰、实践丰富,既有较高的理论性,又有较强的实践性和可操作性,对于促进建设高等职业与成人教育的改革与发展具有很现实的指导意义。

在5个分会的会议上,代表们对大会的16个报告给予很高评价,纷纷表示深受启发、不虚此行。各位代表介绍了所在院校的发展现状,交流了办学经验,汇报了发展建设中遇到的各种困难;就共同关心的问题沟通了信息,交流了不同做法,并进行了较深入的研讨。

会议议定如下内容。

(1)继续学习张尧学司长的"七七"讲话,转变办学指导思想。坚持中国特色的"1221"发展模式,逐步走上适应市场经济、与行业企业紧密结合、开放式办学的良性发展轨道。

(2)坚持三点共识,做好建设类专业教学改革:①坚持为生产一线培养技术与管理人才;②坚持教学内容由理论教学和实践教学两个体系构成;③坚持教学过程由基本知识和基本能力培养、综合能力培养和顶岗能力培养3个阶段完成。

(3)坚持从研究入手开展本委员会各项工作。高职作为新类型的高等教育,目前还处于改革探索阶段,其面临的每一项工作都是新课题、新任务,集中各地的智慧研究共同面对的问题仍然是我们的首要工作。2009年中国建设教育协会的课题立项申报、优秀成果评选、第三届多媒体课件大赛的通知已经发出，请各会员单位尽速将申报材料报至本委员会在上海的办公室，9月30日申报工作结束。

（4）开展培训工作，拓展协会的服务功能。协会研究成果的普及亟待开展培训工作，今年4月常委会会议决定成立由哈尔滨工业大学张丽霞院长负责的培训工作领导小组。在张院长的精心组织下，6月在杭州举办了"高职土建类专业人才培养模式研讨班"，7月在上海举办了"高职建筑工程技术专业培养方案研讨班"，在浙江建设职业技术学院和上海城市管理职业技术学院的全力支持下取得了很好的效果。会议决定今年10月在武汉举办"高职建筑工程技术专业校内实训基地建设研讨班"，明年4月在西安举办"高职土建类专业精品课程建设研讨班"，由湖北城市建设职业技术学院和西安建筑科技大学提供教学资源支持。鉴于张丽霞院长因事不便外出组织培训，决定由天津建工职工大学魏鸿汉教授接任培训工作领导小组组长，负责今后的培训工作。

（5）发挥各分会的积极性，将本委员会的工作做大做强。相对全国1036所学校，本委员会仅80多个会员学校，我们的工作范围还很小。我们有责任将研究成果推广到更多学校，集中更多的智慧提高研究水平，扩大本委员会的规模已经成为我们面临的重要任务。但要做好这么大规模的工作，只能靠各分会来实施。把各分会建成独立运作的实体已成为当务之急。经请示中国建设教育协会，会议决定调整扩大本委员会常委会，结果如下。

一分会：杜国城　于世玮　魏鸿汉　王　钊
二分会：陈锡宝　杜时贵　韩培江　何　辉
三分会：胡晓元　汤万龙　田树涛　安书科
四分会：李慧民　张丽霞　刘风菊　于贵凡
五分会：李　志　李宏魁　黄兆康　赵惠琳

由以上20位同志组成新的常委会。要求各分会负责人聘秘书一位，建分会办公室，处理日常工作。本委员会会费的40%将拨给分会使用。

2010年是分会年，初步计划如下：一、三分会会议9月在天津召开，由天津城市建设管理职业技术学院承办；二分会会议6月在上海召开，由上海城市管理职业技术学院承办；四分会会议7月在长春召开，由吉林建筑工程学院承办；五分会会议4月在南宁召开，由广西建设职业技术学院承办。

甘肃建筑职业技术学院精心筹办了这次规模空前的盛会，办得热情、周密、隆重、精彩，与会同志对东道主的服务非常满意，在此向他们致以由衷的谢意。

中国建设教育协会高等职业与成人教育专业委员会
2009年8月14日
（杜国城撰稿）

中国建设教育协会高等职业与成人教育专业委员会发展历程[1]

一、全国建设系统成人高等教育协会阶段（1989年10月—1992年12月）

1989年10月，建设部人才开发司在无锡召开了全国建设系统成人高等教育协会成立大会，秦兰怡司长出席并主持了会议。会上组建了由各会员单位组成的理事会，选举产生了由赵焕鑫、于文增、杜国城、于銮君、张恒道、戴明熹、张世钧、侯克创、金宝钰等同志组成的常务理事会，赵焕鑫任理事长，于文增、杜国城任副理事长。东北、华北地区建设类职工大学为一分会，由杜国城、张恒道负责；华东、中南地区建设类职工大学为二分会，由赵焕鑫、侯克创、金宝钰负责；西南、西北地区建设类职工大学为三分会，由戴明熹、张世钧负责；全国建设类普通高校成人教育学院为四分会，由于文增、于鸾君负责。

这一阶段以4个分会每年分别组织活动为主，活动的内容以交流经验、研讨问题、评审优秀论文为主，不定期地印发《通讯》6期报道协会的活动情况、会议纪要和会员单位的投稿，印发了第一集优秀论文。1992年的主要工作是参与筹备中国建设教育协会。

二、中国建设教育协会成人高等教育专业委员会第一届委员会阶段（1992年12月—1996年11月）

（1）1992年12月，在烟台召开的中国建设教育协会成立大会上，全国建设系统成人高等教育协会成为中国建设教育协会下属的成人高等教育专业委员会。由协会批准组建了由赵焕鑫、于文增、杜国城、于銮君、戴明熹、邓德安、杨学明、杨联京、武诗文、李瑛等同志组成的第一届常委会，赵焕鑫任主任委员，于文增、杜国城、戴明熹任副主任委员。原4个分会分别由杜国城、杨学明，赵焕鑫、杨联京，戴明熹、

---

[1] 本文由杜国城撰写，于2012年3月15日定稿。

武诗文,于文增、于鸾君、邓德安负责;建设部干部学院作为第五分会,由李瑛负责。从此在中国建设教育协会的统一领导下,按照协会章程组织"研究、交流、咨询、服务"等各项活动。

(2)1993年8月,在北戴河召开了中国建设教育协会成人高等教育专业委员会第一次全体委员会议。建设部教育司梁俊强同志出席会议并介绍了建设教育工作的态势和工作思路。会上传达了中国建设教育协会成立大会的盛况和会议精神,8所学校做了大会交流报告,评选出1991—1992年优秀论文15篇。

(3)1995年10月,在西安召开了第二次全体委员会议。中国建设教育协会赵铁凡秘书长到会并就成人高等教育专业委员会的近期工作做了重要部署,建设部人教劳司齐继禄处长、何京华副处长出席会议并传达了建设部教育工作会议精神,介绍了人教劳司的工作要点。会议增补了金宝钰为本委员会常委,公布了1993—1994年优秀论文12篇,印发了第二集优秀论文,内部刊物《通讯》印发到第10期,成立了由黑龙江省建筑职工大学牵头的"建筑装饰工程"专业协作组。

三、中国建设教育协会成人高等教育专业委员会第二届委员会阶段(1996年11月—2001年1月)

(1)1996年11月,在广州召开了第三次全体委员会议。建设部人教劳司赵琦副处长出席会议并代表人教劳司和中国建设教育协会做了讲话。按照协会的要求,会上进行了换届选举,产生了由杜国城、高廷臣、王其康、袁华、金宝钰、于銮君、邓德安、高恒丰、胡晓元、焦兆平、李瑛等同志组成的第二届常委会,杜国城任主任委员,高廷臣、金宝钰、袁华、王其康为副主任委员,一分会由杜国城、高恒丰负责,二分会由金宝钰、王其康、焦兆平负责,三分会由袁华、胡晓元负责,四分会由高廷臣、邓德安、于銮君负责。这一选举结果在1997年中国建设教育协会换届时得到正式批准。

会上评选出9篇优秀论文,其中3篇在大会上做了报告。会议期间再度修订了"建筑装饰"专业的培养方案,会后即呈报建设部人教劳司。会上成立了由吉林省、苏州市、四川省3所建筑职工大学牵头的"建筑施工"专业协作组。会议议定,新一届委员会的活动采取分会活动和全会活动隔年组织的方式,常委会每年一次会议,挂靠到分会或全会上进行。

(2)1999年7月,在兰州、西宁召开了第四次全体委员会议,协会张玉祥副理事长出席会议并就建设教育思想和教育观念大讨论做了讲话。会上评选并奖励了

12 篇优秀论文,其中 5 篇做了大会报告。会议期间对"建筑施工"专业第一批 7 门课程的教学大纲进行了会稿。

四、中国建设教育协会成人高等教育专业委员会(高等职业与成人教育专业委员会)第三届委员会阶段(2001 年 1 月—2007 年 4 月)

(1)2001 年 1 月,在哈尔滨召开了第五次全体委员会议,协会荣大成副理事长出席会议并传达了协会二届三次常务理事会会议精神。按照协会关于换届工作的要求,选举产生了由杜国城、张丽霞、胡晓元、张学宏、魏鸿汉、李志、李荣祥、邹定祺、刘凤菊等同志组成的第三届常委会,杜国城任主任委员,张丽霞、张学宏、胡晓元任副主任委员。建设部干部学院不再参加本委员会的活动,委员会只下设 4 个分会,分别由杜国城、魏鸿汉、张学宏、李志、胡晓元、李荣祥、张丽霞、邹定祺、刘凤菊负责。鉴于本委员会成员中一批职业技术学院的出现,会议向中国建设教育协会申请更名为"成人与职业高等教育专业委员会",协会同意可内部暂用,经协会向民政部请示,于 2004 年 7 月正式更名为"高等职业与成人教育专业委员会"。

(2)2003 年 7 月,在沈阳召开了第六次全体委员会议,协会李竹成理事长出席会议并就新一届协会工作做了讲话,10 所院校做了大会报告。

(3)2005 年 4 月,在南宁召开了第七次全体委员会议,协会李竹成理事长出席会议并做了大会报告,10 所院校做了大会报告,8 所院校做了书面交流。

(4)这一阶段的工作在原来征集评审优秀论文的基础上,增加了教育科研课题立项和优秀教学成果评审。2001—2007 年,共计评审奖励了委员会优秀论文 240 篇,其中一等奖 31 篇,二等奖 89 篇,三等奖 120 篇;在中国建设教育协会组织的三次优秀论文评选中获一等奖 3 篇,二等奖 5 篇,三等奖 22 篇。共计立项委员会教育科研成果 122 项,其中在中国建设教育协会立项 65 项。共计评审奖励了委员会优秀教育科研成果 41 项,其中一等奖 13 项,二等奖 12 项,三等奖 16 项;获中国建设教育协会优秀教育科研成果一等奖 1 项,二等奖 2 项,三等奖 5 项。

在中国建设教育协会组织的第一届多媒体课件大赛中,本委员会获一等奖 4 项,二等奖 9 项,三等奖 9 项。

(5)这一阶段在教材建设上也成果显著。组织编写了高职"建筑施工"和"建筑装饰"两个专业 22 门主干课程教材,专升本"土木工程"和"建筑工程管理"

两个专业 15 门主干课程教材，获得普遍好评，迄今仍在出版发行使用。

（6）高等职业与成人教育专业委员会《通讯》印发到第 45 期。

五、中国建设教育协会高等职业与成人教育专业委员会第四届委员会阶段（2007 年 4 月—2011 年 2 月）

（1）2007 年 4 月，在广州召开了第八次全体委员会议，协会荣大成副理事长出席会议并传达了协会三届七次常务理事会议精神。按照协会关于换届工作的要求，选举产生了由杜国城、李慧民、胡晓元、陈锡宝、李志、杨力彬、魏鸿汉、杜时贵、韩培江、安书科、汤万龙、张丽霞、刘凤菊等同志组成的第四届常委会，杜国城任主任委员，李慧民、胡晓元、陈锡宝、李志、杨力彬任副主任委员，胡晓元兼任秘书长。一分会（东北、华北）由杜国城、杨力彬、魏鸿汉负责，二分会（华东）由陈锡宝、杜时贵、韩培江负责，三分会（西南、西北）由胡晓元、安书科、汤万龙负责，四分会（成教学院）由李慧民、张丽霞、刘凤菊负责，五分会（中南）由李志、黄焕深、杨建华负责。2008 年 9 月，在北京召开中国建设教育协会第四届会员代表大会，会议正式通过了新一届本委员会常委会，杜国城、李慧民、胡晓元当选为协会常务理事。

（2）2009 年 8 月，在兰州召开了第九次全体委员会议，李奇副秘书长到会并向大会致贺词，53 个会员单位的 121 位代表出席会议。会上举办了高等职业教育和成人高等教育论坛，16 位院校领导做了大会报告。随着本委员会会员单位迅速增加到近百个，各分会的工作亟待加强，经请示协会同意，会上调整扩大了委员会常委会。一分会由杜国城、于世玮、魏鸿汉、王钊负责，二分会由陈锡宝、杜时贵、韩培江、何辉负责，三分会由胡晓元、汤万龙、田树涛、安书科负责，四分会由李慧民、张丽霞、刘凤菊、于贵凡负责，五分会由李志、李宏魁、黄兆康、赵惠琳负责。2009 年 12 月，协会正式批准了这个由各分会 4 人计 20 人组成的常委会。

（3）这一阶段中国建设教育协会进一步重视教育科研工作，经常性地开展科研课题立项和优秀科研成果评审奖励工作。本委员会不再单独立项和评审科研课题，2009 年向协会推荐立项了 29 项科研课题，推荐参加协会评优课题 18 项。积极组织会员单位参加第二届、第三届多媒体课件大赛，取得良好成绩，得到协会的好评，本委员会不再单独评审奖励。自 1989 年 10 月至 2010 年 3 月的 20 余年里，本委员会坚持不定期编辑印发了《通讯》50 期。

（4）2010 年 6 月，在上海召开的本委员会常委会上，协会荣大成副理事长出席会议并传达了协会关于调整本委员会主任人选的意见,杜国城不再担任主任委员,由黑龙江建筑职业技术学院王凤君院长接任此项工作,全体常委对协会的安排表示理解并一致同意,待本委员会2010年的工作任务完成后,进行工作接交。

2011年2月,在哈尔滨召开的中国建设教育协会四届四次常务理事会议上,杜国城代表本委员会做了2010年工作总结,随即完成了工作接交。

四 改革探索篇

关于职工高校学历教育改革的探讨 [1]

党的十一届三中全会以来，我国成人高等教育蓬勃发展，成为整个高等教育事业不可缺少的重要组成部分。1986年建设部系统成人高等教育招生18000余人，为部系统22所普通全日制高等学校招生人数的2.2倍，其中职工高校已发展到43所，年招生2400余人。职工高校毕业生安心在生产第一线工作，大多数人已成为技术与管理骨干，在很大程度上填补了人才断裂带，缓解了建筑施工企业技术与管理人才青黄不接的紧张局面。但正如《国家教育委员会关于改革和发展成人教育的决定》所指出的，由于我国成人高等教育起步较晚，基础薄弱，还很不适应社会主义现代化建设的需要。职工高校在不同程度上存在着办学与社会需要相脱节、学习与实际应用相脱节的问题，教育思想、教学内容和教学方法不尽符合成人教育的要求和特点。因此，职工高校要更直接地、更有效地为社会主义现代化建设服务，必须要进行改革，办出自己的特色。

基于这种思想，我校在"工业与民用建筑"专业的教学改革上做出了初步研究与探索，得到了国家与省市各主管部门及兄弟院校的积极配合和大力支持。自1986年以来，黑龙江省教委提出了在职工高校进行整体性教学改革的思路，将我校作为全省整体性教学改革的试点单位，自此，学校的改革走上了整体性教学改革的轨道。通过整体性教学改革的试点我们感到，当前我国的职工高等专科学历教育，只有尽速形成独具特色的教育思想、教学内容和教学方法，培养社会大量需求的应用型、工艺型、技艺型的人才，才能让职工高校成为普通高等教育不能取代的高等教育阵地。随着整体性教学改革的深入以及我们对高等职业技术教育的考察与学习，我们越来越感到，整体性教学改革在职工高校所形成的特色鲜明的教学系统，与完成高等职业技术教育所承担的培养任务是基本相适应的。经省教委批准，自1988年起，我们又在"建筑施工"与"建筑财务会计"两个专业进行了高等职业技术教育的试点，进一步探索职工高等专科学历教育改革的新路，使职工高等教育发挥出党的"十三大"赋予教育在经济发展战略中的作用。

---

[1] 1989年10月，杜国城在黑龙江省成人教育协会年会的交流论文。

一、明确培养目标，探索整体性教学改革

每一种教育，包括职工高等专科教育，其出发点和根本目的都是为社会培养某种类型与层次的人才。然而，各种类型教育的特色首先要表现在它的培养目标上。因此我们从明确培养目标入手，在我校"工业与民用建筑"专业进行了整体性教学改革的探索与实践。

（一）职工高校的培养目标

经济发展和技术进步不仅需要科学研究型和开发设计型的人才，更大量地需要应用现代技术于实践、实施科学管理于生产的企业生产第一线的工程工艺型与组织管理型的人才。前者主要是普通高等工科院校的培养目标，而后者则是职工高校的培养目标。近年来，普通高校"工业与民用建筑"专业的毕业生大多分配到设计单位，分配到施工企业的极少，而且大多不安心从事施工工作。而职工高校"工业与民用建筑"专业的学生绝大多数来自建筑施工企业，企业要求他们毕业后应具有组织施工、解决施工中技术问题的实际工作能力，回到生产第一线从事施工技术与管理工作。如果说普通高校毕业生应具备将设计思想转变为工程图纸的能力，那么职工高校毕业生则应具备将设计图纸转变为建筑物的能力，二者的区别是很明显的。

明确了培养目标的类型之后，还应清楚人才培养的主要职业方向。职工高校"工业与民用建筑"专业毕业生的主要职业方向是比较明确的：一是从事施工技术或技术管理工作，做工程技术负责人；二是从事施工管理工作，做工程负责人；还有少部分充实到计划核算部门，从事计划或工程预算等工作。这就和普通高校"工业与民用建筑"专业毕业生分配去科研、设计、施工部门，以及少部分从事教学工作的职业方向有很大差异。

明确的培养类型与职业方向要求职工高校毕业生应具有鲜明的特点。普通高校学生毕业后有一个从业过程，因此强调基础理论雄厚，以使学生具备较强的研究开拓潜力，即通常所说的"后劲"。毕业生应具备很强的适应性，要像"原木"一样有待再"处理"，以适应社会对同一专业不同职业方向的要求。职工高校则不同，其学生是从业人员，企业按其专业人才的实际需求送学生到职工高校进行定向培养，毕业后要像"成材"一样，到企业具体岗位上定向使用。要有较强的实践能力，以尽快发挥作用，这就要求职工高校的培养目标应具有很强的针对性。

通过对省内一些典型建筑施工企业的调查，我们认真听取企业技术与管理专家的意见，基本弄清了职工高校"工业与民用建筑"专业培养目标的类型、职业方向

和人才特点，从而为整体性教学改革找到了比较明确的方向。

（二）以教学内容为重点，积极开展教学改革

由于受到历史条件等因素的局限，教育部颁发的《职工高等专科学校工业与民用建筑专业三年制教学计划》，基本上没有摆脱普通高校的教学模式。公共基础课、技术基础课和专业课所占总教学时数的百分比分别为 42%、32% 和 26%，基本与普通高校的比例雷同，这样"金字塔形"的课程层次结构显然与职工高校的培养目标不相适应，缺乏职工高校特色。另外，对职工高校学生非常重要的"建筑施工技术"和"施工组织"课程的授课内容和学时，以及实践性教学环节的安排比普通高校本科还少，更暴露出原教学计划学用脱节的弊端。按这样的教学计划组织教学，学生毕业后的知识能力结构肯定与企业实际工作需要存在很大差异，满足不了职工高校培养目标的要求，从而严重影响职工高校优势的发挥，保证不了毕业生的人才质量，进而降低职工高校的社会信誉。

提高学校的教学质量从来都是各类学校的中心工作，职工高校经过一段时间的发展形成一定办学能力后，应该集中力量解决教学质量问题，本着"按需施教、学用一致"的原则，从改革教学内容入手解决学习内容与实际需要相脱节的问题，尽量做到"用什么、学什么"，尽快形成体现职工高校特定培养目标的特色教学内容。

在教学内容的改革上，我们的做法如下。

1. 对培养目标的知识结构进行具体分析

在请建筑施工企业的各级管理干部、技术干部及本校历届毕业生帮助研究主要职业方向的工作内容及每一项业务工作所需的专业知识后，结果如表 4-1 所示，便可确定培养目标的知识结构。

表 4-1 主要职业方向的工作内容及每一项业务工作所需的专业知识

职务	工作内容	建筑制图	工程测量	建筑材料	建筑构造	建筑结构	施工技术	施工组织	工程预算	企业管理
技术负责人	图纸会审	+		+	+	+	+			
	施工组织设计	+	+	+	+	+	+	+	+	+
	技术交底									
	定位抄测	+	+		+		+			
	技术措施			+	+	+	+			
	材料试验			+			+			
	质量评定			+	+	+	+			
	隐检验收	+	+	+	+	+	+			
	新技术推广	+	+	+	+	+	+			

续表

职　　务	工作内容	建筑制图	工程测量	建筑材料	建筑构造	建筑结构	施工技术	施工组织	工程预算	企业管理
工程负责人	劳动组织	+		+			+	+	+	+
	任务分配	+		+			+	+	+	+
	作业配合	+	+	+			+	+	+	+
	施工进度						+	+	+	+
	工程计划	+		+	+		+	+	+	+
	现场管理				+		+		+	+
	安全生产	+					+	+	+	+
	工程量预算	+		+	+		+		+	+
	工作量统计	+		+			+		+	+
	成本分析	+		+			+		+	+

2. 根据培养目标知识结构修订教学计划

首先根据培养目标知识结构的需要来确定专业课的门类和内容；再根据专业课和某些能力的需要，以及德、智、体全面发展的要求来确定开设哪些技术基础课和公共基础课及其课程内容。按照这样的程序修订的教学计划，普遍增加了专业课授课学时，适当减少了公共基础课的内容，使专业课、技术基础课和公共基础课各占总教学时数的 1/3 左右，课程层次结构由"金字塔形"改变为"矩形"；同时，加强了实践性教学环节，重视学生职业能力的培养，这样便可以使学生获得较强的现场工作能力。

我们修订的"工业与民用建筑"专业教学计划，几经全国建设系统职工高校会议的研讨，不断充实和完善。在此基础上，1987 年 9 月原城乡建设环境保护部教育局在长春召开会议，通过了新的"工业与民用建筑"专业教学计划，在征得国家教委同意后在全国试行。

3. 积极编写各门课程新的教学大纲和教材

专业教学计划必须通过各门课程的教学大纲和教材去体现，因此在进行教学计划修订的同时，我们积极编制了各门课程的教学大纲，目前已基本配套成龙。教材的编写也在积极进行之中，《建筑材料》教材已正式出版发行，《建筑测量》教材已内部出版，并被列入建设部正式出版计划之中，《普通物理》教材出版前的准备工作业已就绪，《钢筋混凝土结构与砖石结构》已编写部分内容，《建筑施工组织》已按自编内容授课 3 个年级。在调整教学内容时，我们要求专业课的内容要紧密结合生产实际，既要有完整的理论体系，又要强调丰富的工程实践内容，做到教学与生产的结合，理论与实践的统一。对于基础课，则强调冲破理论化、封闭化模式的束缚，加强各学科间的横向联系，教学内容要为后续课服务，密切结合培养目标知识结构和能力结构的需要，注意解决好学科系统性和专业针对性的矛盾。

职工高校历史很短，要很快形成独具特色的教学内容绝非易事，这是一项耗时多、难度大的重点工程，需要我们持之以恒，继续付出努力。

（三）强化整体优化的思想，探索整体性教学改革之路

整体性教学改革的提出，使我省职工高校的教学改革步入了一个新阶段，它将使职工高等教育从根本上摆脱普通高校模式的束缚，建立起一个适应社会主义现代化建设需要，独具特色的新的教学体系。

所谓整体性，就是把教学视为一个系统。从教学活动的观点来看，教学系统应主要包括教学目的与任务、教学内容和教学方法3个主要结构层次。教学目的与任务直接体现教学成果，即培养目标，它是进行整体性教学改革的出发点，又是改革成功与否的准绳和标杆。因此，这一层次在整个系统结构中地位是最高的，处于支配和统帅地位。属于第二层次的应该是教学内容，教学内容取决于培养目标的知识能力结构，是实现教育目的的实质，是完成培养目标的基本保证。教学方法是传授知识的手段和途径，应该属于第三层次。可见，教学内容居于教学系统的核心地位，所以当前应把教学内容改革作为整体性教学改革的中心工作。

在教学内容基本上做到"按需施教、学用一致"之后，作为教学系统结构中第三层次的教学方法问题便会自然提到日程中来。几年来，我校许多教师在做好教学内容改革的同时，尝试了教学方法的改革工作。例如，在高等数学、普通物理等学科教学上积极探索成人教育规律和教学方法，在如何培养学生能力方面进行了研究与实践，取得了比较显著的效果，学生的分析能力、自学能力均得到提高，在统考中多次取得优异成绩；在建筑施工课教学中贯彻少而精的原则，紧密结合生产实际精选教学内容，并加强了现场教学与电化教学，使教学内容与施工生产的新技术、新工艺有机地联系在一起，既使学生能比较深刻地掌握必要的施工技术与管理知识，又有利于培养学生现场工作的实际技能；在建筑测量课考试方法上也做了很大改革，用闭卷考试、口试和仪器操作考试相结合的办法全面综合地考核学生，在全面培养学生能力、提高教学质量等方面均起到了很好的作用。

随着以教学内容为重点的整体性教学改革的深入，我们还预感到必将有许多新课题，诸如教学形式、考核办法、教学评估等都将提到改革的日程上来，从而丰富整体性教学改革的认识和实践，使职工高等专科学历教育形成与社会经济发展相适应的特色，成为培养大专层次工程工艺型、组织管理型人才的重要教育阵地。

二、高等职业技术教育——职工高等专科教育的大趋势

中共中央关于教育体制改革的决定指出，发展职业技术教育要以中等职业技术教育为重点，同时积极发展高等职业技术教育，逐步建立起一个从初级到高级、行业配套、结构合理，又能与普通教育相互沟通的职业技术教育体系。这一论述是我国改革高等教育结构、逐步建立职业技术教育的高等层次，完善职业教育体系的纲领。

（一）关于高等职业技术教育的培养目标

职业技术教育是一种为了适应社会经济发展的需要、社会产业结构和就业结构的变化，而对即将从事或已经从事某种职业的人员实施本职业所需的知识、技能和相应的思想道德训练的教育。职业技术教育的概念是在社会生产实践中逐步形成和发展的，在人类社会早期，人们的生产活动处于小生产阶段，生产全部依靠工匠的经验和手艺来进行，职业技术教育是自发的、零碎的，是以师带徒的方式进行的。随着社会生产的发展，生产的技术水平不断提高、经营规模不断扩大，职业技术人才的教育方式由过去以师带徒的简单方式发展为学校教育。从18世纪开始，世界上相继出现了初级水平的职业技术学校，如法国的徒工训练学校，在人的头脑中逐渐形成了对于职业技术教育的概念。18世纪下半叶工业革命以后，人类进入了大工业阶段，生产中出现了有一定知识和技能的操纵各种机械设备的技术工人。对于这类人员的教育，是依靠比较正规的初级职业技术教育来完成的，这类学校在法国称为国立职业高级初等学校。随着产品的日益复杂，又必须产生专门研究和设计产品、具有理论知识的工程师，对这一工程师类技能人才的教育便由19世纪出现的新大学来完成，如英国伯明翰大学的机械制造专业、利物浦大学的建筑专业等，我国目前的工科大学基本属于这一类型。到了20世纪，特别是第一次世界大战以后，科学技术介入生产的势头越来越猛，汽车工业中自动流水线的出现是人类生产活动剧烈变动的一个显著特征。这一时期不但产品的复杂和精确程度大大提高，生产数量也大幅度增加，因而在生产现场工艺装备日益复杂精确，生产加工已作为多种装备、仪器的综合整体形式出现。因此，生产部门要求有专门人才处理现场的技术问题和管理工作。这样，在技术工人和工程师之间出现了另一种人才——技术员（或工艺员），相应地就出现了培养技术员的中等职业技术学校。这类学校于1928年出现在苏联，称为中等职业学校，日本于1947年创办的新制高中、工业高中也是这

类学校。我国目前的中专也属此类学校。第二次世界大战后，以电子计算机为代表的高技术进入生产后，数控机床、机器人等新装备、新技术的出现，使生产现场又产生巨大的变化，这就使原来的技术员不能适应生产中高技术的要求。1965年，美国弗切克（Foecheck）教授提出在技术员和工程师之间增加一种技术师或工艺师（Technologist）的人才，来承担高技术进入生产后出现的技术工作。随即在英国出现了称为工艺工程师的人才层次，法国称其为高级技术员，澳大利亚称其为工程师助理。英国对工艺工程师的具体说明为："工艺工程师将工程师的意见转化为实际工作。他是工程技术人员群体活动的计划者，并管理技术员、技术工人和操作工。他们经常负责做出每日的工作安排，他们中有些人要进入管理和监督岗位。"以这类技术人才为培养目标，各国建立了有各自特点但又基本相同的高等职业技术教育学校，在日本称其为高等工业专门学校，美国称其为社区学院，联邦德国称其为高等工业专科学校，法国称其为短期职业大学。这类高等职业技术教育大多数是大专层次的，也有本科的。

世界各国的高等职业技术教育近年来都发展很快，已成为一种广泛的世界性的教育现象。这类学校的毕业生职业性强，动手能力强，深受社会欢迎，能比较容易地找到与其所学专业对口的职业。随着我国改革开放形势的发展，对高等职业技术教育的研究已成为"高中后教育模式"中的重要课题。

综合国内外的情况，我国当前的高等职业技术教育的培养目标应该是：作为工程师、高级管理人员的助手，从事生产活动的工艺型、技艺型工程技术人员，以及从事实际工作管理的企业型工程技术人员。我国现有的理科大学是培养发现和认识客观规律的人才；而工科大学则是培养将客观规律应用于实践的人才，它主要培养根据工程科学提出的设计原理将设计意图转变为工程图纸的人才；而高等职业技术教育则是培养将工程设计图纸转变为物质实体的工程工艺型和组织管理型人才。当前，大专层次的高等职业技术教育还应强调培养与生产活动直接有关的工艺人才，他们既负责生产第一线的工艺工作，也可以从事工艺规程和工艺装备的设计工作。至于较高规格的工艺研究人才，则需在职业技术教育的更高层次进行培养。目前，在我国新的经济发展战略上，工艺落后已成为突出矛盾，与发达国家相比，我们在工程科学理论方面的差距较小，但是在工程工艺方面的差距明显突出，必须通过做好高等职业技术教育来培养大量工程工艺型、组织管理型和技艺手艺型的工程技术人才来尽快提高我国的工艺水平。

我国目前的普通高等专科教育基本上是普通高校本科的浓缩型教育，其教学内容决定了它的特点与本科雷同，重基础理论轻实际应用，重适应性轻针对性，强调后劲忽视较快发挥作用，重工程设计轻现场工艺技艺。因此，普通高等专科教育培养的人才基本上是水平较低的本科生，并未形成职业性高等教育的特色，很难适应国家对工程工艺型人才的需求。为使教育更直接、更有效地为"四化"建设服务，国家提出要积极发展高等职业技术教育的要求。这里所谓的"高等"，除了指高中基础上进行的教育外，主要表现在培养目标的岗位去向是高层次的，它主要是在生产第一线作为工程师的助手，解决现场实际技术问题的高级工艺型人才。这类工艺师人才的理论水平虽不及工程师，但比工程师有更强的工程实践能力和管理能力；他们的实践能力虽不及技术员，但比技术员有更高的理论修养和较广的技术视野。

当然，高等职业技术教育也可以培养高级技术工人这一类人才，但这里的高级绝非传统的七级、八级的概念，它主要是指以脑力劳动为主的智能型高技艺操作者，如数控机床等许多现代工艺装备的操作工。他们之所以称为工人，是因为他们是操作者，但由于他们劳动的主要内容是智力技能的应用，因此他们实际上是工程技术人员。

综上所述，我们感到职工高校在培养目标上与高等职业技术教育是基本一致的，几年来我们所进行的整体性教学改革，实际上是在促使职工高等专科教育向高等职业技术教育转化。因此，通过对高等职业技术教育的考察与学习，我们更明晰了职工高校在我国高中后教育中的地位和作用，决心加快整体性教学改革的步伐，以尽快适应高等职业技术教育赋予我们的培养任务。

（二）突出职业技术教育特色，进一步改革教学内容

教学内容是完成培养目标的基本保证，在试点高等职业技术教育时，必须在整体性教学改革的基础上，重新编制专业教学计划和课程教学大纲，撰写职业技术教育教材或对借用教材进行针对性的改编。

在安排教学内容时，应注意以下几点。

（1）首先要突出职业技术教育的特色。职业技术教育的特色应突出表现为职业性和定向性的统一，针对性和适应性的统一，理论知识和实践技能的统一。职业技术教育必须区别于普通教育，它不是培养通用型人才，而是培养目标明确的专才。它需要有一定的理论技术基础，但更注意专业课程的针对性，着意培养学生的职业技能。

（2）从职业的要求出发，从培养目标所确定的人才素质的构成出发，确定毕业生的知识结构和能力结构。由此出发编制的教学计划要讲究整体优化，注意突出主干课，突出职业的基本理论、基本方法和基本技能，以显示职业技术教育的针对性。

（3）要强调实践性教学环节，使实践教学与理论教学有机地结合起来；并要确定学生应该具备的包括操作技能在内的职业技能及其标准，使实践教学科学化，并依此编制实践性教学计划和大纲。

（4）要突出职业道德教育，职业技术教育除了对学生进行马克思列宁主义世界观教育外，还应注意在日常对学生进行热爱本职工作、遵守职业道德的教育。

根据以上原则，我校编制的"建筑施工"与"建筑财务会计"专业高等职业技术教育班的教学计划中，公共基础课、专业基础课与专业课的学时数比例均在 1∶2∶2 左右，实践性教学时数占总教学时数分别为 29.30% 和 23%，职业专业课和实践性教学都得到明显加强。

（三）提出职业技能标准，建立量化考核体系

高等职业技术教育必须重视对学生职业技能的培养，以突出职业技术教育的特色。各专业对学生在技能方面均相应提出了具体要求和考核办法，如"建筑施工"专业将学生职业技能的标准分为 7 项，分别提出要求及评分标准（图 4-1）。由各系成立职业技能考核领导小组，成绩考核首先由实习点负责预评，成绩占总成绩的 40%，然后在学校进行答辩联评，成绩占总成绩的 60%。

（四）解决好实习基地，加强实践教学

我们要从多方面努力为实践性教学的实施创造条件，以满足教学计划对这方面的要求。我们要为"建筑财务会计"专业建立了模拟财会室，以做好建筑企业财务会计实习；在省建一公司和大庆市建二公司建立了固定的建筑施工实习基地，以解决生产实习和毕业设计能到施工现场真题真做；学校创办了装饰工程公司，为"建筑装饰工程"专业教师的实践及学生的实习提供方便的基地，在探索教学、设计、施工三结合的教学新体制方面迈出了较坚实的步伐。

（五）建立一支胜任高职教育要求的师资队伍

现有教师队伍还不适应职业技术教育的要求，主要表现为：教师受传统教育观念束缚，对职业技术教育缺乏正确认识，教育思想跟不上；教师原有的知识结构不适应职业技术教育的要求，业务跟不上；教师缺少职业技术技能，实践跟不上。我们采用了从建筑企事业单位调入、聘入有丰富经验的专业技术人员的办法，缓解了学校专业教师短缺的局面。在各实习基地均聘请了既有理论又有实践的工程技术与管理人员做实践教学环节的指导教师，重点培养学生的职业技能。学校重视对刚出

图 4-1 "建筑施工"专业职业技能分项与评分标准

校门的青年教师的培养，有的派出到对口院校进修，解决业务跟不上的问题；有的派出到施工企业去实习，解决实践跟不上的问题。在上级主管黑龙江省建工局的重视下，在企事业单位的支持下，目前学校的师资力量基本上能满足职业技术教育的要求。

我校的高等职业技术教育仅试办一年，才刚刚起步，由于学习研究不够，在认识上还很肤浅，可能还有谬误之处，亟待纠正和深入。我们的具体做法由于受到思想认识和客观条件的限制，是否已经从原有的高等专科教育模式中挣脱出来，尚待验证。但我们坚信，借助国内外的经验，通过我们的努力探索与实践，还是能够找到中国高等职业技术教育之路的。因此，我们愿意做高等职业技术教育的拓荒者和探路人。

"建筑施工"专业（专科）教学计划的论证报告[1]

一、说明

专业教学计划是在国家教育方针指导下，从学生实际出发，在一定时限内使学生达到预期的培养目标，对全部教学内容进行的总体设计，它是实现教育目标和组织教学过程的主要依据。职工高等专科学历教育承担着对具有高中文化程度并具备一定专业工作经历的从业人员实施职业型教育、培养企业生产第一线需要的应用型人才的任务，这是一种区别于传统的学科型教育，适应现代经济与社会发展的新型教育。因此，摆脱学科型教育模式的束缚，编制适合职业型教育需要的教学计划，就成为职工高等教育战线自20世纪80年代以来面临的主要议题和改革任务。

中华人民共和国成立以来，我国普通高校的"工业与民用建筑"专业主要承担培养建筑结构设计人才的教育任务，而建筑施工类技术人才则由中等专业学校的"工业与民用建筑"专业来培养，这便形成了建工学院培养"画房子"人才，建工学校培养"造房子"人才的建筑教育格局。改革开放以来，我国建筑业迅猛发展，楼层高、跨度大、功能全、设备新的建筑逐年增多，施工技术日趋复杂，施工管理的科学化程度日渐提高，大中型企业亟须一大批较之中等专业学校毕业生理论修养高、技术视野广的建筑施工类技术人才，这类高于中专层次的施工类专业人才的培养便很自然地成为20世纪80年代初兴办的建筑类职工高等专科学校的主要教育任务。根据岗位工作任务和岗位职责的要求，我们感到，这一专业的名称用岗位职业型名称——"建筑施工"更为确切，建议不再沿用"工业与民用建筑"这一学科型名称。我们的这一想法得到了国家教委、建设部有关部门的支持，自1988年起我省职工大学开始使用"建筑施工"这一新的专业名称。

下面将对"建筑施工"专业的培养目标及人才规格、毕业生的岗位职业能力结构、课程设置的原则等方面进行论证。

二、培养目标及人才规格

职工高校"建筑施工"专业的培养目标是：培养德、智、体全面发展，具有大

---

[1] 1996年2月，发表于黑龙江省成人大中专教学整体改革实践研究专集。

学专科水平，从事建筑施工技术与管理工作的工程技术人员。学生经过本专业教育后应达到的人才质量规格包括以下几方面内容。

（1）具有良好的政治品质、职业道德和职业意识，立志为祖国的社会主义现代化建设努力工作，热爱建筑业，不怕苦累脏险，有自觉投身到企业生产第一线的自觉性。

（2）掌握本专业必须够用的基本理论和专业知识，懂设计、会施工，具备大中型建筑施工企业现场技术负责人所需要的职业能力。具体来说，专科层次的高职毕业生应能独立承担三级建筑施工企业允许承建的 16 层以下、24 米跨度以下的房屋建筑物及高度 50 米以下构筑物的建筑施工技术负责人的岗位职务。

（3）具有适应职业岗位工作的综合素质。建筑施工过程是一个社会性很强的群体行为，毕业生必须具备较强的公关能力、协调能力和合作能力。建筑科学技术的迅速发展，要求毕业生应具备掌握技术信息的能力和自我发展的能力。建筑业日渐频繁的国际交流，还要求毕业生具备阅读和翻译专业外文资料的能力。

（4）毕业生应具有健康的体魄及良好的体育锻炼的习惯和方法，以适应建筑施工企业流动性和艰苦性的需要。

上述培养目标和人才规格突出体现了生产第一线岗位职业的需求。"建筑施工"专业（专科）的培养过程，就是对在职从业人员在原有基础上实现上述目标及规格要求而实施教育的过程，教育的实施是通过课程来实现的，而课程的设计是按岗位职业能力结构的规格要求来进行的。

三、毕业生的岗位职业能力结构

职业能力是由履行岗位职责的若干项综合能力组成的，而每一项综合能力又是由完成具体工作任务的若干个专项能力组成的。对于"建筑施工"专业而言，其毕业生任职到工程技术负责人这一职业岗位上，所需具备的岗位职业能力可分解为图纸会审、工程预算、施工组织设计、技术交底、定位抄测、安全技术措施、材料试验、事故处理、隐检验收、质量评定与验收、内业归档、新技术推广等 12 项综合能力。

在此基础上，又可以进一步分析出每一项综合能力所包含的若干项专项能力，如图纸会审能力包含：弄清设计意图，了解工程特点；明确质量标准与技术要求；复核设计是否符合政策与规定；分析技术设备能否满足设计要求；了解材料供应能否满足需要；弄清建筑结构与设备安装之间是否存在矛盾；核对图纸及说明是否齐全清楚；组织图纸会审等 8 项专项能力。经过累计，岗位职业能力共包含 69 项专项能力，如表 4-2 所示。

"建筑施工"专业毕业生应具备的 12 项综合能力、69 项专项能力比较系统全面地体现了培养职业型应用人才的规格要求，为课程的设计规划提供了基本依据。

表 4-2 职工高校"建筑施工"专业职业能力分析

综合能力	专 项 能 力	综合能力	专 项 能 力
图纸会审	弄清设计意图，了解工程特点	施工组织设计	制订施工方案
	明确质量标准和技术要求		确定施工进度
	复核设计是否符合政策与规定		估算实物工程量
	分析技术设备能否满足设计要求		编制劳动人员计划
	了解材料供应能否满足需要		编制物资机械需用计划
	弄清建筑结构与设备安装之间是否存在矛盾		编制水电暖、动力等需用计划
	核对图纸及说明是否齐全清楚		提出施工方法与技术措施
	组织图纸会审		提出保证质量与安全的措施
工程预算	准确使用各种建筑工程定额		编制经济技术指标和降低成本措施
	熟悉设计概算的编制		做出施工总平面图
	编制施工图预算	技术交底	阐明工程性质、结构特点与图纸要求
	编制施工预算		讲清施工进度、施工程序与方法
	进行两算对比与工料分析		说明各项技术措施、质量标准与规范要求
	提供竣工决算的有关资料		交代"四新"的技术要求、施工方法与注意事项
	应用计算机编制概预算		提出材料配合比设计要求
	了解国内定额预算的编制方法与特点		强调关键部位及重点部位施工方法与要求
			组织技术交底
定位抄测	熟悉测量仪器的操作、检验与校正	事故处理	及时发现工程质量事故
	掌握小型区域控制的计算技术		弄清事故类别
	定位测量		解决处理未遂事故
	抄平放线		参与事故原因的调查与分析
	垂直度控制		提出事故处理意见
	变形观测		拟定事故防范措施
	竣工测量	隐检验收	按质量验收标准发现隐蔽工程中的问题
	掌握特种结构建筑的测量技术		提出处理意见并进行复核
安全技术措施	提出内容齐全、针对性强的安全技术措施		办理隐检签证手续
			组织隐蔽工程检查
	及时解决施工作业中安全技术问题	质量评定与验收	组织分部分项和单位工程质量评定
			参与工程质量检查与验收
	制定预防性安全技术措施		用科学方法按质量标准做出评定记录
			总结经验，提出提高质量的技术措施
	进行安全技术交底和安全技术教育	内业归档	熟悉工程技术档案的内容及整理方法
			保证汇集的技术文件和资料完整、正确
材料试验	审查原材料，进行构件进场检查与验收	新技术推广	善于将国内外新技术引进本企业
	把好对钢筋等结构材料的现场检验关		从本企业出发开展技术革新
	检查混凝土、砂浆的试块养护、强度测试是否符合规定		用培训等得力措施推广新技术
	审批防水材料等现场配制材料的检验与配合比试验报告		组织对革新与科研成果的评审与奖励

四、课程设置的原则

(一) 以能力本位作为指导思想的原则

教育部颁发的《职工高等专科学校工业与民用建筑专业教学计划》基本上是普通高校本科教学计划的浓缩。由于强调基础理论的宽厚,因此计划中有较明确又完整的学科体系,即以学科本位为指导思想的教学计划。例如,在原教学计划中设有理论力学、材料力学和结构力学3门力学课程。应该说这3门课程的很多内容对职工高校毕业生来说是非常需要的,但受学科本位的束缚,将3门课程独立地纳入教学计划,就造成了教学内容虽自成体系,但针对性不强的弊端,从而导致课程设置与职工高校培养目标的偏移错位。"建筑施工"专业教学计划必须坚持以能力本位为指导思想的原则,只有这样才能在职工高校形成以培养岗位职业能力为中心的教学内容体系。只有坚持能力本位这个原则,才能从培养目标的岗位职业能力出发,将有关内容综合起来,如将原教学计划中理论力学、材料力学和结构力学3门课程综合为一门建筑力学。这一教学内容强调了密切围绕职业能力的需要,增加了专业针对性,突出了与建筑结构课的紧密联系,总学时又由327学时减少到222学时。

坚持能力本位原则不仅表现在教学内容的综合上,从根本上说,能力本位是以职业能力作为教育的基础,作为培养目标和评价标准,作为教学计划的指导思想,并体现在教学计划的各个方面,是教学计划的出发点和落脚点。

(二) 实用性原则

专业课的教学内容应强调实用性,要紧密围绕培养目标岗位职业能力的需求,改变从概念到概念、从理论到理论的习惯做法,克服重理论传授轻能力培养的传统倾向,以丰富的工程实践为背景,突出实用技术的传授,强化理论与实践的统一。例如,开设实用性较强的课程,如"建筑工程测量""建筑力学""建筑设备"等,有些课程可以打破"篇章式"的知识体系,建立"干什么、怎么干、为什么这么干"的"问题式"新体系,如"建筑工程测量"的教学内容应抛弃以往测量学的学科理论知识体系,按照从开工到竣工,建筑施工过程所需的测量技术工作的顺序,建立新的内容体系。根据具体施工阶段将教学内容划分为若干模块,在每一个模块中,首先根据该施工阶段的需要,提出测量工作应该"干什么"这个问题,进而以"怎么干"为核心讲清工作方法与程序、技术要求与措施,再以简明的演绎讲解必要的理论知识，使学员了解"为什么这么干"。这种以问题为中心的知识体系，可以将以传授理论知识为中心的课堂教学，改变为在教师引导下学生动脑、动手，师生共同解决实际问题的教学过程，具有很强的实用性和时效性。

（三）应用性原则

基础课的内容应突出在专业中的应用，要强调基础理论与专业知识、职业能力的紧密结合，注重研究解决基础课与各学科间的联系，以及基础课与专业课之间的相互渗透的关系，在"以应用为目的、以必需够用为度"的原则指导下，使基础课呈现某一专业的明显特色。例如，职业技术基础课只开设 8 门课程，对与本专业关系较远的课程内容做了适当精简，对其中一些偏于理论的内容进行了删繁就简的处理，尽量用定性的分析代替定量的推导；同时，又针对本专业的需要增加了必需的内容，如通过在物理学中补充了与建筑技术应用相关的流体力学、声学、物性学、传热学、交流电、光度学等，真正呈现出职业技术基础课的特色。职业技术专业课开设的 12 门课程，从内容和篇章结构上更注重了应用性。

（四）实践性原则

强化实践教学是职业型教育区别于一般学科型教育的突出特点，全教学过程应呈现理论教学与实践教学两条并重共进的主线，两者互相联系、紧密配合、相互交叉、彼此渗透，从而实现毕业生的职业能力与基层岗位工作需求之间的最佳匹配。同时，必须保证实践教学的时间和条件，在学校进行的实践教学的环境要尽量接近实际的施工现场。

五、课程体系的设计

（一）课程设置

课程是教学计划的基本要素，是实现培养目标的重要手段和途径。因此课程设置是编制教学计划的核心问题。

1. 从能力结构出发设计教学模块

从培养目标能力结构的分析中，我们已经清楚了"建筑施工"专业培养目标岗位职业能力的构成。综合每一项专项能力的具体要求，通过校内外专家的反复研究，我们设计了建筑材料、建筑构造、建筑结构、经营管理和建筑施工等 5 个教学模块，这5个模块构成了教学计划的基本框架，支撑着培养目标的能力结构，同时也给我们研究课程的设置提供了可靠的根据。

2. 从教学模块出发设置课程

（1）一个教学模块设置一门课程。例如，建筑材料模块可由建筑材料一门课程组成。

（2）一个教学模块设置几门课程。例如，建筑构造模块由建筑制图、房屋建筑学2门课程组成，建筑结构模块由建筑力学、钢筋混凝土及砌体、钢结构和地基与基础等4门课程组成，经营管理模块由建筑工程预算、建筑企业管理2门课程组成，建筑施工模块由建筑设备、建筑工程测量、建筑施工技术、建筑施工组织和质量事故分析处理等5门课程组成。

（3）根据几个模块的共同需要设置一门课程。例如，建筑结构、建筑施工2个模块都需要高等数学课程，建筑构造、建筑结构、建筑施工3个模块都需要物理学课程，建筑结构、经营管理2个模块都需要计算机课程。

此外，为满足培养目标综合素质的需要，还要设置政治理论（包括思想品德的内容）、体育、外语3门课程，这样本专业共设20门课程。

（二）建立课程体系

课程确定后，则需要根据各课程间理论知识与职业能力的相互关系来进行排列，在"双轨同步"教学体系思想的指导下建立课程体系。

1. 突破学科型"三段式"结构模式

我国普通高等专科教育长期以来一直沿用"三段式"结构模式编制专业教学计划，即将所设课程分为基础课、技术基础课和专业课3个阶段横向安排教学，教育部颁发的《关于制定职工高等工业专科学校教学计划的暂行规定》中也明确提出了这种"三段式"的要求。实践证明，这种模式的根本特点是学科自我完整及学科间自成体系，极易造成学科教育偏离培养目标的要求，因此必须予以突破。我们认为，课程体系应根据专业特点及培养目标，不同专业可以采用不同的结构模式。就"建筑施工"专业而言，其各门课程之间，无论在理论知识的传授上，还是在职业能力的培养上，内在联系均较密切，具有较强的顺序性和渐进性。例如，要学习建筑结构课程，就必须先学习建筑力学；而学习建筑力学，又必须以足够的高等数学知识和能力为基础，这条知识与能力的链条是无法突破的。因此，在课程体系中，采用"高等数学—建筑力学—建筑结构"这种"横段式"的安排方式仍是适宜的。问题在于，在这种体系中如何避免建筑力学课的三大组成部分偏离建筑结构的需要、力求自我完整的倾向，如何使高等数学课不致出现离开建筑力学的要求、不断自我扩张的偏差。参考国内外的相关做法，我们采用了"二段式"的课程体系结构模式，其课程设置及学时分配如表 4-3 和表 4-4 所示。其第一阶段为职业技术基础课，第二阶段为职业技术专业课，相对学科型的"三段式"体系，在"二段式"体系中我们力争突出以下两个特点。

表 4-3　课程设置及学时分配

课程类别	序号	课　　程	课内学时数				课程设计（大作业）
			共计	讲课	习题课	实验	
职业技术基础课	1	政治	180	180			
	2	外语	152	152			
	3	体育	108	108			
	4	高数	220	180	40		
	5	物理	102	76	10	16	
	6	算法语言	48	38		10	
	7	建筑制图	126	92	10		24（1周）
	8	建筑力学	222	170	44	8	
职业技术专业课	9	建筑设备	64	64			
	10	房屋建筑学	120	72			48（2周）
	11	建筑施工测量	106	48	10		48（2周）
	12	建筑材料	72	48		24	
	13	建筑企业管理	60	60			
	14	钢筋混凝土及砌体	204	138	18		48（2周）
	15	钢结构	98	64	10		24（1周）
	16	地基与基础	118	74	10	10	24（1周）
	17	建筑施工技术	120	72			48（2周）
	18	建筑施工组织	128	80			48（2周）
	19	建筑工程预算	96	48			48（2周）
选修	20	质量事故分析处理	20	20			
	21						
		毕业实习及设计	432				
		总　　计	2779	1784	152	68	360

表 4-4　课时分配比例

项　目		课时数	所占比例	
			占理论教学时数 /%	占全部授课时数 /%
	合　计	2872		100
理论教学	职业技术基础课	1100	57	66.7
	职业技术专业课	816	43	
实践教学		956		33.3

(1)"二段式"中的职业技术专业课较之"三段式"中的专业课,要强调密切结合职业岗位需求的针对性,要充分体现培养现场施工技术人才职业能力的对口性,要突出教学内容针对解决现场实际问题的实用性。特别是要解决好"三段式"体系中各门专业课重结构理论轻施工技术,偏离培养建筑施工类技术人才总目标的问题。

(2)"二段式"中的职业技术基础课较之"三段式"中的基础课和技术基础课,强调在建筑工程技术中的应用性。一是教学内容要体现紧密结合本专业实际的专业性,要突出在总培养目标指导下各门课程之间的纵横渗透性;二是避免出现"三段式"体系中各学科各自封闭、自成体系的局面,改变同一内容的基础课通用于不同专业的传统状态;三是要强调专业的针对性。

外语课中要加强专业外语阅读的教学,计算机课则要结合在建筑工程预算、建筑结构计算中的应用。即使是政治理论课、思想品德课,也要紧密联系中国建筑发展史的内容,对学生进行热爱建筑业、扎根生产第一线的教育。

总之,"二段式"课程体系相对于"三段式"课程体系,绝非将原来3个阶段的课程简单组合为2个阶段,而是从能力本位的教育思想出发,用一个崭新的职业型教学计划取代原来的学科型教学计划,以保证"建筑施工"专业的毕业生在人才规格上符合企业的生产实际。

2. 构建"建筑施工"专业的课程体系

从能力本位的教育思想出发,改革学科型教育为职业型教育,这是成人大中专教学改革的宗旨。在学科型教育中,其课程体系是以传授理论知识为中心的,因此其主要特点是重理论知识传授而轻实践能力培养,在教学安排上以理论教学为主,实践教学则处于从属地位。它所培养的毕业生尽管理论基础宽厚,具有较强的研究开拓潜力,但在人才规格上显然不适合企业生产第一线的实际需求。因此,成人大中专的教学改革必须通过加强实践教学,建立实践教学体系、突出培养学生的职业能力,贯彻以培养职业能力为中心的指导思想,以保证培养目标的人才质量规格。

基于以上的认识,我们认为在"建筑施工"专业的课程体系中必须体现理论教学与实践教学两条并重共进的主线。二者互相联系、紧密配合、相互交叉、彼此渗透,构建一个以培养建筑施工技术负责人职业能力为中心的课程体系(表4-5)。

表4-5 "建筑施工"专业课程体系

内容进程	理论教学		实践教学	
	课程	时数	项目	时数
第一学年	高等数学	220	参观实习	24
	物理	86	物理实验	16
	建筑力学(1)	114	力学实验	8
	建筑制图	102	绘图练习	24

续表

内容进程	理 论 教 学		实 践 教 学	
	课　程	时　数	项　目	时　数
第2学年	建筑力学（2）	108	现场实习	48
	建筑材料	48	材料试验	24
	建筑设备	48	现场教学	24
	房屋建筑学	64	建筑设计	48
	建筑工程测量	72	工程测量	48
	算法语言	58	计算机操作	10
	企业管理	38	技术员实习	72
	钢筋混凝土及砌体（1）	60	现浇楼盖设计	24
	施工技术	78	吊装平面设计	48
	工程预算	72	预算大作业	48
第3学年	钢筋混凝土及砌体（2）	48	单厂排架设计	24
	钢结构	78	钢屋架设计	24
	地基与基础	84	地基大作业	24
	施工组织	80	土力学试验	10
	质量事故分析处理	20	进度计划设计	48
			毕业实习	96
			毕业设计	336

对构建职工高校"工业与民用建筑"专业教学内容体系几个问题的思考[1]

职业教育的核心是培养职业技能。本文就职工高校"工业与民用建筑"专业构建以培养职业技能为中心的教学内容体系分 3 个问题试做阐述。

一、基本原则

（一）培养目标的定向性原则

职业教育应针对具体职业岗位的工作需要，对受教育者实施相应职业技能的定向培养。因此，构建教学内容体系，应以明确专业培养目标的职业岗位为前提。职工高校"工业与民用建筑"专业的学生，大多来自建筑施工企业，企业要求他们毕业后应具备组织施工、解决施工中技术问题的现场工作能力，能胜任施工现场技术负责人的岗位工作。这种明确的定向培养要求，为职工大学安排能有效直接与岗位职业相联系的教学内容提供了可靠依据。在明确职业岗位后，黑龙江省建筑职工大学在汇集建设部、黑龙江省、哈尔滨市及典型施工企业有关建设项目现场管理方面的文件和规定的基础上，通过广泛听取建设管理部门与企业专家的意见，分析归纳出 12 项岗位职责和工作任务，并由此剖析出履行这些岗位职责、完成这些工作任务应具备的职业技能 69 款，教学内容体系的构建则以此为方向。

（二）专业课程的实用性原则

专业课程的教学内容应强调实用性，要紧密围绕培养目标对职业技能的实际需求。改变从概念到概念、从理论到理论的习惯做法，克服重理论传授轻技能培养的传统倾向，以丰富的工程实践为背景，突出实用技术的传授，强化理论与实践的统一。有些课程可以打破"篇章式"的知识体系，建立"干什么、怎么干、为什么这么干"的"问题式"新体系。例如，建筑工程测量的教学内容应抛弃以往测量学的系统理论知识体系，按照从开工到竣工建筑施工过程所需的测量技术工作的顺序，建立新

---

[1] 本文发表于《高等建筑教育》1996 年第一期。

的内容体系，根据具体施工阶段将教学内容分为若干模块。在每一个模块中，首先根据该施工阶段的需要，提出测量工作应该"干什么"这个问题；进而以"怎么干"为核心讲清工作方法与程序、技术要求与措施，再简明地演绎讲解必要的理论知识，使学生了解"为什么这么干"。这种以问题为中心的知识体系，可以将传授理论知识为中心的课堂教学，改变为在教师引导下师生共同解决实际问题的教学过程，具有很强的实用性和时效性。

（三）基础课程的应用性原则

基础课程的内容应突出在专业中的应用，要强调基础理论与专业知识、职业技能的紧密结合，要冲破理论化、封闭化的束缚，着意研究基础课与专业课之间的相互渗透。在多个专业中，安排同样内容的基础课的传统做法在高职教育中是不足取的。应该在"以应用为目的、以必需够用为度"的原则指导下，使基础课程具有某一专业的明显特色。例如，国家教委原来规定的物理学教材的教学内容是许多工科专业通用的，理论偏深、推导烦冗，很多内容与"工业与民用建筑"专业无关，而"工业与民用建筑"专业所必需的许多物理知识又没有编入。现在建设系统职工大学使用的物理学改编教材则对与"工业与民用建筑"专业关系较远的内容做了适当精简，对其中一些偏理论的内容进行了删繁就简的处理，尽量用定性的分析代替定量的推导；同时，又针对本专业的需要，增加了流体力学、声学、物性学、传热学、交流电、光度学等必需的内容，使之成为"工业与民用建筑"专业的物理学；同时，又将授课时数由 170 学时压缩到 102 学时。

（四）教学过程的实践性原则

强化实践教学是职业教育区别于一般类型教育的突出特点，在职业教育中，实践教学的安排应该以培养目标的职业技能为中心，贯穿于教学的全过程。全教学过程理论教学与实践教学并重共进，两者互相联系、紧密配合、相互交叉、彼此渗透，构成一个有机的整体，以实现毕业生的知识结构和技能结构与基层岗位工作需要之间的最佳匹配。必须保证实践教学的时间和实践条件，在学校进行实践教学的环境要尽量接近将来的工作环境，其接近的程度对于保证高职教育的质量至关重要。行业企业举办的职工大学应充分利用背靠企业的优势，使尽量多的实践教学在企业生产第一线进行。毕业设计则应结合企业生产实际，尽量做到真题真做，通过毕业设计最后完成对学生现场工作能力的培养。

二、教学计划、教学大纲、教材

（一）教学计划

教学计划是组织教学过程的主要依据，应充分体现培养专门人才的特点。制订一个突出高职教育特色的教学计划，是培养合格的高职类型人才的根本保证。制订教学计划的基本思路应该是：从专业培养目标的知识结构和技能结构出发来确定专业课的门类及内容深广度，再以"必需、够用"为原则恰当安排专业基础课和公共基础课。黑龙江省建筑职工大学联系企业实际，根据该校"工业与民用建筑"专业学生毕业后，将作为施工现场工程技术负责人所要履行的图纸会审、工程预算、施工组织设计、技术交底、定位抄测、安全技术措施、材料试验、事故处理、隐检验收、质量评定、内业归档和新技术推广等 12 项主要岗位职责，尽可能科学地确定了他们必须具备的建筑制图、工程测量、建筑材料、建筑构造、建筑结构、施工技术、施工组织、工程预算和企业管理等 9 门主要专业理论知识的深广度，由此比较合理地明确了专业培养目标的知识结构，从而为制订教学计划奠定了坚实的基础。

理论教学是培养职业技能的基础，传授专业理论知识的程度基本决定了培养职业技能的层次。理论教学的安排应保证培养职业技能的需要，注重专业课内容要与工程实际紧密结合，突出专业基础课以应用为目的的特点，强调公共基础课以必需够用为度。这样安排的理论教学的课程层次结构会由于专业各异而有所不同，但绝不会形成以公共基础课为底座的"金字塔形"。黑龙江省建筑职工大学"工业与民用建筑"专业的理论教学课程层次结构安排为"矩形"，3 部分内容各占 1/3 左右。

职业教育是以形成职业技能、取得职业资格为核心的教育，因此必须在理论教学的基础上，围绕职业技能安排充分的实践教学。高职教育的实践教学，应该是在应用所学理论知识解决实际问题中形成职业技能的过程，所以实践教学的安排应努力避免理论验证型，尽量减少工程模拟型的内容，使实践教学在刻意选择的工程现场，根据真实的资料与图纸，利用现行的化验单与表格，使用先进的工具与设备，让学生在教师指导下独立完成。高职教育的实践教学时数应占总教学时数 1/3 以上，有些专业可以达到 1/2 左右。

根据当前我国的生产力水平，工科高职教育应以专科层次为主，学制以 3 年为宜，总教学时数在 3000 学时左右。黑龙江省建筑职工大学"工业与民用建筑"专业安排的总教学时数为 3316 学时，其中实践教学 1400 学时，占 42.2%。这一教学计划已得到国家教委成人教育司首肯，在全国试行并收到良好的效果。

（二）教学大纲

教学大纲是规定各学科的内容、体系和范围的教学纲要，是衡量教学质量和标准的依据，专业教学计划必须通过各学科的教学大纲去体现。教育部颁发的职工高校典型学科的教学大纲沿袭了普通高等教育的模式，理论部分的阐述占据了较大比例，往往对实践部分的说明仅寥寥几句，而且大多偏重于对理论的验证，处于从属地位。高职教育的特点，要求其学科教学大纲的编写必须突破"重理论、轻实践"的模式。大纲中对实践部分的阐述要强调其在形成职业技能中的重要性，并对实践教学如何与工程现场紧密结合提出明确的要求，在文字数量上理论与实践两部分相当，体现理论传授为实践教学打基础的特点，突出以培养职业技能为中心的指导思想。

（三）教材

教学大纲规定的教学内容要通过科学的教材来阐述。无论对于教师还是学生，教材作为教和学的具体材料都是非常重要的。高职教育作为一种新的教育类型，通过教材建设为教学活动准备必要的材料，其重要性在当前更为突出，也是开展高职教育的难点。职业教育的教材应充分体现职业性、实用性与先进性。此外，作为专科层次的高职教育教材还应充分体现层次性，保证大学专科的学历水平。中华人民共和国成立后，参照苏联模式，职业教育由中专和技工学校来完成，因此建筑施工企业中技术与管理人才基本上由中专毕业生来承担。就"工业与民用建筑"专业而言，其毕业生可以独立完成低层砖混结构建筑、跨度较小的工业厂房的施工技术与管理工作，比较适应 20 世纪五六十年代建筑业的实际需要，为这一时期的中国建筑业做出了历史性的贡献。20 世纪 70 年代以后，尤其是改革开放以来，我国建筑业迅速发展，建筑结构与功能的复杂程度已使中专毕业生难以胜任，许多现场经验丰富的普通高等教育本科毕业生在大型工程项目中发挥了重要作用。这段时间，我国建筑施工现场的技术与管理队伍是本科生与中专生的"混合兵团"。就教育与经济发展接轨而言，出现了本科生规格不对口径、中专生水平不够的现实问题。我国目前四级建筑施工企业允许承建 8 层以下、18 米跨度以下的房屋建筑及高度 30 米以下的构筑物，这类工程项目的施工技术与管理人才应作为中专的培养目标。三级建筑施工企业允许承建 16 层以下、24 米跨度以下的房屋建筑及高度 50 米以下的构筑物，这类工程项目的施工技术与管理人才则应由专科层次的职业教育来完成。二级以上建筑施工企业所能承担的 16 层以上、24 米跨度以上的房屋建筑及高度 50 米以上的构筑物，必须由本科以上的职业教育毕业生来负责施工技术与管理工作。考虑当前建筑人才的需求情况，根据职工高校目前的办学水平，应该把培养专科层次的高职人才作为标的，使毕业生的数理水平、力学基础、结构理论、计算机运用能力、外语水平、施工技术水平与现代管理能力均能满足独立承担相对应的工程项目的要求。学历层次与培养目标的理论水平和职业技能应有鲜明的对应关系，必须通过教材内容的深度和广度予以针对性的体现，这正是各学科教材编写应该遵循的基本思路。

三、支撑点

（一）师资队伍

建设一支既有理论又善实践，以专为主，专兼结合的教师队伍，是做好高等职业教育的关键。高等职业教育属高等教育范畴，既要求教师接受过系统的理论教育，具有较高的理论素养，又要求专业教师经历过丰富的工程实践，具有很高的技术与管理水平。专业带头人及主要专业课程教师应同时具备教授与高级工程师的职称或职业能力，一般专业教师也应是"双师型"人才。

职工高校举办高等职业教育具有师资方面的优势。专业教师受过高等教育，又在培养目标的职业岗位上工作过多年，是行业企业举办的职工大学的突出特色。黑龙江省建筑职工大学"工业与民用建筑"专业有 7 名教师具备高级技术职务，其中 5 名具有在施工企业工作过 20 年以上的经历，且又承担主要课程的教学任务。该专业在探索职工高校教学改革、培养适用对路人才方面取得了丰硕成果。

在职工高校保持一定数量理论素质高、实践能力强的兼职教师是师资队伍建设的长期任务。兼职教师或承担某门课程，或根据其业务特长讲授工程技术课中某些重要部分，有时还可安排他们就行业的新动态、新技术、新规范等做专题报告。由于他们身处生产第一线，讲课内容直接结合当前现场实际，工程背景非常鲜明，因此会取得明显的教学效果。

（二）实践教学基地

通过加强实践教学来保证培养职业技能，是职工高校，也是高职教育的一个突出特色。因此，建设好实践教学基地是职工高校进行教学改革的必备条件。行业企业举办的职工大学由企业投资办学，干部、教师和学生也来自企业，学校与企业之间有着密不可分的天然联系。企业希望学生毕业后尽快上岗，因此对实践教学较为关心，能比较主动地为实践教学提供合宜的工程项目和水平较高的指导教师。这是在职工高校办好高等职业教育的又一个重要优势。实践教学基地应选在管理水平高、技术力量强、机械设备先进的企业，由企业与学校组成一个专门机构共同负责，形成比较稳定的运行机制；应选择技术含量高、适合专科层次职业技能训练的工程项目，以保证实践教学的质量。

黑龙江省建筑职工大学以全省骨干企业省建一公司和大庆市建二公司为稳定的实习基地，得到了企业的关心和支持，建校以来在强化实践教学、提高技能训练水平方面取得了显著的成效。毕业设计是全面综合运用所学知识、系统形成职业技能的最重要的实践教学。黑龙江省建筑职工大学自 1989 年以来，把毕业设计安排在工程现场，结合实际工程真题真做，使学生在职业岗位上，在指导教师指导下行使职业职责、完成工作任务、整理毕业设计资料，从而得到了一次较全面的职业能力训练，收到了令人满意的效果。

（三）学生

职工高校学生绝大多数来自生产第一线，他们具备较好的职业道德和较强的职业技能，这是职工高校优势的内在基础。其中一部分工龄长、年纪大的学生，其学习目的性强且刻苦努力，毕业后很快便能适应工作需要，几年后便成为企业生产第一线的骨干。黑龙江省建筑职工大学对大庆市建二公司历届从该校"工业与民用建筑"专业毕业的 47 名学生进行了调查，其中 5 年以上工龄的 26 名，2~4 年工龄的 21 名。根据工程处的评价，统计比较结果如表 4-6 所示。

表 4-6　统计比较结果

工龄	独立上岗时间	图纸审核能力（20分）	工程预算能力（10分）	施工组织能力（20分）	技术指导能力（20分）	质检控制能力（10分）	内业归档能力（10分）
2~4 年	8.4 月	16.3	6.3	10.2	12.4	6.7	5.2
5 年以上	3.2 月	14.1	8.2	15.3	14.6	8.1	7.8

可见，工龄长的学生独立上岗时间很短，7 项职业技能中有 6 项明显出色。对其他企业的调查也得到类似结果。这说明学生入学前的职业道德与职业技能基础，对于高等职业教育的毕业生质量是非常重要的。如果招生制度的改革，使之更有利于广大生产骨干、先进模范人物入学深造，这对于发挥职工高校办高等职业教育的优势是大有裨益的。还应把已有 2 年以上企业实践的同专业的中等职业学校毕业生

作为重点招生对象，在他们原有的专业知识和职业技能的基础上进行大专层次的职业教育，提高他们适应社会经济发展的能力，以取得对技术与管理水平要求更高的职业岗位的任职资格。这对于尽快结束我国中等职业教育作为终结性教育的历史，形成从初级到高级、行业配套、结构合理的职业教育体系也是很有意义的。建立培养职业技能的教学内容体系，还应有诸如教学方法、考核方法、毕业时同时颁发学历证书和岗位资格证书等多个支撑点的建设，还有待综合配套地进行系统研究与改革。

高等职业教育"建筑装饰工程"专业教学计划的形成[1]

高等职业教育承担着对持有中等职业学校或普通高中毕业文凭的学生实施职业型教育，培养高级实用技术与管理人才的任务。这是一种区别于传统的学科型教育，适应现代经济与社会发展的新型教育。当前，在积极发展高职教育方针的指导下，许多普通高专、职业大学和职工高校都投入积极试办高职教育的热潮之中。摆脱学科型教育模式的束缚，编制适合职业型教育需要的教学计划，已经成为高等职业教育战线面临的一个重要议题和改革任务。本文仅就高职"建筑装饰工程"专业教学计划的编制进行研讨。

一、培养目标及人才规格

高等职业教育"建筑装饰工程"专业的培养目标应是：培养德、智、体全面发展，具有大学专科水平，从事建筑装饰工程技术与管理工作的工程技术人员。学生经本专业教育后应达到的人才质量规格包括以下 4 个方面内容。

（1）具有良好的政治品质、职业道德和职业意识，立志为祖国的社会主义现代化建设服务，热爱建筑装饰业，有主动投身到企业生产第一线工作的自觉性。

（2）掌握必需够用的建筑装饰基本理论和专业知识，具备从事建筑装饰工程的施工技术、施工组织、工程概预算及施工管理等实际工作的职业能力，具有一般建筑室内外装饰工程的设计能力，能独立承担中型建筑装饰工程项目技术负责人的职业岗位工作。

（3）具有适应职业岗位工作的综合素质。建筑装饰施工过程是一个社会性很强的群体行为，毕业生必须具备较强的公关能力、协调能力和合作能力；具备掌握技术信息的能力和自我发展的能力；具备阅读和翻译外文资料的能力。

（4）毕业生应具有健康的体魄及良好的体育锻炼的方法和习惯，以适应建筑装饰企业流动性和艰苦性的需要。

---

[1] 本文发表于《高等建筑教育》1997 年第一期。

二、毕业生的岗位职业能力结构

岗位职业能力是由若干项综合能力构成的，而每一项综合能力又由多个专项能力所组成。"建筑装饰工程"专业毕业生任职到装饰工程项目技术负责人这一职业岗位上，需要具备的岗位职业能力可分解为图纸绘制与会审、工程预算、施工组织设计、技术交底、定位抄测、安全技术措施、材料检验与事故处理、隐检验收、质量评定与验收、内业归档和新材料与新技术推广等11项综合能力。要具备每一项综合能力，都需具备必需的专项能力，11项岗位职业综合能力包括54项专项能力。"建筑装饰工程"专业毕业生应具备的这一职业能力结构比较全面地体现了培养高职型实用人才的规格要求，为设计规划课程提供了基本依据。

高职"建筑装饰工程"专业毕业生职业能力结构如下。

（1）图纸绘制与会审：弄清设计意图，了解工程特点，绘制一般装饰设计表现图，绘制工程施工图，应用计算机绘图，审核设计是否符合国家或地方政策及规范要求，分析技术设备能否满足设计要求，了解材料供应能否满足需要，弄清建筑空间结构与设备情况，核对图纸及说明是否齐全、清楚、准确，组织图纸会审。

（2）工程预算：准确使用各种建筑装饰工程定额，熟悉设计概预算的编制，编制施工预算，编制施工图预算，进行概预算对比与工料分析，提供竣工决算有关资料，应用计算机编制概预算与决算。

（3）施工组织设计：制订施工方案，确定施工进度，估算实物工程量，编制材料工时计划，编制工具机械需用计划，编制施工条件计划（水、电供应等），提出施工方法与技术措施，提出保证质量与安全的措施，提出经济技术指标和降低成本措施。

（4）技术交底：阐明工程性质、施工工艺特点与图纸要求，讲清施工进度、施工程序与方法，说明各项技术措施、质量标准与规范要求，交代施工工艺顺序、技术要求和施工方法，提出材料特性设计要求，强调关键及重点部位施工方法与要求。

（5）定位抄测：熟悉测量工具仪器的使用，定位测量，抄平放线，垂直度控制，变形观测。

（6）安全技术措施：提出内容齐全且针对性强的安全技术，及时解决施工作业中安全技术问题，进行安全技术交底和安全技术教育，制定预防性安全技术措施。

（7）材料检验与事故处理：审查原材料，进场检查与验收，把好耐火、阻燃、无毒材料关，检查材料是否按设计使用。

（8）隐检验收：按质量验收规范检验隐蔽工程，发现隐蔽工程问题，提出处理意见并进行复核，把好隐蔽工程质量关，办理隐检签订手续，组织隐蔽工程检查。

（9）质量评定与验收：组织分部分项和单位工程评定，参与工程质量检查与验收，按《施工验收规范》和质量标准做出质量评定记录，提出提高质量的技术措施。

（10）内业归档：熟悉工程技术档案的内容及整理方法，保证汇集的技术文件和资料完整、正确，做好档案归类、编号及检索业务。

（11）新材料与新技术推广：了解国内外新材料与新技术信息，应用新材料与新技术。

三、课程设置

课程是教学计划的基本要素，是实现培养目标的重要手段和途径。因此，课程设置是编制教学计划的核心。

（一）从能力结构出发设计教学模块

综合每一个专项能力的具体要求，通过校内外专家的反复研究，我们设计了建筑装饰材料、建筑装饰工程设计、建筑装饰工程施工、建筑装饰工程经营管理4个教学模块，这4个模块构成了专业教学计划的基本框架，支撑着培养目标的能力结构，同时也给我们研究课程设置提供了可靠的根据。

（二）从教学模块出发设计课程

（1）一个教学模块设置几门课程。例如，建筑装饰材料模块可由建筑装饰材料、材料实训2门课程组成，建筑装饰工程设计模块可由绘画、阴影透视与建筑制图、房屋建筑学基础、室内设计原理和室内设计等5门课程组成，建筑装饰工程施工模块可由建筑装饰工程施工工艺、施工组织与管理、施工工艺实训和施工组织设计等4门课程组成，建筑装饰工程经营管理模块可由建筑装饰工程预算、预算实训、经济法和建筑技术经济学等4门课程组成。

（2）根据几个教学模块共同设置一门或几门课程。例如，建筑装饰工程施工与建筑装饰工程经营管理2个模块都需要高等数学课程，建筑装饰工程设计与建筑装饰工程施工2个模块都需要建筑力学基础与结构选型、建筑设备与灯饰2门课程，建筑装饰工程设计、建筑装饰工程施工与建筑装饰工程经营管理3个模块都需要计算机应用课程。

此外，为培养学生综合素质，还要设置政治、体育和外语 3 门课程，这样本专业共设 22 门课程。

四、建立课程体系

根据各课程间理论知识与职业能力的相互关系进行排列，在形成理论教学与实践教学两条并重共进的主线的原则指导下建立课程体系。

（一）突破学科型"三段式"结构模式

我国普通高等工程教育长期以来一直将所设课程分为基础课、技术基础课和专业课 3 个阶段编制专业教学计划安排教学。这种模式的根本特点是学科自我完整及学科间自成体系，极易造成学科教育偏离培养目标的要求，因此在高职教育中必须予以突破。"建筑装饰工程"专业各门课程之间，无论在理论知识的传授上，还是在职业能力的培养上，其内在联系均较密切，具有较强的顺序性和渐进性。因此，在课程体系上，建立基础课与专业课仍较明显分段的"模段式"结构较为适宜。问题在于，在这种体系中一定要避免某些基础课程如高等数学、建筑力学与结构选型等，离开本专业的需求不断自我完整自成体系的倾向。为此，采用"二段式"的课程体系结构模式，第一阶段为基础课，第二阶段为专业课。相对"三段式"，"二段式"中的专业课要强调密切结合职业岗位要求的针对性，要充分体现培养现场装饰施工技术人才职业能力的对口性，要突出教学内容针对解决现场实际问题的实用性；基础课则要强调在建筑装饰工程技术中的应用性，教学内容要紧密结合本专业的实际需要，要突出在培养目标指导下各门课程之间的纵横渗透性。

"二段式"课程体系对于"三段式"课程体系，绝非将原来 3 个阶段的课程简单组合为 2 个阶段，而是从能力本位的思想出发，用一个崭新的职业型教学计划取代原来的学科型教学计划，以保证毕业生在人才规格上符合企业的生产实际需要。

（二）增设独立的实训课程

为了突出培养职业能力，使实践教学真正形成与理论教学并重共进的主线，将过去教学计划中 5 门主要课程的理论教学部分和实践教学部分分别独立设置课程，增设建筑与装饰材料实训、室内设计、建筑装饰工程预算实训、建筑装饰工程施工工艺实训和施工组织设计等 5 门实训课程。

高职"建筑装饰工程"专业课程设置及学时分配如下。

（1）基础课：政治教学时数共计 215 学时，理论教学 215 学时；体育教学时数共计 72 学时，理论教学 72 学时；外语教学时数共计 212 学时，理论教学 152 学时，实践环节 60 学时；高数教学时数共计 72 学时，理论教学 72 学时；建筑力学基础与结构选型教学时数共计 72 学时，理论教学 60 学时，实践环节 12 学时；绘画教学时数共计 144 学时，理论教学 20 学时，实践环节 124 学时；投影原理阴影透视与建筑制图教学时数共计 108 学时，理论教学 64 学时，实践环节 44 学时。

（2）专业课：建筑与装饰材料教学时数共计 48 学时，理论教学 48 学时；房屋建筑学基础教学时数共计 68 学时，理论教学 48 学时，实践环节 20 学时；计算机应用教学时数共计 72 学时，理论教学 36 学时，实践环节 36 学时；建筑设备与灯饰教学时数共计 104 学时，理论教学 44 学时，实践环节 60 学时；室内设计原理教学时数共计 40 学时，理论教学 40 学时；建筑装饰工程预算教学时数共计 48 学时，理论教学 48 学时；建筑装饰工程施工组织与管理教学时数共计 40 学时，理论教学 40 学时；建筑装饰工程施工工艺教学时数共计 64 学时，理论教学 64 学时；经济法教学时数共计 32 学时，理论教学 32 学时；建筑技术经济学教学时数共计 32 学时，理论教学 32 学时。

（3）实践课：建筑与装饰材料实训教学时数共计 60 学时，实践课 60 学时；室内设计教学时数共计 104 学时，实践课 104 学时；建筑装饰工程预算实训教学时数共计 60 学时，实践课 60 学时；建筑装饰工程施工工艺实训教学时数共计 100 学时，实践课 100 学时；施工组织设计教学时数共计 40 学时，实践课 40 学时；毕业实习教学时数共计 80 学时，实践课 80 学时；毕业设计教学时数共计 280 学时，实践课 280 学时。

（4）其他：选修课。

（5）合计教学时数 2167 学时，理论教学时数 1087 学时，实践课教学时数 724 学时，实践环节 356 学时。

（三）构建"建筑装饰工程"专业课程体系

从能力本位的教育思想出发，改革学科型教育为职业型教育，这是编制高职型专业教学计划的基本原则。在"建筑装饰工程"专业的课程体系中，必须贯彻以培养职业能力为中心的指导思想，加强实践教学，建立教学体系，体现理论教学与实践教学两条并重共进的主线，二者相互联系、紧密配合、相互交叉、彼此渗透，构建一个以培养建筑装饰工程项目技术负责人职业能力为中心的课程体系。

高职"建筑装饰工程"专业课程体系如下。

第 1 学年

理论教学：高等数学 72 学时，绘画 20 学时，阴影透视 64 学时，建筑与装饰材料 48 学时，政治、体育和外语 439 学时。

实践教学：绘画练习 124 学时，阴影透视练习 44 学时，材料实训 60 学时。

第 2 学年

理论教学：力学与结构 60 学时，房屋建筑学 48 学时，设备与灯饰 44 学时，室内设计原理 40 学时，施工工艺 64 学时，计算机应用 36 学时。

实践教学：力学与结构练习 12 学时，房屋建筑学课程设计 20 学时，设备与灯饰课程设计 60 学时，室内设计 52 学时，施工工艺实训 100 学时，计算机操作 36 学时。

第 3 学年

理论教学：工程预算 48 学时，施工组织与管理 40 学时，经济法 32 学时，技术经济学 32 学时。

实践教学：工程预算实训 60 学时，施工组织设计 40 学时，室内设计 52 学时，毕业实习 80 学时，毕业设计 280 学时。

3 学年共计理论教学 1087 学时，实践教学 1080 学时。

加入 WTO 与我国高等职业教育改革[①]

我国加入 WTO 后,就要面对开放的世界市场,生产、贸易、金融、服务等行业都要面临巨大的冲击和挑战,教育也不可避免地会受到深刻而重大的影响。高等职业教育作为与经济和社会发展联系最密切的高等教育,必然会遇到前所未有的严峻挑战和难得的发展机遇。WTO 规定的开放贸易包括货物贸易、服务贸易和知识产权 3 部分,教育属服务贸易范畴。在 WTO 框架内,要求各成员国普遍遵循自由、公平、开放的基本原则进行国际性的教育交流与合作,跨国教育服务应该得到充分的鼓励。因此,国际资本和外国办学机构更大范围地进入我国教育市场,首先是高等教育市场,特别是高等职业教育市场将是无可回避的问题。

如何冷静地分析中国高等职业教育当前面临的形势,积极采取相应的措施,把这块教育改革好、发展好,已经成为我国高职教育工作者共同关心的话题。

一、WTO 给我国高等职业教育带来的主要机遇

(1)入世后,我国经济社会各行各业的发展将产生重大而深刻的变化,这就需要一大批拥有涉外知识,能面向国际市场,适应国际竞争,富于开拓精神的高素质、外向型和整合型职业人才,为我国高等职业教育的发展带来难得的发展机遇。

(2)有利于引进国外优质的教育资源,如品牌、课程体系、教师、教学方法、教学手段、管理模式、评估体系等,借助国外成功的教育经验,加快我国高等职业教育的改革与发展。

(3)有利于高等职业教育的办学体制进一步面向市场,办学主体更加多元化,民办教育和国际合作办学也将遇到良好的发展机遇。

二、WTO 给我国高等职业教育带来的主要挑战

(1)入世后,我国教育市场的开放程度肯定会提高,这为 WTO 成员特别是西方发达国家提供了巨大的教育市场。北美和欧洲在高等职业教育方面积累了丰富的

[①] 本文为 2002 年 1 月在黑龙江省高等职业教育研究会年会上的交流论文。

经验,相对于我国目前高等职业教育刚刚起步的初级状态,有着很明显的竞争优势,因此高等职业教育将是发达国家抢滩我国教育市场的主要领域,必将给我国的高等职业教育院校带来巨大的压力。

(2)入世后,随着各行各业现代化、国际化、市场化程度的迅速提高,社会对高职毕业生的质量要求会更严格。我国高职教育由于基础薄弱、思想观念落后等诸方面因素的制约,在教育质量上很难满足劳动力就业市场对毕业生在岗位职业能力、创新能力、创业精神、毕业即能顶岗等多方面的要求。因此,按高等职业教育的国际标准来要求,我们高职院校的教育质量在入世后将面临严峻的考验。

(3)我国的高等职业教育由于多方办学,多头管理,目前仍处于条块分割、各自为政的状态,使得学校布局不合理,专业设置重复,造成了严重的教育资源配置不合理,难以形成整体功能和规模效益,在国际竞争中由于不能握紧拳头而处于劣势。

三、我们应该如何面对 WTO 带来的机遇和挑战

(1)学习国外先进的高等职业教育经验,转变教育观念,提升现代化、国际化和市场化的意识,把高等职业教育置于行业企业之中,置于经济与社会发展之中,置于国际化的教育大市场之中,重新认识与思考,形成新的符合 WTO 运行规则的高职教育理念。

(2)深化教学改革,建立以知识为基础,以能力为本位,以素质为核心的教学内容体系、教学方法体系和教学质量监控与评价体系。探索校企之间互利互动的市场运行机制,制定校企合作、产学结合的政策法规,打造适用对路的高职人才培养模式。

(3)加强"双师型""专家型"师资队伍建设,是当前做好高职教学改革的关键。必须使我们的教师既扎实地掌握本专业的基础理论,又能熟练地驾驭本专业的技术和管理工作。

(4)质量是高等学校的生命线,对于高职院校而言更是如此。必须敢于正视高职院校质量令人担忧这一严酷的现实,尽快改变这一落后局面。

(5)积极引进国外的教育资源,通过合作办学、合资办学迅速提高教育质量,提高市场竞争力,是当前高职院校的一项重要工作。

(6)面对高职院校资金投入少、基础薄弱的现状,应该积极向社会、企业、个人等多方筹措资金,形成投资主体多元化的办学体制,尽速改变学校经费不足、资

源短缺的尴尬局面。

（7）构建初、中、高级相互衔接、结构合理的职业教育体系对于做好我国的高等职业教育是至关重要的。首先应该解决好中等职业教育主要培养技术工人的准确定位，高等职业教育主要招收中职毕业后经过一段职业经历后欲进一步提高的考生，普通高中毕业生则须通过职业训练后方可入学，即必须保证高职入学新生在文化知识和职业技能两方面的要求。高等职业教育专科以上层次的教育也应尽速明确，可以从普通高等教育中分离出来一批，也可从优秀的独立设置的高职院校中评估出一批。通过这样完整体系的建立，才能满足社会对职业教育人才的多样化、多层次的要求，才能使我国的教育体系从计划经济的惯性中彻底挣脱出来，直接有效地服务于市场经济下我国经济和社会的发展。通过多个"立交桥"沟通不同层次、不同类型教育之间的联系，满足各类社会成员的不同就学需要，满足经济和社会发展对教育提出的多样性需求。

突出高职特色，服务建设事业[1]

【摘　要】近年来，我国建设类高职教育发展很快，为适应社会主义现代化建设的需要，必须深化改革，办出高职教育的特色。本文介绍了当前全国建设类高职教育领域教学改革的主要成果。

【关键词】建设类高职教育　改革　特色

面对全球范围知识经济的崛起和我国市场经济的迅速建立，我国的高等教育结构体系在大力发展高等职业教育的号角之下进行着重大调整，以改变我国高等教育中存在的重理论轻实践，重学科型、研究型人才培养轻职业型、实用型人才培养的畸形局面，为我国的现代化建设事业培养大批具有必要的理论知识和较强的实践能力，生产、建设、管理、服务第一线和农村急需的专门人才。

在这样一个大背景下，近年来全国建设类高等职业教育得到了迅速发展，原有的建设类高等专科学校进行了卓有成效的教学改革，各省、市相继新组建了10余所独立建制的建设类职业技术学院，许多建设类成人高校开设了高职教育，绝大部分设有建设类专业的本科大学都设置了高职专业，很多建设类重点中专都开设了高职班，一些民办高校也开设了许多建设类高职专业。这6类高职院校，由于其办学历史等因素的差异，都不同程度地存在教学基础薄弱、教学改革滞后、课程内容体系陈旧、高职特色不够鲜明等方面的问题。在建设部人事教育司的具体指导下，中国建设教育协会将全国从事建设类高职教育的50余所院校组织起来，从教育思想和教育观念的改革入手，以教学改革为核心，在高职专业的设置、培养目标的确定、课程内容体系的构建、人才培养模式的构筑、办出高职特色等方面进行了有益的探索，取得了一定的成效。

一、准确定位，强化改革意识

（一）培养"粗坯型"人才的教育必须改革

在计划经济条件下，国家对学生实行统招统分，毕业生带着干部指标和工资指

---

[1] 本文为2002年5月在中国建设教育协会成立十周年纪念活动的交流论文。

标被安排到接收单位，作为生产部门的企业，从不计较毕业生经过一段见习期才能独立工作。这便形成了一种特殊的教育形态，即高等工科教育只对学生进行工程师的初步训练，主要是培养学生掌握基本理论、基本知识和基本技能，并不要求学生毕业时便具备即刻上岗的职业能力，毕业生的独立工作能力是在企业见习期的实践中逐步形成的，是一种典型的"粗坯型"的教育模式。随着我国经济体制改革的逐步深入，在市场经济中的企业已经由生产单位转变为经营实体，企业中任何一个人的工资都要进入经营成本，这就使企业愿意接收进入企业便能顶岗工作的"成品型"毕业生成为必然的趋势。如果我们还墨守"粗坯型"教育的老路，那么培养的专科层次毕业生，绝大部分可能毕业即失业，那么我们这类院校还有存在的必要吗？因此，必须下大气力把我们的教育由"粗坯型"改革为"成品型"，高职院校才能在为我国建设事业输送毕业即能上岗的高层次实用人才的道路中求得生存和发展。

（二）传统的专科教育必须改革

我国的专科教育产生于国家要求高等教育"多出人才、快出人才"的历史条件下，因此多年来一直难以摆脱"本科浓缩型"的教育模式。我国高等工科院校本科主要是对学生实施工程教育，如本科的"土木工程"专业主要是培养将设计意图转化为工程图纸的"画房子"人才；而高职院校主要是对学生实施技术教育，其"建筑施工"专业主要是培养将工程图纸转化为建筑实体的"造房子"人才，这是两种不同类型的教育。如果我们沿袭传统的专科教育，就会陷入教育类型的错位，我们培养的毕业生便会在设计能力上远不如本科生，而在施工能力上又不及中专生。因此，必须通过狠抓改革，摆脱传统专科教育模式的束缚，努力探索适合中国国情的高等职业教育之路。

（三）原有的中专教育必须通过改革迅速提升

长期以来，我国建筑施工类技术人才主要来自中等专业学校，形成了建设类高等学校主要培养工程设计人才，建设类中专学校主要培养工程施工人才的建设教育基本格局。这相对于我国 20 世纪五六十年代的生产力水平还是比较适应的。改革开放以来，随着整个社会科学技术的快速进步，生产过程的工艺技术日渐复杂，生产管理的科学化程度迅速提高，企业对生产一线的技术人员和管理人员的需求明显向高层次转移，急需一大批较之中专毕业生技术视野宽广、管理素养较高的人才迅速补充到基层技术岗位和管理岗位，这也正是目前大力发展高职教育的重要动因。各省、市新组建的独立建制的职业技术学院大多以原重点中专为主体，过去曾为国家输送了大批合格人才，但要办成名副其实的高职学院，还必须强化改革和提升的意识，尽速从中专的教育模式中挣脱出来。

二、突出特色，做好教学改革

（一）明确培养目标

专业是学校和社会的联系点，是学校教育和社会需求的结合部，我们首先选择了最有代表性的"建筑施工"和"建筑装饰技术"专业作为教学改革的突破口，集中全国力量进行攻关。

高职教育的特色首先表现在专业培养目标上，要把明确培养目标作为探索建设高职教育的切入点。高职土建类各专业学生毕业后绝大部分就业于土建工程项目部，其主要岗位：一是技术负责人，二是工程负责人，还有少部分从事质量监控、合同预算等其他工作。高职毕业生这样明确的职业方向，决定了它相对于普通高等教育本科"土木工程"等专业毕业生是两种不同类型的人才，因而应具备鲜明的特点。

培养目标的职业岗位群确定之后，便着力分析履行岗位工作所需的知识结构、能力结构和素质结构，从而完成对应培养目标的职业岗位群、人才特点和人才规格的分析和研究。

（二）做好课程改革与优化

课程改革是专业教学改革的基础，它包括教学内容的组织、深度的把握，以及教学方法的改革等。这是一项涉及面广、难度大的工作，通过多次研讨，我们认为这里的核心问题是怎样突出技术应用能力培养这条主线，怎样将知识、能力和素质的培养有效地融合在一起。这里的难点问题是如何淡化基础课与专业课的界限，如何处理理论教学和实践教学的关系。在此基础上，以专业培养目标为标的，从加强针对性和实用性出发，加大力度对原有课程进行了合、分、增、删及优化整合。

（三）构建理论教学和实践教学相互融合、互相支撑的新教学体系

在以培养目标的知识结构为依据确定理论教学体系后，集中力量根据培养目标的能力结构，研究、开发、设计实践教学体系就成为当务之急。两个体系均有各自的教学大纲，单独考核，分阶段又互相衔接，交叉并行，构建了两个体系相互融合、互相支撑的新的教学体系。同时，依据培养目标的素质结构，又在教学过程中全面

系统地安排了素质教育的内容，以使毕业生的知识、能力、素质等诸方面均能满足用人部门的需求。

（四）构筑校企合作、产学结合的人才培养模式

人才培养模式的核心内容是教育教学过程、方法和手段。一个新的教学体系的构想，必须通过一个与之相适应的人才培养模式来有效保证。相对独立的实践教学体系是培养职业能力的主要途径，而在企业进行的现场实践又是其中的关键。对于建设类专业而言，学生如果没有经过在真实的工程项目中的现场实践，达到毕业即上岗的目标是绝不可能的。基于这样的认识，许多院校都积极争取企业对教学过程的全面介入，本着互利互惠的原则，签订了校企合作共同培养高职学生的协议，充分利用企业的教育资源，展开教学改革，提高教育教学质量，办出高职特色。

在以上工作的基础上，在建设部人事教育司的指导下，在中国建筑工业出版社的大力支持下，中国建设教育协会组织全国高职院校和施工企业的专家学者，对高职"建筑施工"和"建筑装饰技术"专业的培养方案进行了多次认真的修订，编制了各门课程（包括理论课程和实践课程）的教学大纲，进而编写出版了高职高专"建筑装饰技术"专业系列教材、高等职业教育"建筑施工"专业系列教材。这两套教材是全国建设高职教育教学改革成果的展示，这两套教材的出版结束了这两个高职专业借用普通高校教材的历史，受到高职院校师生的欢迎。许多专家在多次会议上对这两套教材在突出高职特色方面给予了较高评价，目前，这两套教材已由中国建筑工业出版社推荐给教育部高教司，待通过专家评审后，即可作为教育部的高职高专推荐教材。

大力发展高等职业教育是中国高等教育改革与发展的重要内容，是中国高等教育面向世界、面向未来、面向现代化的必然结果。目前高等职业教育的发展遇到了许多困难，但只要我们坚持改革，锲而不舍地探索适合中国国情的高职人才培养模式，形成我们的优势和特色，为现代化建设事业输送一批又一批"下得去、用得上、留得住"的合格人才，历史会证明，中国高职教育是大有前途的。

浅谈当前我国高等职业教育的两个问题 ❶

一、什么是高等职业教育

（一）高职是高等教育

（1）高职是高中后教育。《中华人民共和国高等教育法》中明确指出："高等教育，是指在完成高级中等教育基础上实施的教育。"

（2）毕业后的工作岗位在层次上是较高的。大多数毕业生从事较高级的技术工作和管理工作，少数在高智能的操作岗位上工作。

（3）李岚清副总理在讲话中明确将我国的高等教育分为两类，一类是普通高等教育，另一类是高等职业教育。

（二）高职是职业技术教育的高级阶段

职业技术教育是对即将从事或已经从事某种职业的人员实施本职业所需的知识、技能和相应的思想道德训练的教育。它是在社会生产实践中逐步形成发展的，大体可分为以下5个阶段。

（1）在人类社会早期，或处于小生产阶段的地区、行业或企业，职业技术教育是以"师带徒"的方式自发地、零碎地进行的。

（2）18世纪初，随着技术水平的提高和经营规模的扩大，出现了对学徒工进行较系统教育的初级技术学校，这是职业技术教育的雏形，在法国首先出现了学徒工训练学校。

（3）18世纪下半叶，工业革命后，随着大工业的出现，生产领域需要有一定知识和技能的操纵各种机械设备的技术工人来落实工程师的设计意图，便出现了较正规的初级职业技术教育，在法国这种教育有国立职业高级初等学校。

（4）第一次世界大战以后，以汽车工业生产流水线的出现为主要标志，一些发达国家先后进入工业经济时代，现场工艺装备日益复杂精确，生产加工已成为多种装备、仪器的综合体，产生了对工程师与技术工人之间的技术员层次人才的需求，中等职业技术教育便随之出现。1928年苏联建立的技术学校，1947年日本的新制

---

❶ 本文为2002年12月在中国建设教育协会三届二次理事（扩大）会议的交流论文。

高中、工业高中，中华人民共和国成立后我国的中专学校均属此类教育。

（5）第二次世界大战以后，以电子计算机为代表的高技术进入生产领域，则在工程师与技术员之间提出了技术师、工艺师的人才需求。20世纪60年代以来便出现了培养此类人才的高等职业技术院校，如美国的社区学院，法国的短期大学，英国的多科技术学院，德国的高等专科学校、职业学院，日本的高等工业专门学校等。

（三）高职是技术教育

1. 4种类型人才

从生产或工作活动的过程和目的来分析社会人才，一般可分为4种类型：学术型（科学型、理论型）、工程型（设计型、规划型、决策型）、技术型（工艺型、实施型、管理型）、技能型（技艺型、操作型）。

2. 技术教育的产生与发展

工业革命以前，社会主要需要高等教育为其培养学术型人才，以牛津大学、剑桥大学为代表的高等学校主要是进行文、史、哲、数、理、化等方面的学术教育。

工业革命以后，工厂需要专门设计产品和研究产品制造过程的工程师，于是出现了"新大学运动"。1826年从学术教育中分化出了第一所从事工程教育的新大学——伦敦学院，继而又相继组建了利物浦大学（首先设立建筑专业）、伯明翰大学（首先设立机械专业）等专门培养工程技术人员的新大学。

20世纪初，特别是第一次世界大战以后，生产现场不仅工艺装备日趋复杂精确，更主要的是工艺过程已开始作为一个整体出现了。工程师不能同时负责产品设计和生产工艺工作，需要专门人才来处理现场的技术问题，于是就出现了技术型人才，相应地便从工程教育中分化出了技术教育。开始时出现的是培养技术员的中等技术教育，第二次世界大战以后，尤其20世纪60年代以后，由于技术型岗位的科技含量迅速提高，技术教育的层次呈现了高延趋势，便产生了培养技术师、工艺师的技术教育。

二、如何做好高等职业教育

（一）准确定位，强化改革意识

1. 培养"粗坯型"人才的教育必须改革

在计划经济条件下，国家对学生实行统招统分，毕业生带着干部指标和工资指标被安排到接收单位，作为生产部门的企业，并不计较毕业生经过一段见习期才能独立工作。这便形成了一种特殊的教育形态，即高等工科教育只是对学生进行工程师的初步训练,主要是培养学生掌握基本理论、基本知识和基本技能,并不要求学生毕业时便具备即刻上岗的岗位职业能力,毕业生的独立工作能力是在企业见习期的实践中逐步形成的,是一种典型的"粗坯型"教育模式。随着我国经济体制改革的逐步深入,在市场经济中的企业已经由生产单位转变为经营实体,企业中任何一个人的工资都要进入经营成本,这就使企业愿意接收进入企业便能顶岗工作的"成品型"毕业生成为必然的趋势。在这种情况下,如果我们还墨守"粗坯型"教育的老路,尤其是培养的专科层次毕业生,绝大部分学生可能毕业即失业。那么我们这类学院还有存在的必要吗?因此,必须下大气力把高职教育由"粗坯型"改革为"成品型",职业技术学院才能在为我国现代化建设输送毕业即能上岗的合格人才的道路中求得生存和发展。

2. 传统的专科教育必须改革

我国的专科教育产生于国家要求高等教育"多出人才、快出人才"的历史条件下,因此多年来一直难以摆脱"本科浓缩型"的教育模式。我国高等工科院校本科主要是对学生实施工程教育,如本科的"土木工程"专业主要是培养将设计思想转化为工程图纸的"画房子"人才;而高等职业院校应该对学生实施技术教育,如"建筑工程技术"专业主要是培养将工程图纸转化为建筑实体的"造房子"人才。这是两种不同类型的教育,如果我们沿袭传统的专科教育,就会陷入教育类型的扭曲,我们培养的毕业生便会在设计能力上远不如本科生,而在施工能力上又不及中专生。这就迫使我们下决心,狠抓改革,摆脱传统专科教育模式的束缚,努力探索适合中国国情的高等职业教育之路。

3. 原有的中专教育必须通过改革迅速提升

长期以来,我国建筑施工类土建技术人才主要来自中等专业学校,形成了建工学院主要培养建筑工程设计人才,建工学校主要培养建筑工程施工人才的建筑教育基本格局。这对于我国二十世纪五六十年代的生产力水平来说还是比较适应的。改革开放以来,随着整个社会科学技术的快速进步,生产过程的工艺技术日渐复杂,生产管理的科学化程度迅速提高,企业对生产一线的技术人员和管理人员的需求明显向高层次转移,急需一大批较之中专毕业生技术视野较广、管理修养较高的人才迅速补充到基层的技术岗位和管理岗位。这也正是目前大力发展高等职业教育的重要动因。

(二)突出特色,做好教学改革

1. 构建理论教学与实践教学既相对独立又互相融合的新教学体系

(1)紧密围绕培养目标的岗位职业能力,建立独立于理论教学体系的实践教学体系,改变传统的学科教育中实践教学从属于理论教学的状况。

(2)建设全新观念的校内实验实训中心,使大部分教学工作在实验室、实训车间中进行，在这里实现理论教学与实践教学的有机结合，实现知识传授、能力培养和素质养成的整体化、一体化。

（3）打破学科体系的束缚，突破基础理论课和专业课的界限，突出教学内容的实用性、针对性和先进性。从毕业生履行岗位工作所需要的能力结构、知识结构和素质结构出发，对原有课程进行合、分、增、删及优化整合，这是当前高职教学改革的难点。

2. 构筑校企合作、产学结合的人才培养模式

人才培养模式的核心内容是教育教学过程、方法和手段。一个新的教学体系的构想，必须通过一个与之相适应的人才培养模式来有效保证。相对独立的实践教学体系是培养职业能力的主要途径，而在企业进行的现场实践又是其中的关键。对于建筑类专业而言，由于建筑产品生产过程的不可重复性，学生如果没有经过在真实的工程项目中的现场实践，达到毕业即顶岗的目标是绝对不可能的。因此，必须将企业的工程项目和工程技术人员等可利用资源，通过合理的机制，充分利用起来，构筑校企合作、产学结合的人才培养模式。

（1）改变以往以学校教育为主体，视企业为实习基地的传统观念，树立学校与企业共同承担培养责任，对学生实施双主体教育的新理念。

（2）探索校企合作教育的有效途径，形成学校与企业双赢互动的新体制、新机制。

（3）建立企业全面介入高职教育全过程的能动机制，使企业积极参与人才预测、专业设置、专业定位、教学计划制订、实践项目选定、指导教师选派、实践教学的安排与考核、毕业答辩的主持等各项教学活动。

（4）按照岗位职业能力的要求，提出企业实践教学的项目、内容、标准及考核方法，使学生在企业的实践活动科学化、规范化。

3. 建设一支"双师"素质的教师队伍

高等职业教育的培养任务决定了学校的专业教师不仅应具备扎实的理论基础，而且必须具有丰富的工程实践经验，尽快建设一支具有高职特色的教师队伍，是做好高职教学改革的关键。

（1）采取得力措施从企业调入一批技术与管理骨干。

（2）创造条件派一批中青年教师到企业去顶岗工作。

（3）聘请占专业教师总数 1/3 左右的行业、企业专家来校做兼职教师。

（4）鼓励专业教师做应用技术研究。

（5）专职教师必须与某一企业保持经常的合作关系。

（6）鼓励非本专业的基础课教师通过理论学习与现场实践成为本专业的教师，使除两课和体育课之外的所有课程的教学任务都由熟悉本专业的教师来承担。

贯彻落实科学发展观，推动建设类高等职业教育又好又快发展[1]

近年来，我国高等教育的改革和发展取得了令世人瞩目的成就，实现了历史性跨越。其中，高等职业教育从无到有，从小到大，发展迅速，成效显著。目前，全国高职学院近1200所，年招生数300多万人，在校生800多万人，已成为我国高等教育的半壁江山，为高等教育大众化做出了重要贡献。建设类高等职业教育在建设事业大发展的拉动下，发展尤为迅猛。据2008年统计，全国已有独立设置的建设类高职学院29所，开设了建设类高职专业的院校1005所，年招生已超过20万人，在校生已近60万人，近5年为建设事业生产一线输送了50余万急需的技术与管理人才。

党的十七大做出了"优先发展教育，建设人力资源强国"的重要战略决策，明确要求"大力发展职业教育""提高高等教育质量"。建设类高等职业教育战线贯彻落实党的十七大精神，就要站在科学发展观的战略高度，客观评价和总结建设类高等职业教育改革发展的成绩和经验，冷静分析建设类高等职业教育面临的困难和问题，深入开展建设类高等职业教育的教育教学改革，全面推动建设类高等职业教育又好又快发展。

一、以科学发展观为指导，客观评价和总结建设类高等职业教育改革发展的成绩和经验

（一）职业教育思想实现了重大转变

2006年底，教育部下发了《教育部关于全面提高高等职业教育教学质量的若干意见》（教高〔2006〕16号），对指导我国高等职业教育改革与建设发挥了重要作用。高等职业教育作为有别于普通本科教育的一种类型，进一步明确了培养目标是面向生产、建设、服务和管理第一线需要的技术应用型高技能人才；明确了以服务为宗旨，以就业为导向，走产学结合发展道路的办学方针。建设类高职院校建校伊始，

---

[1] 2008年9月，本文发表于中国建设教育协会第四届会员代表大会暨建设教育科学发展论坛，并被录入论坛论文选。

通过开展中国建设教育协会组织的教育思想观念大讨论，提高了认识，转变了思想，一直坚持把培养目标确定为建设行业企业生产一线的"施工型""成品型""能力型"的技术与管理人才，牢牢树立了按照实际需求为行业企业培养适用对路人才这一服务宗旨，紧紧围绕使学生"毕业即就业，就业即上岗，上岗即顶岗"这一培养目标，积极探索"校企合作、产学结合"的人才培养模式，取得了显著的成效，并总结出了很好的经验。

（二）人才培养模式改革不断深化

在深刻认识到只有充分挖掘利用行业企业的优秀教育资源，才能做好高职教育的基础上，深入研究建立校企双方互利共赢的机制，大力推行校企合作的人才培养模式改革。黑龙江建筑职业技术学院开创的"2+1"模式、浙江建设职业技术学院首创的"411"模式都是校企合作的典型，经过近10年的探索与实践，已经日臻成熟，在理论体系、目标体系、内容体系、实施体系和评价体系等各个领域的研究都取得了有价值的进展。在企业的积极配合下，基本形成了以培养岗位职业能力为主线的人才培养模式，突出了特色，办出了质量，实现了毕业生零距离就业，取得了学生、学校、企业、家长和社会多方面共赢的可喜效果。目前，这两种模式已经在许多院校试行，成为建设类高等职业教育的主流人才培养模式。

（三）课程改革的力度不断加大

课程建设与改革是教学质量的核心，也是教学改革的重点和难点，土建类专业课程改革较之制造类等专业难度更大。许多建设类高职院校积极与企业合作开发新的职业教育课程，根据相关的职业资格标准，改革课程体系和教学内容，建立突出职业能力培养的课程标准；以工作过程为导向，开展工学结合"教、学、做"深度融合的精品课程建设。四川建筑职业技术学院、内蒙古建筑职业技术学院和徐州建筑职业技术学院等院校十分重视这项工作，以培养学生职业能力为核心，将课程改革和专业改革、人才培养模式改革紧密联系为一个整体，在国家级精品课程建设中率先垂范。

（四）实训基地建设彰显高职特色

加强实训实习基地建设是高职院校改善办学条件、突出职业能力培养、彰显高职特色、提高教学质量的重点。上海建峰职业技术学院本着建设主体多元化的原则，积极探索校内生产性实训基地建设的校企组合新模式，由上海建峰职业技术学院提供场地，上海建工集团出资近百万元开发建设了全国唯一的、高水平的钢结构工程整体安装实训基地，由企业工程师担任培训教师，既可用于学校教学，又可用于岗位培训，全国同行无不交口称赞；上海城市管理职业技术学院在上海市教委的专项资金支持下，利用学校的场馆开发建设了可供本地区职业院校共享的工程造价、物业管理实训基地，为上海市同类职业院校提供实训服务，取得了很好的实训效果；湖北城建职业技术学院积极争取企业支持，在校内开发建设了钢筋混凝土工程和砌体工程两个建筑施工实训基地，资金投入不多，实际实用，效果显著，全国许多院校纷纷前去参观学习。

（五）"双师型"教师队伍建设得到普遍重视

在高等职业院校，贯彻职业教育理念，实施以培养职业能力为核心的人才培养模式，驾驭工学结合的课程，都需要由职业经历丰富、职业能力优秀的教师来完成。但教师缺乏实际工作经历在高职院校是普遍现象，要办好高职教育就必须改造原有教师队伍，这已成为高职院校面临的重要课题。山西建筑职业技术学院、浙江建设职业技术学院等院校采取有力措施吸引一批批生产一线的高级工程师到学校任教，同时不断安排教师到企业顶岗实践，经过不懈努力，已经形成了以"双师素质"教师为主体的专师队伍，为提高高等职业教育的教学质量奠定了坚实可靠的基础；黑龙江建筑职业技术学院、广东建设职业技术学院等院校想方设法聘请行业企业的专业人才在校内外兼任学校的教学工作，形成了适应职业教育需求的"双师结构"教师队伍，较好地保证了高职教育的教学质量。

（六）重视示范院校建设，发挥引领作用

2006年11月，教育部和财政部联合启动了"国家示范性高等职业院校建设计划"，重点支持100所高水平示范院校建设。这是我国职教史上第一次大规模的高等职业院校建设计划，旨在推动全国高等职业院校深化改革的进程，带动全国高等职业教育的改革和整体质量的提升。在教育部、建设部的支持下，通过院校所在省和自治区以及院校自身积极创造条件，黑龙江建筑职业技术学院、四川建筑职业技术学院、内蒙古建筑职业技术学院和江苏建筑职业技术学院等4所建设类高职学院进入了100所的先进行列。相信这4所学院在中央和地方财政的支持下，在教育部的直接指导下，一定会建成高水平的高职学院，发挥其引领和示范作用，促进建设类高等职业教育的持续健康发展。

二、以科学发展观为指导，冷静分析建设类高等职业教育面临的困难和问题

（一）教育经费投入严重不足

我国教育投入一直未实现国家财政性教育支出占 GDP 4% 的目标，高等教育生均教育资源占有量明显不足，整体办学条件亟待改善。高职院校的财政投入状况更加严峻，除个别地区外，大多数高职院校还没有得到按本地区生均教育经费标准给予的财政拨款，许多院校的财政拨款还维持在原中专学校的水平，还有少数学校根本没有财政拨款。经费困难已经成为制约高等职业教育改革发展的重要因素，加之近年来很多院校为了达标和评估都在进行新校区建设，更使经费状况雪上加霜。高职院校不能和普通本科院校一样按生均教育经费得到财政拨款的状况，应该随着国家财政情况的好转尽快得到解决。

（二）各专业培养方案中学科教育的烙印还很深

各院校实施的培养方案中都强调了摆脱学科本位、突出能力本位的指导思想，但除了培养目标的能力分解在 CBE 理论的指导下较好地体现了能力本位外，另外两个重要组成部分——教学内容和学生成绩评价还基本上是学科本位的产物。在教学内容中，以培养职业能力为主要任务的实践教学的时数明显加大到总学时的 50% 左右，但仍然是以实（试）验、课程设计、大作业、认识实习、生产实习、毕业实习、毕业设计等从属于理论教学的实践性教学环节的面目出现，并且这些实践教学的内容仍然是根据指导书、任务书和实习大纲等简单的教学文件进行基本规定，既没有开发出实践教学课程，也没有编写出实践教学教材来规范实践教学内容。这与理论教学由成熟的理论教学课程构成，内容由对应的各门教材来规定的状况相比较，实践教学的从属地位、实践教学内容的单薄粗放便不言而喻，这与职业教育的教学内容应该突出培养职业能力的实践教学要求相距甚远。在学生的学习成绩评价中，尽管培养目标中明确分解出某一专业毕业生应具备的各项职业能力，但这些能力大多在成绩单中并没有得到体现，能看到的主要还是学科考试的成绩，也是学生掌握各门知识的成绩。这必然造成培养目标是能力本位的，而学生的学习评价是学科本位的，这样一种教育的出发点和终结点严重背离的不利局面必须引起我们的认真思考。

我们一定要抓紧时间，下大气力改变目前这种实践教学不成体系、内容不突出、不丰厚，学生能力评价没有得到充分重视的状况，并以此来推动高等职业教育的教育教学改革。

（三）"校企合作、工学结合"培养人才的机制尚未形成

做职业教育不能离开行业企业，企业全面介入学校的教学活动是办好高等职业教育的基本保证，工学结合、顶岗实习是突出培养岗位职业能力、实现零距离就业的必然要求。当前由于国家还没有出台相应的法律法规来规定企业必须履行的教育责任，企业普遍不愿意接收学生进行实训实习，给高职院校实施校企合作培养人才造成了很大困难。许多院校为了应付评估检查，在企业挂上了实训基地的铜牌，与企业签订了一般性的实训实习协议书。学校主要是通过各种关系求得企业的支持来安排学生到企业实习，在这项工作中学校是一厢情愿的，企业基本处于被动状况，远远称不上校企合作，能促使企业长期与学校合作的校企双方互利共赢的机制还远没有建立起来。这种局面严重制约了高职院校教学改革的深入开展，大大降低了在企业进行的实训实习的质量，应引起国家和广大高职教育工作者的充分重视。

（四）"双师型"教师队伍建设面临诸多问题

通过专任教师"双师素质"化建设，聘请行业企业专家、能工巧匠到学校担任兼师，形成专兼结合的"双师结构"。双管齐下建立"双师型"教师队伍，已经在全国形成共识。但大多数学校遇到了同样的问题——由于学校和企业收入的差异以及人事政策的限制，很难将企业的优秀工程师引进到学校做专任或兼任教师。由于学校教学任务很重，派缺乏工作经历的青年教师到企业去实践的时间一般是一年左右，这一点实践经历不足以使他们成为合格的工程师，回到学校仍然是不合格的高职教师。当前，大多数学校为了应付由于扩招带来的大量教学工作，还在招聘一批批应届大学毕业生补充到教师队伍，致使"双师型"队伍建设很难走向良性循环的轨道，大批缺乏职业经历的不合格教师仍然承担着他们不胜任的培养学生职业能力的教学工作。这种普遍存在的教师缺乏实践经验的状况，势必使教育教学改革的成果大打折扣，严重制约了高职教学质量的提高。因此，建立"双师型"队伍教师资格认证体系，制定高职教师任职标准和准入制度，已成为当务之急。

三、以科学发展观为指导，深入开展建设类高等职业教育的教育教学改革

（一）认识重视顶岗实习，保证零距离就业

教育部在教高〔2006〕16 号文件中明确指出："高等职业院校要保证在校生至少有半年时间到企业等用人单位顶岗实习"，这是 16 号文件对中国高等职业教育改革与发展做出的革命性贡献。传统的毕业实习与顶岗实习有很大差距，经过毕业实习的学生并没有形成顶岗能力，到企业后必须通过一段时间的见习才能上岗，不可能零距离就业。传统的培养方案中，毕业实习前学生只具备专业基本能力，因此在毕业实习期间学生大部分时间是"看中学"。"看"不会给企业带来工作效益，企业不欢迎学生去毕业实习是自然的。零距离就业必然要求毕业生的顶岗能力，而顶岗能力必须经过顶岗实习来培养。真正的顶岗实习其全部过程都应该在"干中学"来完成，这就要求学生在顶岗实习前已经具备履行岗位职责的综合能力，这样的顶岗实习通过学生半年以上的"干"，一定会给企业带来工作效益，自然会受到企业的欢迎。分析理解顶岗实习与毕业实习的根本区别，深刻认识顶岗实习在当前高职教学改革中的重要意义，全力安排好顶岗实习，已经成为建设类高职院校面临的重要课题。

（二）认真组织综合实训，为顶岗实习做好充分准备

顶岗实习要求学生在实习前必须具备履行岗位职责的各项综合能力，这就必然要求在顶岗实习前安排培养学生综合能力的综合实训。浙江建设职业技术学院"建筑工程技术"专业先在第 5 学期安排了综合实训，选择适当的典型工程，学生在教师指导下逐项完成建筑施工过程的各项技术与管理工作，较好地培养了培养目标中规定的各项岗位综合能力，为顶岗实习做好了必要的准备。这样便形成了在前 4 个学期向学生传授基本知识并培养专业基本能力，第 5 学期培养综合能力，第 6 学期培养顶岗能力的"三阶段"教学新模式。这种新模式使"建筑工程技术"专业的培养方案呈现出一个以培养职业能力为主线的实践教学新体系，为探索摆脱学科本位、突出高职特色做出了积极贡献。但这种成功做法还没有引起其他建设类高职专业的重视，亟待将这一有益探索尽快在各个建设类高职专业中推广。通过多个专业的探索与实践，在各个建设类高职专业建立起由"三阶段"构成的、以培养岗位职业能

力为主线的实践教学体系。

（三）研究建立各专业学生职业专业能力的评价体系

目前，许多建设类高职专业中存在的学科本位的学生成绩评价体系必然导致我们精心研究的各专业能力本位的培养目标——落空，必然使我们一再强调的高职教育要以培养职业能力为核心成为一句空话。因此，在各专业建立与企业岗位标准一致的学生职业专业能力评价标准，设计可操作的各项职业专业能力的考核内容和方法，形成学生职业专业能力评价体系，建立能力本位的学生成绩评价体系，已经成为当前建设类高职教育改革的重要任务。只有解决了这个重要课题，培养目标作为培养方案的出发点和终结点才能真正一致；才能避免学校对学生评价与社会对学生评价的错位，真正体现学校以服务为宗旨的办学理念；才能使教学活动的重心由学科教育真正转向职业教育，改变教师教和学生学的重心；才能从本质上拉动课程内容体系的改革，真正走向以培养职业能力为核心的道路；才能彻底改变考试制度和考试方法，从以考核知识为主转向以考核职业能力为核心；才能从根本上推动"校企合作、工学结合"人才培养模式的改革，更好地发挥企业在培养和考核中的重要作用；才能彻底改变教师的价值取向，使他们主动向"双师"方向发展。

贯彻落实科学发展观，全面提高教育教学质量，是当前建设类高等职业教育面临的首要任务。只要我们坚持以服务为宗旨，以就业为导向，走产学结合的发展道路，就一定能够把建设类高等职业教育办出特色，办出水平，办成令人民满意的高等职业教育。

五 考察报告篇

中国建设教育协会成人高等教育委员会考察团赴德考察报告

应德国埃斯多恩·杨有限公司的邀请，中国建设教育协会成人高等教育委员会赴德考察团于 1997 年 5 月 4—10 日在德国进行了参观考察。由于埃斯多恩·杨公司的周密安排，柏林工商协会、柏林建筑技术培训基地、柏林工业大学、柏林高等技术专科学校和柏林高等商务专科学校热情接待了这次考察活动。在此期间，还顺便考察了德国的城市规划、建筑和交通等情况。通过听取德国专家的介绍、参观与研讨，考察团全体成员对德国的教育体系、职业教育，特别是师傅学校和技术员学校的办学特色有了直接的了解，印象颇深，收获颇丰。

一、德国的教育体系

德国的教育体系是具有纵向结构和横向结构的矩阵式体系。纵向结构也可称环节结构，横向结构也可称为分流结构，如图 5-1 所示。

德国的教育体系按纵向结构可分为 5 个环节，即学前教育环节、初等教育环节、中等教育环节、高等教育环节和继续教育环节。

德国法定的义务教育从 6 岁开始，全日制义务教育为 9 年。

学前教育环节主要是幼儿园和学前班，幼儿园接受 3~5 岁的儿童入学。另外，基础学校还专门为已进入小学年龄，但体质和智力尚未达到一年级程度的儿童开办了学前班。

初等教育环节是指基础学校阶段，于当年 6 月 30 日满六岁的儿童进入基础学校学习，学制一般为 4 年。

中等教育环节主要由各种类型的中等学校组成。中学 1~6 年级为中等教育第一阶段；7~9 年级为第二阶段，这一阶段包括职业教育。这一环节在德国教育体系中内容最丰富、最活跃、最具特色，横向分流结构在这里体现得最为明显。

高等教育环节由德国的各类高等学校组成。德国的高等院校大部分是国立学校，由联邦政府支付费用，由各州主管。高等院校分为 3 类，即综合性大学、各类专科大学，以及学制较短的各种类型的高等专科学校。

德国的教育体系按横向结构可分为 3 个流，第 1 个流是纯基础理论研究型的教

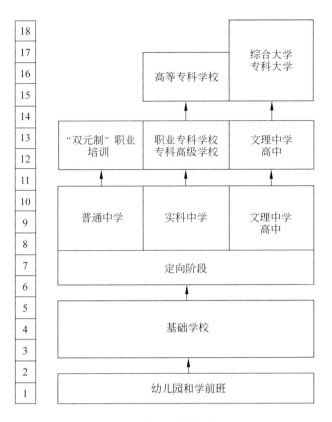

图 5-1 德国的教育体系

学模式；第 2 个流是实践应用型的教学模式；第 3 个流是直接参与生产制造型的教学模式。

4 年基础学校教育后，或再经过 5、6 年级的定向阶段，学生即可分流。中等教育阶段分流是最明显的，那些天资聪慧、家境较好的学生进入文理中学，这些学生约占分流阶段学生总数的 20%。文理中学学制 9 年，前 6 年为中学初级阶段，后 3 年为中学高级阶段，文理中学毕业后可直接升入综合性大学和专科大学。

有 20% 左右的学生为以后能在农、工、商、行政管理等方面得到较高职业而选择了实科中学。在中学第 4 年开始按实科重点分班，接受相关的职业教育，修完 6 年毕业后，学生可进入文理中学扩充班，或升入高一级的职业专科学校和专科高级学校，学习 2 年后再升入同类高等专科学校。

约 60% 的学生进入普通中学学习 5 年或 6 年，完成中学初级阶段课程，此后在企业以及职业学校经"双元制"职业培训直接进入生产与服务岗位。

从这种教育体系可以看出，德国青年从教育生活进入职业生活可通过两座桥梁，一座是高等学校，彼岸是科学研究、文化艺术和工程技术等岗位；一座是职业培训，走过这座桥的青年，迎来的是深受工商部门欢迎的高级技术工人生涯。当然，还有一部分青年一脚便跨入职业生活，在生产部门当学徒，以后长期从事简单的操作。

二、德国的职业教育

德国的"双元制"体系是对职业培训主要特征的高度概括，即通过企业的技能培训和学校的理论教学使接受培训者获得职业资格的制度。它的基本特征是：①企业负责学生的实践训练，学生在培训中心学会基本技能；②学校负责理论教育，学生在课堂上和实验中掌握必要的理论知识；③在实践教学和理论教学中以实践教学为主，在企业和学校之间以企业为主。德国的"双元制"职业培训体系如图 5-2 所示。

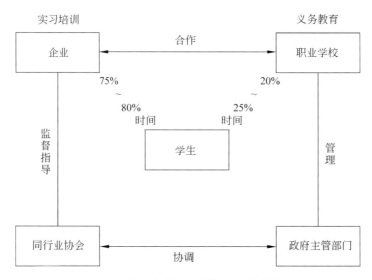

图 5-2 德国的"双元制"职业培训体系

从图 5-2 中可以看出，"双元制"中企业与学校是合作关系，学生一方面接受义务教育，一方面谋取职业资格，学生与企业的关系是以契约形式确定的。管理"双元制"体系的是同行业协会和政府主管部门，它们协调意见后，以监督指导的方式进行管理。

（1）图 5-2 中的学校主要是政府文教部门开办的部分时日制职业学校，学制 3 年。学生每周有一天或一天半在学校上课，其余时间在企业培训中心实习。最近几年又实行一种职业基础培训制度，即第一年不实行"双元制"，全部在职业学校和在校办工场实习，每周 5 日，每日 6 节课。

（2）企业在"双元制"中唱主角。"双元制"的核心是重实践，实践的目的是掌握技能，培养技能的场所是企业。技能培训费用很高，只有企业才有能力支付。社会对劳工技能的需要非常复杂，只有企业才有可能自觉地根据社会需要，有目的地安排培训计划。所以，德国的《职业培训法》和《劳工法》中都明确指出了企业在职业培训中的这种重要地位和责任。

很多大型企业设有职业培训中心，也有一些社会举办的跨企业培训中心。企业培训中心的费用全部计入销售成本。企业之所以花费很多人力和财力培训学生，既是按法律要求尽社会义务，也是从自身利益出发为自己培养称职的后备力量。

（3）在"双元制"体系中，企业培训的主管部门是同行业协会，如工商行会、手工业行会、农业行会等。它们都是独立稳定的民间组织，具有法人地位，是政府的咨询机构，很多活动带有官方性质。同行业协会在职业培训中的主要任务是：①监督学生与企业签订合同；②组织制订培训计划；③检查培训中心工作；④参加组织理论考试；⑤发放培训合格证书等。

（4）职业培训的政府主管部门是联邦经济部，它通过文化教育部的职教部门、职业教育研究所、各种协会的联席会议来研究决定职业培训中的一些重大问题。

三、师傅学校和技术员学校

在德国，为了使受过第一次职业培训的人在技术与管理水平上达到更高的要求，专门设有属于成人教育范畴的实施第二次职业培训的师傅学校和技术员学校。这两种学校是同层次、不同类型的职业培训机构，学校既可由地方或同行业协会主办、独立设置，也可附设于专科大学和高等专科学校，如我们访问的柏林工业大学和柏林工业高等专科学校都设有这类培训部门。

师傅学校和技术员学校在培养目标上的区别在学校名称上就已很明显了。另外，获得师傅资格的人可以独立开办手工业企业，可以带徒弟，在大型企业中则作为工程项目（或车间）的负责人；而获得技术员资格的人则不能独立开业，可以进入较大企业中在工程师领导下做中层技术与管理工作。因此，在教学内容上，师傅学校在专业理论上要求不高，但在经济与法律等企业管理知识、培养徒弟的相关教育课程方面则有明确要求；技术员学校则在专业理论方面要求较高，而管理与教育知识方面则不做要求。师傅学校的考试由同行业协会负责，合格者由行业发给师傅证书；技术员学校的毕业考试则由政府文教部门组织，发国家承认的毕业证书。

有些办学机构同时设有师傅学校和技术员学校，学生也可同时参加同专业的两个学校的学习，毕业考试合格，同时取得师傅和技术员资格。这种双学历的人更受企业的欢迎。

德国的师傅学校和技术员学校的入学资格都很严格,首先必须有"双元制"职业培训证书,还要有不少于两年的技术工人的工作经历。

在德国,师傅的地位是很高的,师傅在企业的最低工资不低于专科大学毕业的硕士工程师,若对工资不满意还可以独立开业。因此,师傅学校有一定的吸引力,但要读师傅学校必须克服很大的困难。由于是成人教育,学生在失去一份工作的同时,还要付培训、考试费用,对于家境一般的人来说是很难承担的。

德国的师傅、技术员的培训途径大体如图5-3和图5-4所示。

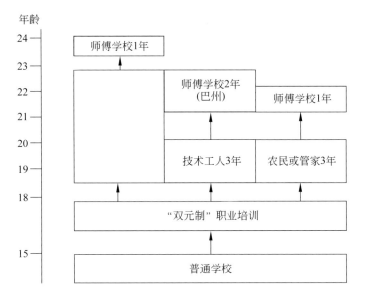

图5-3 师傅的培训途径

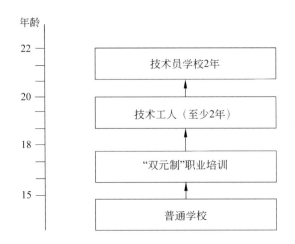

图5-4 技术员的培训途径

四、考察体会

通过这次考察活动，我们学习了德国高等职业教育、高等专科教育的办学特点和办学经验，了解了德国教育体系和管理体制，了解了德国城市规划、建筑、交通诸方面的情况。尽管我国和德国的国情、社会制度、管理体制等情况各异，但仍然有很多方面值得借鉴。

（1）德国的高等专科教育办学很有特色，其中最突出的是注重实践教学，培养应用型人才。例如，较大比例的实践教学时间，较多结合实际的教学内容，不少授课教师是从企业中聘任的有丰富实践经验的工程师，毕业设计（论文）大部分是"真刀真枪"题目，完成毕业设计（论文）的场所也尽可能会安排在企业。这样，保证了所培养的人才有较强的实际技能，符合应用型人才的需求。这正是我国高等专科教育和成人高等教育的不足之处。应当结合我国实际，取人之长，进行成人高等教育的改革，以发展我国成人高等教育事业。

（2）德国各类教育的实施都严格遵循有关法规进行。例如，有了《职业培训法》《劳工法》，才能促使职业培训的规范化、制度化，一环扣一环，循序渐进，使得企业在职业教育方面有责任、有义务并有积极性，保证其经费和教育质量。我国也应当结合实际，健全各类法规，从制度上约束办学各方，各尽其职，共同把高等职业教育、高等专科教育办好。

（3）德国对各种工作的从业者都有明确的学历、资格要求，即不同的学历教育、职业教育、岗位培训都对应着不同的从业目标和范围，这样就极大地激发了受教育者的学习积极性和主动性，甚至为了获得高层次从业资格，不惜牺牲眼下的工作，付出数额较大的培训、考试费用。我国也正着手实施这类机制，改变那种会不会、学不学照样用的局面。

（4）德国的城市规划、房屋建筑、环境绿化、交通设施、物业管理诸方面应属于世界一流水平。特别是无论何种年代、何种风格的建筑物，都维护得相当好，一座座风采各异的建筑比比皆是。城市中很难见到年久失修的建筑物和拆掉重建的工地。难怪我们走过的德国城市个个环境整洁、空气清新、一尘不染。这足以证明德国对城市规划与管理的重视，我们应从中受到启发。

当前，我国正在进行教育结构的调整，其中包括积极发展高等职业和高等专科教育，完善教育体系。相信这次考察活动必会对在全国建设系统积极开展高等职业教育和高等专科教育，进行建设类成人高等教育的改革，起到推动作用。

1997 年 5 月 18 日
（杜国城执笔）

黑龙江省高职院校考察团赴澳大利亚考察报告

应澳大利亚新南威尔士州职业教育部的邀请，黑龙江省高职院校赴澳大利亚考察团一行17人，于2000年6月24日—7月4日在澳大利亚进行了为期11天的参观考察。在澳方的周密安排下，考察团先后访问了墨尔本、悉尼、堪培拉、布里斯班等城市，参观考察了墨尔本大学（The University of Melbourne）、南悉尼技术与继续教育学院（Southern Sydney Institute of TAFE）、西南悉尼技术与继续教育学院（South Western Sydney Institute of TAFE）。澳大利亚环境保护之好、人与自然的和谐融洽给考察团成员留下了深刻的印象。

通过听取澳大利亚方介绍、现场参观、双方座谈等方式，考察团全体成员对澳大利亚的教育体制有了初步了解，对其TAFE学院的办学特色有了直观的感受，印象深刻，收获满满。

一、澳大利亚的教育体制

澳大利亚的教育体制如图5-5所示。

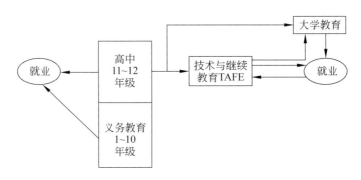

图 5-5 澳大利亚的教育体制

澳大利亚实行10年制义务教育（相当于中国的初中毕业），此后即可升入2年制高中或直接就业从事简单劳动。目前，高中入学率约为75%。为适应经济社会发展的需要，政府鼓励10年制毕业生升入高中，预计到2001年高中入学率可达95%。在高中阶段，已有约50%的学生学习TAFE（Technical and Further Education，技术与继续教育）课程。高中毕业生除少数直接就业外，进入大学学习的约 30%，进入 TAFE 学院学习的达 70%。因此，在澳大利亚的高等教育结构中，TAFE 学院的学生数量远远多于普通大学。TAFE 学院的毕业生大多数直接就业，少部分人为了取得更高学历文凭或学位也可升入大学，其读过相同课程的学分大学可以承认。而大学毕业后，为了取得技术文凭或职业资格而进入 TAFE 学院学习的人数是惊人的，要 8 倍于由 TAFE 学院升入大学的学生人数。在新南威尔士州，每年进入 TAFE 学院学习的大学毕业生达 3.5 万人。

二、澳大利亚的 TAFE

澳大利亚的 TAFE 是政府认可及监督的，它是全国范围内认可与互通的职业教育培训体系，是提供职业教育和培训的主要机构，是澳大利亚高等教育的主力军。TAFE 学院现有在校生已达 130 万。这种教育形式在澳大利亚已有百年的历史，我们访问的西南悉尼技术与继续教育学院的前身格朗维（Granville）学院成立于 1884 年。这类学校在 20 世纪 60 年代称为技术学院，1986 年后统一改为技术与继续教育学院，即 TAFE 学院。

（一）TAFE 学院的任务

TAFE 学院承担着 10 年义务教育之后的职业教育和培训的明确任务，其核心部分是培养半熟练工人的证书 I 教育，培养高级操作员的证书 II 教育，培养熟练工人的证书 III 教育，培养高级熟练工人和监工的证书 IV 教育，培养专业辅助人员的文凭教育，培养专业辅助人员和管理人员的高级文凭教育，相当于集我国的技工教育、职高教育、中专教育、高职教育、专科教育于一校来完成，初、中、高级职业教育在 TAFE 学院中自成体系。

此外，TAEE 学院还承担大量的培训任务。例如，2000 年悉尼奥运会 4 万名志愿者必须经过培训才能进入各种服务岗位，所有 TAFE 学院都参与了这项培训，我们访问的南悉尼 TAFE 学院正在为大会培训厨师和大巴司机。

（二）TAFE 学院的发展动因

澳大利亚的 TAFE 学院百年兴盛不衰，其动因是多方面的。

（1）国家实行严格的职业资格证书制度，在 TAFE 学院学习获得的证书在全国通用，尤其是一些专业性比较强、技能要求高的工作岗位必须持有 TAFE 证书或文凭才能就业。

（2）TAFE 学院发展的主要驱动力来自产业对劳动者素质的要求，来自产业对于 TAFE 学院的广泛参与和支持。

（3）从提高劳动力的技术水平，增强国家在全球的竞争力出发，澳大利亚政府高度重视 TAFE 学院的发展，从组织体制、资金保证到运行机制等各方面给予大力扶持。

（4）TAFE 学院本身以符合政府产业发展政策，适应经济变化及调整的要求，适应产业界和企业的需求，适应劳动力市场的需求，适应社区发展的需求为办学宗旨，所设课程与社会需求紧密结合，其毕业生在就业市场上具有很强的竞争能力。

（5）澳大利亚人比较注意实际和实用，多数学生会选择注重实务训练的 TAFE 学院。

另外，澳大利亚人职业变动比较频繁，因此职业技能培训需求量也是很大的。

（三）TAFE 学院的设置原则、基本模式和管理体制

澳大利亚的 TAFE 学院主要由州政府根据人口、经济发展和社会发展程度及预测 10 年内适龄培训人口等因素而论证设置。其基本模式有两类，一是独立设置的 TAFE 学院，绝大多数 TAFE 学院属于这种模式；二是大学设置职业教育部，全国有 4 所大学设置这种教育机构。

澳大利亚的大学由联邦政府管理，TAFE 学院主要由各州政府管理。各州政府主要通过州产业培训理事会、州教育培训部及下设的 TAFE 学院办公室进行管理。政府对 TAFE 学院的管理主要内容包括：①发布经济政策、产业发展和社会发展政策；②宏观规划布局，调整办学形式和发展方向；③会同行业组织审定批准专业和课程设置；④注册教学大纲；⑤拨款；⑥安排职业教育和培训任务；⑦审核教师资格；⑧评估表彰等。

在政府协调下，澳大利亚设立了若干个全国性行业培训咨询组织，这些组织进行本行业的就业需求预测和职业分析，制定职业能力标准，向 TAFE 学院提供培训依据。

（四）TAFE 学院的基本特色

1. 具有不同于大学教育的教学特色

接受大学教育主要是为深造学习，获得更高一级的学历文凭和学位，学习内容以学科研究性为主，多数是全日制学习。而进入 TAFE 学院学习的主要目的是获得职业能力后就业，学习内容以应用性为主，所有课程按行业、企业提出的要求实施，

多数为在职学习，西南悉尼 TAFE 学院的在职生达 95%。由于 TAFE 学院与大学差异明显，各自立足于自身的发展定位，因此不存在 TAFE 学院升格为大学的问题，而是把主要精力放在发挥自身功能，为经济发展和社会进步做出贡献上。TAFE 学院的教学体系是以培养学生实际能力为基础建立起来的，强调实践教学，强调理论教学与实践教学融为一体，两者没有比例要求，教室即实验室，学习环境就是工作环境或模拟工作环境，一部分课程的教学就是在企业、实际工作场所进行的。对学生的能力评定也通常具有很强的实践性。

2. 办学灵活，服务意识强

新南威尔士州有 11 所 TAFE 学院，总共设有 129 个校区。我们访问的西南悉尼 TAFE 学院有 46000 余名学生，分别在 6 个校区内学习。南悉尼 TAFE 学院的 40000 余名在校生则分布在 5 个校区学习。一所学院多个校区的多校园结构，学生可以就近上学，极大地方便了就学者的学习与生活，并节省了学习费用。为了借助工厂的教育资源，有的校区就设在工业区，以便与企业合作办学，提高教育水平。

TAFE 学院的教学形式也很灵活。全日制的学生白天上课，在职人员晚上授课。为使边远偏僻地区的学生也能正常学习，TAFE 学院通过远程教育、"流动教室"等形式把教育送到需求者身边，提倡一种随时、随地和随意的学习环境。

3. TAFE 学院的"双师型"师资

TAFE 学院的教师从有实践经验的专业技术人员中聘任。教师必须具备大学本科以上学历，受过相关专业教育和所任课程相关行业的培训，有一定的相关行业工作经验。教师受聘后要参加专业协会的活动，以保证能继续了解新的专业知识、技能和信息。教师队伍由专兼职两部分组成，且兼师所占比例较专师大。

当前，大力发展高等职业教育已经成为国家教育发展战略的重要组成部分，我省今年已有 50 余所院校开展了高职教育。澳大利亚的 TAFE 学院有许多方面是值得我们学习和借鉴的。相信这次考察一定会对我省的高等职业教育产生直接的推动作用。

2000 年 7 月 20 日
（杜国城执笔）

中国建设教育协会成人与职业高等教育委员会考察团赴法考察报告

由中国建设教育协会成人与职业高等教育委员会组织的考察团一行15人，于2002年6—7月间赴欧洲进行了高等教育考察。此次考察的重点是法国的高等职业技术教育，主要访问了巴黎欧洲管理学院（European School of Management）、巴黎学院（Ecole de Paris）等高等教育院校。现将考察情况报告如下。

法国现行的高等职业技术教育分为两个层次，一个是长期高等职业技术教育，以工程师学院、工商管理学院、师范学院等高等专门学校为主体，实施精英教育，法国人称这类学校为"大大学"（Grande Ecole），意即大学中的大学；另一个是短期高等职业技术教育，以两年制的大学技术学院和高级技术员班为主体，实施应用性和实用性职业技术教育。前者类似于我国的理工科大学，后者与我国近年来兴起的职业技术学院相仿。

一、法国的长期高等职业技术教育

法国的大大学是大学系统以外其他各种高等专门学校的总称。最早的大大学创办于18世纪上半叶，较综合大学晚出现五六百年。自创办之时起，大大学就以其科学性、实用性和实践性对法国的社会进步和经济发展做出了重要贡献。一些名牌大大学历史悠久，经费充足，社会声望高，师资力量强，招收优秀学生，历来是社会各界精英人物的主要培养场所。大大学无论在指导思想还是办学模式上都与综合大学有着鲜明的对比，以致在法国形成了"一个国家，两种大学"这种世界上独有的"双轨制"高等教育体制。如今，大大学已经成为培养法国的工业研究、工程技术、经济、金融、商业、管理以及行政和外交等部门高级专门人才的主要教育机构。在法国100多个关系国计民生的大型企业中，2/3的领导人都是大大学的毕业生。现在，法国已有百所各类大大学，其中工程师学院200余所，工商管理学院300余所，它们在教学质量、科研水平，以及社会上的地位等方面都存在着很大差异，但其中很多是公认的名牌大学。我们访问的巴黎欧洲管理学院就是其中一所，该校MBA的教学水平在法国居第二位，在世界也很有影响，现任法国总理拉法兰就是该校的毕业生。

在培养目标上，法国大学普遍强调着眼于未来，注重科学基础教育和工程技术训练，坚持理论与实际紧密结合的原则，通过科学研究，培养基础雄厚、适应能力强、精于实际操作、富于创造精神的高级专门人才。

大大学主要从设在重点高中的预备班招生，预备班是进入大大学的必经之路。不同学科的大大学都有各自相应的预备班，如理工科、商科、文科等。预备班不设入学考试，但入学条件十分严格，除具备高中毕业会考文凭外，申请者必须向注册学校提交高中阶段的学业成绩单和主课教师的推荐信，预备班根据所提供的资料择优录取。预备班是一种为进入大大学做准备的教学机构，属高等教育范畴，实施高等教育第一阶段教育，学制一般为 2 年。其教学有两个明显特点，一是重视基础理论，二是教学实行"大运动量的训练"。预备班学生结业后，可参加由相关大大学单独举办或几校联合举办的入学竞试(Concours)，大大学根据考生成绩进行择优录取。竞试是一种难度大、竞争性强、淘汰率高的招生考试。因此，能够进入大大学（特别是名牌学校）的多是成绩优秀、素质良好的学生。

大大学学制 3 年，实施英才教育，以保证学校在社会上的地位和声誉，以及其毕业文凭在就业市场的有效价值。其教学组织与综合大学明显不同，如实行小班上课、重视理论与实践结合、与企业关系密切、重视企业实习等。许多学校都形成了自身独有的个性、办学风格和特点。

大大学规模都不大，多则上千人，少则数百人。教师高学历化，但数量不多，专兼教师并重，有的学校兼职教师远远超过专职教师。全法在校大学生总数中，大大学的学生一般保持在学生总数的 10% 左右，大多数的大学生在综合大学就读。如果说综合大学是法国高等教育的主体，大大学则是精英教育的集中体现。

二、法国的短期高等职业技术教育

法国从事短期高等职业技术教育的培养机构主要是两年制高级技术员班和大学技术学院，此外还有部分大学在大学第一阶段设立短期高等职业教育，颁发大学科技学业文凭。短期高等职业技术教育的培养目标是为工业、商业及应用科学部门培养既有一定理论基础，又有较高实践能力的高级技术员。在企业生产过程中，他们能理解企业领导和工程师的思想、计划、设计，又能指导技术高中毕业的普通技术员实施具体工作，改进操作，以取得较好的生产和制造效果。

高级技术员班设立在 1900 多所重点普通高中和技术高中，设有涉及一、二、三产业的150余个专业。大学技术学院有94所，作为大学的一种特殊教学单位设立在大学内，实行单独管理，只设二、三产业的23个专业。大学科技学业文凭则根据市场需要及其变化而设置专业。

法国短期高等职业技术教育院校的招生对象主要是取得高中（包括普通高中和技术高中）毕业会考文凭的高中毕业生，大学技术学院和高级技术员班一般不设入学考试，但要对报名者高中阶段的学习进行严格审查，择优录取。在法国，进入短期高等职业技术院校要比进入综合大学困难。近年来，因报名人数大幅增加，使得进入这类学校又增加了难度，尤其是那些社会声誉好的学校和热门专业更是如此，录取比例仅在百分之几至20%。由于满足不了社会需要，短期高等职业技术院校遭到了社会舆论的抨击，抱怨这类学校是否会变成"半大大学"。

大学技术学院属公立性质，由国民教育部管辖，执行统一的教学大纲。高级技术员班的教学也按国民教育部的有关规定执行，教学大纲由全国教学委员会制订。按大纲规定，两年短期高等职业技术教育的总学时在2000学时左右，其中理论教学约占总学时的1/3，实践教学约占1/2，公共课程（包括外语、计算机和人文学科）约占1/5；另外，还有6~8周到国内外有关部门或企业实习。

法国短期高等职业技术教育的师资主要由两部分人员组成，一部分来自大学的教师，一部分是企业的专业技术人员和高级管理人员。按照规定，大学技术学院教师中，企业和其他部门的技术人员一般不少于1/3。

经过第二次世界大战后半个多世纪的发展，法国的短期高等职业技术教育从无到有，从小到大，不断发展，已经成为法国高等教育体系的重要组成部分，同时也逐步形成了这一办学层次的办学特点。

第一，定位清晰，培养目标明确。法国的高等教育可分为3个层次，即大学的第一、二、三级，相当于我国的专科、本科和研究生教育。法国短期高等职业技术教育始终把自己定位在第一级层次，努力办出这一层次的教育特点；围绕着工程师、研究人员和高级管理人员助手或助理这一培养目标，进行相应的教学和培养活动；学校不盲目追求升级，也不更名改姓，不与综合大学争地盘，努力显示自己学制短、适应性强的特点。

第二，坚持特色办学。1966年创办大学技术学院的目的之一，是打算以此取代原有的高级技术员班。经过一段时间的实践，证明高级技术员班不但不能被取代，反而以自身的特点存留下来，并不断发展，形成了两种短期高等职业技术教育机构既相互竞争，又互为补充、共同发展的局面。在校学生数达到30多万，超过了长期高等职业技术教育院校。高级技术员班的专业课比例较大，一般占总课时的2/3，教学内容更具体，操作性更强，职业方向更为明确。大学技术学院原则上是根据企业需要，培养工程师助理和具有综合能力的高级技术员。法国自20世纪80年代以来，国内失业率一直居高不下，但短期高等职业技术教育毕业生仍然是企业（特别是中小企业）技术人才的主要招聘来源，保持了高于综合大学的就业率。

第三，办学机制灵活。短期高等职业技术教育既招收普通高中毕业生，也招收技术高中和职业高中的毕业生，为那些接受过中等职业技术教育，愿意继续学习的学生提供进一步学习和提高的机会。另外，短期高等职业技术院校的毕业生既可就业，也可以通过审查学业成绩或专门考试等途径进入综合大学或大大学相应的专业继续深造，为学生成才提供多次机会和多种渠道，有效地增加了教育体制的自动调节功能。

第四，根据市场变化调整所设专业，是法国短期高等职业技术教育具有生命力的重要原因。法国短期高等职业技术教育的发展速度是第二次世界大战后法国整个高等教育系统中发展最快的部分，其关键因素是这类院校所设专业能够主动适应社会经济发展对各类人才的不断变化的需求。

高等教育职业化，是第二次世界大战后，特别是近20多年来法国高等教育改革中的一个明显的发展趋势，一方面是设置各类新的高等职业技术教育的机构，另一方面是大学教育本身的职业化改革。这对于中国当前的高等教育改革是很有借鉴意义的。中国目前新发展的职业技术学院可以从法国短期高等职业技术教育中汲取很多有益的营养，传统的理工科大学、综合性大学也可借鉴法国高等教育的有益经验进行职业化改革的探索，以使中国的高等职业技术教育在中国高等教育的各个层次、各种类型中同时得到发展，这对于建立适应21世纪的中国高等教育新体系大有裨益。

2002年7月18日

（杜国城执笔）

比较德、美、法，谈高等职业教育的定位与教学模式 ❶

第二次世界大战之后，各发达国家的高等职业教育异军突起，迅速成为各国高等教育领域生机勃勃的重要力量。本人近5年有幸分别去德国、美国和法国考察了高等职业技术教育，每次考察都深受启发，在实际工作中多有借鉴。根据自己的考察学习和工作体会，本文从比较教育的角度，谈谈我国高等职业教育的定位和教学模式问题。

一、高等职业教育的定位

高等职业教育的培养目标是其教育属性的具体化，是高等职业教育社会功能的直接体现，只有明确了培养目标，才能准确地把握高等职业教育的定位。

（1）德国高等职业教育的主要机构是20世纪60年代末创建的高等专科学校和20世纪70年代初创建的职业学院。高等专科学校的培养目标是能将设计转化为现实产品，长于实践，能动手解决实际问题的"桥梁型"工程师和善于管理的"企业型"工程师，主要招收实科高中12年级的毕业生和具有同等学力的职业教育"双元制"毕业生，也招收少量补上与申请专业一致的实习经历的文理中学毕业生，学制4~5年。高等专科学校毕业生可获得"学位工程师（FH）"称号，在生产部门从事制造、施工、安装调试、市场营销、运行、维护、设计和管理工作。优秀高等专科学校毕业生可到综合性大学直接攻读博士学位。职业学院则主要为社会第一线培养技术类、经济类、社会学类的应用型高级职业人才。这种人才的特点是熟悉工艺和方法，具备复合型能力结构、群众意识和协调能力。职业学院招收新生的条件除满足高等专科学校入学要求外，还必须与职业学院有办学关系的企业签订一份培训合同，学制3年。毕业生可获得注明BA字样的工程师、经济师、社会教育工作者的称号；欲深造者，也可赴欧美等国攻读2年制工商管理硕士或直读博士。这两种高职教育机构都注重实用科学、知识和能力的培养。高等专科学校的理论性略强一些，知识面略

---

❶ 本文为2003年7月在中国建设教育协会职成委2003年全委会的交流论文，由杜国城撰写。

宽一些，技术的研究与开发职能多一些；职业学院则在工艺方法和复合型运用能力的训练方面突出一些。

（2）美国高等职业教育的主要机构是第二次世界大战后明确为主要培养职业技术人才的社区学院（Community College）和技术学院（Technology Institute）。社区学院主要培养熟悉工艺装备、懂得运行维护的工程技术人才、应用人才和经营管理人才。社区学院招收具有高中文化水平的志愿申请者，学制2年，毕业生可获得副学士学位，并自动取得学习本专业学士学位计划的入学资格，毕业后一般可担任技术员（Technician）。美国有大约300所大学设有技术学院，培养熟悉生产过程的技术、程序和规则，善于将工程师设计的装置和系统转变为实际产品的技术型人才。技术学院招收普通高中毕业生，学制4年；或招收社区学院毕业生，学制2年。技术学院毕业生可获得学士学位，毕业后可担任技术师（Technologist），也可继续攻读技术学院的专业性硕士学位。

（3）法国现行的高等职业教育分为长期高等职业教育和短期高等职业教育两个层次，前者称为大大学，实施精英教育，培养工程师和高级管理人员；后者以第二次世界大战后兴办的两年制大学技术学院和高级技术员班为主要办学机构，实施应用性职业技术教育。短期高等职业教育的培养目标是为工业、商业以及应用科学部门培养既有一定理论基础，又有较强实践能力的高级技术员，主要招收技术高中毕业、持有技术业士文凭的申请者，各校根据报名者高中阶段的学习成绩择优录取；少数有一定职业经历的同等学力者也可报名，但须考试；入学难度比普通大学要大，学制2年。毕业生可获得高级技术员证书，毕业后主要就业方向是各行业工程师、研究人员、高级管理人员等的助手。愿意继续深造以取得更高就业资格的毕业生，可以申请在大学技术学院继续学习一年，成绩合格者可获得国家专业技术文凭；也可以直接进入大学职业学院二年级，学习1年后可获得职业教育学士学位，学习2年后可获得职业教育硕士学位和工程师、技师资格；成绩优异者还可以通过审查学习成绩和面试进入大学，学习3年取得工程师、高级管理人员、高级行政人员和教师证书。

（4）近几年，我国高等职业教育发展迅速，已经形成了独立设置的职业技术学院、高等专科学校、成人高校、普通高校二级学院和民办高校等办学机构，出现了重点中专学校踊跃介入这块教育的可喜局面。其培养目标定位在为生产、建设、管理、服务第一线培养高等技术应用型人才。其主要招收普通高中和中等职业学校毕业生，学制2~3年；也有的招收初中毕业生，学制5年。毕业生可获得普通高等学校专科毕业文凭，毕业后主要在生产第一线就业，主要工作任务是将工程型人才的设计、规划、决策转换成物质实体或者对社会产生实际作用。他们属于工艺型、执行型、中间型人才，具体就业方向大体可分为3类：①生产类，如工艺工程师、施工工程师、农艺师、畜牧师等；②管理类，如车间主任、作业长、工段长、项目经理、护士长、护理部主任以及管理部门的中高级职员；③职业类，如会计、出纳、统计、助产士、牙技士、医士、导游、空勤人员等。

我国高等职业教育的培养目标与德、美、法比较是基本一致的，但如何在系统的教育体制下保证高等职业教育的准确定位，是需要我们深入研究和认真思考的。

① 高等职业教育与中等职业的有效衔接。德国的高职院校主要招收中等职业学校的毕业生，若是文理中学的毕业生，必须补上本专业的实习经历，这对于保证高职的教育质量是非常重要的，这一点尤其适合我国普及初中教育的具体国情。初中毕业后的分流，根据我国的综合国力以及社会经济发展的实际需求，大部分毕业生应进入以培养技能型人才为主的中等职业学校学习，毕业后有条件继续深造者，可带着他们掌握的本专业技能、知识和素质到高职院校学习，这对于提高高职教育的质量和效益是必要的、可行的。目前，我国每年有大量普通高中毕业生未经任何专业训练便升入高职院校，他们在文化基础知识上有一定优势，但在职业能力形成方面给教学带来了很大难度。不妨向德国学习，要求学生在入学前接受一些专业知识和专业技能的实践教育后再入校学习。

② 高等职业教育本、专科层次的有效衔接。近几年，我国制定了相关政策，给有志继续深造的高职毕业生通过考试转入普通大学本科学习的机会，这无疑是一件好事。但与德、美、法比较起来，我们会发现，各国不同层次的高等职业教育的衔接，都是在保持高等职业教育类型不变的前提下进行的。而我国目前的情况基本上是将接受了工程技术型教育的高职专科毕业生输送到实施工程设计型教育的普通高校本科去学习，这种改变教育类型的衔接势必会给教师和学生都带来很多困难，造成很大的教育资源浪费。再者，国家大力发展高等职业教育的目的之一，是调整我国当前不适应经济和社会发展，特别是不适应市场经济需要的高等教育结构，着力培养生产一线急需的大批技术型、管理型人才，但这种专转本的做法恰好与调整高等结构的初衷相悖。专转本受到社会各界欢迎，但不应改变教育类型。为此，应该大力提倡普通高校加大教学改革力度，像法国在普通大学内办技术学院、职业学院那样，多办一些高等职业教育类型的本科、研究生层次教育，尽快建立一个从中专到大专，再到本科、研究生层次的职业教育体系。只有在这样一个系统的、完整的职业教育体系中，各个层次的职业教育才能准确地找到自己的位置。

二、高等职业教育的教学模式

高等职业教育培养目标的职业性、技术性、实用性和时效性，使得世界各国在加强实践教学的认识上是一致的，但在如何加强实践教学这个问题上，各国采取的教学模式是各具特色、各有所长的。

（1）德国的"双元制"模式。巴登符腾堡州是德国经济非常活跃的地区之一。1972年奔驰公司等企业与该州管理与经济学院校企合作创办了新型的高等教育机构——职业学院。由于校企合作办学体制等优越条件，使得"双元制"教学模式首先引入职业学院。随后，"双元制"教学模式也被引入高等专科学校。"双元制"的"一元"是企业，另"一元"是学校。其教学指导思想是培养一名合格的高职毕业生，必须通过企业和学校两大系统的密切合作来进行。这是以高等学校为主的一种理论与实践相结合、企业与学校相结合的"双元制"职业技术教育。学生在学校学习的时间与在企业学习的时间之比约为1∶1，理论教学与实践教学学时之比大体上也是1∶1。学生在校学习，既有理论课，又有实验实训设备供实验与操作；在企业实训，既有理论与技术要领讲授，又有动手操作与总结。"双元制"模式在安排学生何时在学校、何时在企业的做法上，力求从实际出发，比较灵活，既可相对分散地相继进行，也可相对集中地交叉进行。

（2）美国的"合作教育"模式。"合作教育"最早于1906年出现在美国辛西那提大学，其具体做法是：学生入学学习半年后，便将企业的实训和大学的教学以2个月左右为周期交替进行，到毕业前半年再集中到学校授课，最后完成毕业设计类的教学任务。这种做法一直沿袭到今天的社区学院，发展成半工半读的组织形式，形成了以学校为主同企业合作或以企业为主同学校合作的合作教育模式。这种模式使理论与实践紧密相连，工作与学习融会贯通，学校与企业也利害相关。美国各州政府设有社区学院委员会，负责对"校企合作"教育进行总体协调。在教学时间安排上，社区学院的学生大体上一半在学校，一半在企业；理论教学与实践教学时数的比例一般在1∶1。学习与实训更换的方式可根据需要灵活安排。

（3）法国的"工读交替制"合作教育模式。法国与英国大致相同，在许多短期高职教育机构实行"工读交替制"合作教育，即"三明治"教学模式。这种模式将学习过程分为3个阶段：学生入学后先到企业实践1年，然后在学校学习2年，最后到企业实践1年，即"1+2+1"模式。理论教学与实践教学的时数比约为1∶1。用这种教学模式培养专业技术人员有利于学生更好地理解理论知识，形成岗位职业能力，较易达到学生毕业即可适应工作需要的教育目的。经过第二次世界大战后半个世纪的开拓与发展，法国短期高等职业教育的"三明治"教学模式赢得了社会和企业界的认可和好评，用这种模式培养的学生在取得就业机会方面呈现出明显的优势。

（4）我国高等职业教育在教学模式上受加拿大"能力本位"教育思想的影响较深。近年来，以培养一线人才岗位职业能力为中心，对沿袭已久的本科压缩式的人才培养模式和以学科为本位的"老三段"（公共基础课—专业基础课—专业课）教学体系进行了一系列卓有成效的改革，并取得了令人瞩目的成果。但毋庸讳言，相当多的高职院校还习惯于学科本位的教学体系和计划经济下培养"粗坯型"人才的教学模式，还在对学生进行工程师的初步训练。与德、美、法相比较，我们的教学模式与高职的教育定位之间还存在较大的差距。

① 为了加强对学生职业能力的培养，我们许多专业教学计划中实践教学时数增加幅度很大，有的已经达到或超过总教学时数的 1/2，但实际在企业中进行的教学时间大多在一个学期左右。这与德、美、法 3 国企业教学与学校教学各占总教学时间一半的安排差距很大。学生在企业真实现场中进行的学习，较之在学校模拟现场或实（试）验室中进行的学习，在培养生产一线职业能力上，效果是有很大不同的。当然，由于种种原因，我国高职院校在安排企业教学方面会遇到诸多困难，但和德、美、法 3 国高职学生有 1/2 时间在企业接受教育相比较，我们才安排了 1/6。这启示我们：提高高职的教育质量，仅提高实践教学的时数是不够的，还应强调增加学生在企业中学习的时间，真正把"校企合作、产学结合"作为高职教学改革的基本途径，并由此建立起新的、行之有效的教学模式。

② 在企业进行的实践教学中，德、美、法 3 国均强调学生的主体地位，企业指导教师只是按职业能力培养内容的要求对学生进行指导，按考核内容、标准和方法的要求对学生进行考核。学生在企业中绝大部分的实践活动是独立进行的，许多生产技术问题是独立解决的，这就保证了学生毕业即可顶岗工作。目前我们有些学校在企业安排的实践教学，基本上还是依照多年形成的"认识实习—生产实习—毕业实习"3 阶段安排的，学生很少能独立承担工作任务。这适用于计划经济下"粗坯型"人才的培养，但对于培养"毕业即顶岗"的高职人才就很不适应了。比较德、美、法 3 国在企业教学中的做法，笔者认为，我国高等职业教育已经到了必须解决好校企合作这一重大课题的时刻了。离开了行业，离开了企业，是做不好高等职业教育的。如何将企业的教育资源利用起来，利用好，使之为高职教育服务，是当前我国政府和每一个高职教育工作者面临的重要任务。

比较德、美、法的职业教育，笔者感到，要准确定位我国的高等职业教育，还需通过深化教育结构改革，在我国真正建立起从中专到大专，再到本科、研究生阶段的职业教育体系；要保证高职人才的培养质量，必须利用好企业的教育资源，真正构筑起"校企合作、产学结合"的教学模式。

黑龙江省教委高等职业教育考察组赴苏、沪、浙考察高等职业教育的报告

为学习借鉴苏、沪、浙三省市在高等职业教育领域的先进经验，推进我省高等职业教育的积极发展，省教委副主任孙万良同志率鸡西大学、东亚大学、省商业职工大学和省建筑职工大学的校长一行5人，于1997年3月31日—4月10日赴南京、无锡、上海、杭州4地进行了考察学习。江苏省、上海市和浙江省三省市教委负责高职工作的主任及有关负责同志详细介绍了本地区高等职业教育的发展态势、政策措施和工作思路，10所在高职教育中取得突出成绩的学校介绍了他们在办学、教学中的成功经验，考察组对其中的8所学校进行了参观和实地考察。

一、三省市改革和发展高等职业教育的做法

三省市的高等职业教育起步早、发展快、特色明显，为促进教育体制改革、调整高等教育结构、形成教育主动适应经济和社会发展的能动机制做出了重要贡献。三省市各级领导对发展高等职业教育站得高、看得远、充分重视，投入大、政策活、措施得力，多渠道、多模式、勇于改革，讲调查、重研究、主动服务，给考察组的全体同志留下了深刻的印象。各所学校在探索高等职业教育的实践中，始终坚持为地方经济和社会发展服务的指导思想，以培养生产、管理和经营第一线的应用型人才为目标，锐意改革，走产教结合、厂校结合之路，以特色求生存，以质量求发展，使我们开阔了视野，看到了差距，同时也明确了今后做好我省高职教育的方向。

通过这次考察，我们感到苏、沪、浙三省市在高等教育工作中有如下几方面是值得我省重点学习的。

（一）从为地方经济和社会发展服务这一高度认识发展高等职业教育的迫切性和必要性

所考察的三省市地处目前我国经济和社会发展较快的长江三角洲，在这一地区，传统工业的改造，城市化水平的提高，"三高一优"农业的发展，中小企业及乡镇企业的振兴，迫切需要大量高素质的基层生产一线的专门人才。普通高校本科毕业

生,由于其培养规格和类型与基层生产一线的实际需求存在较大差距等原因,一是下不去,二是留不住。而十多年来该地区高等职业教育的毕业生则大部分都能流向中小企业和乡镇企业,安心在基层建功立业,下得去,留得住,用得上,在地方经济和社会发展中发挥了重要作用。因此,积极发展高等职业教育,成为人才通向基层、通向中小企业和乡镇企业,转变生产方式、提高产品质量,进而提高地区经济竞争实力,实施可持续发展战略的必然要求。

(二)领导重视,政府统筹,扩大规模,增大投入

(1)为了发展高等职业教育,江苏省委书记等主要领导同志到国家教委争取增加普通高校招生指标,并将1997年6000人的增招指标全部用于高等职业教育。1997年江苏省普通高校招生指标4.2万人中,高职招生指标已达1万人,从数量上保证了高等职业教育发展的需要。为了鼓励办好高职教育的积极性,江苏省政府1996年专项拨款6000万元给各类高职教育办学单位。上海市政府1997年拨款1亿元作为职教经费,其中一部分专门拨给试办高职教育的学校。

(2)为了加大高职教育工作力度,江苏省制定了政府统筹,充分依靠地方、行业和企业办学力量,以内涵发展为主,充分利用现有教育资源的原则,具体措施如下。

① 普通高专和职业大学在确保质量、规格的条件下,扩大高职教育的规模。

② 依托中心城市举办的普通高专和职业大学,通过城乡联合办学,办学点向下延伸到经济发达的县级市,构建社区性高等职业教育网络。

③ 依托行业和大型企业集团,通过合并和联合办学,改造部分条件好的成人高校和普通中专,建立面向全省支柱产业和基础产业的高职学院,形成产教结合的高等职业教育体系。

通过以上措施,旨在通过政府统筹,形成纵横并举的高职教育网络,打通人才通向基层、通向农村的渠道。

(三)领导机关服务意识强,主动出去,调查研究,打通服务渠道

1. 开展调查研究,明确培养目标,提出专业目录,做好专业审批

目前,在国家教委尚无高职专业目录和设置条例的情况下,三省市均主动出击在这方面做了大量工作。上海市专门成立了职业教育研究所,调查了16000余个职业岗位,开了200余个论证会,初步摸清了高职教育的社会需求,成立了高职教育专业评审小组,制定了高职教育专业评审办法。江苏省1997年内即可完成高职专业目录指南的编写工作,为高起点地发展高职教育打下了坚实基础。

2. 政府调控，牵线搭桥，打通招生就业渠道，促进高职教育发展

独立设置的成人高校和一批行业的骨干中专，由于背靠行、服务企业，具备办好高职教育的天然优势，但由于招生就业方面渠道不畅，发展高职教育遇到困难，三省市均采取了将一部分普通高校或电大普通班招生指标专门拨给试办高职教育学校的做法。由政府出面促进一些普通高专或职业大学与这些学校的联合办学，从而比较顺利地利用了当地的高职教育资源，在没铺新摊子的情况下积极发展了高等职业教育。

（四）勇于创新，办学、教学和招生制度的改革力度大

1. 办学模式多样化

（1）改革型模式。将现有普通高等专科和职业大学按高职的培养目标和培养模式改革成为高职学院。浙江省专门成立一个高职工作领导小组，将温州大学及8所普通高专确定为高职学院；上海市决定将大行业的高专通过改革办成8~10所高职学院。

（2）改制型模式。江苏省政府已批准泰州市在原有职工大学基础上筹建一所高等职业技术学院；浙江省正筹建3所高职学院，其中1所由4所中专合并筹建，1所由6所职工大学合并筹建，1所由2所职工大学和1所中专合并筹建；上海市早在1991年便批准了3所条件优越的职工大学改制为高职学院。

（3）五年制模式。初中毕业生经5年培养成为高职毕业生。上海电机技术高专是国家教委于1986年批准的首批试点学校，该校成功地试行了"二年分流、四五套办"的新型学制，初中毕业生入学后先按中专教学计划学习2年文化课和专业基础课；然后按学习成绩及综合表现择优选拔部分学生升入高职，按大专教学计划学习3年。成绩合格者发给高等技术专科毕业文凭；其余部分学生继续按中专教学计划再学习2年，成绩合格者发给中专毕业文凭。这种大中专套办的学制受到社会的赞同和欢迎。

（4）网络型模式。以普通高专和职业大学为龙头，建立与社区办学机构、成人高校和中专联合办学的高职教育网络。例如，江苏的江南大学在锡山、江阴、宜兴设有3个校区，在梅园、太湖度假村设有2个分部，在2所职工大学、4所中专设有高职班，构建起覆盖无锡市所辖地区和各大行业的高职教育网络。

（5）二级学院型模式。例如，浙江工业大学在校内设有高等职业教育学院、同济大学与上海市建委共建同济大学职业技术学院等。

（6）民办型模式。三省市教委都明确表示了民办高校要走高职教育道路的意见。

2. 招生办法多形式

（1）普通高中毕业生通过普通高校招生考试入学。

（2）从业人员通过成人高校"3+2"（省里统考3门文化课，招生学校考2门专业课）招生考试入学。

（3）初中毕业生通过中等学校招生考试直接入五年制高职学院。

（4）按德国"双元制"一级培训毕业的学员，经2年以上实践者，经单独考试录取相当于德国"双元制"二级培训的高职班。

（5）中等职业学校的应届毕业生经学校推荐后，提前对口单独招生考试入学。浙江招对口专业的应届中专、职高和技校的毕业生，即"三校生"，省教委按高职招生数的3倍分配推荐名额给3类学校，被推荐的学生通过参加省招生办组织的2门文化课（语文、数学）和招生学校组织的2项专业考试（一项专业课综合试卷笔试、一项实操技能考试），即"2+2"考试，录取时总分有要求，技能考试有控制分。上海的做法与浙江大体相同，只是文化课考试增加了一门外语。江苏的做法是，招生对象仅为中专和职高毕业生，文化课考试科目为语文、数学和政治，招生学校组织2门专业课和1项实操技能考试，录取时文化课、专业课各一个分数段，实操考试必须合格方能录取，有四级工以上证书者可免实操考试。

三省市在对口招生的做法上尽管略有不同，但运行一段时间后，学校与社会反映越来越好是一致的。浙江工业大学、江南大学和金陵职业大学的同志都称赞对口招收来的学生专业思想稳定，专业知识好，实践技能强，学习刻苦，尽管大部分学生文化课起点低，但入学后成绩上升很快，学校都希望增大高职教育对口招生比例。三省市教委的负责同志认为，对口招生是完善职教体系、实现中职与高职相互衔接的需要。由于在招生考试中突出了专业理论知识和实操技能的考试，因此对中职学校教学质量提高具有导向作用。加之，对口招生数额很少，江苏省1997年中职毕业生20万人左右，而对口招生仅5000人，没有必要担心会出现另一个升学指挥棒、冲击中职教育等问题。

3. 教学领域改革有特色

（1）专业调整与改革。与用人部门密切协作，以职业岗位（群）为依据，冲破按学科设置专业的传统，改造老专业，开创新专业。例如，上海仪表电子职工大学设仪表电子设备与维修、智能化计核操作技术、计算机系统维护和硬件维修等高职专业，上海海运职工大学设海洋船舶驾驶、船舶轮机操作与管理、船舶通信与导航等专业。目前，三省市都在编制覆盖支柱产业和基础产业、适应社会生产结构调整的高职专业目录。

（2）以成熟的技术与管理规范为主，从研究职业能力入手确定课程体系和教学内容。江苏省编写的高职教育专业培养方案中，从职业分析入手，根据毕业生将从事的主要职业岗位的工作要求，明确以能力为本位的培养目标，并逐步分解细化到毕业生的知识结构和能力结构，形成素质型培养目标。从这一培养目标出发，确定以强化技能培训和应用能力培养的"双纲制"的课程体系和教学内容，其中实践技能训练大纲按 CBE 模式分解到三级，目的明确，内容完整，方法得当，切实可行。

（3）加强校内外实践基地建设，探索产教结合、厂校融合的培养模式。金陵职业大学在每一个专业都成立了由企业领导和业务人员组成的专业指导委员会，负责把握培养目标的知识结构和能力结构，做好校内外实践基地建设，配备课堂教学和实践教学的教师等各项工作。上海仪表电子职工大学和上海海运职工大学通过上岗实习将毕业实习和就业相结合，使学生在校期间就能很好地接受岗前职业训练，达到毕业便能直接上岗的培养目的，充分体现了高职教育的特色。

二、对我省发展高等职业教育的建议

我省于 20 世纪 80 年代初期创办了 4 所地方职业大学，1988 年起在成人高校试办高等职业教育，但由于种种原因，在招生、办学、教学等各方面的改革力度都不够大，尽管办了一些高职教育的学校和专业，但特色并不明显，没有形成高职教育与经济和社会发展紧密结合的优势，发展较慢、规模较小、社会影响不大，影响了职教体系的形成，制约了我省高等教育结构调整的步伐，造成基层生产一线的高层次实用人才缺乏而又得不到及时补充，直接影响到我省经济发展的人才基础，从而限制了我省科教兴省战略的实施。

通过考察学习，对我省的高等职业教育工作提出如下建议。

1. 统一认识，加大工作力度；政府统筹，制定倾斜政策

发展高等职业教育，是经济和社会发展对高职类型人才的客观需要，是认真实施科教兴省战略、促进教育适应经济建设"两个根本转变"的重要举措。必须通过加强学习、提高认识，使各级领导充分重视这项工作。我省的经济发展落后了，高职教育与先进省市又有了明显差距，我们必须加大工作力度，争取迎头赶上。应该发挥政府统筹作用，加大对高职教育的投入，增加高职教育在高等教育中的比例。制定有关投入、招生、就业等方面的一系列倾斜政策，鼓励普通高等学校和职业大学多办、办好高职教育，保护成人高校、重点中专及各类教育机构举办高职教育的积极性，充分利用我省现有教育资源，促使我省高职教育进入高标准、高起点发展的新阶段。

2. 制订我省高职发展方案

省政府牵头，省计委、省财政厅、人事厅、教委及各大行业厅局参加，通过人才需求调查和教育资源摸底，遵照"三改一补"的原则，制订我省发展高职教育的实施方案。争取通过5~10年的努力，在我省初步形成布局合理、结构优化、特色鲜明、质量一流、职前与职后互相衔接、普通教育与职业教育相互沟通、能够主动适应现代化建设需要的高职教育体系。

3. 扩大高职招生

增加高职招生指标，拓展生源对象，增加对口招生比例。我省1997年高职招生计划中普通高专招生1180人，成人高专招生740人，数量偏少、比例过小，远远发挥不了调整高等教育结构的作用。而其中对口招生的数额更少得可怜，仅有325人，这对于在我省完善职业教育体系、打通中职教育和高职教育的联系渠道，提高中职教育的质量是非常不利的。因此，增加高职教育的招生指标，增加对口招生比例，将中专、职高、技校毕业生均列入对口招生对象，已成为当务之急，必须尽快安排，及早宣传，为1998年我省高职招生工作做好准备。

4. 推广五年制高职

五年制高职教育模式已取得成功经验，尤其上海电机技术高专"二年分流、四五套办"的做法，已显示出了明显的优越性，建议我省1998年能按此模式进行试点。

5. 加强省内外、国内外的高职教育交流合作

学习借鉴先进地区、发达国家的经验。世界上经济发达的国家，其职业教育都很发达，我国改革开放以来，经济发展较快的沿海地区，其职业教育较之经济发展较慢的内地也明显先进，可见职业教育与经济和社会发展之间关系之密切。振兴龙江、科教兴省是关键，我们必须向发达国家、发达地区虚心学习发展职业教育的经验。因此，我省应该有计划地、分期分批地安排各级领导、有关学校的领导与教师外出考察学习，参加省内外、国内外的高职教育交流研讨活动，提高我省高职教育工作者的整体素质，促进我省高职教育的健康发展。

积极发展高等职业教育已成为当前我国教育战线的一项重要工作，这是改革开放逐步深入和现代化建设不断发展的必然结果。通过这次考察，我们一行5人颇受启发和教育，都憋足了劲要为我省的高职事业大干一场。我们想，只要坚持"凡有利于高职发展的事就干"这个宗旨，江南人能做到的事，我们黑龙江人也一定能做到。

1997年5月20日

（杜国城执笔）

六 讲座讲话篇

土建施工类专业指导分委员会第五次会议讲话稿

2007年5月 石家庄

各位领导，各位委员，各位老师：

大家好！感谢石家庄铁路职业技术学院热情接待了本次会议。感谢各位大会报告人为会议准备了内容丰富的报告。

本次会议是土建类专业指导分委员会成立以来规模最大的会议，44所院校、4家出版社的82位同行出席了会议，我深感欣慰。集中更多院校的智慧、丰富会议的内容、提升会议的质量，是我们每一次会议的目标。我始终认为，土建类专业指导分委员会的指导作用主要在于过程而不是结果。发挥一个教学文件的指导作用主要在于研讨文件的过程，在研讨的过程中，大家各抒己见，每个人都是指导者，又是被指导者，在求得共识中共同提高。

一、土建施工类专业指导分委员会工作介绍

自2002年7月土建施工类专业指导分委员会成立，5年来我们从研究入手开展了如下几项工作。

（1）研究：完成了专业教育定位、专业教育标准、专业培养方案、课程内容体系、实践教学体系、学生评价体系、人才培养模式、双证书教育等课题。

（2）教学文件建设：编制出版"建筑工程技术""工程监理"两个重点专业的《教育标准和培养方案及主干课程教学大纲》。

（3）教材建设：出版发行"建筑工程技术"专业11门主干课程教材，这批教材以其职业性、先进性，全部被评为国家级、部级规划教材，受到全国同行的赞许。"建筑工程技术"专业5门原创实训教材已出版4门。"工程监理"专业新编6门主干课程教材正式出版发行。

二、专业教学改革现状的基本估计

（1）专业教学改革取得显著成果。主要表现在：实践教学明显加强，突出了能

力培养；课程内容整合后，与实践结合越来越紧密；实践教学条件明显改善；校企合作越来越密切；"双师型"队伍建设力度越来越大；毕业生就业态势良好。

（2）专业教学改革与预期差距还很大。主要表现在：仍未摆脱学科教育束缚；内容体系中理论和实践两部分明显不对称；评价体系中理论和实践两部分更不对称；校内实训条件学科教育烙印很深；"双师型"队伍远未形成；校企合作的机制体制很难建立。

三、当前土建施工类专业指导分委员会的主要工作和几个问题

（1）当前土建类专业指导分委员会要抓紧以下几项工作：修订培养方案，从内容体系对称的角度开发实践教学课程，加强实践教学；编写实践教学教材，建立相对独立的实践教学内容体系；建立以职业能力评价体系为主体的学生学习成绩评价体系。

（2）我们还要注意以下几个问题：由于实践课程和教材的出现，在修订培养方案时，已经到了需要重新审视原理论课程和教材的时候了，学生的应知和应会是"姊妹篇"的关系，两部分内容要分工明确，避免重复，不能脱节。培养方案的节奏要与"基本能力—综合能力—顶岗能力"三阶段培养岗位职业能力合拍，要安排好综合实训和顶岗实习。能力评价体系的建设会带来对原培养目标中能力分解的重新调整，从而导致对原能力分解的修订完善。创建实践教学体系，建立能力评价体系，修订专业培养方案，这是一个有机的整体，是一项系统工程，不能割裂开来完成。

四、会议质量来自高水平的报告

感谢各位大会报告人为会议准备了内容充实、观点独到的报告，感谢各位报告人所在院校对报告人工作的全力支持。

深圳职业技术学院张伟老师昨晚连夜赶做PPT，把多年的评价体系研究成果结合本次会议的内容进行了整理，做了有理论高度、操作性很强的报告。山西建筑职业技术学院张瑞生老师阐述能力评价的报告是经过系院两级把关的，代表了山西建筑职业技术学院的水平。四川建筑职业技术学院胡兴福老师昨天还在开党员代表大会，会后乘飞机到北京已是凌晨，今早4点起床坐6点多的火车赶到石家庄，为我们做了"监理"专业的研究报告。他的报告观点鲜明，体系严整，尤其评价体系的构建走在7个专业的前列。

浙江建设职业技术学院何辉老师第一次出席我们的会议，带来了能力本位特色突出的"411"模式研究报告，代表了浙江建设职业技术学院的水平，也代表了全国产

值第一、效益第一的浙江建筑业的水平。湖北城市建设职业技术学院吴建设老师首次参会就做了中加高职教育比较研究报告，为会议增添了光彩。姚谨英老师是实践经验丰富的老工程师，作为《施工技术》和《技术管理实训》两门教材的主编，为会议准备了技术管理评价体系的报告，岗位针对性强，已经形成了评价体系的基本框架。

成都航空职业技术学院冯光灿老师在航空院校把"建筑工程技术"办成省级精品专业，博得同行的喝彩。教育部派她去德国参加"工作过程导向"培训，做了报告就赶回成都办签证了。广东建设职业技术学院赵琼梅老师的报告代表了改革开放前沿广东地区的特点，当地建筑施工企业急需信息管理人才，他们就在"建筑工程技术"专业设了"信息管理方向"课程，紧密结合社会需求，利用企业的教育资源培养学生，值得学习借鉴。黑龙江建筑职业技术学院赵研老师是拥有3000名学子的建工系系主任，1000名学生即将就业，1000名学生马上奔赴全国各地毕业实践，工作负担之重可以想象。赵研整年飞行在祖国的蓝天，争取企业的支持，利用企业的教育资源；黑龙江建筑职业技术学院建校9年来已有7届毕业生，年年就业形势大好，就业拉动了招生，前年464分，去年437分，分别比三本录取分数线高101分和87分；百忙之中还要牵头做"建筑工程技术"专业的研究、改革和建设。赵研作为土建施工类专业指导分委员会的秘书，还得为大家做很多服务，换得了同行的微笑和称赞。

让我们以热烈的掌声向各位大会报告人表示感谢！

五、会后的各项工作

（1）成立"建筑工程技术专业职业能力评价体系研究"课题组，马上启动课题研究工作。

请张伟牵头做组长，请赵研、姚谨英、张瑞生、危道军、李光做副组长，组建若干子课题组。抓紧立项，写出开题报告，暑期召集开题会议。

这是一项工程浩大的研究，需要多所院校的支持，许多老师的参与，会后可到赵研老师处报名。

（2）请赵研、胡兴福分别负责"建筑工程技术""工程监理"专业的教学文件修订工作，整理大家的意见，形成新文件，6月15日前发给各位委员；7月1日前，各位委员将修订意见返回赵研、胡兴福；7月15日前，两位负责人再传新文件给各位委员，同时告知各位主编起草大纲初稿；8月1日前后召集大纲审稿会议。

济南工程职业技术学院多次申请承办土建施工类专业指导分委员会会议。本次会议议定10月底在济南召开本委员会第六次会议。

最后，让我代表与会同行再一次向石家庄铁路职业技术学院表示衷心的感谢！

略谈土建类高等职业教育的现状和几点思考[1]

略谈土建类高等职业教育的
现状和几点思考

中国建设教育协会
高等职业与成人教育专业委员会
杜国城

2009年7月

目录
- 主要成绩
  - 数字（2008年底）
  - 全国高职领域——8个方面
  - 土建类高职领域——4个方面
  - 土建类专业教学指导委员会——6个方面
- 主要问题
  - 校企合作 培养方案 "双师"队伍 实训基地 顶岗实习
- 几点思考
  - 办学管理平台 顶岗实习和毕业实习 综合实训 实践教学体系
  - 理论教学体系 能力评价体系

主要成绩
- 数字(2008年底)

	学校数	在校生	招生数
普通本科	1079所	1104万	297万
高职高专	1184所	917万	311万
土建高职	1036所	65万	24万

主要成绩
- 全国高职领域
  1. 走出"三座大山"的阴影
     高职"招生差、收费高、就业难"的局面基本改观，2008年的就业率68%，已经超过本科。
  2. 统一了认识
     高职是高等教育的一种类型，不是一个简单的层次。
     培养目标：一线的高素质技能型人才。
     经费投入：政府投入少的高等教育。
  3. 探索出了"1221"发展模式
     "1"：一个管理平台；"2"：2个系统；"2"：2个证书；"1"：一个终身学习的培训基地。

主要成绩
- 4. 重视专业设置和建设
     紧密结合需求变化，灵活设置专业
     以专业建设为龙头搞好示范院校建设
- 5. 重视实训基地建设
     不能像本科院校那样买那么多设备
     搞好实训基地建设，彰显高职特色
     通过实训培养学生综合能力，为顶岗实习做准备

主要成绩
- 6. 重视教师队伍建设
     不能像本科院校那样招聘那么多教师；
     强调"双师结构"教师队伍建设；
     "双师型"教师第一位不是学历，而是职业经历。
- 7. 教学改革更加深入
     厂中有校，校中有厂，工学结合，培养能力。
- 8. 实施新的评估方案
     摒弃学科型、本科压缩型方案；
     建立职业型、高职特色型方案。

---

[1] 本文为2009年7月在中国建设教育协会高等职业与成人教育专业委员会议中的讲话PPT原稿。

主要成绩

- 土建类高职领域
  1. 独立设置的院校已有30所
     - 国家级示范院校4所
     - 省级示范院校多所
     - 万人以上院校6所
  2. 在全国各地就业率均属一流
     - 建设行业人才需求旺盛
     - 紧贴企业需求设置专业、专业方向
     - 了解人才规格，按需施教

主要成绩

3. 人才培养模式的探索硕果累累
   "2+1" "411" "123" "232" "33制"色彩纷呈
   浙江建设职业技术学院的 "411"人才培养模式研究时间最长，在理论、目标、内容、实施和评价等体系的研究均有建树
4. 校内实训基地建设遍地开花，成果显著
   - 上海建峰职业技术学院：钢结构制造安装工程
   - 上海城市管理职业技术学院：房地产、物业管理
   - 湖北城市建设职业技术学院：钢筋混凝土工程、框架剪力墙工程
   - 浙江建设职业技术学院：建筑节能工程
   - 成都航空职业技术学院：建筑智能工程
   - 四川电力职业技术学院：基础工程

主要成绩

- 土建类专业教学指导委员会
  1. 取得三点共识
     - 一个目标：生产一线技术与管理人才
     - 二个体系：理论教学和实践教学
     - 三个阶段：基本知识和基本能力培养阶段
       - 综合能力培养阶段
       - 顶岗能力培养阶段
  2. 教学研究成果丰厚
     - 培养目标 教育标准 培养方案 实践教学 实训基地
     - 校企合作 工学结合 "双师" 队伍 双证制度

主要成绩

3. 教学文件发挥了指导作用
   - 全部现行专业的教学文件早已完成
   - 7个重点专业的教学文件已于2004年出版
4. 教材建设成果显著
   - 出版推荐教材100余种，对保证教学质量发挥了作用
5. "建筑工程技术"专业能力评价体系研究取得阶段性成果，将对教学改革产生深远影响
6. 形成两支专家队伍
   - 高等职业教育研究队伍
   - 高职教材编审队伍

主要问题

1. 校企合作的开放式培养机制远未形成
   - 政府对企业履行教育责任的政策尚未出台
   - 目前的实习是学校一厢情愿，而不是校企合作
   - 校企双方互利共赢培养机制的建立亟待重视
   - 对建立利用社会教育资源的管理平台的认识待提高
2. 专业培养方案的学科烙印还很深
   - 培养目标的能力标准还未确定
   - 实践教学与职业能力的一一对应关系尚未建立
   - 以能力评价为核心的学生成绩评价体系尚待完善

主要问题

3. "双师型"队伍建设面临诸多问题
   - 高职教师职业资格标准亟待制定
   - "双师素质"专职教师队伍建设面临不同的困难
   - "双师结构"教师队伍建设在土建行业难度很大
   - 建立专兼职教师的人事分配制度遇到许多难题
4. 校内实训基地建设的合作研究亟待加强
   - 对校内实训基地建设重要性的认识有待提高
   - 院校在开发建设实训基地中遇到许多实际问题
   - 同专业实训基地基本标准的合作研究有待进行
   - 相近地区实训基地建设的研究有待展开

主要问题

5. 顶岗实习的管理存在许多问题
   - 顶岗实习的管理状况不容乐观
   - 顶岗实习能否完成顶岗能力的培养令人担忧
   - 对顶岗实习加强管理的认识亟待提高
   - 急于宣传带薪顶岗实习有待研究
   - 急待建立各专业顶岗实习的管理细则

几点思考

1. 关于建立利用各种教育资源的开放式办学管理平台
   - 要从教育制度设计的角度提高认识
   - 要从中国特色高职教育的角度提高认识
   - 要从高职教育可持续发展的角度提高认识
   - 抓紧转变传统的、封闭的办学观念
   - 积极推进高职领导体制、管理体制改革
   - 从机制入手研究探索校企合作制度化建设
   - 重构学校管理机构，构建办学管理平台

几点思考
2.关于顶岗实习和毕业实习

顶岗实习	毕业实习
零距离上岗	见习后上岗
全部"干中学"	"看中学"为主,"干中学"较少
实习前具备岗位综合能力	实习前具备岗位基本能力
校企共赢,企业有积极性	企业受益小,欠积极性

几点思考
3.关于综合实训
- 零距离就业必然要求培养顶岗能力的顶岗实习
  - 顶岗实习是16号文件的革命性贡献
- 顶岗实习必然要求培养岗位综合能力的综合实训
  - 综合实训是土建教指委的重要共识
  - 安排综合实训和顶岗实习已经成为摆脱学科教育束缚突出高职教育特色的重要步骤
- 土建类专业教学指导委员会多年来坚持在第5学期结合典型工程安排综合实训,第6学期到企业顶岗实习的做法,在许多院校取得了成功经验。
- "建筑工程技术"专业已经开发了5门实训课程并编写了相应的教材,完善了以实训课程为主的实践教学内容体系,保证了综合实训的质量,为顶岗实习做好了充分准备。

几点思考
4.关于实践教学体系
第一阶段:基本能力培养阶段——基本训练 1~4学期
第二阶段:综合能力培养阶段——综合实训 第5学期
第三阶段:顶岗能力培养阶段——顶岗实习 第6学期
- 构建了以培养岗位职业能力为核心的主线
- 三个阶段完成了由低到高分工明确紧密衔接的培养任务
- 改变了沿袭多年的"基本能力训练+毕业实习"的"二阶段"培养职业能力的不利局面

几点思考
5.关于理论教学体系
- 1~4学期以传授知识和培养基本能力为主要任务。
- 这两项任务可以通过理论教学和实践教学分别完成,也可以通过"理论实践深度融合"的课程同时完成,如何完成要根据实际需要和教学条件来实施。
- 构建"深度融合"的教学内容体系,对培养高质量的高职人才,尤其是高技能人才无疑是有效的、必需的。
- 但对于土建专业,深度融合的教学体系要占用大量的教育资源,对于学生人数少的专业、教育资源丰富的地区、国家投入大的院校是适宜的;反之对于教育资源匮乏、教育投入不足的大多数院校,实施起来则会很困难。
- 把职业岗位需要的"应知"和"应会"中的"应知"部分通过可以高效率传授知识的课堂教学来实施,比较适合多数土建类院校和专业的实际,这就存在了一个理论教学体系。当然它不是主体,主体还是实践教学体系。

几点思考
6.关于能力评价体系
(1)建立学生职业能力评价标准
  健全专业教育标准
  专业教育标准应与企业的职业资格标准一致
  我国尚未编制和颁发建筑企业各种岗位的职业标准
  学校应该主动与行业企业合作首先制订专业教育标准
  与专业教学活动紧密联系的是职业专业能力

几点思考
(2)设计可操作的各项职业专业能力的考核内容和方法
  形成职业专业能力的评价体系
  建立以能力为核心的学生成绩评价体系
  "建筑工程技术"专业已于2年前启动了这项工作
  评价手册已基本完成
  评价试点在部分院校进行
  2009年年底有望完成

几点思考
(3)建立职业能力评价体系的意义
- 培养目标作为培养方案的出发点和终结点真正重合,培养路径形成真正闭合的空间曲线
- 学生毕业的企业职业资格标准完全一致,使学校培养与企业需求无缝对接,避免了学校培养目标与社会需求的错位,防止了学校对学生评价与社会对学生评价的错位,深刻体现了学校以服务为宗旨的办学理念
- 改变了教师教和学生学的重心,使教学活动的重心由学科教育真正转向职业教育
- 从本质上拉动了课程内容体系的改革
- 彻底改变了考试制度和考试方法
- 推动了"校企合作、工学结合"人才培养模式的改革
- 彻底改变了教师的价值取向,主动向"双师型"方向发展
- 毕业生的标准是一致的,但培养模式和培养路径完全可以因地制宜,因校制宜,因行业制宜,呈现多样化的活跃景象,避免出现千校一面、千人一面的局面

谢谢!

偏颇谬误,请不吝赐教

浅议高职教师的实践能力[1]

最近,教育部在《关于全面提高高等职业教育教学质量的若干意见》中明确指出:"要增加专业教师中具有企业工作经历的教师比例,安排专业教师到企业顶岗实践,积累实际工作经历,提高实践教学能力。"这为高等职业院校的教师队伍建设廓清了思路,指明了方向。

结合笔者的工作经历和对高职院校教师队伍建设的探索与研究,浅议如下3个问题。

一、高等职业教育对教师队伍的基本素质要求

20世纪90年代以来,我国的高等职业教育在规模迅速扩大的同时在教学领域也进行了大胆的改革实践,改革始终围绕着解决学习与应用相脱节、理论与实践相脱节的问题在逐步深化,始终坚持由以传授理论知识为中心的学科型教育向以培养岗位职业能力为核心的职业型教育逐步转移。经过近10年的努力,高等职业教育以其培养目标的职业性、培养规格的应用性、教学内容的实用性、教学过程的实践性和教学评估的实效性等特色,作为一种教育类型,已经成为我国高等教育的重要组成部分。在这样的大背景下,就要求高职院校必须建立一支既富理论又善于实践的"双师型"教师队伍。教师既要达到国家对高等教育教师的一般要求,又要能胜任高等职业教育的特殊要求。根据国家对教师素质提出的基本标准,结合当前高职院校的实际,笔者认为高职院校的教师素质应达到如下基本要求。

(一)一般要求

教师是一种专业性很强的职业,并不是有知识的人就能当教师,只有通过专门训练和严格选拔的人才能胜任教师工作。按照《中华人民共和国教师法》(以下简称《教师法》)和《教师资格条例》的要求,高职院校教师素质的一般要求应当如下。

---

[1] 本文为2009年7月,在中国建设教育协会高等职业与成人教育专业委员会会议上的讲座稿。

（1）具备《教师法》规定的大学本科以上学历。

（2）能履行《教师法》确定的教师义务，遵纪守法，为人师表，贯彻教育方针，执行教学计划，完成教育教学任务；关心爱护学生，尊重学生人格，促进学生德、智、体全面发展；不断提高思想觉悟和业务水平。

（3）具备普通高等学校专科层次教师的学术水平，并能不断地进行自我知识更新。

（4）按照《教师资格条例》的要求，取得高等学校教师任职资格。

（二）特殊要求

由于高等职业教育是以培养职业能力为核心的教育，因此其教师不仅要具备普通高等教育教师的一般素质，还应满足职业教育的特殊要求。

（1）知识面宽广。高职院校课程内容体系中每一门课程都必须与培养学生的职业能力紧密联系，即使是以传授理论知识为主要任务的课程，其内容也必须作为培养目标整个知识体系中的一个有机组成部分。这就要求每一位教师必须从培养目标的总体知识结构和能力结构出发，准确把握所教课程在整个专业教学中的任务和作用，也就必然导致每一位教师不能从学科的角度而是从整个专业的角度，从学生毕业所从事职业的角度来审视每门课程。因此，做高职院校的合格教师必须具备本专业的全面知识和相关能力。

（2）实践能力强。高职院校以就业为导向，以培养职业能力为核心的教学原则，必然要求教师本身是能胜任生产一线技术与管理工作的优秀工程技术人员和管理者，具备很强的技术能力和管理能力。

（3）一专多能。高等职业院校要走产学研相结合的发展道路，这就要求教师除完成教学任务外，还要大量参与生产实践，投身应用技术与管理科学研究，成为本专业某一领域的佼佼者，成为本行业得到社会认可的高级人才。

（4）教师必须熟悉并掌握职业教育基本理论，能够按照职业教育的规律组织教学活动，具备高等职业教育的研究和实践能力。

以上基本素质要求如图6-1所示。

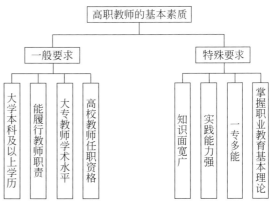

图6-1 高职教师的基本素质

二、提高实践能力是做好高职院校专职教师队伍建设的重要任务

当前，我国高职院校的教师大多数是缺乏职业经历的普通高校毕业生，这部分教师对企业不甚了解，对于培养高职学生的岗位职业能力的教学任务难以胜任。随着高等职业教育改革的逐步深入，提高这些教师的实践能力就成为各高职院校的当务之急。

（一）强化实践意识是提高实践能力的前提

必须加强教师对职业教育理论的学习，使他们深刻领会以服务为宗旨，以就业为导向，以培养学生职业岗位能力为核心的职教理念，使教师对缺乏实践能力产生危机感，形成自觉提高自身实践能力的迫切愿望。

（二）明确实践能力内涵，确立具体达标要求

要以专业培养目标的岗位职业能力分解为依据，将履行岗位职责的诸项综合能力和完成各项工作任务的专项能力作为教师的基本实践能力标准。首先要求教师充分认识，要让学生掌握的实践能力自己必须首先熟练掌握，具有中高级职称的教师则要达到该专业企业同级人员的技术与管理水平。

强化实践意识、提高实践能力是加强高职院校教师队伍建设的重要任务，这不仅是高等职业教育改革的必然要求，也是培养造就合格的高职教师队伍的必由之路。

三、提高高职院校教师实践能力的对策

要提高高职院校教师队伍素质，建设一支具有较强实践能力、适应高职教育需要的教师队伍，必须采取一些必要的得力措施，创造有利于教师队伍健康成长的政策环境。

（一）制定规划，统筹安排

我们现有的教师队伍是在计划经济条件下，在长期的学科教育中形成的，要把现有的专职教师的实践能力真正提高到适应高职教育的需求是一项艰巨的工作，并

非一朝一夕就能解决。因此，必须从现在做起，从长计议，加强培养，科学规划。院校首先应制定教师队伍建设总体规划，由此每位教师都应提出提高实践能力的具体计划，然后由院校统筹安排实施方案，贯彻落实。

（二）制定政策，建立机制

为了切实抓好提高教师实践能力这项工作，必须制定相关政策，建立激励教师参与实践活动的有效机制。没有教师的内在动力，便很难做好这项工作。许多院校都建立了《中青年教师参加社会实践制度》，明确要求青年教师必须参加一年以上的企业实践，并制订相应的实践能力考核办法。对实践能力达到相关标准的"双师型"教师，在教学工作量的计算中、在职称评聘中、在参加学术活动外出考察等方面给予政策倾斜。

（三）校企合作，共同培养

实践能力必须在行业企业的具体岗位上获得，院校要为教师到企业实践创造良好条件，要选一些管理水平高、技术力量强的企业作为教师实践基地，安排教师到企业挂职工作，在工程师、会计师等具体岗位上顶岗实践。鼓励教师在企业实践中为企业解决生产与管理中的一些亟待解决的问题，在为企业服务的同时提高教师的专业能力，实现校企双方互动的共赢局面。

（四）建立机制，吸引一批行业企业的优秀人才充实教师队伍

优秀的职业教育教师必须具备丰富的职业经历。由于许多院校教学任务都很重，让专职教师到企业中去取得丰富的职业经历是很难实现的。因此，要提高教师的实践能力，只靠专职教师提高自身水平是非常困难的。高职院校应该建立相应的机制，吸引行业企业的优秀技术和管理人员到学校中，充实现有的教师队伍。如果这项工作能够得到政府人事部门的支持，无疑对高职院校教师队伍建设是一个福音。笔者认为，高职院校教师第一学历大学本科当前即可满足学历要求，但必须具备5年以上的职业经历才能满足高职院校对教师的基本要求。如果我国政府能够制定一个高职院校教师必须从大学本科毕业后在行业企业工作5年以上的人员中选聘的制度，那么我们在若干年后就可以不再提"双师型"队伍建设了；否则，我们仍用应届大学本科（研究生）毕业生补充教师队伍，那么我们就得把"双师型"队伍建设作为一项长期工作来抓。

（五）聘请实践能力强的兼职教师，建立"双师"结构教师队伍

鉴于优秀的职业教育教师在行业企业中的现状，在行业企业中选拔优秀的工程技术与管理人员作为职业教育的兼职教师，在目前乃至今后不失为一个好办法。在现有专职教师实践能力不高，而又不能很快建立从实践经历丰富的人才中选聘教师的机制的情况下，为了提高高等职业教育的师资队伍水平，高职院校应该迅速建立有利于行业企业的优秀专家到学院兼职授课的有效机制。

浅谈土建类高等职业教育的专业建设和课程模式[1]

高等职业教育的专业建设和课程建设是一个内涵丰富的课题，只有把握专业才能驾驭课程，该共识对于从学科本位教育脱胎的中国高职教育尤为重要。本文从专业和课程的基本概念出发，分析土建类高职专业建设的当务之急，对土建类专业的课程建设试做初步探讨。

一、专业建设的 4 个问题

（一）专业设置的 3 个关键

专业：在教育范畴是指学生今后的工作领域和当前的学习范围。

1. 专业设置必须与培养目标的人才类型相适应

（1）培养学术型人才的专业要建立在学科基础之上。
（2）培养工程型人才的专业要建立在工程设计基础之上。
（3）培养技术型人才的专业要建立在职业与技术的基础之上。
（4）培养技能型人才的专业要建立在职业技能的基础之上。

2. 专业设置是教育与社会需求的接口

（1）学校向社会提供的"商品"就是专业。
（2）专业对路则学校兴旺，否则就衰落。
（3）专业设置要有市场观念和商品意识，这是专业甚至是学校的生存条件。

3. 专业设置是一种教育行为，而且是由学校承担的学历教育行为

（1）专业的建立、发展和完善需要较多的投入和较长的时间。
（2）教育行为要求专业设置必须具有稳定性和连续性。
（3）教育效益和教学稳定性是专业设置的必要条件，也是教育和培训的本质区别。

（二）专业与职业岗位的关系

（1）按中国的职业分类标准《职业分类与代码》（GB 6565—2015），职业可分

---

[1] 2018 年 11 月在广东几所高职院校所作报告的提纲。

为10大类，83小类，284细类，1506个职业项目。

（2）中国尚未分解到职业岗位。

① 职业岗位：从业人员的社会位置。

② 加拿大有相关职业岗位近7000个（含文化程度和职业培训指标）。

③ 英国有相关职业岗位21741个。

（3）高职不可能为每一个职业岗位或职业项目设置相应的专业，只能坚持宽窄并举的原则。

① 社会覆盖面较广的职业可单独设置相对较窄的专业，如会计、护理、文秘等。

② 社会覆盖面不广的职业，则以职业群、岗位群来设置相对较宽的专业，如机械制造技术、建筑工程技术、建筑装饰工程技术等。

（三）专业设置的原则

1. 适应性原则

专业设置必须与社会的人才需求相适应。

2. 稳定性原则

（1）专业设置必须宽窄适度。

（2）利用宽口径专业设置多个专业方向的模式来解决专业针对性和稳定性的矛盾是世界各国的共同做法。

3. 择优性原则

专业设置必须背靠行业企业，围绕区域经济，利用优势，扬长避短。

4. 可行性原则

有稳定的生源，稳定的就业；称职的"双师型"教师队伍；满足教学要求的实验实训条件；明确的培养目标，科学的培养方案。

（四）专业建设的当务之急

1."双师型"教师队伍建设亟待加强

（1）双师素质专任教师较难解决。主要原因有：专任教师的职业经历先天不足；调入优秀工程师遇到各种困难；安排专任教师长时间去企业很难做到；接收应届毕业生造成队伍建设恶性循环。

（2）"双师"结构教师队伍建设较困难。主要原因有：兼职教师承担日常教学任务与生产任务的矛盾很难解决；兼职教师目前主要承担的在企业进行的实践教学，由于企业的被动难以保证质量。

（3）建立高职教师的职业资格制度迫在眉睫。要对教师的学历和职业经历提出基本要求；建立高职教师与企业的长效联系制度；推进教师队伍由"学科化"向"专业化"转变。

2. 真正意义上的校企合作远未形成

（1）目前多数学校在企业进行的实践教学是学校一厢情愿的，难以取得企业主动配合，还不能称为真正意义上的校企合作。

（2）实现校企合作就要保证企业的利益，关键是经济效益，这样才能使企业成为双教育主体的一元，主动介入人才培养的全过程，全面提高高职教育的教育教学质量。

3. 校内实训基地还不能满足教学要求

（1）建筑产品生产周期长，在企业很难完成对学生进行生产全过程的训练。

（2）顶岗实习需要学生具备准顶岗能力，对校内训练提出了更高要求。

（3）一些综合类院校重视不够、投入不足。

（4）许多学校缺少场地。

4. 培养方案改革滞后

很多院校培养目标的能力分解尚需深化；实训内容组织粗放，实践课程开发滞后；实践和理论两个教学内容体系不平衡；分 3 阶段培养基本能力、综合能力和顶岗能力的成功经验推广差强人意；学生综合评价中，职业能力和职业素质评价欠具体细化，基本处于以知识考核成绩为主的学科本位状态。

5. 顶岗实习管理不容乐观

顶岗实习管理不容乐观，主要原因有以下几点。

（1）学校管理力度不够，企业缺乏负责精神，存在"放羊"现象，效果堪忧。

（2）顶岗实习与毕业实习不加区别，不能有效实施真正意义的顶岗实习，难以形成合格的顶岗能力，影响学生的就业质量。

（3）顶岗实习的目标、过程、考核自由度较大，亟待完善。

二、课程模式的 3 个问题

课程是高职教育活动的核心问题。

（一）概念

1. 课程

课程是学习者的学习路线，即学习过程。

（1）广义课程指学校为达到教育目标而有计划、有组织编制的教育内容和进程的总和，包括计划、大纲和教材。

（2）狭义课程是我们通常所指的各门教育科目。

2. 课程模式

模式是经验和理论之间的一种知识系统。

课程模式是在一定教育思想指导下开发编制课程所确定的教学活动的结构框架；是按照专业特性和学生特点序化课程所确定的教学活动的进行程序；是依照培养目标的要求建立课程标准所确定的教学活动的标准体系。

（二）课程分类

课程按内容可分为基础课、专业课。课程按性质可分为理论课、实践课。课程按规定可分为必修课、限选课、任选课。课程按是否列入教学计划可分为显性课、隐性课，显性课指列入教学计划的课程，隐性课指学校制度、校园文化、师生交流等潜移默化的内容。

（三）能力本位教育的课程模式

1. 特征

（1）能力本位教育以职业能力作为教学基础、教学目标和评价标准。

（2）能力本位教育以综合能力作为学习的科目。

（3）能力本位教育以专项能力为基础，从易到难地安排教学计划。

2. 积极意义

（1）能力本位教育打破了以学科为中心，以学科体系确定课程和学时安排的传统做法，有力地促进了高职教育改革。

（2）能力本位教育以满足企业对知识和能力的要求为原则的 DACUM 法开发课程，较好地体现了教育的社会功能。

3. 近年来国际上对 CBE 模式的质疑

（1）CBE 适用于以培养动作技能和重复性技能为主的专业，不适用于以培养智力技能和创造性技能为主的专业，它更适用于培训，对高职教育不具备普适性。

（2）CBE 忽略了学习迁移，削弱了必要的基础理论，在重视就业的针对性的同时，忽视了就业的弹性和适应性。

4. CBE 在中国的推广

CBE 在 20 世纪 80 年代引入中国，90 年代在全国职业教育领域推广。较之各种课程模式，CBE 的影响最大。在土建类专业，CBE 主要用于培养目标的能力分解，教学内容和教学评价与 CBE 还有较大差距，学科本位的烙印还很深。借鉴很有意义，质疑引以为戒。

中国的教育事业已经进入将"立德树人"作为教育根本任务的新阶段，土建类高职院校坚持"育人为本、德育为先、能力为重、全面发展"的原则，在专业建设和课程建设领域已经取得了丰硕的成果，令人欣慰。以上是个人对专业建设和课程模式的点滴学习体会，很肤浅，也可能偏颇，欢迎大家指正。

中国建设教育协会高等职业与成人教育专业委员会精品课程建设研讨班讲话稿

2009年12月　广州

各位领导，各位专家，各位老师：

　　大家上午好！感谢广东建设职业技术学院热情承办了本次研讨班。感谢魏鸿汉校长的精心筹划、周密组织，为我们搭建了学习、交流、研讨、联谊的平台。感谢各位专家、国家级精品课负责人为我们准备了内容丰富的报告。感谢多位院校领导亲自出席，并安排系主任、专业主任、骨干教师参加本次活动。

　　中国建设教育协会是中国建设教育工作者的社团组织，其主要任务是"研究、交流、咨询、服务"。高等职业与成人教育专业委员会是其下属的二级机构，主要由建筑类高职院校、综合性高职院校的建筑类系部、普通高校的成人教育学院构成，成员单位近百个。多年来，我们一直坚持从研究入手开展各项工作的宗旨，集中力量研究我们共同关心的热点问题。通过在协会立项、结题评审和优秀评奖等方式引领各院校的教育科研向纵深展开，出现了一批批优秀成果，涌现出了一批批优秀科研骨干，对促进各院校把握教育定位、明确培养目标、整合基础课程、加强校内外实训教学、突出职业能力培养、提高教师驾驭职业教育的能力等发挥了重要的作用。

　　最近我们通过评审推荐了28项课题参加评选2009年中国建设教育协会立项课题，推荐了18项2007—2008年完成的优秀科研成果参评中国建设教育协会2009年优秀科研成果，推荐了14个多媒体课件参加协会第三届多媒体课件大赛。我们的立项评奖在许多院校影响很大，均被视为省部级成果。

　　下面我想谈3个问题。

一、为什么举办本次研讨班

（一）专业建设是当前高职院校的首要工作

　　2006年以来，高职高专教育由规模扩张转入以内涵建设为主、全面提高教育质量的新阶段。以示范建设为引领，进入全国上下集中力量做好专业建设的发展时期。教育部领导多次明确指出，做好示范院校建设最后要落实到专业建设上。但做好专业建设是练内功，是一件需要长期坚持才能取得成效的工作。高教司司长张尧学在"七七"讲话中深有体会地说："一个学校能办好一个专业就很伟大。"这足以说明专业建设的艰巨性。从我亲身经历的"建筑工程技术"专业10多年的改革来看，其难度之大、工作量之巨，足以证明张尧学司长对专业建设的真实把握和深刻认识。土建类专业教学指导委员会成立7年多来，我们组织全国力量对"建筑工程技术"专业实施由"学科本位"转移到"能力本位"的改革，马上出版的修订版教学文件的学科本位的烙印仍然很深，我们依然处于由学科本位向能力本位缓慢爬行的阶段。10年多的改革实践告诉我，专业改革与建设绝不能一蹴而就，绝不是贯彻一个文件、推行一个模式、召开几次会议、学习几个新理念就能解决的历史问题，绝不比经济建设由计划经济走向市场经济容易，因此，长期性是专业建设的首要特点。

目前，还没有哪一所学校创办的"建筑工程技术"专业是真正意义上的职业技术教育专业，包括示范院校。为什么这么武断地讲？只讲一条，建筑产品必须有验收标准，"建筑工程技术"专业毕业生标准有吗？严格说还没有，如果说有，也只是知识的标准，能力的标准在哪里？能力如何考核评价？有一些，但很薄弱，很概念化。土建施工类专业指导分委员会2007年夏启动了"建筑工程技术"专业学生职业专业能力评价体系的研究，动员全国44所院校、230多位有职业经历的老师，不辞辛苦地研究了两年半，有望于明年1月的南宁会议上初步结题。许多老师在研究过程中才深有体会，原来当了这么多年老师，还不知道究竟培养学生达到什么标准，我们确实是在摸着石头过河。其他诸如内容体系、实施体系等，还都有漫长的道路等待我们前行。我们必须有韧性、有耐性，一步一个脚印地走下去，一直走到能力本位教育，急不得，欲速则不达。

（二）课程建设是专业建设的核心

专业教学改革的直接成果就是构建专业课程体系。10多年的改革与实践，我们的共识有3条：1个目标——生产一线的技术管理人才；2个体系——理论教学体系和实践教学体系；3个阶段——基本能力、综合能力和顶岗能力3阶段培养岗位职业能力。围绕这3条共识进行课程体系建设，其中主要的工作就是开发实践教学课程，以此为基础构建实践教学体系。在第一阶段对理论课程进行整合，对施工类课程进行任务引领、工作过程导向的内容方法改革，许多学校近两年都取得了有目共睹的成果。

课程承载着培养目标，每一门课程都承载着传授知识、培养能力的具体任务。

一门门课程建设好了,专业建设自然就成功了,因此课程建设是专业建设的核心任务。2003年以来,教育部开始实施精品课程建设。目前全国高等教育领域已评出3094门精品课程,其中高职高专813门,土建类高职高专50门。精品课程建设的成绩已经成为学校教学水平高低的重要标志,越来越引起高职院校和广大教师的重视。

(三)办研讨班,建立一个平台

住建部人事教育司和中国建设教育协会多次要求本委员会建立一个平台,使全国同行共享先进院校、优秀教学团队的改革成果,推进各院校内涵建设,提高教育教学质量。我们经过常委会议商定了办研讨班这种方式,得到了上级的认可和各院校的支持。我们也考虑通过研讨班为各类院校提供一个交流平台,交流观点、经验,开阔视野,增进友谊。

二、怎样办好研讨班

(一)准确定位,选好题目

为会员单位服务,为土建类高等职业教育服务,为土建类专业教学改革服务,为提高真正职业教育意义上的教学质量服务,为提高教师驾驭高职教育的能力服务,为改变学生命运服务,为建设事业输送急需人才服务。

急院校建设之所急,急专业建设之所急,急课程建设之所急。6月在杭州举办了"土建类专业人才培养模式"研讨班,7月在上海举办了"建筑工程技术专业人才培养方案"研讨班,10月在武汉举办了"建筑工程技术专业实训基地建设"研讨班。根据许多院校的建议,今天在广州举办"土建类专业精品课程建设"研讨班。

(二)精选大会报告人

胡兴福教授,土建施工类专业指导分委员会委员,国家级示范院校四川建筑职业技术学院教学副院长,拥有多年建工系主任职业经历,国家示范院校土建类专业课程开发和教学资源库建设项目负责人,主持过多项土建类教学改革项目,两门国家级精品课(2006年的"建筑结构"、2009年的"砌体结构工程施工")负责人。

危道军教授,土建施工类专业指导分委员会委员,省级示范院校湖北城市建设职业技术学院教学副院长,"建筑施工组织"国家级专家,主编教材已出版发行15万余册,"建筑工程技术专业实训基地建设研究"课题总负责人之一,所负责的"建筑施工组织"课程被评为 2009 年国家级精品课。

王付全教授，土建施工类专业指导分委员会委员，国家级示范院校黄河水利职业技术学院建工系主任，河南省土建类高职专业领头人，他所领导的系已有土建类专业国家级精品课 3 门，他本人负责的"钢筋混凝土结构工程施工"课程被评为 2009 年国家级精品课。

李向民高级工程师，省级示范院校广西建设职业技术学院国家级优秀教学团队负责人，在施工企业从业多年的优秀工程师，他负责的"建筑工程测量"课程是今年土建类专业教学指导委员会评审的 8 门测量精品课中最好的一门，推荐给教育部被评为国家级精品课是实至名归。

请 4 位专家做报告时一定不要保守，密切结合课程实际，讲真实体会，说实话，道真经，多谈具体做法，少高谈阔论，要让与会各位立竿见影地学到真本事。

（三）精心组织

感谢本委员会的资深常委、土建施工类专业指导分委员会的老委员、"建筑材料"专家、国家建造师考评命题专家、天津建筑工程职工大学老校长魏鸿汉教授精心策划组织了本次研讨班。

感谢本委员会的老常委单位广东建设职业技术学院承办了研讨班，他们 12 日刚举办过校庆，接受任务后认真细致地安排了会务工作。

三、几点希望

（1）请大家集中精力听报告，交流时要把各自的宝贵经验拿出来，丰富会议的内容。许多很好的精品课程，由于名额限制、向示范院校倾斜等原因没能中选，欢迎借此机会交流沟通。

（2）利用这个交流平台，会上会下交流工作，交流感情，收获了同行朋友，可能会后收获更大。

（3）会后要完成作业，精品课方案、论证报告均可。合格作业会颁发证书，水平高的可参加评优，可推荐立项。我们也想借此机会推动各院校的科研工作，帮助会员单位营造科研氛围，培养一批科研骨干。

预祝研讨班圆满成功！

祝大家收获理念，收获思路，收获做法，收获朋友，收获友谊！

再次感谢广东建设职业技术学院的周到安排和热情接待！

土建施工类专业指导分委员会课题研究工作会议讲话稿

2010年1月 南宁

各位领导，各位委员，各位同事：

大家上午好！感谢广西建设职业技术学院周到安排、热情接待了本次会议。感谢张伟委员、李志院长、危道军委员、何辉副院长精心筹备了本次会议。感谢各位大会报告人为会议准备了精彩的报告。感谢全国各地高职院校的领导和专家出席会议，为会议带来宝贵的经验和丰厚的信息。

土建类专业教学指导委员会是教育部统一领导的47个高职高专教指委之一，是由住建部直接领导的专家机构，承担着"研究、交流、咨询、指导、评价、服务"等具体业务工作。土建施工类专业指导分委员会是土建类专业教学指导委员会下设的5个分委员会之一，自2002年3月成立至今，已经走过了近8年的难忘历程。

一、发展阶段

8年来，我们秉承"研究—改革—建设"的宗旨，一步步走过来，大体走过了"起步—提高—深化"3个发展阶段。

（一）起步阶段（2002年3月—2005年4月）

这一阶段的标志是探索高职特色的人才培养模式，编制能力本位的人才培养方案，配套编写出版国家级、部级主干课程规划教材。

研究：①专业教育定位；②能力本位的教学内容体系；③人才培养模式（"2+1" "411" "2.5+0.5"）；④"双证书"教育。

改革：①专业教育标准；②人才培养方案；③理论课由学科型整合为能力型；④实践教学评价体系。

建设：①教学文件建设（2004年正式出版"建筑工程技术"和"工程监理"两个专业教育标准和培养方案及主干课程教学大纲）；②教材建设（2003—2004年正式出版主干课程规划教材）；③队伍建设已见雏形，基本形成了土建施工类专业指导分委员会骨干，出现了赵研、胡兴福、危道军、丁天庭、郝俊、杨太生、张伟、王作兴、刘晓平、张定文等第一批专家。

（二）提高阶段（2005年4月—2007年5月）

这一阶段的标志是开发实践教学课程，编写出版实践教学课程教材，建立较为完整的实践教学体系。

研究：①完成了"高职高专教育土建类专业教学内容和实践教学体系研究"国家级重大课题；②"双证书"教育研究深入到实施阶段。

改革：①改革实践教学从属于理论教学的学科教育内容体系，构建理论教学和实践教学两个相对独立、互相渗透、相互支撑的教学新体系；②以两条并行的体系为宗旨，改革专业培养方案等教学文件。

建设：①原创性实践教学课程开发建设；②配套实践教学课程教材编写出版；③队伍建设又上新台阶，姚谨英、魏鸿汉、何辉、孙玉红、吴承霞、张瑞生、李光、李峰、冯光灿、赵琼梅等一批善于实践教学的第二批专家涌现出来。

（三）深化阶段（2007年5月—2010年1月）

这一阶段的标志是8年历程取得3点共识。

（1）1个目标：培养施工生产一线的技术管理人才。

（2）2个体系：由并行的理论教学体系和实践教学体系构成教学内容体系。

（3）3个阶段：构建由专项能力、综合能力和顶岗能力3阶段培养岗位职业能力的能力培养体系。

研究：人才培养模式研究不断深化，进入精彩纷呈的多样化阶段（"2+1""411""2.5+0.5""232""123""333""135""12345""12368"）。

改革：①学生学习成绩评价体系；②学生职业能力培养由二阶段改革为三阶段；③教学内容体系由一条主线改革为双线并进。

建设：①编制教学文件修订版；②修订第一批主干课程教材，编写原创性实训教材；③队伍建设范围扩大，战启芳、陈年和、侯洪涛、王付全、许光、杜绍堂、蔡东、张宏、陈刚、张现林等第三批专家崭露头角。

二、三大课题

本次会议有三大课题，即能力评价、实训基地建设、顶岗实习。

（一）"'建筑工程技术'专业学生职业专业能力评价体系建设研究"课题结题

能力评价意义重大。没有能力评价，何谈能力本位，何谈高职教育？但这是一项浩繁的工程。在全国范围内，还不知哪个专业认真做了这项工作，尽管必须要做。

难为深圳职业技术学院张伟教授动员组织了7个子课题组，59个专项能力组，40余所院校，230余位不畏困难的高职同仁，历时两年半，开了7次会，形成了总课题报告、各子课题报告、评价手册、研究论文集4项结题成果，可喜可贺。由衷地期盼各子课题组百尺竿头，再进一步，衷心地祝愿8月能够正式结题。

（二）"'建筑工程技术'专业校内实训基地建设研究"课题开题

校内实训基地是完成学生专业综合能力培养，使学生顺利进入顶岗实习的必要条件，是高职教育区别于学科教育的本质特色。由于建筑产品生产周期长、耗材多、不可重复等特点，在企业无法进行生产全过程的职业训练，校内实训基地建设对于土建类专业更具特殊意义。随着教学改革的不断深入，各院校对这项工作越来越重视，但这项前无古人的工作，需要我们集中全国的智慧来研究开发。

湖北城市建设职业技术学院新校区建设伊始，就投入土地、人力、财力、物力，率先设计建造了"建筑工程技术"专业全真模拟实训基地，引得全国同行纷纷赶往武汉藏龙岛参观学习，各院校掀起了齐学湖北、赶造实训基地的热潮。为了更有效地指导全国的实训基地建设，我们请湖北牵头这项重大课题的研究，李志院长亲自挂帅，危道军教授组织协调，这次会上正式开题。

（三）"'建筑工程技术'专业顶岗实习管理"课题开题筹备

顶岗实习是培养学生顶岗能力的关键教学阶段，是实现零距离就业的最重要教学环节。各院校都很重视顶岗实习管理，并积累了较成熟的经验。但从教育管理体制和办学机制上分析，顶岗实习是教学管理中最大的难题，因此，迫切需要集中全国各院校的力量，通过合作攻关来一一破解。

浙江建设职业技术学院一直坚持三阶段培养人才的"411"模式，前4个学期传授理论知识，培养基本能力，第5个学期利用典型工程综合实训，在学生具备综合能力后第6个学期到施工现场进行顶岗实习。这种高起点的实习受到企业的欢迎，更使学生毕业时真正具备了零距离就业的顶岗能力，得到全国同行的赞许。土建施工类专业指导分委员会将专业培养方案中的毕业实习改为顶岗实习，并由此总结出三阶段培养岗位职业能力的共识。我们请浙江建设职业技术学院何辉副院长牵头这个直接关乎人才培养水平和就业质量的课题，在本次会议上做好开题的各项准备。

这3个课题弄清楚了，土建施工类专业指导分委员会的工作就会提高到一个崭新的阶段，就有可能在"建筑工程技术"专业真正实现以就业为导向、以能力为本位，推进从学科教育向职业教育的大踏步转移，办出让人民满意的"建筑工程技术"专业。

所以，本次会议在"建筑工程技术"专业改革与建设的里程中是一次非同寻常的重要会议。

三、结束语

8年来，土建施工类专业指导分委员会形成了有吸引力、凝聚力的集体，形成了一支教育科研的骨干力量，形成了一支高水平的教材编审队伍，组建了一支代表土建施工类高职教育的国家队。我们的工作越来越受到全国同行的充分认可和热情支持，本次会议，57所院校、8个出版社、120余位代表齐聚南宁，各课题组准备了二十多个精彩报告供大家分享。如此红火，我们靠什么？回忆一步步走过来的8年，我觉得，一靠我们清晰的观点和思路，二靠我们有一批热心土建施工类专业教学指导委员会工作的专家。可观点从何而来？专家从何而来？经验只有一条，那就是我们组织全国同行始终坚持土建类高职教育的研究。

我期待通过这次课题工作会议，推动课题研究登上新高度，产生一批高水平的研究成果。更期待一批专家出现在我们的视野中，壮大土建施工类专业教学指导委员会的骨干队伍，为全国各高职院校培养一批土建类高职教育的行家里手。沿着"研究—改革—建设"这条路一步一个脚印地走下去，我们的工作一定会越来越红火，走在全国各专业教学指导委员会的前列。

8年的专业教学指导委员会工作，我从61岁愉快地步入69岁。

8年来，大家热情地支持我的工作，使我沉浸在"工作着是美丽的"人生境界。

8年来，大家衷情地关心我的身体、我的生活，使我享受了来自祖国各地的关爱和照顾。

8年来，大家真情地与我交流，使我在神州处处收获了温暖，收获了朋友。

我将永远留恋大家对我的热情、衷情和真情。

我将永远感谢大家对我的关爱、挚爱和厚爱。

专业教学指导委员会马上换届了，我相信新一届专业教学指导委员会一定会更精彩、更辉煌！

谢谢大家！

中国建设教育协会高等职业与成人教育专业委员会 2010年常委会讲话稿

2010年6月　上海

尊敬的荣大成副理事长，武佩牛副理事长，各位常委：

感谢荣大成副理事长亲临指导本次会议，感谢武佩牛副理事长出席会议，感谢上海城市管理职业技术学院热情承办了会议，感谢各位常委及代表百忙中出席本次会议。

按惯例每年开一次常委会，总结去年的工作，计划今年的工作。草拟的初稿3月已印发给各位，同时刊印在本委员会《通讯》第50期上。这次又带到会上，与协会四届二次理事会议文件一并发给各位代表。

一、2009年工作总结

（一）加强组织建设

通过增补，选举产生了由5个分委员会20位同志组成的新的常委会。会员单位由82个发展到109个。

（二）教育科研工作深入展开

2009年在协会立项26项（协会计59项）。获2007—2008年协会成果奖9项（协会计24项），其中一等奖1项（协会计3项）、二等奖4项（协会计7项）、三等奖4项（协会计14项）；获评优秀论文15篇（协会计45篇），其中一等1篇（协会计4篇）、二等6篇（协会计14篇）、三等8篇（协会计27篇）。

（三）配合协会组织3届多媒体课件大赛

在多媒体课件大赛中获奖72项（协会计209项），其中一等奖10项（协会计31项）、二等奖11项（协会计40项）、三等奖19项（协会计50项）、优秀奖32项（协会计 88 项）。

（四）举办了 4 期教师培训班

成立了由张丽霞院长、魏鸿汉校长负责的培训领导小组，卓有成效地完成了培训任务，积累了经验，得到了好评。

2009 年 6 月在杭州举办了人才培养模式教师培训班。
2009 年 7 月在上海举办了专业培养方案教师培训班。
2009 年 10 月在武汉举办了实训基地建设教师培训班。
2009 年 12 月在广州举办了精品课程建设教师培训班。

（五）举办了全体委员会议

2009 年 8 月于兰州，由甘肃建筑职业技术学院热情承办了本委员会成立以来规模最大的全体委员会议，53 个成员单位、121 位代表云集黄河之滨参与了这次会议。举办全委会议的同时，举办了建设类高等职业教育与成人高等教育论坛，16 位院校领导在论坛上做了精彩报告，内蒙古建筑职业技术学院侯元院长做了书面发言。这些演讲紧密结合了"通过校企合作办好学校"和"通过工学结合办好专业"两大主题。

二、2010 年工作计划

（1）学习贯彻 2010 年 3 月在天津召开的协会四届二次常务理事会会议精神。

（2）深入开展课题研究：组织重点课题研究，包括"职业能力评价""实训基地建设"和"顶岗实习管理"；督促 2009 年协会立项课题研究，做好中期检查；做好 2008—2009 年课题结题鉴定和评奖。

（3）做好第四届多媒体课件大赛。

（4）扎实推进培训工作。

2010 年 1 月在天津举办精品课程建设教师培训班。
2010 年 6 月在上海举办顶岗实习管理教师培训班。

（5）今年是分会年，开好各分会会议。今年是本委员会的"学生工作年"，各分会会议内容应紧密围绕学生工作。初步安排如下：中南分会于 4 月在北海召开，华东分会于 6 月在上海召开，成教分会于 8 月在长春召开，东北华北分会与西南西北分会于 9 月在天津召开。

三、关于我本人协会工作的调整

我自 1995 年主持本委员会的工作，已 15 个年头了。在各院校，尤其是各位常委的支持下，工作开展一直很顺利。高等职业与成人教育专业委员会工作的影响力越来越大，成员单位越来越多，凝聚力和亲和力越来越得到同行的首肯，对各院校的教育教学改革发挥了有效的促进作用。在多年的工作中，我们形成了以各位常委为骨干力量的核心层。协会的工作靠热心人，依靠大家的热心支持，我的退休生活由于协会工作过得很充实，身体健康，精神愉悦。今天，我要向各位表达我的由衷的谢意。

中国建设教育协会四届二次常务理事会上，将部分专业委员会的领导班子调整作为今年的一项重要工作。鉴于协会工作进一步发展的需要，安排在职的院校长和领导任各专业委员会的主任很有必要。李竹成理事长和荣大成副理事长在与我的谈话中，提出了本委员会主任委员的调整意见，由黑龙江建筑职业技术学院在职的王凤君院长做下一阶段本委员会的主任委员。这是组织的决定，我欣然接受。我的年龄确实太大了，我的家庭也需要我回归到颐养天年的状态，这是一件使我早日尽享天伦之乐的大好事。我提出，把 2010 年的工作善始善终地做完之后，便结束我的主任工作。

我希望，大家珍惜我们通过多年投入精力、投入智慧、投入感情所建立的这个团结可爱的集体，珍惜我们之间情同手足的友情。

我希望，大家一如既往地支持新主任的工作。

我相信，在王凤君主任的领导下，通过大家的共同努力，本委员会的工作一定会登上新台阶，步入新高度。

我会永远怀念多年来大家对我工作的热心支持，对我本人的照顾和关爱。

谢谢各位！

在土建类高职教育研究课题立项工作会议上的讲话

2011 年 5 月　武汉

邵华秘书长，各位领导，中国建设教育协会专家委员会各位委员，各位与会代表：

大家上午好！

经过近一个月的认真准备，在湖北城市建设职业技术学院的精心安排下，土建类高职教育研究课题立项工作会议，今天在武汉汤逊湖畔藏龙岛上，在落成不久的崭新校园，在刚刚启用的接待中心顺利召开了。

感谢各位领导亲临指导我们这次会议。感谢湖北城市建设职业技术学院热心筹备了本次会议。感谢四大课题的牵头人张建荣教授、符里刚书记、朱向军院长、李志院长对会议所做的周密准备。

中国的高等职业教育自 1998 年走上快速前行的轨道以来，改革与发展一直是这项事业的主题。2008 年以来，我们又从以外延发展为主进入以内涵发展为主的新时期。

胡锦涛同志最近在清华百年校庆时讲："我国的高等教育还不完全适应经济社会发展和人民群众接受良好教育的要求，同国际先进水平相比还有明显差距。我国高等学校要把提高质量作为教育改革发展最核心最紧迫的任务。""提高质量"是国家对高等教育的核心要求，代表了当前中国高等教育的最强音。这是我们高职教育工作者面临的一个严肃课题，一个必须承担的社会责任。

怎样践行总书记"提高质量"的指示精神，从我本人 1998 年以来从事土建类高等职业教育工作的切身体会，觉得要"提高质量"必须从研究入手。高等职业教育是我国高等教育新的组成部分，真正意义的大发展只有不到 13 年的历史，而且前 10 年的主要精力放在规模扩张上。我们对高职教育的认识还很肤浅，驾驭能力还很低。不重视研究高职教育的客观规律，盲目组织教学教育活动，我们就会走弯路，贻误学生的正常成长。

2002—2010 年，我担任全国高职高专土建类专业教学指导委员会秘书长工作，我与教学指导委员会成员、各院校领导及教学骨干始终坚持从研究入手做好各项工作的理念，得到了教育部、建设部的充分肯定。我们取得了多项研究成果，总结起来主要有 3 点共识：一个目标、两个体系、三个阶段。一是坚持土建类高等职业教育技术教育的属性,锁定培养施工生产一线技术与管理人才的培养目标;二是构建由理论教学体系和实践教学体系两个体系相互渗透、互相支撑的教学内容体系;三是建立分三阶段培养人才的程序体系,第一阶段主要在教室和实验室、试验室传授理论知识和培养基本能力,第二阶段在校内外实训基地通过综合实训培养职业综合能力,第三阶段通过在企业顶岗实习培养零距离就业的顶岗能力。在3点共识的指导下,我们规避了培养技能型人才的困扰,规避了重理论轻发展能力的干扰。积极进行校内实训基地建设,加强综合实训,通过典型工程的全过程训练,大幅度提高了学生的职业综合能力,为顶岗实习奠定了良好的基础,使学生在企业实现"干中学",从而提高了顶岗实习的效果,为学生就业奠定了高起点。

中国建设教育协会的主要工作任务是"研究、交流、咨询、服务"。今年3月1日组建的专家委员会是研究、咨询机构,第一批聘请了97位委员,其中高职委员36位,本人有幸作为高职的代表,担任了专家委员会副主任。组织课题研究、指导会员单位教育教学工作,是专家委员会的重要工作职责,经请示协会领导同意,召开了本次课题立项工作会议。经认真商议,决定先从4个课题展开教育科研工作。

一、素质教育研究

2006年,教育部根据中央的要求明确提出了"要全面实施素质教育,促进人的全面发展"的指示。但由于我本人多年一直从事技术业务工作这个主观因素,以及教学指导委员会主要工作领域在教学业务方面这个客观原因,前些年我组织的研究课题局限在专业建设和课程建设方面,重点放到了培养学生"做事"的本领,忽略了"做人"方面的研究与探索,只重视"用得上",忽视了"信得过""靠得住",本末倒置了!前年有机会到泰州职业技术学院参加会议,听了唐靖辉副书记"大爱育人,创新高职人才培养之路"的报告,深受感动,明天我们将会听到他的精彩报告。本月10日我到上海思博职业技术学院参加建工实训基地落成典礼,看到由校长皋玉蒂撰写的"育建筑人才新三字经"醒目地展示在基地的一面墙上,听到学生们整齐地背诵"弟子规",令我震撼。还有我去过的许多学校在素质教育方面都大有建树,那我们就组织有工作基础有研究兴趣的学校,集中研究素质教育这个大课题。请山西建筑职业技术学院符里刚书记牵头组建课题组,会前已做了大量准备工作,明天上午就主持召集第一次会议。

二、人才培养模式研究

人才培养模式是我们已经多年研究的老课题，许多学校都倾注了大量精力研究探索，形成了各领风骚的多彩局面，如黑龙江建筑职业技术学院的"2+1"、浙江建设职业技术学院的"411"、内蒙古建筑职业技术学院的"2.5+0.5"、江苏建筑职业技术学院的"232"、四川建筑职业技术学院的"123"、上海城市管理职业技术学院的"333"、湖北城市建设职业技术学院的"135"、宁夏建设职业技术学院的"12345"等。湖南城建职业技术学院朱向军院长主持的"12368"人才培养模式研究，聚力发挥后发优势，经验丰厚，多点创新，理性思考，主体构架，深受全国同行首肯，这次请他来做报告，并请他牵头"人才培养模式研究"课题组的全面工作。

三、实践教学研究

中国职业教育改革的本质，就是推进从传统的学科本位教育向能力本位教育的转移。其中的一项中心任务，就是将实践教学由从理论教学的属地位改革为与理论教学相对独立又互相联系的实践教学体系。这一体系包括学科教育中理论教学的实践教学环节，如实验、试验、实习、课程设计、大作业等，加上基本训练、综合训练、顶岗实习等独立的实训课程（或阶段）。实践教学搞好了，我们才是真正意义的职业教育，但目前我们的差距还很大。土建类专业的实践教学由于受到校内实训条件和校企合作机制的制约，困难重重。各院校还都处在由学科教育走向职业教育的进程中，只不过有的快些，有的慢些。

前几年我主持土建施工类专业教学指导委员会工作时，组织全国力量，对"建筑工程技术"专业进行改革攻关，分别由深圳职业技术学院张伟主任、湖北城市建设职业技术学院李志院长和浙江建设职业技术学院何辉副院长牵头策划了学生职业专业能力评价体系研究、实训基地建设研究和顶岗实习研究。"学生职业专业能力评价体系研究"课题已由建设部科技司正式立项，在全国40余所院校的鼎力参与下即将结题；另两项研究也都在进行之中。相信新的土建专业教学指导委员会会抓紧组织完成这三个课题的研究任务，指导全国的教育教学工作。

实践教学研究是一个任务繁重的课题，很难开展。湖北城市建设职业技术学院新校区建设伊始就非常重视校内实训基地建设，投入大块土地，建造了48米跨度的钢结构标准厂房1万多平方米，苦思冥想，精心设计建造了"建筑工程技术"专业全真模拟实训基地，方便了教学，提高了学习效率。在厂房内外又安排了可供学生实操的平台，把活生生的建筑工地展现在校园之中，极大地提高了在校内培养学生职业能力的水平。湖北城市建设职业技术学院为全国建筑类院校做了表率，很多学校都来校参观，他们毫无保留地向前来的同行传授经验体会，介绍使用中发现的问题，提供设计图纸供各校参考。在他们的举动之下，各地很多院校相继建成了校内实训基地，大大改善了实训条件，湖北城市建设职业技术学院功不可没。这个课题请他们的院长李志教授牵头来做，我很有信心。

四、教育理论研究

教育是科学，职业教育也是科学。科学则离不开理论，而我本人缺乏理论素养，这些年只组织大家研究"具体做法"了，虽然研究出了一些颇见成效的做法，但如何通过理性思维把做法提升到理论高度，便力所不及了。不能上升为理论，则只能平面思维，不能立体构架，就会严重影响工作成果的总结、提高和推广。我到专家委员会工作后，有机会集中精力抓课题研究，便想到该进行理论研究，提高我们这些教授、高工们的教育理论水平。我想到了国内唯一的中国建筑结构博士兼德国职业教育博士、同济大学博士生导师张建荣教授，征得他的同意，请他来牵头做这个课题研究，希望各院校一定安排合适人选参与理论研究。

课题研究成果对于我们认识土建类高职教育、把握它的规律、驾驭人才培养的全过程、全面推进素质教育、提高教育教学质量、为政府决策提供依据等都有长远的战略意义和对当前工作的指导意义。但我觉得比这更重要的还是通过研究为我们这个行业造就一批科研骨干，为各院校培养一批高职教育某一领域的专家。因此，课题组不仅是一个研究小组，还是一个培训班，大家互为师生，互教互学，将科研过程当作学习培训过程，这样我们组织课题研究的意义就更深远了。研究成果固然对土建类高职院校的工作有积极意义，而研究过程中参与者水平的提高要比成果本身更有意义。从这个视角出发，希望各院校领导能进一步支持本校教学骨干参与到各个课题研究中来，也希望各课题组别嫌人家起点低，欢迎更多学校派人参加课题研究工作。四大课题两年结题也是初步的，这些课题只要想做就可以不断做下去。若有的教师能坚持3~5年在某个领域执着研究，就一定会成为那个领域全国一流的专家。一个学校若能有几个这样在全国具有话语权的专家，这个学校就会成为在某些领域全国一流的学校。

4个课题的牵头人会前已经做了大量准备工作，明天上午召开各课题组会议，请与会院校依工作基础和兴趣分别参加各课题组会议，争取参与各子课题组的研究，想研究什么课题请事先做好充分准备。

会议一定要有信息的数量和质量，今天合影后，请湖北城市建设职业技术学院危道军教授就实训基地建设做报告。去年我在广州听过危道军教授的报告，有理论，有实践，不愧是全国一流教授。然后我们参观实训基地，相信大家一定会受到启发。

下午安排了5个报告：泰州职业技术学院唐靖辉副书记关于"大爱育人"的报告、四川建筑职业技术学院胡兴福教授关于"示范建设"的报告、同济大学张建荣教授关于"理论研究"的报告、深圳职业技术学院张伟教授关于"能力评价体系"的报告、湖南城建职业技术学院朱向军教授关于"人才培养模式"的报告。

这些报告代表了土建类高职教育的国家水平，一定很精彩，请大家准备好精力，听好报告。

相信这次会议在与会各位的共同努力下，一定会圆满成功！

"土建类高职教育专业人才培养模式研究"开题会议感言

2011年8月　乌鲁木齐

各位领导，各位同仁：

感谢新疆建设职业技术学院热情接待了本次会议。感谢湖南城建职业技术学院以朱向军院长为首的"人才培养模式"课题组近3个月来的精心组织。感谢各院校重视教育科研工作，支持组建了由50多所院校、180多位骨干教师参与的13个子课题组，并认真准备了开题工作。

当前，中国高职教育已经进入以提高质量为核心，深化教学改革，推进体制机制创新，加强学校建设的新阶段。国家希望高职教育能够成为中国高等教育领域率先创新办学模式、人才培养模式的突破口，打造独具中国特色、具有国际影响的高等职业教育。

实行工学结合、校企合作、顶岗实习的人才培养模式，早已成为全国上下的共识。但如何结合中国国情、行业背景、专业特点，将其深化、活化、具体化，使之可实践、可操作、可复制，且行之有效，却并不是一件简单的事情。许多院校都非常重视人才培养模式的改革与探索，也取得了丰硕的成果。十几所建筑高职学院都总结出各具特色的模式，且很有成效，绝非秀才做文章，都是经过多年实践提炼而成的。但毕竟是各院校局部的初步成果，用以指导全国的教学工作尚待拓展应用空间，提升其影响力。

鉴于人才培养模式直接涉及人才培养质量，在提高教学质量中的重要作用是毋庸置疑的，又考虑到各专业的人才培养模式各有特点，全国各地区同一专业在人才培养模式上各有所长，这次我们按专业成立了13个子课题组，集中全国各地力量一个个专业分头研究，以使成果更具专业特点，更具普遍意义，更有权威性和指导价值。这是一件历史性的工作，对全国高职教育会产生深刻影响的工作。看到这么多院校积极派出各专业的佼佼者参与这项研究，我信心倍增，一定和大家共同努力，在中国高职教育的前进路上，留下我们建筑人坚实的脚印。

洗耳恭听了朱向军院长俯瞰全局的总课题开题动员和13位子课题牵头专家的开题报告，我的心中响起了"向前，向前，向前！我们的队伍向太阳……"的歌声，感动油然，说几句感言。

一、我们开了一个务实的会

14个精彩的报告，内容深入实际，专业针对性强，不仅有先进的理念，丰富的实践，更有切实可行的做法。听得懂，学得会，我本人深受启发，感触颇深。我们开了一个接地气务实的会，这将使模式课题的研究沿着务实的路开始起步，不久就会以我们土建人务实的作风和丰硕的成果，走在中国各行业高等职业教育事业的最前沿。为人之师，首先要有对学生的学业、事业、人生负责的师德；一校之长、一系之主，永远要把培养学生成为适用对路的人才，成为社会的栋梁，作为己任时刻牢记心中。中国有一句古语："圣人之止，无非至善。"作为高等职业教育的工作者，我们面临的学生在基础教育阶段虽然没有成功，但在座的众多老师，研究高等职业教育，探索适合这一群体的培养模式，通过孜孜不倦地努力，已经使一大批学生零距离、高质量就业，而且很多已经成为行业企业的优秀技术管理人才，从此改变了自己的命运，改变了家庭的命运。

二、本课题研究的特殊意义

（一）在中国做高等职业教育难度大

缺经费，高职院校的在校生人数已占据中国高等教育的半壁江山，但国家拨给高职院校的教育经费只有高等教育总经费的16.7%。在政策上，政府的政策支持缺位。校企合作是办好高职教育的重要途径，但迄今为止，政府没有制定相应的政策来确定企业在培养学生方面的责任和利益。没有利益，何谈合作？何谈责任？办学条件还远远满足不了职业教育的需求。高等职业教育十几年的大发展，校园大了，大楼多了，教师增加了，惊人的发展速度令世人瞩目，但实验实训条件，尤其符合职业教育要求的"双师型"教师队伍都还差距很大。教育部在教学领域的政策指导往往错位，出台的政策文件往往侧重机械加工领域高职教育的需求，过分强调工作过程导向、理实一体化的课程内容体系，偏重技能型人才的培养，不切实际地提出两年制的学制改革等，严重影响了土建类高职教育的改革与发展。

（二）在中国做土建类高等职业教育前景广阔

改革开放以来，作为国民经济支柱产业的建筑业发展迅猛，且将持久保持平稳增长的势头。加快工业化、城镇化的进程是长期的战略任务，在相当长时期内，铺摊子、上项目、外延发展仍是中国经济增长的主要方式。2050年前，建筑业在中国都是阳光灿烂的产业。当前，建筑业从业人员约4000万人，在约360万技术管理工作人员中，中职以上学历或初级技术职称以上者仅约160万人，另约200万从事技术管理工作的人员还不具备这个水平。2010年，全国1215所高职院校中1099所开设了土建类专业，许多学校不具备办学条件，教学质量无从谈起，但就业形势普遍良好，原因就是建筑业技术管理人才的严重短缺。近几年，有些地区的高职院校出现了生源危机，但土建类高职院校普遍招生就业两旺，这就为土建类高职院校的持续发展奠定了良好的社会基础。2010年，全国开设"建筑工程技术"专业的高职院校有540所，开设"工程造价"专业的高职院校有401所，开设"建筑装饰工程技术"专业的高职院校有229所，这就会使我们的课题成果应用面广，又能长时期发挥作用，可以长时期地不断完善提高。只要大家想做就可以进一步做，常做常新，伴随你的职业生涯，成为你职业生活的一部分。如此，中国特色的土建类高职人才培养模式就一步步形成了。

（三）造就一批专家

不当教书匠，要做教育科研，成为教育专家，促进师资队伍建设走上健康的发展轨道。过去的中专耽误了很多人才，除教学时数多外，还与几十年基本不变的教学内容体系有关。所谓教学方法改革，也都是小打小闹。高职则不同，要大改大变，要颠覆性改变，目标体系、内容体系、实施体系、评价体系都要系统地变，人才培养模式也要变。世界上又没有可以照搬照抄的对象，这个改革创新的任务就落到了我们这代人的头上，才使我们有了成为教育专家的机会。虽不是陶行知、杜威那样的大教育家，但我们可以成为某个专业、某个专业中某个领域的教育专家。在某个专业或某个领域中坚持三年五载，是完全可以有所成就的。朱向军、汤万龙、范柳先、袁建新、孙亚峰、张弘武等，就是他们所从事专业的专家；在"建筑工程技术"专业中，姚谨英就是施工技术领域的专家，李光就是资料管理领域的专家，张伟就是学生能力评价领域的专家，其他在此就不一一列举了。

知识分子的一生是学习的一生，做定向研究会使你的学习有针对性，就容易在某些方面有所建树。阶段性的成果就可以发表有价值的论文，课题结题的研究报告就可以成为系统的科研成果，出了货真价实的著作就可以留下优秀知识分子的足迹。如果评职称那就水到渠成，不至于"临时抱佛脚"。我组织课题研究，出成果是第二位的，给大家构建一个科研平台，促使大家少看电视剧，多学习多研究，从事教学改革，成为某个领域的专家是第一位的。在土建类专业教学指导委员会工作的8年，为各院校培养了一批专家水平的教师是我最大的欣慰。当然，这些同仁可能成为我终生的朋友，那就是更大的收获了。

不再占用大家的时间了，谢谢各位这么聚精会神地听我的老生常谈。

土建类高职教育实践教学研究
子课题开题会议讲话

2012 年 3 月　枣庄

各位领导、专程来指导会议的胡兴福秘书长及各位专家，实践教学研究总课题、3个子课题组的负责人及各位成员：

　　大家好！经过实践教学总课题组的认真组织，3个子课题组的精心准备，"建筑工程技术""城市规划""建筑装饰工程技术"3个专业实践教学研究课题开题会议，今天如期在建筑业祖师爷的故乡——滕州顺利召开了。

　　首先感谢各位领导光临指导我们的会议。感谢枣庄科技职业学院热情承办了本次会议。感谢胡兴福等各位专家为我们带来了精彩的专题报告。感谢总课题牵头单位湖北城市建设职业技术学院重视课题研究，牵头人、新到任的张晓曦院长立即进入角色，具体操作课题研究工作。感谢各院校支持课题研究，派骨干力量参与课题研究并出席本次会议。

　　胡锦涛同志最近在清华百年校庆时讲："我国高等教育还不完全适应经济社会发展和人民群众接受良好教育的要求，同国际先进水平相比还有明显差距。我国高等学校要把提高质量作为教育改革发展最核心最紧迫的任务。""提高质量"是国家对高等教育的核心要求，也是我们高职教育工作者面临的一个严肃的课题，一个必须承担的社会责任。

　　鲁昕副部长自主管职业教育工作以来，从国家教育主管部门的层面，为贯彻落实总书记关于"提高质量"的讲话进行了多次战略部署。从我1998年步入高职领域与教育部多年接触的感觉上，这次有可能谱写职业教育改革的新篇章，希望在不远的将来，看到中国特色世界水准的现代职业教育体系的雏形，从而改变中国教育、中国高等教育、中国职业教育的落后局面，使教育的发展水平能与世界第二大经济体相匹配、相适应。

　　借此机会，我想谈谈对鲁昕副部长讲话的3点突出感受。

　　（1）鲁昕副部长讲话中，认为中国职业教育发展的主要障碍是职业教育体系不完善和国家制度缺失是切中时弊的，我也深有同感。在发达国家的教育体系中，没有显性的职业教育体系，在高等学校中并没有普通高等学校和高等职业学校的严格区分。但在高等教育中,70%~80%的学生接受的教育与我们高职院校是一致的,即与职业直接对接的教育,也可简单称之为就业教育。但我国的普通高等教育基本上是学科教育类型,工科大学也是重理论轻实践、重知识轻能力的教育,较少谈及甚至羞于谈及与职业的对接。最近还有一位名校校长在讲演中声称,他办学不是为了学生就业,是为了提高中华民族的文化素质,好像说到就业就成了职业教育,成了低层次的教育。现在教育部明确提出要建立的现代职业教育体系,不但有中等教育层次、专科层次,还要有本科层次、研究生层次的职业教育。这样,一大批本科院校就要办成与职业紧密对接的高等教育,由此我们的教育才能以完善的体系来对应社会对教育的多层次需求,才能使我们的教育真正与经济和社会发展紧密结合,才能使我们的教育在与经济社会的密切联系中提高质量,从而跻身世界前列。至于国家制度缺失所涉及的问题,方方面面林林总总,不能一一列举,在这里我讲一个人事制度方面的小实例。劳动力市场准入制度是任何一个发达国家必须具备的基本制度。从事教育行业的人都懂得,学校教育质量根本之所在是教师,可教师的准入制度在哪里?在德国,想当工科大学老师,首先要有博士学位,再有5年工程师职业经历,才能申请到学校任教,经考察其品德、学识和职业能力等合格后,还要送到教育学院学习一年教育课程,考核合格才有资格到学校当助理教授。可我们呢?大家都清楚,没有这样的教师资格准入制度。很多大学,学生毕业就留校当老师了。高职院校近年来也是接收了大批普通高校毕业生,很多院校还要求必须研究生毕业才行。这就延续了中国许多工科大学的老师不具备工程师职业经历和能力,却要教学生毕业做工程师的现状。在土建类专业,则是一群不会造房子的老师在教学生造房子。如此,我们高等教育的质量从何谈起?所以,教育部谈制度建设真是大有必要。

(2) 就当前的诸多问题,鲁昕副部长讲坚持从问题入手,科研先行,我举双手赞成。我们的教育与发达国家有明显差距,要缩小差距就得知道从何下手,就得知道我们的问题在哪里,必须从理清问题入手。但由于我们的习惯思维、习惯做法太多了太久了,问题并不是拍脑袋就能弄清的。还得从课题立项开始,科研先行。教育部要做十项重大科研项目,重点研究人才培养、课程体系、招生制度、学生能力持续增长、课程衔接、校企合作政策、集团化办学、职业教育国家标准、信息技术改造传统教学、教师队伍建设十大问题。这是一个难得的利好消息,由此,中国的教育,尤其是职业教育,将进入教育科研的大好机遇期。

(3) 内涵建设的核心问题是制定国家教育标准,抓到了教育部应该做的第一件大事。任何国家的教育主管部门的主要职责都是制定标准,就像建设部对于建筑产品生产过程和验收的标准,不管什么时候都非常重视,并与时俱进不断修订完善。我没有从事教育工作时,绝想不到我国的教育部对高等教育放任到如此程度,没有专业教育的国家标准，随各地院校"折腾"。迄今为止，高职教育大发展14年了，各专业还没有真正的标准，有也只是知识标准和概念化的能力标准。教育部应主要抓标准建设，用标准去衡量各院校教育教学水平的高低，允许并鼓励各院校培养路径的多元化。与教育部的同志接触，我经常调侃地说，他们像教学部，不像教育部。

教育部要抓根本，核心抓国家教育标准，天大的好事。与此同时，抓人才培养、教师队伍、评估评价、课程教材等各项标准，抓得太多没有必要，主要抓人才培养标准，这是第一位的也是根本，其他各方面都是为培养标准服务的。

但制定人才培养标准很不容易，我曾经负责的土建施工类专业教学指导委员会自2007年开始研究"建筑工程技术"专业职业能力评价体系，在培养目标的知识、能力、素质3个方面选择了能力，又在组成能力的专业能力、方法能力、社会能力3个方面只选择了专业能力，由深圳职业技术学院张伟教授牵头，组织了全国44所学校、230余位老师研究了4年才刚出眉目，12项综合能力，64项专项能力，229项单项能力，逐项制定评价目标、评价标准、评价方法、评价过程、评价结果，建立了比较完整的评价体系，编制了学生职业能力评价系列手册。这项研究于2009年2月在住建部正式立项，同年5月又被教育部列入"十一五"重点研究项目"学生职业能力发展研究"的子课题，2011年5月经住建部建筑节能与科技司验收结题。各院校若能按照这项研究成果对学生逐项考核，才能证明学生是否达到了专业能力的培养标准，在此基础上才能将研究拓展到职业能力的3个方面，再拓展到培养目标的3个方面，专业培养目标的全面评价体系才能建立起来，成为专业培养标准的重要组成部分。教育部要抓所有专业国家教育标准的制定，任重道远，必须集中全国各行业的力量，持之以恒地、脚踏实地地干上几年才行。张伟是我的得意门生，他克服了重重困难，做了一件开拓进取、利国利民的大事，非常感谢他对我工作的支持。

这里有一个制度缺失的大问题，是国家人事部门制定的职业资格标准存在大的缺陷。"建筑工程技术"专业培养学生毕业后能做施工技术员、质检员、安全员、资料员等岗位工作，如果这些"员"的职业资格标准健全，也就不用我们学校费这么大事了。建筑施工八大员有标准，也只是一个应知的标准，应知部分有考纲，有教材，有书面考核。要害在应会部分，是概念化标准，没有能力评价的内容、标准和方法。学校制定专业教育标准，严重缺乏职业资格标准的支撑，造成了今天的困境。

可没有教育标准，就无法客观地衡量学校的教育水平。因此，教育部抓标准是非常正确的，抓住了要害，尽管很难，但认识到了并下决心做，值得赞扬。

我的感触很多，但因时间关系只谈这3点，会议之初作为抛砖引玉之谈。

去年中国建设教育协会组建了专家委员会，我作为高职的代表被聘为副主任，主要负责组织高职的教育科研工作。去年5月在武汉召开了土建类高职教育研究课题立项工作会议,组建了人才培养模式研究、实践教学研究、素质教育研究、教育理论研究四大课题组。去年8月人才培养模式研究在新疆开题,去年12月实践教学研究在广州开题。

实践教学体系的构建、实践课程的开发、实践教材的编写、校内实训基地的建设、校外实训实习基地的建立、实验实训过程的运作管理制度与机制的建设、实践教师队伍的建设与管理、实践教学中学生的管理及学生成绩的考核与评定等重要问题都摆在面前,等待我们去探索和研究。可以说,实践教学弄清楚了,实实在在地运行起来了,以能力为本位的职业教育就在真正意义上形成了。这是一件具有历史意义的大事,我相信我们这一课题的研究会有力地推动我国土建类高等职业教育办出特色、提高质量。

"建筑工程技术""城市规划""建筑装饰工程技术"3个专业的实践教学研究开题会选在了鲁班故里滕州,我们借此机会来沾沾祖师爷的灵气和墨子的圣人之气。山东省建筑业发达,无论建筑大省还是建筑强省排名都位居全国前三甲。滕州作为一个县级市,建筑业总产值已过百亿元,资质以上建筑企业已过百家,是一个经济发达的建筑之乡。枣庄科技职业学院热情承办了本次会议,使我们与会各位获得了一个受鲁班文化熏陶、学习鲁班精神的难得机遇,让我们再一次向枣庄科技职业学院表示衷心的感谢!

湖北城市建设职业技术学院张晓曦院长等各位同仁精心安排了本次会议,土建类专业教学指导委员会胡兴福秘书长等各位专家带来了内容丰富的精彩报告,相信这次会议一定会圆满成功!

上海建峰职业技术学院评估个人反馈意见

2012 年 12 月　上海

各位领导，各位专家，建峰的各位同仁：

大家好！很荣幸受上海教育评估院之邀参加此次评估，让我得到了一次很好的向各位专家和上海建峰职业技术学院的学习机会，学习了三天，谈三点体会。

一、关于这所学校

全国土建类高职院校 30 所，这是唯一一所自收自支的学校。就是在这种办学体制之下，以武佩牛院长为首的一批建设教育人，志在教育，身在教育，心在教育，功在教育，用他们的勇气和智慧建起了这所学校，发展了这所学校。他们千方百计，为行业、企业举办各类培训，用非学历教育的收入补充学历教育。他们竭尽努力办校办产业，以企业的收入补贴学历教育，办出了毕业生的高就业率和高质量的就业，并且在实训基地建设上办出了学校的亮点，钢结构整体移位和地下盾构掘进技术两个实训基地是全国之最，令各地同行趋之上海参观学习，无不交口称赞。教育部副部长鲁昕等各级领导到校视察后，都给予了充分肯定和高度评价。他们的办学精神和教学成果得到了上海市政府有关领导的赞扬和支持，近 3 年市财政每年给上海建峰职业技术学院注入 1000 万元改善办学条件，今年又被市教委确定为上海市特色学校建设单位。

自 2007 年评估到现在，短短 5 年，宝山校区三幢大厦拔地而起，建筑安装实训基地建成并投入使用。空调和消防两大系统，精心选择了先进的设备，缜密布置了管线和终端，关键节点充分展现，开发设计独具匠心，可以仿真模拟系统运行的全过程，非常便于学生学习；又安排了较大空间供学生实操，完全可以满足校内综合实训的要求，学校实训基地建设又增加了一个新的亮点。

上海建峰职业技术学院建院 10 年的建设与发展，使武佩牛在全国建设教育系统成为一颗耀眼的明星，同行们都很敬佩他，选他做中国建设教育协会的副理事长，其他各位理事长都是部长、司长、"985""211"学校的领导。我也与他结识多年，他一直很乐观、达观，从不讲多苦、多累、多难。

二、关于专业建设

（1）十余年地探索与实践，上海建峰职业技术学院"建筑工程技术"专业办得很有特色，学生的知识、能力和素质得到了企业的认可，招生就业两旺。它的优势在哪里？特色是什么？我觉得，充分利用社会的、企业的教育资源来保证教育教学质量，应该是他的优势，他的特色。

学生在学校的两年，他们聘请社会上的名师参与理论教学，学生在知识的掌握上是信得过的；在企业的一年，80%学生是企业订单培养，企业对学生岗位职业能力的培养应该完全能使学生毕业时胜任岗位工作。充分利用社会教育资源，是教育部再三强调的，也是全世界在培养方式上达成的共识。最优秀的教育资源在社会，在用人部门，在企业。对我们建筑业而言，最优秀的教育资源在上海中心，在金茂大厦，在国家大剧院等令人瞩目的工程项目，以及从事这些项目技术管理工作的上海建工集团的工程技术专家。

（2）通过专业剖析和个人访谈，我也感受到上海建峰职业技术学院在自身专业建设方面应该尽快提升水平，以促进特色学校的建设。

① 加快师资队伍建设步伐。要引进一批实践经验丰富的专业带头人，要下大气力提高现有教师的实践能力和教育科研水平，要加强与全国同类学校的交流，及时了解行业最新动态。

② 抓紧建设各专业必须的、普适的实训项目，如"建筑工程技术"专业以钢筋混凝土框剪结构为主要结构形式的小高层建筑的基础、主体和屋面的施工实训基地。

③ 重点专业建设规划应抓紧完善，以迎接专业评估，争取第一批论证通过。

三、关于管理体制

一批原由政府主管的建筑类职业院校变成由企业主管，这是由20世纪80年代末国家机构改革造成的。原来国家建设行业有建委、建筑工程部两个部委，省市有建委、建工局两个厅局。机构改革后，国家两部委合并为建设部，地方两厅局合并或重组，一种形式厅局合并为建委，所属学校由建委主管，即政府主管；另一种形式是由建委变为建设厅，建工局变为建筑总公司，局属学校划归总公司，企业主管。由此，上海、广东、甘肃、陕西、广西、湖南、河南、山东等省市出现了一批由总公司主管的学校。但近年来，除上海外均通过一步走或两步走由企业划归政府主管，目前通过一步走的已划归教育厅主管；通过两步走的，若走了一步的归建设厅主管，走了两步的则归教育厅主管。上海建峰职业技术学院成了迄今为止全国唯一一所由企业主管的自收自支的事业单位。

由于主管企业投入不足，学校办学处于艰难局面，要解决还得通过管理体制改革。体制理顺了，上海建峰职业技术学院很快就会成为国内一流的土建类高职院校。

以上三点体会，仅供参考。偏颇谬误之处，敬请大家指正。

谢谢几天来各位专家对我的关照。

谢谢上海建峰职业技术学院各位领导及联络员等同仁热情周到的照顾。

土建类高等职业教育"建筑工程技术"专业实践教学研究研讨会开幕式讲话

2013年5月　鄂州

各位领导、各位课题组成员：

大家上午好！

首先代表中国建设教育协会专家委员会感谢鄂州职业大学热情承办了本次会议。感谢湖北城市建设职业技术学院作为课题牵头单位精心筹备了本次会议。感谢"建筑工程技术"专业实践教学研究课题组认真准备了本次会议。

2011年5月，中国建设教育协会专家委员会在武汉启动了高等职业教育领域人才培养模式、实践教学、素质教育和体制机制四大热点问题的课题研究。2011年8月、11月，2012年3月、5月分别于乌鲁木齐、广州、上海和太原正式开题。其中，人才培养模式和实践教学研究课题已于2012年3月在住建部立项，素质教育和体制机制研究课题也将在2013年5月在住建部立项。4个大课题又下设了38个子课题，独立在中国建设教育协会立项。实践教学研究课题下设了9个子课题，2012年3月25日，"建筑工程技术""建筑装饰工程技术""城市规划"3个专业子课题在枣庄开题；2012年6月18日"采暖通风与空调工程技术""给排水工程技术""建筑智能化工程技术""工程造价""工程监理""建筑设备工程技术"六个专业子课题在兰州开题。2012年12月16日，实践教学研究课题第一次中期检查会在广州召开，会议听取了各子课题的中期汇报，综合分析了课题研究的进展状况，提出了课题研究的下一步要求。

目前，各个子课题的研究正在进展之中，遇到了一些困难问题，发展不平衡，总课题组及时地提出了指导性意见。为了更好地协调各子课题的研究，决定采取典型引路的措施。我们考虑了几方面的因素，选择"建筑工程技术"专业作为典型，原因如下。

（1）办学规模大。土建类高职95万在校生中有26万在学这个专业，占27.4%；全国有572所学校设有该专业，年招生已逾10万。

（2）办学基础好。各办学院校，尤其是建设类院校都十分重视该专业的建设，其师资队伍状况、实践教学条件基本都是校内最好的。

（3）教学难度大。这个专业毕业生职业岗位要求的理论水平和职业能力都较高，教学改革中理论教学和实践教学两个体系都面临高难度的改革任务。

（4）牵头学校具有综合优势。学校始终重视教育科研工作，非常重视实践教学基础设施的建设。"建筑工程技术"专业教师队伍和实践教学设施在国内是一流的，实训基地建设在全国是首开先河的，实训基地运行效率和管理水平得到各级领导和全国同行的高度评价，实践教学体系的研究与探索一直居国内领先地位。

去年课题开题正逢鲁昕副部长代表新组建的教育部党组对中国职业教育进行高屋建瓴的战略部署，着重强调要建立现代职业教育体系，要抓紧相关制度建设，要从问题入手，科研先行，要着力制定国家教育标准，抓到了要害，抓到了关键。就在这样一个良好的大环境下，在全国近百所院校 400 余位科研骨干的共同参与下，我们启动的土建类高等职业教育四大课题研究扬帆起航不久，又恰逢党的十八大鼓起的强劲东风。新一届党中央奏响了当今中国的主旋律——实现中华民族伟大复兴的"中国梦"；按照党中央的部署，教育部部长袁贵仁提出了"中国梦"的重要组成部分"中国教育梦"——"有教无类、因材施教、终身学习、人人成才"；鲁昕副部长最近又将"中国梦"具体到职业教育领域，提出了"职业教育梦"——"技术技能强国梦、全面发展梦、人人成才梦、尽展其才梦"。"中国梦"不是痴心梦想，不是痴人说梦，是在道路自信、理论自信、制度自信、文化自信的基础上提出来的符合人类社会发展规律的梦，是通过奋斗可以梦想成真的梦。

在难忘的 2012 年，作为一个"土建高职人"，我 3 个多年的梦想成真了：① 20 年前就提出的国家财政性教育经费占 GDP 4% 的指标首次达到了；②教育部公开申明，高职院校生均拨款的全面实施大势所趋；③教育部明确了职业教育是为国家培养"技术技能人才"，将技术教育列入了职业教育的重要组成部分。

兴奋之余，回顾自 1998 年到高职院校工作迄今 15 年的职业教育生涯，深切地感到"中国梦"的提出是令人振奋的，更是冷静的、理性的、科学的、历史的。没有梦想怎么成就美好的未来？但梦想从何而来？不能从拍脑袋来，那是空想。梦想要从认识客观规律中产生，客观规律要从学习总结古今中外大量成功的经验、成熟的做法中得出。强国富民要靠人才，从长远的观点看问题，只能从重视教育、加大教育投入入手，古今中外概莫能外。4% 在 20 世纪 90 年代初也只是发展中国家的平均水平，但落实起来非常艰难，在我模糊的记忆中提出要在 2000 年实现 4% 时，中国当时的比例是 3.24%，提出之后不久不但没增长反而下降了，甚至降到 2.78%。全国上下许多有识之士多年来一直坚持疾呼呐喊，千呼万唤始出来，经过 20 年的努力终于实现了 4% 这个教育投入梦。

高职刚启动时，中央的政策是"三不一高"，不迁户口、不包分配、不发派遣证、高收费，许多学校基本上是"以学养学"，高职院校的经费困难至极。多年来，教育部的许多领导和全国的高职教育人一直不停地呼吁，不能将高职教育办成歧视性的高等教育。目前，全国已有10个省、市、自治区落实了高职院校生均拨款，在全国各地付诸实践也指日可待。

　　占用大家的时间，啰唆了我的3个梦想成真的梦，话题还是要回到我们的课题研究上。我们要研究出什么样的成果？简单明确地说，就是从调查学习、分析梳理国内外成功的做法、成熟的经验中，得出在中国土建类高等职业教育中我们所承担的课题领域"应该怎么办"，"建筑工程技术"专业的实践教学究竟"应该怎么办"，这也就提出了这个课题的"中国梦"。以此来提高我们的认识水平和理论高度，来指导我们的教育实践，来推进全国范围的专业教学改革。从"建筑工程技术"专业实践教学领域为国家制定"建筑工程技术"专业标准提供重要依据。一旦"中国梦"付诸国家行为、地区行为、学校行为，就会梦想成真，就为中国的高等职业教育做出了贡献。从我的认识角度，这就是人生的价值。

　　一己之见，一管之见，未经任何领导审阅，定有偏颇谬误之处，诚望各位不吝指正。

土建类高等职业教育素质教育研究中期检查（一）会议讲话稿

2013 年 12 月　成都

各位领导、各位课题组成员：

大家上午好！

感谢东道主四川建筑职业技术学院热情承办了本次会议。感谢总课题牵头单位山西建筑职业技术学院精心筹划组织了素质教育研究的方方面面的工作。感谢各子课题牵头院校和课题组成员凝神专注于课题研究，认真准备了中期汇报。

11 月 12 日，十八届三中全会通过了《中共中央关于全面深化改革若干问题的决定》，对教育工作提出了"全面贯彻党的教育方针，坚持立德树人……"的明确要求，并就素质教育提出了"强化体育课和课外锻炼，促进青少年身心健康、体魄强健。改进美育教学，提高学生审美和人文素养"的具体要求。

袁贵仁部长在全会后发表的文章中明确指出："立德树人作为教育的根本任务，就是教育领域综合改革之魂。""今后教育领域中的所有改革，都必须坚持立德树人的基本导向。""坚持立德树人导向，本质要求是育人为本、德育优先、能力为重、全面发展。"

我感到，德育工作、素质教育的重要地位和工作方向比以往任何时候都更加清晰了。学校的首要功能是育人，学校最本质的存在方式是教书育人。

全会刚开过不到 20 天，在这样一个大背景下，我们进行素质教育研究的中期检查，机遇难得。我相信，只要我们乘势而为，课题研究一定会取得更出色的成果。

2012 年 5 月 26 日，"土建类高等职业教育素质教育研究"总课题在山西建筑职业技术学院开题。

2012 年 11 月 24 日，"土建类高等职业教育素质教育研究"评价及激励机制研究、人文素质教育研究、身心素质教育研究和校企合作育人模式研究 4 个子课题在泰州职业技术学院开题。

2012 年 12 月 1 日，"土建类高等职业教育素质教育研究"思想政治素质教育研究、职业道德素质教育研究、运行机制素质教育研究和创业素质教育研究4个子课题在天津城市建设管理职业技术学院开题。

今天，距天津的会恰好一年。一年来，各课题组按立项的指导思想和研究思路，通过现状调查、比较研究、撰写报告，已经取得了阶段性成果。今天齐集成都，做第一次中期汇报，是一个很好的互相学习、相互启发的机会。我一定洗耳恭听，向大家学习。

今天下午各子课题组要做中期汇报，希望各位报告人能从以下四个方面展示你们的阶段性研究成果。

1. 研究对象

课题的研究对象为土建类的高等职业教育，要锁定研究的特定领域，坚持研究的针对性，避免泛泛地奢谈素质教育。

2. 研究方法

介绍你们怎样从现状调查出发，从学习经验、分析现状和比较教育出发开展课题研究。讲讲你们以什么优秀教育理论为指导，提高了课题研究水平。汇报一下你们在发挥各位课题组成员集体智慧方面的成功经验。

切忌拍脑袋，想当然，人云亦云。提倡认真学习国内外先进理念、成功经验，在此基础上调查摸底、深入分析、比较研究。要有理论高度，立意要高远。把课题组办成学习班、培训班，营造各种观点争艳的学术氛围。

3. 研究内容

课题研究内容要涵盖理论体系、目标体系、内容体系、实施体系和评价体系等5个主要方面。

4. 研究成果

一般课题研究报告都要求体现四性：实践性、先进性、示范性和可操作性。我们这次的研究成果还要突出土建类高等职业教育的专业性。

改革开放以来，我国建设事业一直处于大发展的良好态势，造就了土建类高等职业教育各个专业普遍招生就业两旺的大好局面，为我们的素质教育研究营造了非常好的专业氛围。土建行业苦累脏险是人所共知的，但土建类专业就业质量高、发展潜力大，为我们这类学校搞好素质教育研究奠定了坚实的基础。

土建类高职院校的学生以低收入群体子女为主体，使学校的素质教育具有明确的对象性和针对性。

面对高考低分入学的学生，我们都肩负重大的使命，要让学生恢复自信，昂首向前。多年来，各院校都想尽办法使学生在应试教育中难以开发、难以认可的潜质、潜能、潜智得到展示，在使学生重塑自尊、自信、自强方面做了大量工作，取得了丰硕成果。这些成果集中表现在职业道德素质、身心素质、人文素质和专业素质等各个方面。回顾高等职业教育十几年大发展的历史，可以总结出这样一条宝贵经验，我们是自觉不自觉之中，在探索、在践行着对学生实施素质教育。高等职业教育教育的成功，主要靠的是不同于传统精英教育的素质教育。

应试教育是偏重关爱少数学生的淘汰教育，为高职学生关上了一扇求学之门；素质教育是尊重、理解、关爱每一个学生的教育，高职院校为这些学生打开了一扇接受高等教育之门，让他们在素质教育中重新看到希望之光。

大量高职毕业生成为生产一线"下得去、用得上、留得住"的适用对路人才，高职毕业生的高就业率充分证明了高职毕业生的职业素质能够满足全社会大多数职业岗位的需求，尤其土建类高职毕业生勇于到条件艰苦的施工现场去安身立命、实现人生价值的就业素质，使他们成为拥有4000万从业人员的建筑业生产一线技术管理人才的主要来源。

传统的中国高等学校固守精英教育的办学理念，是学科本位的学术殿堂，重视学术教育或专业教育，对素质教育的重视程度和成效都不能令人满意。

新兴的中国高等职业院校承担着大众化高等教育的历史使命，必须坚持职业教育的办学理念，为生产、建设、管理、服务的一线岗位培养技术技能型人才，土建类专业就是为施工现场培养技术管理人才。怎样使学生毕业后能胜任职业岗位需要的技术应用和组织管理能力，早已成为高职院校的重大课题。这类人才的主要工作任务就是组织管理操作人员将设计蓝图转化为工程产品，对他们理论水平和设计能力的要求比设计人员低，对他们技艺能力的要求比操作人员低，但对他们综合职业素质的要求要远远高于另两类人员。也就是在这样一个认识的基础上，高职院校陆续走上了素质教育之路，并很快取得了共识：素质教育——高等职业教育的本质。

我们要站在历史的高度来审视中国高等职业教育的素质教育本质，要站在深化中国高等教育改革的角度来认识素质教育也应该是普通高等教育的本质，要站在中国教育改革的维度来为素质教育呼吁呐喊。

个人管见，敬请不吝指正。

感谢大家聚精会神地听我谈关于素质教育研究的体会，祝会议圆满成功！

滋兰树蕙，以文化人[1]

滋兰树蕙，以文化人
杜国城
2018.7

一、文化育人，西部垂范
青海建筑职业技术学院的"博雅文化"
- 人文素质教育现状：重技术轻人文，重技能轻素质。
- 当务之急：提升学生人文素质。
- 开办"博雅文化大讲堂"：培养具有广博知识优雅素质的人。
  内容广博——十大系列；
  品味高雅——思想，文化，艺术，创新。
- 大师名人云集学院。
- 年均24场大型讲座。
- 形成优质文化氛围，成为青海省校园文化品牌。

宁夏建设职业技术学院的"鲁班文化"
- 毕业生现状——与企业所需的文化素养差距较大。
- 确定了"健行，勤行，笃行，知行"四行文化发展框架。
- 提炼出对"鲁班文化"的独到诠释："仰望鲁班，俯首为徒；脚踏实地，追求卓越"。
- 构建了"鲁班文化"系部文化实践系统：砥砺品行，涵养品质。
- 谋划了十个文化主题月。
- "鲁班文化"蔚然校园。

甘肃建筑职业技术学院的"双融文化"
- 教书育人现状——素质教育与专业教育两线分离。
- 建立"成人"与"成才"双线融合的"双融文化"系统。
- 全过程育人：将素质教育渗透于整个教学过程。
- 全员育人：开创教师队伍"一师双责"的新格局。
- 推进校企"双主体育人"，将企业文化融入校园。
- "双融文化"大大加快了学院回归教育本质的步伐。

陕西省建筑职工大学的"竞赛文化"
- 全国BIM大赛、算量大赛总成绩第二名
- 以骄人竞赛成绩为契机，创建独领风骚的"竞赛文化"
- 以赛促教——将大赛标准细化到常规教学内容
- 以赛促学——将竞赛方式融入常规教学过程
- 以赛促改——通过竞赛促进教学改革，促进双师型队伍建设
- 最大的收获——激发了高职学生的自信心
  "你生活的起点在哪里不重要，重要的是你最终走到了哪里"
  ——学生这句发自肺腑的话，多么令人感动！

新疆建设职业技术学院的"团队文化"
- 科研成果，教学成果，硕果累累。
- 教师队伍，人才济济，形成了优秀的"团队文化"。
- 抓新疆行业科研课题，提高教师技术科研水平。
- 抓国家教育科研课题，提高教师教育科研水平。
- 学院领导，率先垂范，亲力亲为。
- 在新疆"三期叠加"的特殊历史时期，尤为可贵。

文化是民族之魂，传播文化，滋养心灵，文化育人的成果令人感动，值得我们以虔敬之心向他们学习。

---

[1] 2018年7月在青海建筑职业技术学院所作报告的PPT原稿。

二、高职教育，砥砺前行

回眸高职改革历程

- 教高[2000]2号文，提出培养"适应生产、建设、管理、服务第一线的高等技术应用型专门人才"。
- 教高[2006]16号文，提出培养"高素质技能型专门人才"。
- 国发[2014]19号文，提出培养"高素质劳动者和技术技能人才"。
- 教职成[2015]6号文，重申了技术技能人才的培养目标，特别强调了立德树人要作为职业教育的根本任务。

三、建设高职，大有作为

需求是建设职业教育发展的强劲动力。

- 建筑业的支柱产业地位不可替代。
  2017年，建筑业总产值21.4万亿元，同比增长10.5%，从业人数4340万，劳动生产率为19.14万元/人。
- 2050年前，外延发展仍是中国经济发展的必然需要，建筑业依然是光彩夺目的产业。

强劲的需求加上不断地前行，建设高职，前程似锦！

个人浅见，偏颇谬误，敬请指正。
谢谢！

衷心祝愿青海建筑职业技术学院：
继往开来，再创辉煌！

感恩时代，仰望鲁班[1]

各位老师，各位新同学：

大家下午好，我受刘毅院长之邀，连续几年都来上海思博职业技术学院土木学院见见新同学，聊聊建筑业，谈谈我的心里话，欢迎又一批年轻人走进我干了一辈子的建筑业，成为鲁班传人。年年都是这个老题目："感恩时代，仰望鲁班"。

一、感恩伟大的时代

（一）建筑业作为支柱产业的地位不可替代

改革开放 40 年，中国经济高速发展了 40 年。2018 年中国 GDP 已突破 90 万亿元人民币，同比增长 6.6%；而建筑业总产值已达 23.5 万亿元，同比增长 9.9%。固定资产投资 63 万亿元，同比增长 15%；基础设施投资 14 万亿元，同比增长 20%；施工项目总投资 131.2 万亿元，同比增长 18.2%；新开工建筑面积 17.9 亿平方米，同比增长 10.5%。从这组数字可以看出，中国经济社会发展中建筑业具有举足轻重的地位。

（二）江浙沪是建筑业密度最大的地区

据 2018 年的统计数字，江浙沪土地面积约 21 万平方千米，约占全国的 2.2%；江浙沪的人口约 1.6 亿，约占全国的 12%；江浙沪的 GDP 约 18.2 万亿元，约占全国的 20%；江浙沪的建筑业总产值 6.7 万亿元，约占全国的 28.5%；江浙沪建筑业从业人员 1421 万余人，约占全国的 32%。

2.2% 的土地上，建筑业总产值和建筑业从业人员都占全国的 1/3 左右，一目了然，江浙沪是中国建筑业密度最集中的地区，这是毫无疑义的事实。

（三）全球经济萧条，中国经济困难很大

面对世界经济不景气，中央正在着力进行产业结构调整，通过大众创业、万众

---

[1] 本文为 2019 年在上海思博职业技术学院土木学院为新生所做的入学报告。

创新提升经济发展质量,加大经济增长中内涵的比例,但短期内很难有理想的成效。要保证 GDP 7% 的增长,中国还得采取以外延发展为主的相应手段,加大基础设施投资,加大固定资产投资,这就给建筑业发展提供了良好的机遇。国家要在全国各大城市修筑近万千米的地铁,投资 880 亿元建设城市综合管廊 1000 千米,新建高铁 2.4 万千米,高速公路 13 万千米。"一带一路"建设已进入了黄金期,"一带一路"国家对建筑业需求旺盛,年均超 10 亿元人民币,为中国建筑业"走出去"迎来了黄金发展期。按国家发展规划,2050 年中国城镇化水平将达到 70%,那也只是美国 1900 年的水平,当下美国是 98%。因此依我的判断,2050 年中国有望达到内涵发展占到 GDP 的 50% 左右。因此,2050 年前外延发展仍是中国经济发展的必然需要。

你们到上海思博职业技术学院来学土建类专业,赶上了中国乃至世界从未出现过的对建筑业的巨大需求,有需求毕业才能就业,才能事业有成,才能改变命运。我从事建筑业 55 年了,14 年造房子,21 年教造房子,20 年做全国建筑专业的教学指导工作,与全国同行一起研究,怎么使你们毕业即就业,就业即上岗,上岗即顶岗,让你们成为建筑行业优秀的后来人,实现你们的人生价值。长三角地区对建筑业人才的旺盛需求,使上海思博职业技术学院土木学院创建以来一直保持良好的就业态势,你们能到这儿来读书,我为你们的选择点赞。

二、鲁班精神——建筑人的职业精神

2500 多年前的春秋时期,在鲁国滕州诞生了中国建筑业的祖师爷——鲁班。他出生于世代工匠家庭,聪慧勤奋,心灵手巧。在随家人参与的大量土木建筑工程实践中,他掌握了生产技能,积累了实践经验,发明或改进了大量木工手工工具,传说中曲尺、墨斗、锯、钻、铲、刨子、凿子等都是他的发明。这些发明大大提高了木工工艺的生产效率。除此之外,他还发明了石磨、石碾、鲁班锁、攻城云梯等。在中华民族发展史中,上至达官贵人,下至平民百姓,对鲁班的推崇都达到了极高的程度,凝集成中华民族的宝贵财富,即鲁班精神。

鲁班精神,对为建筑行业生产一线培养技术管理人才的高职院校具有特殊的意义。因此,今天学院领导让我谈谈职业精神,我再三思考,觉得就把鲁班精神作为我们建筑人的职业精神吧!我理解的鲁班精神应有以下 4 个方面。

(一)勇于实践的学习精神

鲁班一生的大量发明创造都来源于实践,实践是知识的源泉,实践本身就是一个获取知识、积累知识的过程。对于建筑类专业，工地就是一个大课堂，工地的建筑施工机具、建筑材料、施工技术、施工组织和管理方法等就是教学内容，工地上工人和技术人员的一言一行、一举一动就是教科书。只有在工地上善于观察，勤于动脑，勇于实践，才能学到课堂上学不到的真知识、真本领。

职业教育最优秀的教育资源在工程项目上，最优秀的教学内容就是工程项目本身，最优秀的教师就是项目上的工程技术人员。同学们进学校后一定要重视实践，重视学校安排的实验、实训和实习。但这些还远远不够，同学们要利用周末、假期主动联系施工企业，向实践学习，向工程技术人员、工人师傅学习。中国是一个世界上最大的建筑工地，在建工程学校周边有，上海到处有，你的家乡也有。只要你有这个意识，一定能找到。一个学年46周，周末就92天，两个假期10周就60天，加起来152天，能利用一半就有76天，3年就228天，这可不是一个小数字。一个学年的学习时间46周，5天/周，才230天，你如果真抓住了228天，就等于多上了一年学，念三年制的专科等于读了四年制的本科。全国三年制的"建筑工程技术"专业的培养方案是我主持编制的，但我一直认为要让学生实现"毕业即就业，就业即上岗，上岗即顶岗"，3年远远不够，但苦于国家对学制的限制，没有办法，因此这些年我到全国各地都要和学生谈我刚才讲的这个问题。

（二）勤奋刻苦的工作精神

"建一幢幢大厦，造一架架大桥，留下一座座丰碑。"这是我们那代人上大学选择土建专业的主要原因。改革开放后，中国建筑业大发展，过去不被看好的土木工程师当上了项目工程师、项目经理，买上了房子，开上了汽车，过上了小康生活。

你们今天也选择了土建专业，成为我的同行，做鲁班传人，为中国建筑业奉献终生，同时得到可观的收入，改变自己的命运，这是可以实现的。但一定要时刻提醒自己，学土建专业实现自己理想的人生价值没有问题，但必须要有勤奋刻苦的工作精神。

我问过一些低收入家庭的同学，为什么学土建专业？他们说，为了好就业，为了多挣钱，为了脱贫致富。但很多同学对我们从事的是苦累脏险的工作精神准备不足。我用我自己曾在工地上摸爬滚打的经验跟他们说，到了项目部，风吹雨打就是我们的工作环境，我们不刻苦行吗？工程进行中，没有假日，没有每日8小时工作制，没有日出日落，只有工期质量效益，不勤奋行吗？

要做成功的土建人，就要向勤奋刻苦的祖师爷鲁班学习；否则，不但做不了鲁班传人，而且很快就会在工作中被边缘化，以致终生一事无成。

（三）敬业钻研的创新精神

鲁班作为一位工匠，能够成为中华民族世代尊崇的典范，只勇于实践、勤奋刻苦是不够的。"工欲善其事，必先利其器。"他会凝神观察大自然，借大自然的智慧在工程实践中绞尽脑汁，改进旧工具，发明新工具，使工匠们摆脱笨拙的体力劳动，大大提高了生产效率。他用一系列的发明创造，建造出结构更合理、造型更精美、居住更舒适的建筑，并集其大成，形成了流传千古的"鲁班营造法式"。鲁班是我们这个行业从设计到施工的大发明家，由此才会成为我们的祖师爷。我们纪念他，就要向他学习敬业钻研的创新精神。

人类的建筑史就是一部科技进步史，从设计到施工，无时无刻不在革故鼎新。只要你身处工地，就会有永远解决不完的技术难题等待我们去研究开发。上海中心建造过程获得国内外发明专利90项，整个施工过程就是一个不断技术研发的过程。同学们毕业后步入工地就会发现，在工程建设的同时一定会面临一系列技术难题，需要我们边施工边技术攻关，攻关能力是区别工程技术人员水平高低的重要方面。作为行业企业的技术管理人员，干一辈子就得革新创新一辈子。当然，做革新创新不仅是完成工程建设任务的需要，对于项目部，更重要的还是降低工程成本，提高生产效率，增加人员收入的需要。

（四）兼爱众生的团队精神

鲁班由于受同时代的滕州同乡墨子的影响较深，把兼爱奉为自己的人生信条，更值得我们学习、追求和赞赏。墨子是老百姓的圣人，他倡导的兼爱不同于孔子尊崇的仁爱，仁爱是对贵族对平民有差别的爱，而兼爱主张不分远近亲疏厚薄的相互的、普遍的、平等的爱。因此，"兼相爱，交相利"应该是鲁班人文精神的核心。

鲁班曾奉鲁王之命建造一座巨大的宫殿，工程浩大，工期紧迫。他从带齿的树叶划破手而得到启示，发明了竹片锯、铁片锯，代替用斧子伐树。工匠们节省了体力，提高了效率，还尝到了使用先进工具的乐趣。宫殿工程在他的指挥下，进展顺利，得到了权贵们的赏识，又获得了工匠及劳工们的拥戴。建造之中他言传身教，把手艺一丝不苟地传授给工匠们，使他们获得谋生的本领；又利用各种机会，奠基、台基、屋身、屋顶各阶段工程的开工、竣工，举办庆典活动，宰杀牛羊、摆席设宴，播大爱于芸芸众生。

回忆我在建筑工地的历程，确有类似的凝聚力很强的施工队伍。改革开放后，国家实行项目法施工，我也见过非常有号召力的项目经理部，承揽了工程，很快就搭建了强有力的项目班子，很快又有了较强的劳务队伍。项目的管理是科学化、信息化、秩序化的，但我观察到，许多优秀的项目经理在管理上是人性化的，项目部尽最大努力把工地的居住环境、就餐环境、业余学习生活环境都搞得令人满意，定期发放一定额度的生活费，竣工验收后结清所有报酬，不拖不欠，形成了相对熟悉、相对稳定的管理班子和劳务队伍，步入了良性循环的轨道。我看到的这些优秀项目经理，不仅尊重企业领导，尊重业主，尊重监理工程师，更把大爱撒向施工操作人员，撒向农民工。我把这些项目经理视为鲁班传人。

希望同学们听了我的讲话之后，10年后能出现一批兼爱众生的鲁班传人。

三、感恩思博，成就人生

根据国家、长三角经济区、上海市对施工生产一线建筑人才的大量需求，根据各地高中毕业生对土建类专业的就学需求，上海思博职业技术学院于2010年创办了土木建筑类专业。创建以来，每遇大事，我都来参与。在大上海设有土建类专业的高职高专中，上海思博职业技术学院是办的最有特色，最富人文情怀的。

（一）感恩皋玉蒂校长

皋玉蒂校长是不辞辛苦、尊师爱生的教育家，是善于凝聚社会教育资源的社会活动家。

皋校长重视实践教学，创建建筑工程与管理学院伊始，就拨场地、投巨资，精心策划、精到施工，不到一年就建成了全国一流的建筑工程实训基地，基地建成不久就吸引了全国各地同行来参观学习。实训基地一面墙上一幅醒目的"建工学院学生三字经"吸引了专家们的眼球，内容是皋校长对学生的谆谆教诲和殷殷期望，饱含了一位教育家的育人情怀。大家都交口称赞这全国独此一家的教书育人"三字经"。

上海思博职业技术学院在皋校长的倾心努力下，国际商务、卫生护理、汽车技术、信息技术等领域的几个学院都办得红红火火，引起各级领导及各行各业的关注。我出席上海思博职业技术学院的重大活动时，经常会看到上海市教委主任出席，并做主题报告，而这在其他学校很少看到。建筑工程与管理学院创建后不久，住建部人事教育司的几位领导都曾莅临上海思博职业技术学院指导，并委托牵头国家级课题的研究工作。全国高职高专教育土建类专业教学指导委员会各专业领域的负责人，全国知名建筑类高职高专的院校长，很多都应皋校长之邀来专访。

（二）感恩优秀的教学团队

上海思博职业技术学院土建类师资骨干队伍是全国一流的。

1. 高起点的创建团队

首任主管土建类专业的副校长潘立本教授，原扬州工学院副院长、泰州职业技术学院院长，刚刚退休就被皋校长聘任来上海思博职业技术学院任职。潘立本教授是在全国有影响的建筑教育专家，曾任全国高职高专施工类专业教学指导委员会副主任。

首任建工系主任张建荣教授，同济大学博士生导师，中国唯一的中国建筑结构博士、德国职业教育博士，全国知名的建筑职业教育学者，也曾任全国高职高专施工类专业教学指导委员会副主任。2010年受聘到上海思博职业技术学院后，张建荣教授投入了大量心血，主持建成了建筑工程实训基地。迄今10年来，一直在上海思博职业技术学院建筑工程与管理学院的发展建设中发挥重要作用，还兼任学院的名誉院长。

首任建工系副主任刘晓平副教授，从新疆建设职业技术学院退休后受聘到上海思博职业技术学院。刘晓平教授是全国知名的建工系主任，"建筑制图"课程改革的先行者，所编高职高专《建筑制图》教材颇受全国同行好评。在上海思博职业技术学院任职期间，刘晓平教授与学生日夜相守，讲课循循善诱，管理周到细致，深受学生尊重爱戴。

2. 高水平的2019团队

主管副校长陈锡宝教授，原上海城市管理职业技术学院院长，退休后受聘上海思博职业技术学院。陈锡宝教授在全国高职高专领域颇有声望，是全国高职高专教育房地产专业教学指导委员会主任委员，中国建设教育协会高职委员会华东分会会长，上海市高职高专土建类专业教学指导委员会主任。

校外专家袁建新教授，自四川建筑职业技术学院退休后受聘到上海思博职业技术学院多年。袁建新教授是全国工程造价领域的领军专家，全国高职高专"工程造价"专业的一号教授，也是BIM技术领域工程造价方面的顶级专家。

这几年，我与刘毅院长接触的多，了解得也多。他大部分时间和学生们一块儿学习、工作、生活在这个美丽校园，总像一位英武的军官穿梭在你们中间，影响着你们，管理着你们这群穿着迷彩服的莘莘学子。他还是一位军旅画家，一位在上海滩上画残荷知名的油画家，用他的画，用它的艺术家风范熏陶你们，使你们在浓浓的艺术氛围中学习成长……你们好幸福！

去年又结识了一位高级工程师邢涛，留德的研究生，持有USA的项目经理证书，主持过多项大型工程的设计，在学校装配式建筑专业建设中做出了突出贡献的70后，一位帅哥。他代表学院做申办"装配式建筑技术"专业的汇报，西装革履，侃侃而谈，给我留下了深刻印象，也使我看到了上海思博职业技术学院的希望和未来。

我在手机上经常能看到曾军老师戴着安全帽和同学们在施工现场的情景。了解企业、融入企业，推进"校企融合，共育桃李"，全世界各国概莫能外，这是每一位职业院校教师必须身体力行的工作。曾军老师这样亲力亲为，身体力行对于培养学生是至关重要的，在促进学生就业、提高就业质量这件大事上做出了突出贡献，为曾军老师叫好、点赞！

去年、今年我都是上海市说课大赛的评委，有幸聆听了陈凌峰老师讲的"建筑施工技术"和张海琳老师讲的"建筑识图与构造"，两位老师都表现得很好，陈凌峰老师拘谨了点儿，张海琳老师相对稳健，两位老师我都给了好成绩。敢去亮相，不怕出丑，进步就在眼前。他们都为上海思博职业技术学院争了光彩，希望有更多的中青年老师积极参加这项大赛，取得优异成绩。但我觉得更重要的是能够表现上海思博职业技术学院的精神风貌，表达你本人积极向上的风度气质。

同学们，中国建筑业期待你们这批鲁班传人，生龙活虎地学吧！上海思博职业技术学院一定会成为你们感恩终生的母校

1. 中华人民共和国教育部会议合影

第一次全国高职高专教学工作会议　1999年11月　北京

教育部高等学校高职高专专业类教学指导委员会工作会议代表合影 深圳·麒麟山庄 2008.06.18

教育部高等学校高职高专专业类教学指导委员会工作会议 2008年6月 深圳

教育部高等职业教育专业建设研讨会　　2008年10月　　长沙

教育部高等学校高职高专专业类教学指导委员会主任、秘书长工作会议　　2009年10月　　昆明

2. 中华人民共和国住房和城乡建设部会议合影

全国高等专科学校"建筑装饰技术"专业教材编写工作会议　1998年12月　常州

职业技术院校建筑类专业技能型紧缺人才教学指导方案制定研讨会　2004年8月　哈尔滨

普通高等教育土建学科专业"十一五"规划教材评审会　2007年1月　北京

3. 中国建设教育协会会议合影

中国建设教育协会成立大会　1992年12月　烟台

中国建设教育协会二届三次常务理事会　2000年11月　嘉兴

中国建设教育协会理事长扩大会议　2000年11月　上海

中国建设教育协会课题研究工作会议　2006年8月　北戴河

建设类高职人才培养与能力评价关系研究课题研讨会　2008年9月　天津

4. 高职高专教育土建类专业教学指导委员会会议合影

高职高专土建类专业教学指导委员会组建筹备会议　2001年9月　太原

全国高等学校土建学科教学指导委员会高等职业教育专业委员会第二次会议
2003年10月　成都

高职高专教育土建类专业教学指导委员会第一次会议   2004年12月   广州

全国高职高专教育土建类专业教学指导委员会第二次会议   2005年11月   大连

高职高专教育土建类专业教学指导委员会教育部立项课题研究工作会议　2006年11月　桂林

5. 中国建设教育协会高职与成人教育委员会会议合影

全国建设系统职工高校校长座谈会　1986年12月　广州

建设部建设系统成人高等教育协会筹建会 东北地区建设系统职工高校年会
1988年8月 齐齐哈尔

全国建设系统成人高等教育协会成立大会 1989年10月 无锡

中国建设教育协会成人高等教育委员会全体委员会议　1993年8月　北戴河

中国建设教育协会成人高等教育委员会全体委员会议　1995年10月　西安

中国建设教育协会成人高等教育委员会全体委员会议　1996年11月　广州

中国建设教育协会成人高等教育委员会全体委员会议　2001年1月　哈尔滨

中国建设教育协会成人与职业高等教育委员会全体委员会议　2003年7月　沈阳

中国建设教育协会高等职业与成人教育专业委员会全体委员会议　2005年4月　南宁

中国建设教育协会高等职业与成人教育专业委员会一、三分会年会　2008年10月　重庆

中国建设教育协会高等职业与成人教育专业委员会全体委员会议　2009年8月　兰州

中国建设教育协会高等职业与成人教育专业委员会三分会甘青宁区域协作组会议
2008年12月　兰州

中国建设教育协会高等职业与成人教育专业委员会全体委员会议　2010年10月　西安

6. 土建教指委建筑施工分委员会会议合影

全国高等职业教育"土建施工"类专业指导小组会议　2003年8月　呼和浩特

土建施工类专业指导分委会教材编审会议　2005年5月　沈阳

"建筑工程技术"专业能力评价体系建设会议　2007年8月　牡丹江

全国高职高专教育土建类专业建筑施工指导分委员会第六次会议　2007年11月　济南

全国高职高专教育土建施工类专业指导委员会第七次会议合影
2008.4.7 中国·杭州

全国高职高专教育土建施工类专业指导委员会第七次会议　2008年4月　杭州

7. 中国建设教育协会专家委员会会议合影

土建类高等职业教育素质教育研究中期检查会议　2013年12月　成都

中国建设教育协会土建类高职教育体制机制研究子课题会议　2012年6月　西安

8. 黑龙江活动合影

黑龙江省高等职业教育研究会成立会议　1998年5月　哈尔滨

9. 境外考察照片

访问法国巴黎欧洲管理学院
2001年7月　法国

访问澳大利亚北布里斯班TAFE学院
2002年2月　澳大利亚

访问澳大利亚悉尼TAFE学院
2002年2月　澳大利亚

访问德国汉堡工业大学　2004年10月　德国

访问澳大利亚西南悉尼TAFE学院　2001年2月　澳大利亚

访问俄罗斯莫斯科大学　2004年10月　俄罗斯

访问德国柏林工业大学　1997年5月　德国

10. 评估活动照片

青海建筑职业技术学院 评估　2006年10月　西宁

甘肃建筑职业技术学院 评估　2008年12月　兰州

湖北城市建设职业技术学院 评估　2007年10月　武汉

上海城市管理职业技术学院 评估　2010年6月　上海

山西建筑职业技术学院 评估　2006年4月　太原

青海建筑职业技术学院 评估　2006年10月　西宁

上海建峰职业技术学院 评估　2012年12月　上海